Transformer la formation théologique

Transformer la formation théologique

Un manuel pratique pour un apprentissage intégral et contextuel

Perry Shaw

© Perry Shaw, 2015

Publié 2015 par Langham Global Library
Une marque de Langham Publishing
www.langhampublishing.org

Les éditions Langham Publishing sont un ministère de Langham Partnership.

Langham Partnership
PO Box 296, Carlisle, Cumbria CA3 9WZ, UK
www.langham.org

ISBNs:
978-1-78368-102-0 Print
978-1-78368-111-2 ePub
978-1-78368-113-6 PDF

Tous droits réservés. La reproduction, la transmission ou la saisie informatique du présent ouvrage, en totalité ou en partie, sous quelque forme ou par quelque procédé que ce soit, électronique, mécanique, photographique, est interdite sans l'autorisation préalable de l'éditeur ou de la Copyright Licensing Agency.

Sauf indication contraire, les citations bibliques sont tirées de la Bible version Louis Segond 1910 (publiée en 1910 par Alliance Biblique Universelle).

Traduit de l'anglais par Célia Evenson et édité par Anne Ruolt, Gaëlle Richardeau, et Paul Sanders.

British Library Cataloguing in Publication Data
A catalogue record for this book is available from the British Library

ISBN: 978-1-78368-102-0

Langham Partnership soutient activement le dialogue théologique et le droit d'un chercheur de publier ses travaux mais ne soutient pas nécessairement les opinions et avis avancés, ou les travaux référencés dans cette publication ni ne garantit sa conformité grammaticale et technique. Langham Partnership se dégage de toute responsabilité auprès de personnes ou biens en conséquence de la lecture, de l'utilisation ou de l'interprétation de son contenu publié.

Préface

Une crise, une occasion à saisir et des remerciements

En 2006, mon monde s'est écroulé et j'ai vécu un effondrement émotionnel complet. Plusieurs facteurs ont favorisé cette crise personnelle et la dépression anxieuse qui s'en est suivie, dont ma désillusion par rapport au monde de l'enseignement théologique, auquel j'avais consacré une grande partie de mon énergie pendant ma carrière.

Par la grâce de Dieu et avec l'aide d'amis et du corps médical, j'ai recouvré la santé en moins d'un an. Cependant de nombreuses questions demeuraient. Mes lectures professionnelles révélaient la fragmentation et l'absence de pertinence contextuelle de la majorité des programmes de formation au ministère. J'avais moi-même vu un étudiant après l'autre intégrer la faculté de théologie en ayant une passion pour le ministère, pour la remplacer par une autre passion, celle du travail académique. De tels étudiants diplômés entraient dans le ministère avec peu d'idées quant à la manière d'équiper l'Église, et souvent sans réel désir de le faire. J'envisageais sérieusement d'abandonner tout espoir en l'enseignement théologique institutionnalisé. J'avais l'impression que les institutions théologiques étaient contre-productifs pour la bonne préparation de responsables. Cependant, il m'est rapidement apparu que, pour le meilleur et pour le pire, les Églises continuaient à se tourner vers les instituts bibliques et facultés de théologie pour recruter leurs responsables, et que la solution ne consistait donc pas à rejeter ces institutions, mais plutôt chercher à les réformer.

Les années qui ont suivi m'ont offert précisément la possibilité de participer à ce genre de travail créatif, surtout lorsque j'ai rejoint le corps enseignant du Séminaire baptiste arabe (ABTS) fin 2007, peu de temps après l'arrivée du nouveau doyen. Élie Haddad vient du monde des affaires, mais est également un penseur théologique très avisé, et sa vision pour le changement m'a assuré un environnement où j'ai pu mener des expériences sur le programme d'enseignement avec un corps enseignant jeune et hautement qualifié. Il en a résulté un processus programmatique dynamique qui continue à ce jour. La plupart des idées présentées dans ce livre ne sont pas de simples théories mais ont été éprouvées sur le terrain à l'ABTS. Nous avons appris beaucoup de nos succès et de nos difficultés. Je ne saurais exprimer suffisamment mes remerciements à Élie, ainsi qu'à d'autres responsables-clés de l'ABTS tels que Paul Sanders, Martin Accad, Hikmat Kashouh et Bassem Melki, ainsi qu'aux professeurs très engagés de cette faculté qui ont soutenu et promu ces changements. Je dois aussi reconnaître le rôle crucial de Rana Wazir et de Patricia Hazem, respectivement chef du service des inscriptions et secrétaire académique à l'ABTS, qui ont porté une part importante du fardeau de la mise en œuvre de ces changements au quotidien.

La deuxième série d'occasions favorables a commencé également en 2007, lorsque j'ai été invité pour la première fois à animer des rencontres de formation de professeurs, initialement en Asie du Sud, mais de plus en plus, au cours des années suivantes, dans d'autres contextes mondiaux. Ce livre est le fruit des travaux effectués en atelier avec les professeurs de différents pays. C'est à travers les questions et les défis lancés par les participants que j'ai pu développer et perfectionner les approches que j'ai retenues. J'exprime ma reconnaissance envers les responsables et les enseignants du Séminaire théologique de Kottayam de l'Église pentecôtiste indienne ainsi que de l'Institut biblique et séminaire de Lanka qui, en 2007, ont été les premiers à travailler avec moi et m'ont aidé à construire ma propre pensée, ainsi qu'aux nombreuses autres institutions de formation qui, depuis, m'ont accueilli et ont contribué à cet apprentissage mutuel.

L'achèvement de ce livre a bénéficié du soutien et de l'intérêt de mes collègues enseignants à l'ABTS et de plusieurs autres personnes rencontrées ici et là. Je n'aurais jamais commencé à écrire sans les conseils de Tim Stafford, et son expérience du monde de l'édition a été une ressource précieuse. En plus de son fidèle soutien, grâce à Manfred Kohl, ma réflexion a été stimulée par des idées éprouvées au niveau international. Debbie Kramlich et Bob Heaton ont lu le manuscrit initial et ont fourni de nombreuses suggestions de fond. Bien des idées de ce livre ont été développées pour la première fois dans le cadre d'un programme de Master en ligne pour la London School of Theology. Je remercie Marvin Oxenham, qui m'a aidé à donner une structure systématique au contenu et m'a motivé à écrire. Luke Lewis et Vivian Doub du Langham Partnership m'ont accompagné pendant le processus de révision et d'édition. Mes enfants, Christopher et Phoebe, ont vaillamment supporté des années de conversations à table autour des questions traitées dans ce livre. Le soutien et les lumières de Karen, ma compagne de vie et de ministère, colorent chaque page de ce livre ; sans sa patience indomptable, ce projet n'aurait jamais été mené à bien.

Forme générale du livre

Professionnaliser davantage la formation de responsables implique des niveaux multiples de planification et de mise en œuvre institutionnelle et pédagogique. La première section de cet ouvrage présente les principes éducatifs et philosophiques généraux et la manière dont ils influencent des considérations institutionnelles plus larges. Ces fondements théoriques permettront à l'ensemble du corps enseignant d'acquérir une compréhension générale de ces principes pour que l'école avance sur le chemin de l'accomplissement de sa mission : préparer et équiper des hommes et des femmes à diriger l'Église afin qu'elle ait un plus grand impact sur la société qui l'entoure.

Robert Ferris (2006) a affirmé que « le corps enseignant EST le programme de formation » : l'apprentissage le plus formateur dans tout programme d'étude est façonné et soutenu par les formateurs dans les salles de cours. Malheureusement, beaucoup d'écoles échouent dans cette mission, parce que leurs professeurs sont trop englués dans des pratiques pédagogiques insatisfaisantes. La seconde partie de ce livre cherchera à enrichir la « boîte à outils » des enseignants, de telle sorte que l'instruction prenne au sérieux le mandat de la mission donnée par le Christ à l'Église et qu'elle mette l'accent sur l'apprentissage et non seulement sur l'enseignement.

Introduction

Le cheminement du Séminaire baptiste arabe

Au cours de ce livre, je ferai référence à plusieurs modèles et programmes, mais le point de référence dominant sera le laboratoire. Celui-ci m'a été fourni en tant que membre du corps enseignant, ingénieur de l'éducation et faisant fonction d'aumônier auprès des étudiants : le Séminaire baptiste arabe (ABTS). C'est pourquoi il est important de commencer avec une description du cheminement que nous avons effectué à l'ABTS.

L'ABTS a été fondé au Liban en 1960. Durant le plus gros de la longue période de la Guerre civile libanaise (1975-1990), l'école s'est maintenue en grande partie grâce aux efforts du doyen de l'époque, Ghassan Khalaf. Cependant, les dégâts occasionnés au Liban en général et à l'école en particulier étaient tels, que la survie de l'ABTS est restée en question durant la plus grande partie des années 1990. Avec l'arrivée de Paul Sanders, d'abord comme directeur académique, puis, comme doyen, l'ABTS est passé par une période de récupération et de consolidation de 2000 à 2005. L'école a atteint une certaine stabilité financière et plusieurs enseignants-clés ont été recrutés.

En mars 2004, j'ai été invité à animer une série d'ateliers où j'ai présenté aux enseignants le modèle d'apprentissage cognitif engageant aussi l'affectif et le comportement. C'est un modèle où les résultats de l'apprentissage servent de moteur au processus éducatif. Au cours des mois suivants, ces éléments de programme ont été incorporés dans le vocabulaire des enseignants de l'ABTS. En 2006, *l'Institut pour l'excellence dans le développement de responsables chrétiens* s'est focalisé sur la question des programmes éducatifs. J'ai été invité à conduire des sessions plénières sur l'apprentissage multidimensionnel et le concept de formation « implicite ». Suite à cette conférence, un groupe de trois écoles de théologie libanaises (dont l'ABTS) m'a invité à animer une série d'ateliers communs. Ces ateliers ont été l'occasion de conduire une investigation poussée de la manière dont la formation au ministère pour les responsables chrétiens pourrait prendre au sérieux les enjeux contextuels. Les ateliers rassemblaient des professeurs, des étudiants en dernière année, des anciens étudiants, des pasteurs des environs et des responsables laïcs engagés venant des Églises. Pour l'ABTS, il en a résulté une révision majeure de la vision de l'école et de sa mission, et la formulation du profil du diplômé. L'année suivante, la faculté a aussi adopté une série de valeurs éducatives comme critères d'évaluation pour la prise de décision concernant le programme d'étude. Celles-ci ont toutes été formatrices pour façonner un « programme intégré » qui a ultérieurement été développé et mis en œuvre.

> ## Vision, mission et valeurs de l'ABTS
>
> - Notre vision est de voir Dieu glorifié, les personnes réconciliées et les communautés restaurées à travers l'Église dans le monde arabe.
> - Notre mission est de servir l'Église dans notre région tandis qu'elle réalise sa mission biblique de voir le Christ reconnu comme Seigneur, en offrant des ressources spécialisées pour l'apprentissage et en équipant des hommes et des femmes fidèles pour leur service.
> - Nos sept valeurs éducatives fondamentales sont : l'adoration véritable, l'Église engagée à former des disciples vivant leur foi au quotidien, la direction à l'image de celle du Christ-serviteur, la prise en charge locale de l'Église par ses membres, la pratique ecclésiale réfléchie, la cohésion de la communauté, le développement intégral des croyants.

Au début de 2008, l'ABTS avait un corps enseignant de qualité et avec une compréhension de la pédagogie généralement partagée. Il avait également mis en place des énoncés de sa vision, de sa mission et de ses valeurs et un profil solide du diplômé, élaboré en concertation avec des parties prenantes importantes et validé par le Conseil de l'ABTS. Un séminaire des enseignants fut planifié pour février 2008, avec pour objectif la refonte complète du programme. En préparation de ce séminaire, l'aumônier de l'ABTS de l'époque, Martin Accad, avait préparé un questionnaire détaillé qu'il a distribué à environ un tiers des étudiants, récoltant des informations précieuses sur les origines des étudiants ainsi que sur les endroits où ils prévoyaient de servir après leurs études. Nous avons aussi préparé une enquête statistique auprès des anciens élèves. Ces informations ont joué un rôle significatif dans les discussions lors de la retraite, et ont également conduit au passage de ce qui avait été auparavant un programme unique traditionnel de formation de pasteurs, à l'incorporation de trois enseignements de spécialité au choix dans le nouveau programme.

À la fin de la première journée du séminaire, les quatre optiques d'une formation intégrale étaient adoptées (fig. 1.1). Le restant du séminaire a été consacré à la réflexion sur sa mise en œuvre. Il est rapidement devenu évident qu'une année préparatoire serait nécessaire, et une structure à deux étages – comportant 1/3 de formation théologique intégrée – a été mise en place avant la fin du séminaire. Durant le reste de l'année 2008, la forme du programme a été exposée de manière détaillée, un accord de principe a été reçu du conseil d'administration, et les parties prenantes clés ont été consultées pour

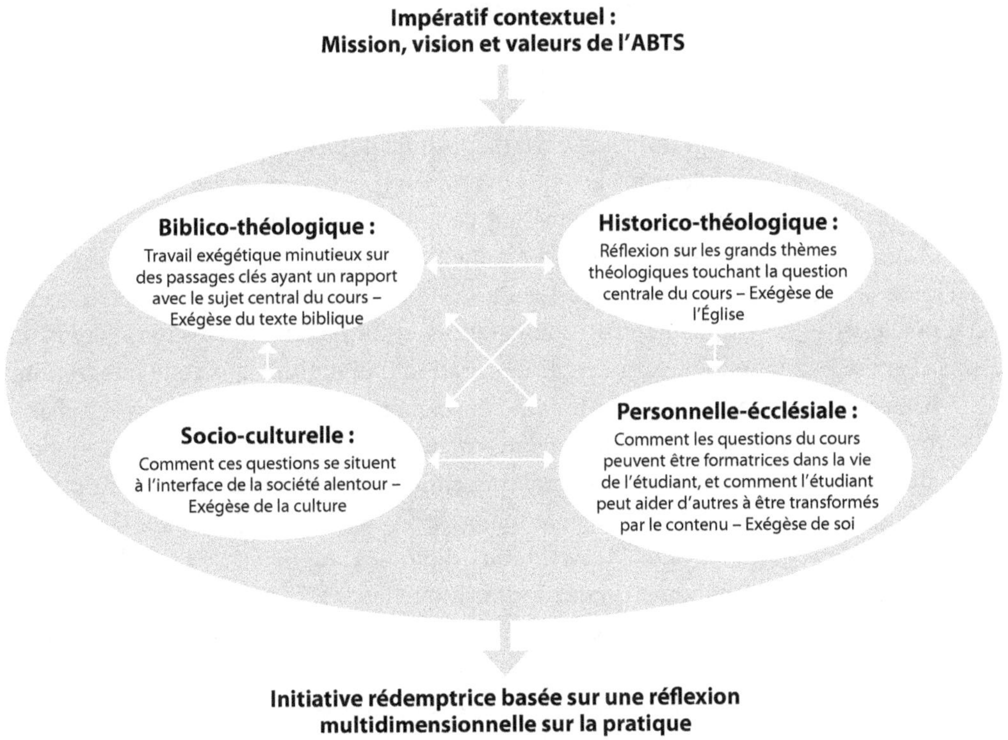

Figure 1.1 Optiques pour le programme d'étude du Séminaire baptiste arabe

Impératif contextuel :
Mission, vision et valeurs de l'ABTS

- **Biblico-théologique :** Travail exégétique minutieux sur des passages clés ayant un rapport avec le sujet central du cours – Exégèse du texte biblique
- **Historico-théologique :** Réflexion sur les grands thèmes théologiques touchant la question centrale du cours – Exégèse de l'Église
- **Socio-culturelle :** Comment ces questions se situent à l'interface de la société alentour – Exégèse de la culture
- **Personnelle-écclésiale :** Comment les questions du cours peuvent être formatrices dans la vie de l'étudiant, et comment l'étudiant peut aider d'autres à être transformés par le contenu – Exégèse de soi

Initiative rédemptrice basée sur une réflexion multidimensionnelle sur la pratique

évaluer la réaction de la communauté. La décision a été prise également de passer d'une prestation semestrielle à des modules de cinq semaines. Ceci s'est révélé significatif au niveau pédagogique dans la promotion de la pensée intégrée (puisque les étudiants ne se concentrent que sur un seul thème par module), et en ce qui concerne la logistique, dans le sens où cela facilite grandement la préparation des emplois du temps.

La retraite des professeurs de février 2009 a été consacrée à l'élaboration du programme d'études de la première année. Le travail d'équipe a permis d'esquisser le livret de cette première année d'études, en listant les modules et le contenu des unités. Durant le printemps 2009, les enseignants ont travaillé en équipe et ont finalisé de nouveaux programmes modulaires fixant les unités pour les différents modules de cours. Un processus similaire a été adopté pour la retraite 2010 du corps enseignant pour l'année A des modules intégrés et des trois enseignements de spécialité, et lors de la retraite 2011 des enseignants pour les modules intégrés de l'année B. Le premier groupe d'étudiants en licence et en master de théologie a terminé ses études en juin 2012. Le dispositif faisant consensus chez les enseignants et chez les étudiants, ce processus a ainsi permis de basculer très aisément d'un modèle de programme cloisonné à un modèle « intégral » et sensible au contexte. Le haut niveau académique, pratique et spirituel atteint a satisfait tout le monde.

La forme générale du programme d'études

Notre postulat de base a porté sur la définition de la formation. Pour nous, une bonne formation est multidimensionnelle. Elle intègre de façon équilibrée le cognitif, l'affectif et le comportemental. Le programme est parti du postulat de base que la formation véritable d'hommes et de femmes fidèles n'a lieu que quand l'apprentissage multidimensionnel est conçu et intégré délibérément en embrassant de manière équilibrée les domaines d'apprentissage cognitifs, affectifs et comportementaux. Par conséquent, le programme a pris au sérieux la nécessité d'intégrer l'excellence académique, la formation et la croissance personnelle, et le développement de compétences et de qualités de responsable. Nous avons cherché à aller au-delà de la simple déclaration d'intention dans cette intégration.

Dans l'approche traditionnelle de l'enseignement théologique, les étudiants sont formés à travers un programme relativement fragmenté. Ce modèle présuppose que l'étudiant diplômé saura de lui-même rassembler les différentes parties du puzzle. Bien que certains réussissent à le faire, la majorité n'y arrive pas. Quand ils se trouvent confrontés à des conflits et défis, de nombreux diplômés réagissent de la seule manière qu'ils connaissent : en appliquant sans esprit critique leurs schémas culturels standards. Plutôt que d'agir comme des agents du royaume de Dieu à travers une « contextualisation critique » attentive (Hiebert 1994, p. 75-92), ils deviennent de simples reflets des sociétés au sein desquelles ils vivent. En cherchant à répondre au besoin d'une véritable pratique intégrée réfléchie qui valorise le riche patrimoine théologique de l'Église, les professeurs de l'ABTS ont conceptualisé des modules fondamentaux qui rassemblent une variété d'éléments en dialogue avec le contexte (Fig. 1.1).

Nous pensons que la vision, la mission et les valeurs de l'ABTS sont à la fois théologiquement saines et pertinentes contextuellement, c'est pourquoi nous avons cherché dans ces déclarations le thème fondamental pour chacun des modules intégrés des deuxième et troisième années. Le thème est ensuite étudié à travers quatre optiques fondamentales : biblique, historique, socio-culturelle et de la personne engagée dans le ministère. Ceci n'est pas une division en quatre parts strictes de 25 pour cent. L'accent peut varier suivant les questions en jeu. Cependant, puisque l'objectif est celui de la formation de responsables capables de réfléchir au ministère à travers des optiques multiples, chaque optique est utilisée autant que possible. La dernière étape de validation d'un module intégré et sensible au contexte a pour point culminant une dissertation. Il s'agit d'une situation-problème qui part de la description d'un cas rencontré par l'étudiant dans son ministère. En praticien-réflexif, l'étudiant mobilise les différents éléments du module pour produire une analyse de cas critique. La visée de cette méthode clinique est praxéologique et prescriptive. L'étudiant conclut sur des recommandations contextuelles, ainsi que des actions (quand cela est possible).

En mettant au point les thèmes des modules, il a été reconnu que la vision, la mission et les valeurs de l'école touchaient au caractère central de la *Missio Dei* et au rôle de l'Église ainsi que de l'individu au service de Dieu dans la région. Par conséquent, chaque année les étudiants élaborent leurs travaux autour de ces trois axes incarnés : Dieu, la communauté et l'individu. La première année est orientée vers la nature des sujets au programme en se fondant sur cette approche tripartite. La deuxième année traite davantage de l'expression des sujets au programme. L'étudiant réfléchit à la façon dont ces manifestations expriment la nature étudiée l'année précédente. Le contenu de ces modules n'est pas exclusif : le thème est une question d'accent, et autant que possible tous les éléments de la vision, de la mission et des valeurs de l'ABTS sont introduits dans chaque module proposé par l'école.

Un programme intégré, nécessitant de solides connaissances initiales, la première année est conçue comme une année propédeutique où sont posés les fondements de la réflexion théologique. L'étudiant passe de connaissances à la compréhension de celles-ci en développant une faculté d'analyse. Notre méthode est fondée sur la taxonomie des apprentissages de Bloom (*et al.*, 1956). Présentée sous la forme d'une pyramide, selon Bloom le processus de cognition se construit en passant par les étapes successives suivantes :

1. **Reconnaître** l'information en la récupérant.

2. **Comprendre** l'information en la traitant.

3. **Appliquer** l'information en mobilisant les connaissances dans des situations concrètes.

4. **Analyser** les éléments qui interagissent dans l'information.

5. **Evaluer** l'objet d'étude selon des critères explicites.

6. **Créer** en élaborant une nouvelle méthode ou en prescrivant une attitude à adopter.

Un survol biblique, historique et doctrinal est présenté aux étudiants entrants afin d'assurer un niveau de base de connaissance partagée supposée. Sur ce socle commun, suivent des modules fournissant aux étudiants des outils de compréhension. L'objectif est d'amener les étudiants à un niveau élevé de pensée synthétique et analytique, durant leurs deuxième et troisième années. Nous avons cherché à atteindre un niveau d'intégration même avec les modules fondamentaux, chaque module tournant autour d'un thème central et se terminant par une dissertation.

En préparation de la retraite des professeurs de février 2008, un sondage des anciens étudiants a révélé que seuls environ 35 pour cent étaient engagés dans un ministère pastoral. Un grand nombre des anciens étudiants restants étaient impliqués soit dans des initiatives d'implantation d'Églises, soit dans une variété de ministères auprès des enfants, des jeunes et des familles. En réponse à cela, nous avons développé trois enseignements de spécialité parmi lesquels les étudiants pouvaient faire leur choix dans la deuxième et la troisième année d'étude : les ministères pastoraux, l'implantation d'Églises contextualisée, et les ministères auprès des enfants, des jeunes et des familles. Reconnaissant la variété des besoins et intérêts des étudiants, l'ABTS a également préservé une partie du programme pour les options des différents parcours. En 2013, notre corps étudiant s'était diversifié davantage, de sorte que nos trois enseignements de spécialité d'origine ne répondaient plus aux besoins de nombre d'entre eux. Étant donné la maturité de nos étudiants et les disponibilités limitées du corps enseignant à l'ABTS, nous avons démantelé les enseignements de spécialité, rendant optionnels tous les cours de cette composante du programme, avec des cours recommandés liés à des ministères précis. Ce changement a grandement simplifié nos procédures administratives.

Depuis plus d'une décennie, l'Institut d'études moyen-orientales de l'ABTS organise chaque année un Congrès annuel très réputé. Orateurs et participants viennent du monde entier, et des thèmes contemporains importants sont abordés. Étant donné la pertinence contextuelle et la qualité exceptionnelle des orateurs à cette conférence, notre nouveau programme a rendu obligatoire la participation à cette rencontre.

La langue d'enseignement de l'ABTS est l'arabe. Étant donné le peu de ressources disponibles dans cette langue, nous avons mis un fort accent sur l'anglais comme besoin linguistique le plus pressant de nos étudiants. À cause de cela, et en tenant compte du nombre croissant de ressources de qualité en langues bibliques disponibles en ligne, nous avons décidé de ne pas exiger d'études approfondies en grec et en hébreu. À la place, nous exigeons des étudiants qu'ils suivent une introduction aux langues bibliques dans le cadre du module d'Interprétation de première année, au cours duquel est fourni du matériel de base en grec et en hébreu, ainsi qu'une formation sérieuse à l'utilisation des outils Internet et CD/DVD. Le grec et l'hébreu sont proposés dans la partie optionnelle du programme, et les étudiants aux fondements académiques les plus robustes sont encouragés à suivre des cours avancés dans les langues bibliques.

En accord avec notre désir d'une formation holistique, nous sommes passés du recours au système américain Carnegie de comptage de crédits au Système européen de transfert et d'accumulation de crédits (crédits ECTS). Selon le système européen, un plus grand nombre de crédits est requis pour achever un programme d'étude, mais il est entendu qu'une large part des crédits supplémentaires sera allouée à des activités d'apprentissage hors des murs de la salle de classe. En accordant des crédits à de telles expériences, l'approche européenne communique aux étudiants l'importance de ces éléments péri-académiques pour leur formation globale. Parmi ces activités d'apprentissage obligatoires qui donnent lieu à un crédit à l'ABTS l'on trouve :

- Un accent majeur est mis sur la « Réflexion théologique sur la vie et le ministère ». Un certain nombre d'activités différentes exige des étudiants qu'ils réfléchissent à la fois à leur engagement dans le ministère de l'Église locale et à des éléments de leur vie tels que leur relation avec leur conjoint, leurs enfants et leurs pairs, leur expérience professionnelle hors et sur le campus, et l'influence du cinéma, des médias et de la technologie.
- Les étudiants sont tenus de participer activement au culte communautaire quotidien à la chapelle. Plusieurs fois par semaine, des étudiants conduisent la louange et/ou apportent une méditation pendant ce temps. Deux fois par

semaine, le l'aumônier anime une activité d'apprentissage pour les étudiants, consistant à évaluer leurs présidences et interventions.

- Un mentor est fourni à chaque étudiant, qui est tenu de le rencontrer au moins sept fois par an.
- Une fois par semaine, les étudiants, le personnel et les professeurs se retrouvent par petits groupes pour étudier la Bible ensemble.
- Au cours de leur premier mois de présence à l'ABTS, les étudiants sont initiés aux études théologiques dans l'école. Ils sont présentés aux professeurs et au personnel, et ont droit à une visite guidée du campus et du voisinage. Le personnel de la bibliothèque leur présente les ressources disponibles. On explique aux étudiants la vision et la philosophie de l'éducation de l'ABTS, et on parcourt avec eux le manuel d'étudiant afin de veiller à un bon niveau de compréhension réciproque. On leur explique comment faire une dissertation et on insiste sur les règles de déontologie des travaux universitaires. Les étudiants doivent également passer un examen en connaissances bibliques, une évaluation de leur personnalité et de leurs dons spirituels, et ils s'auto-évaluent par rapport au « profil du diplômé » proposé par l'ABTS.
- Au début de leur deuxième et de leur troisième année d'études, les étudiants passent un « test », au cours duquel on leur demande de refaire une nouvelle auto-évaluation, basée sur le profil du diplômé et de rédiger un travail réfléchi à propos de leur cheminement au cours des douze mois précédents. L'ABTS attend d'eux qu'ils manifestent une progression dans les techniques d'analyse et d'expression écrite.
- En deuxième et troisième année, on demande aux étudiants de rédiger un contrat pédagogique indépendant pour l'année universitaire à venir. Les étudiants bénéficient d'un large degré de liberté quant au contenu de ce projet d'apprentissage. Jusqu'à présent ceux-ci ont couvert des activités aussi diverses que l'étude de l'histoire des Églises protestantes au Liban, l'apprentissage de la guitare, et l'acquisition d'une plus grande autodiscipline.
- Un cours de synthèse est dispensé durant le dernier mois d'études aux étudiants qui ont achevé les trois années du programme de formation. La raison d'être de ce cours est de permettre aux étudiants de réfléchir sur leur cheminement à l'ABTS et de regarder ensemble vers l'avenir. Un accent particulier est mis sur le concept de continuer l'apprentissage tout au long de la vie, et sur les moyens par lesquels les étudiants peuvent accéder à des occasions d'apprentissages pertinentes sur leurs lieux de ministère.

Une présentation du programme sous forme de diagramme est donnée dans les figures 1.2 et 1.3.

Questions fréquemment posées

Si nous sommes convaincus que notre choix de système éducatif permet l'acquisition d'une formation solide en théologie et plus largement pour la préparation au ministère, nous n'ignorons pas l'écart avec le modèle d'éducation dit traditionnel (ou magistromorphique), et les incompréhensions entre les tenants des deux modèles.

Cependant, avant de tenter toute comparaison, il est important de souligner que comparer un programme d'étude traditionnel avec le nouveau programme de l'ABTS revient à comparer des pommes à du poisson. En effet, parce que leur enracinement philosophique est différent, les deux dispositifs pédagogiques sont différents. Selon le critère de l'efficacité du dispositif, ce ne sont pas sur les modalités qu'il faut s'arrêter mais

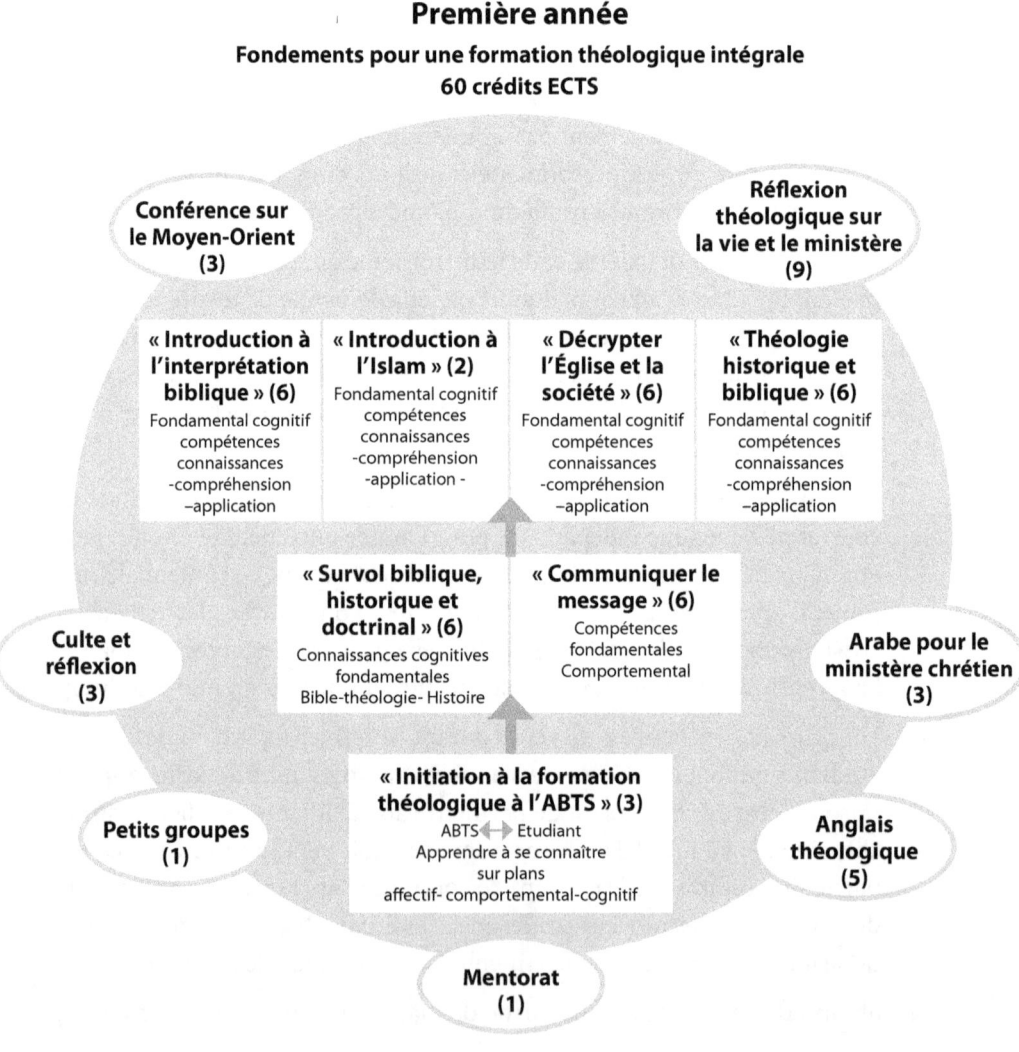

Figure 1.2 Programme de première année de l'ABTS

sur le but à atteindre. Le système éducatif permet-il d'accomplir la vocation de l'école en incarnant sa vision, sa mission et ses valeurs ?

De plus, aucun programme ne peut tout faire, et il y a toujours un programme « non-retenu » – ce que nous enseignons au travers de ce que nous excluons du programme. Nous avons longtemps peiné pour sélectionner à la fois quoi inclure et quoi exclure. La plus grande erreur dans la formation de programmes est selon nous de chercher à plaire à tout le monde. Il en résulte une densification du contenu des programmes, qui occupe l'essentiel du temps disponible, et n'en laisse plus pour la réflexion personnelle de l'étudiant sur sa vie et son ministère. En examinant le cursus, nous vous invitons à étudier non seulement ce qui est absent de notre nouveau programme et qui peut être courant dans un cursus traditionnel, mais encore plus l'inverse : ce qui est inclus dans le nouveau programme et qui est absent dans un cursus traditionnel. Faire autrement revient à ne pas reconnaître le travail qui sous-tend cette nouvelle approche.

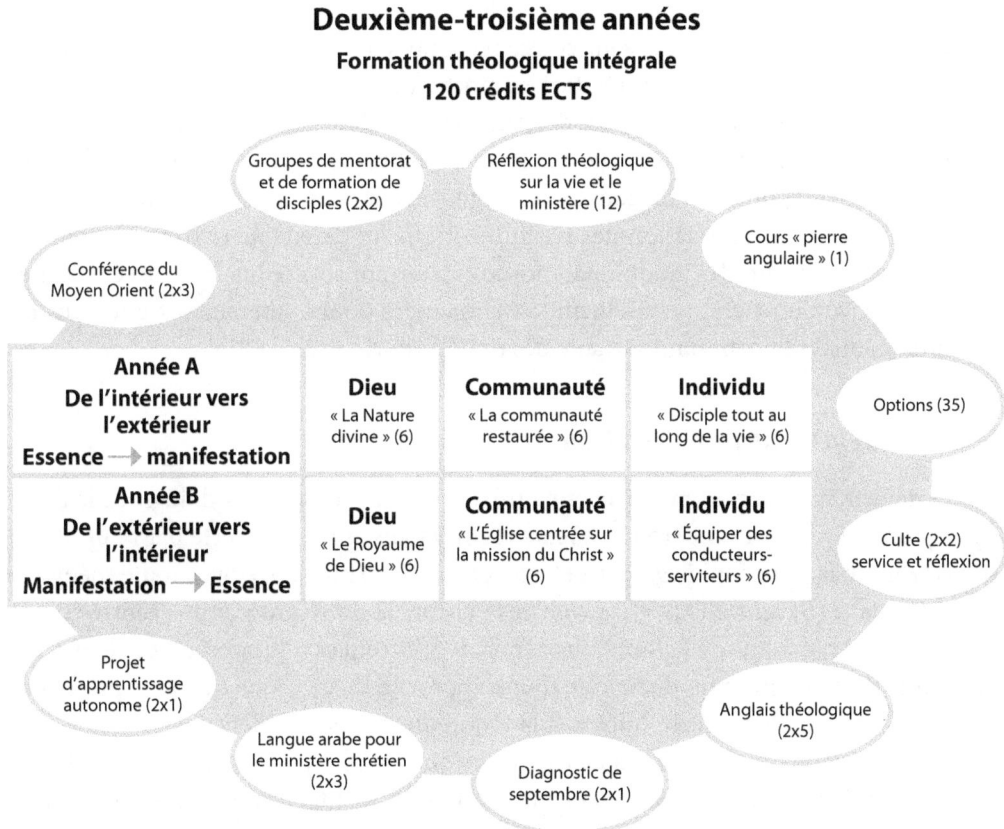

Figure 1.3 Programme des deuxième et troisième années de l'ABTS

Y a-t-il suffisamment d'enseignement sur les livres bibliques dans le nouveau programme ?

Pour répondre à cette question, il faut d'abord souligner que chaque membre du corps enseignant de l'ABTS aime passionnément les Écritures. Par conséquent, une forte composante biblique traverse le programme, même si celle-ci n'est pas toujours explicite. Par exemple, près de la moitié de l'unité sur l'évangélisation dans le module de *Communication* de la première année, est consacré à l'étude des modèles bibliques d'évangélisation ; l'unité sur l'anthropologie culturelle dans le module Église et société, inclut le dialogue avec le modèle de Jésus et la vie de l'Église primitive ; l'unité sur l'adoration dans le module intégral *Nature et caractère de Dieu*, est un dialogue approfondi entre les pratiques d'adoration rapportées dans la Bible et les pratiques contemporaines ; et chaque exercice en *Méditation théologique sur la vie et le ministère*, comprend une réflexion étendue sur la manière dont la Bible instruit l'expérience de vie de l'étudiant. Par conséquent, la proportion du programme qui enseigne la Bible est bien plus grande qu'il ne transparaît des chiffres bruts donnés ci-dessous.

En termes d'étude cursive de chaque livre de la Bible, le programme académique de première année aborde la Bible des manières suivantes : (a) deux-tiers du module de Survol rapportant six crédits sont consacrés à un survol de l'Ancien et du Nouveau Testament ; (b) le module d'Interprétation rapportant six crédits est entièrement consacré à l'interprétation des Écritures ; (c) les deux-tiers du module de Théologie rapportant six crédits se concentrent sur la théologie de l'Ancien et du Nouveau Testament. En d'autres termes, environ 40 pour cent du contenu enseigné en cours est consacré entièrement à la connaissance et à l'interprétation des Écritures. Dans les deuxième et troisième années du programme, chacun des modules du noyau rapportant six crédits met l'accent (généralement environ un-tiers) précisément sur la manière dont le thème est traité dans les Écritures, et une proportion importante des options portent sur la Bible.

Qu'en est-il de la théologie systématique ?

Premièrement, il est important de reconnaître que la forme et la méthodologie de la théologie systématique moderne trouvent leurs racines dans la redécouverte par l'Europe au Moyen Âge de la philosophie grecque et non dans les Écritures. De plus, toute théologie est contextuelle (Bevans 2002), et, en vue de la vision de notre programme centrée sur la mission du Christ à toute l'Église, nous avons des réticences à proposer dans le monde arabe, une présentation non distanciée d'une approche théologique qui a été profondément marquée par l'histoire, la culture et la vision du monde occidentales.

Cela dit, nous sommes très soucieux de ce que les convictions centrales de l'Église chrétienne soient communiquées fidèlement à nos étudiants, et un examen attentif de notre programme révèle que les thèmes majeurs de la théologie systématique traditionnelle sont bien soutenus et développés. En première année, de grandes lignes sont présentées dans la brève unité d'introduction, le *Survol de la doctrine chrétienne*. Ces grandes lignes sont développées dans le module de théologie de la fin de la première année. Dans les modules du noyau de deuxième et troisième années, nous voyons de la théologie à proprement parler, dans les modules intégrés sur la *Nature et le caractère de Dieu* et sur le *Royaume de Dieu*, la sotériologie et l'ecclésiologie dans les modules sur la *Communauté restaurée* et sur *l'Église centrée sur la mission donnée par Christ*, la pneumatologie dans les modules sur les *Conducteurs responsables* et *Disciple tout au long de la vie*, la théologie des Écritures dans le module d'interprétation de première année, et la christologie qui sature chaque module.

Qu'en est-il des langues bibliques ?

À l'ABTS, nous affirmons que chaque génération a besoin de chercheurs et de traducteurs bibliques qui ont atteint un niveau élevé de compétence en langues bibliques. Cependant, nos recherches nous ont amenés à découvrir que, de nos anciens étudiants – dont la plupart avaient dû suivre une année de grec et d'hébreu – peu sont capables de manier ces langues d'une manière un tant soit peu utile cinq années après la fin de leurs études, et qu'après dix années, très peu sont même capables d'écrire l'alphabet. De nombreux anciens étudiants ont cité les langues bibliques comme les cours les plus redoutés et estimés inutiles qu'ils aient suivis à l'école théologique. Nous avons pris très au sérieux l'évaluation de nos anciens étudiants dans le développement du nouveau programme.

Il y a une limite à ce qui peut être accompli dans un programme, et il est difficile de réussir à bien apprendre plusieurs langues en même temps. Tout en étant conscients de la subordination de l'enseignement théologique non-occidental à l'universalisation croissante de la langue anglaise dans le discours théologique (Kang 2010), nous avons néanmoins découvert par l'expérience l'importance de l'anglais pour nos étudiants, à la fois en termes d'accès aux ressources et pour permettre le dialogue avec la communauté chrétienne mondiale. C'est pourquoi nous avons placé l'accent linguistique sur l'enseignement de l'anglais.

S'agissant de l'hébreu et du grec, des ressources électroniques exceptionnelles ont été développées ces vingt dernières années. Plutôt que de charger nos étudiants d'heures de mémorisation de vocabulaire (ce qui constitue le gros de la plupart des cours de langues bibliques), nous avons choisi d'inclure une unité *d'Introduction aux langues bibliques* obligatoire en première année dans le module d'Interprétation, qui enseigne aux étudiants l'alphabet et la grammaire de base et se focalise ensuite sur l'utilisation des outils électroniques disponibles. Pour le restant de leurs études, on attend des étudiants qu'ils utilisent ces ressources linguistiques informatiques.

Cependant, étant conscients de la nécessité d'encourager ceux qui souhaitent poursuivre l'étude des langues bibliques à un niveau plus avancé, nous proposons à la fois le grec et l'hébreu en option. En général, environ un tiers des étudiants continuent avec les langues bibliques. Alors que les professeurs de langue étaient initialement hésitants à rendre les cours de grec et d'hébreu avancés facultatifs, ils ont trouvé cela très avantageux dans la pratique. Les groupes sont plus petits, et les étudiants qui choisissent les études linguistiques avancées sont en général plus aguerris aux pratiques universitaires et davantage prêts à accepter la discipline que requiert l'étude des langues. En conséquence, grâce à cette sélection, bien plus de contenu est abordé qu'auparavant, les étudiants moins motivés n'étant pas présents pour freiner la progression des autres.

Comment fonctionne la réflexion théologique ?

La réflexion théologique sur la vie et le ministère est une composante significative de notre nouveau programme. Les étudiants doivent acquérir 21 crédits ECTS en Réflexion théologique avant la fin de leurs études, chaque crédit comprenant quinze à vingt heures d'expérience et cinq à dix heures de retour sur cette expérience. Une variété d'approches est employée au cours des trois années, la première se concentrant sur la formation de l'étudiant à la réflexion théologique, et les deuxième et troisième années mettant l'accent sur la pratique. Dans chaque cas, la réflexion se situe aux niveaux de l'expérience, de l'attitude et de la théologie. Une partie importante de ce travail consiste en des discussions entre pairs comprenant :

- comment ils ont vu Dieu à l'œuvre dans l'expérience,
- ce qu'ils ont appris sur son caractère et sur son œuvre à travers cela,
- une méditation théologique à travers les optiques création-chute-rédemption-consommation.

L'accent est mis sur des expériences dans le cadre de l'Église et du ministère, mais les étudiants sont également encouragés à mener une réflexion théologique sur des expériences relationnelles, dans le service de la communauté de l'ABTS et des médias.

L'accent sur la réflexion théologique présuppose que le Saint-Esprit est à l'œuvre dans la vie des étudiants et qu'il est leur enseignant suprême. À travers la méditation théologique, nous cherchons à coopérer avec le plan du Saint-Esprit pour nos étudiants plutôt qu'à attendre que le Saint-Esprit s'adapte et donne sa bénédiction à nos priorités.

Tous nos diplômés devront servir parmi des personnes ordinaires telles que des femmes au foyer, des hommes et des femmes d'affaires, des ouvriers, des professeurs des écoles, des jeunes et des enfants. La capacité à aider tous ces divers types de personnes à imprégner leurs vies ordinaires de la connaissance de Dieu et de voir la pertinence de leur foi pour tous les aspects de leur vie est au cœur d'un ministère chrétien fructueux. Cependant, ainsi que l'exprime un proverbe arabe : « On ne peut pas donner ce qu'on n'a pas », et l'expérience multiple de réflexion théologique demande aux étudiants d'établir ces liens par eux-mêmes, afin qu'ils puissent à leur tour en guider d'autres dans ce processus. C'est uniquement par une pratique répétée que les étudiants peuvent acquérir l'habitude de voir toute la vie et le ministère au travers des optiques des Écritures et de la saine théologie, et ainsi se préparer à un ministère futur qui relie les Écritures à l'expérience quotidienne de gens ordinaires.

Ce que nous avons appris

Comme nous l'avons mentionné précédemment, la mise en œuvre du programme intégré s'est révélée plus simple que ce qu'aucun de nous n'avait imaginé, et le modèle de formation intégrale est maintenant devenu une routine pour nos professeurs. Cependant, nous avons appris de ce processus un certain nombre de leçons importantes.

Par-dessus tout, nous avons appris l'importance de l'adhésion des professeurs. L'appropriation du programme a été obtenue en formant d'abord les enseignants aux bases de l'intégration éducative et de l'apprentissage pluridimensionnel. Un engagement réciproque envers la vision, la mission et les valeurs, et à l'égard du profil du diplômé, a été fondateur. Pendant tout le processus de conception et de mise en œuvre, il y a eu des retours fréquents à notre objectif global qui est de former des hommes et des femmes opérants afin que l'Église soit mieux équipée pour remplir son appel missionnaire. La conceptualisation et la conception générales du programme et des modules individuels ont émergé à travers des retraites du corps enseignant pendant lesquelles les enseignants ont travaillé en équipe pour parfaire le travail.

Nous avons aussi appris qu'il est vital de reconnaître et de traiter les craintes légitimes. À la fin de la retraite de février 2008 nous avions joint à notre réflexion deux participants étroitement impliqués dans l'accréditation internationale, et leur soutien à notre approche a rassuré sur la compatibilité de ce programme avec les exigences d'accréditation de l'école. Des efforts considérables furent déployés afin de gagner les professeurs les plus réticents. Il était également important de faire savoir aux enseignants que certaines difficultés se présenteraient sans doute, mais que cela ne devrait pas nous empêcher d'aller de l'avant. Rétrospectivement, il y a eu moins d'ennuis que nous n'en redoutions au départ.

Le soutien du doyen de l'ABTS a été fondamental. Nous avons eu le privilège d'avoir un doyen qui, non seulement a apporté son soutien, mais qui a également fait tout ce qu'il a pu afin de promouvoir le processus de formation intégrale et d'être notre avocat au sein du conseil d'administration et parmi la communauté ecclésiale.

Il est également peu probable que nous ayons pu achever cette tâche sans un membre du corps enseignant avec un arrière-plan solide en théorie et pratique de l'éducation, qui puisse former les professeurs et les soutenir pendant le processus de mise en œuvre. Le responsable du développement du programme devrait être une personne qui croit à la valeur de ce qui est entrepris, et qui est aussi dans une certaine mesure un preneur de risques.

Nous avons découvert que tout ne peut pas être prêt avant de commencer. Aucun professeur n'avait d'expérience antérieure de ce type de programme intégral, et nous avons vite découvert que la meilleure manière d'avancer était d'esquisser la forme générale des modules au préalable, et de laisser les détails aux enseignants individuels lors de la mise en pratique. Cependant, l'esquisse devait être suffisamment « étoffée » pour avoir du sens, en termes à la fois des déclarations du but des modules et des unités et des résultats d'apprentissage souhaités. Nous avons également compris qu'il était important que les équipes des modules se rencontrent avant la prestation afin d'assurer un certain niveau de compréhension réciproque, et après la prestation pour passer en revue la mise en œuvre.

Par-dessus tout, nous avons appris que le processus demande de la patience et de la communication ; le développement et la mise en œuvre du programme était le produit de plusieurs années de préparation et d'interaction, les rencontres hebdomadaires du corps enseignant et les retraites annuelles des professeurs jouant un rôle crucial. La démarche n'aurait jamais abouti s'il y avait eu des rivalités non réglées parmi les professeurs. Bien qu'il y ait eu des tensions dues aux différences de points de vue, celles-ci ont été traversées grâce à la communication et le compromis.

Notre expérience du changement de programme a été positive et passionnante. Bien que le processus ait été exigeant et à certains moments effrayant, il nous a rapprochés en tant qu'équipe, et nous sommes très satisfaits du résultat en termes de nos étudiants diplômés. Même si toutes les écoles n'ont pas la liberté de mettre en œuvre un changement de programme de l'ampleur de celui qui a eu lieu à l'ABTS, les professeurs et les étudiants de notre faculté recommanderaient certainement de viser tout niveau d'intégration possible.

Ce livre a été écrit pour ceux qui sont engagés sur le terrain dans la formation théologique, à la fois pour encourager une transformation analogue des programmes dans leurs propres institutions théologiques, et pour leur fournir des outils pratiques pour accomplir cet objectif. Si même quelques pas sont faits, les implications pour l'avancement de la mission mondiale de Dieu seront significatives.

Première partie

Une intention délibérée dans la langue et la culture institutionnelles

La culture d'un établissement façonne chaque aspect de l'apprentissage qui a lieu dans un programme de formation théologique. Par conséquent, engager intentionnellement des changements dans la formation des responsables requiert en premier lieu le développement d'un langage et d'une culture partagés. La première partie de ce livre étudie les domaines-clés liés à ces questions. Une formation théologique transformatrice pourra se mettre en place dès lors que ces questions seront pleinement adoptées par le corps enseignant et le conseil d'administration, mais également lorsqu'elles seront comprises et appliquées par le personnel, de telle sorte qu'une culture saine comble chaque creux de l'organisation.

Paul Sanders, ancien Directeur exécutif du *Conseil international pour la formation théologique évangélique* (connu sous le sigle ICETE) a observé que : « Le problème d'une bonne partie de la formation théologique est qu'elle n'est ni théologique ni formatrice » (Sanders 2009). Une vision pour la formation théologique fondée sur la mission donnée par le Christ à toute l'Église génère une série de questions pédagogiques essentielles (explorées au premier chapitre). Cependant, cette grande vision doit être équilibrée par une prise en compte des réalités concernant nos capacités et une compréhension du rôle limité que nous jouons dans le cheminement de conducteurs émergents. Cette ambition nous mène à une autre série de questions essentielles (abordées dans le deuxième chapitre). La responsabilité devant autrui est un élément essentiel de cette intention pédagogique délibérée (et fournira le thème du troisième chapitre).

Les chapitres suivants aborderont deux concepts pédagogiques clés essentiels pour le développement d'une intégration holistique dans la formation de conducteurs d'église. Premièrement, la formation théologique traditionnelle a eu tendance à se focaliser sur le développement de la pensée comme mission première de l'apprentissage institutionnel. Cet accent puise ses racines dans la philosophie grecque et celle des Lumières. Une compréhension de la pédagogie mieux ancrée théologiquement reconnaît la nature holistique de l'apprentissage, embrassant non seulement le cognitif, mais également les domaines affectif et comportemental. La formation holistique que nous avons expérimentée nécessite une culture éducative et un langage institutionnel partagés. Ceux-ci doivent refléter la formation holistique que nous préconisons.

Deuxièmement, une intention profonde de façonner des conducteurs émergents pour l'Église de Jésus-Christ requiert une sensibilisation de la communauté éducative entière – conseil d'administration, équipe dirigeante, corps enseignant, étudiants et personnel – aux manières « cachées » ou implicites par lesquelles l'apprentissage se produit. La réflexion sur le programme d'étude « implicite » soulignera la mesure dans laquelle les étudiants apprennent ce qu'est un responsable chrétien en observant la manière dont se déroule l'enseignement, le modèle de vie de leurs professeurs, et leurs expériences avec la direction de l'école. De même, nous méconnaissons souvent le « programme non-retenu », c'est-à-dire ce que nous décidons d'exclure de notre programme d'étude, en contenu ou en méthodologie. Ces exclusions communiquent des valeurs profondes à toute la communauté éducative. Le langage des programmes « implicite » et « non-retenu » est un élément précieux des cursus renouvelés de formation théologique.

Une fois un langage et une vision partagés en place, il est possible de commencer à développer un programme intégral et holistique. Des suggestions précises seront faites à ce sujet dans les chapitres 6 et 7. Cette section se conclura sur l'analyse de l'« apprentissage en profondeur », c'est-à-dire l'apprentissage qui restera acquis cinq ou dix ans après l'achèvement des études et qui façonne les valeurs et les pratiques sur le long terme.

1

Poser les bonnes questions (1)

Une enquête récente réalisée auprès de plus de 1000 églises dans 32 pays (Schwarz 2000, p. 23) a montré que la croissance de l'Église est inversement proportionnelle au niveau de formation des ministres du culte. Schwarz montre que, plus une union d'églises exige des pasteurs et formateurs hautement diplômés, plus elle décroit. Plus précisément, l'enquête menée par l'équipe de *Natural Church Development (NCD)* a montré que seulement 42 pour cent des pasteurs en poste dans les Églises croissants en qualité et en quantité avaient suivi une formation théologique. À la tête des Églises sans croissance sensible, 85 pour cent des pasteurs étaient diplômés en théologie. Même si certains ont remis en question la méthodologie de l'enquête de la NCD (Hunter 2004 ; Van Engen 2004, p. 138-140), l'insatisfaction largement répandue vis-à-vis des résultats sur le terrain réalisés par les diplômés des institutions de formation théologique ne peut être ignorée.

Le modèle classique de formation théologique, avec ses modules cloisonnés d'études bibliques, théologiques, historiques et (par la suite) de théologie pratique, est apparu dans un contexte où la relation entre l'Église et la société au sens large s'inscrivait en général dans un paradigme de « société chrétienne ». On partait du postulat que l'Église pouvait et devait avoir un certain pouvoir et une certaine influence sur la société. C'est pour cette raison que les éléments fondés sur la mission de l'Église présents dans le contenu et la méthodologie sont à peine visibles dans le modèle traditionnel. Les formations théologiques classiques ont fait le choix d'une méthodologie fondée sur l'étude des théologiens scientifiquement reconnus (Guder 2010). Le paradigme de « société chrétienne » n'a jamais été pertinent pour le monde non-occidental, et ne l'est plus pour la plus grande partie de l'Occident. D'où les recommandations des spécialistes de la formation théologique tels que Robert Banks (1999) et Linda Cannell (2006) à fonder la formation théologique sur la mission de Dieu donnée à toute l'Église. Comme l'exprime Cannell (2006, p. 306) :

> Un paradigme élaboré à la période médiévale, modifiée pour convenir aux changements théologiques de la Réforme, influencés par la méthodologie scientifique des Lumières, façonnée par l'université de recherche allemande, profondément affectée par la modernité, et supposé définir la formation

théologique aujourd'hui n'est sans doute pas adéquat pour les enjeux de la culture contemporaine et la formation de chrétiens qui ont été façonnés par cette culture-là.

Maintenir le statu quo dans la formation théologique, c'est affirmer implicitement notre loyauté envers le paradigme de « société chrétienne ». La transformation des programmes d'étude constitue un des besoins les plus pressants de la formation théologique au XXIe siècle. C'est pourquoi ce livre vise à fournir des outils pour la révision des programmes et les bons choix didactiques. Dans cette première partie, nous examinons certaines questions fondamentales pour les programmes et leurs implications dans la conception générale et le développement de cursus. Ces lignes sont adaptés du contenu tiré de *On teaching and learning* de Jane Vella (2008, p. 32-47) et de l'approche de Grant Wiggins de la « planification à rebours de programmes d'études ». Dans la deuxième partie du livre, nous examinerons comment une vision missiologique de la formation pourrait être vécue dans la salle de classe.

Nous allons développer la notion d'un programme d'étude fondé sur la mission intégrale et holistique de l'Église. Cependant, même en proposant un programme plus classique, le fait de poser les bonnes questions entraînera inévitablement des changements de perspective qui pourront prendre en compte certaines des insuffisances largement perçues de l'approche actuelle des formations théologiques.

Le défi de la réforme des programmes

Quatorze ans après la rédaction de son ouvrage de référence *Theologia* (1983), Edward Farley écrivit, désespéré, les mots suivants :

> Devons-nous conclure, donc, que les écoles de théologie ne peuvent se réformer elles-mêmes ? Je ne suis pas sûr que, même si leur survie institutionnelle était menacée, cela suffirait pour contrebalancer la résistance structurelle du corps enseignant aux réformes. Étant donné la manière dont les institutions d'enseignement tentent de se conserver, une réforme rapide et autocritique, accomplie de l'intérieur par le corps enseignant et avec la coopération des étudiants et de l'administration, ne semble pas possible. (Farley 1997)

Le changement est toujours difficile, mais le changement de programme éducatif l'est particulièrement. Ceci est dû à des facteurs externes et internes auxquels sont confrontés ceux qui reconnaissent et désirent ardemment une nouvelle norme plus pertinente et appropriée dans le développement des programmes. Lorsqu'il était président de l'université de Princeton, Woodrow Wilson a illustré son expérience ainsi : « Il est plus aisé de changer le site d'un cimetière qu'un programme universitaire » (Bailey, 2001).

À l'extérieur de l'institution, il faut gérer la structure universitaire laïque, et rendre des comptes aux agences d'accréditation. Celles-ci sont malheureusement parfois plus préoccupées par des questions de standing et de réponses aux critères formels que par un véritable apprentissage. Que Dieu nous vienne en aide si notre considération <u>première</u> est la réputation extérieure et la crédibilité de notre institution ! Au contraire, notre première préoccupation devrait être notre mandat de former des hommes et des femmes qui conduisent l'Église à remplir sa grande mission de voir Christ reconnu comme Seigneur par toute la terre.

Il existe également des problèmes en interne. La plupart des professeurs de l'enseignement supérieur n'ont pas, ou à peine, étudié sérieusement les sciences de l'éducation. Fréquemment, les voix dominantes dans nos institutions théologiques sont des professeurs qui se sentent plus à l'aise dans un cadre universitaire que dans l'Église locale, et qui sont des théoriciens plutôt que des praticiens. Selon le vieil adage anglais : « Ceux qui peuvent, font. Ceux qui ne peuvent pas, enseignent. » De nombreux universitaires ont peur des approches qui leur demandent de sortir de leur domaine de spécialité, ou qui les poussent à accorder également de l'importance à la pratique du ministère et pas uniquement à la performance académique. De plus, les professeurs de théologie sont en général ceux qui ont réussi dans le système académique et qui par conséquent sont très réticents à remettre en cause le système auquel ils ont consacré une si grande partie de leur vie. Il est donc difficile pour un corps enseignant établi d'initier une réforme des programmes éducatifs.

L'engagement de l'ensemble des acteurs de l'institution est crucial pour aller de l'avant de façon créative, particulièrement dans la phase initiale de formation de la vision et de conceptualisation. Dès 1994, John Woodyard remarquait que :

> Dans le paradigme actuel, les professeurs – le corps enseignant – contrôlent leurs cours, leurs classes, le programme, l'embauche de professeurs et les décisions de titularisation. Cette structure existante est renforcée par la tradition, les agences d'accréditation et les structures bureaucratiques d'État. Elle ne peut être changée par les membres du Conseil d'administration, les unions d'Églises, ni par les équipes dirigeantes et les donateurs. Cependant, dans bien des cas, les conseils d'administration, les équipes dirigeantes et le corps enseignant des institutions théologiques doivent prendre conscience qu'ils ne survivront pas s'ils continuent à regarder aux succès du passé et aux chemins anciens plutôt qu'à s'occuper de manière réaliste des changements nécessaires pour s'assurer que leurs diplômés conduiront bien les Églises du siècle prochain. (Woodyard 1994, p. 3)

Un autre obstacle majeur à la réforme des programmes est le manque de modèles significatifs. Il nous est difficile de nous affranchir des schémas traditionnels familiers, et nous avons tous tendance à enseigner de la même manière dont nous avons appris et à développer des institutions de formation selon le modèle de celles qui nous ont formés. Par conséquent, nous trouvons parsemée à la surface du globe une pléthore de petits Trinity, Fuller, Dallas, Princeton, et, de temps en temps, des Oxford, Édimbourg et Tubingue, pour ne citer qu'eux – en dépit du fait que ces modèles ne sont généralement pas pertinents dans le contexte du Moyen-Orient, de l'Afrique, de l'Asie ou de l'Amérique Latine. On pourrait même soutenir que ces modèles classiques ne sont plus pertinents même dans les contextes contemporains du monde occidental.

Poser les bonnes questions est le fondement de la réforme de nos programmes éducatifs. Lorsque la plupart des institutions de formation théologique tentent de concevoir un programme éducatif, elles posent d'abord les questions « quoi ? » et « comment ? » Il en résulte que les discussions autour du programme se réduisent à des arguments sur des points mineurs de limites territoriales des domaines éducatifs. Chaque professeur défend avec véhémence l'attribution des moyens à sa discipline, au lieu d'avoir une vision d'ensemble partagée et de travailler à l'accomplissement de la vocation divine à laquelle nous sommes appelés. Si les questions « quoi ? » et « comment ? » sont importantes et devront en fin de compte recevoir une réponse, elles ne sont pas en réalité le commencement mais plutôt la fin de l'élaboration d'un programme éducatif.

En fin de compte, qu'essayons-nous de faire ?

Avant de commencer la planification d'un programme d'étude, nous devons nous demander : pourquoi précisément existons-nous, et qu'essayons-nous d'accomplir, en fin de compte ? Le processus de Bologne pour l'enseignement supérieur en Europe a distingué les expressions « adéquation aux objectifs » et « adéquation des objectifs » (*fitness of purpose, fitness for purpose* - ENQA 2009). Pour réussir, tout programme d'enseignement doit d'abord formuler sa raison d'être – en d'autres termes, avoir des objectifs adéquats. Une fois cela établi, l'institution et son programme peuvent être forgés pour être en adéquation aux objectifs.

Pour la formation théologique, nous devons chercher une réponse théologique à la question des finalités. De son côté, la pédagogie devrait être fondée bibliquement et théologiquement. Les Écritures disent clairement que le but ultime de tout ce que nous sommes et faisons comme individus et en tant qu'Église est de participer à la *Missio Dei* : c'est-à-dire, de travailler et servir à l'extension du royaume de Dieu et à la proclamation en paroles et en actes de Christ comme Seigneur. C'est la mission de Dieu qui passe en premier, et l'homme y participe (Gibson 2012). Tout au long du récit biblique, un fort accent est mis sur les actes puissants de Dieu à l'égard de son peuple (1 Pierre 2.9). C'est pour cette raison qu'un débat récent a évolué, en partant de la dichotomie de Kelsey (1993) entre les traditions pédagogiques grecques et allemandes (« Athènes et Berlin ») vers un plaidoyer pour fonder une formation théologique intégrée sur le fondement de la mission donnée par le Christ à son Église.[1] L'*Engagement du Cap* du Mouvement de Lausanne (2011, II.F.4) l'exprime ainsi : « La mission de l'Église sur la terre est de servir

---

1. Voir Banks 1999 ; Cannell 2006 ; Cronshaw 2012 ; De Gruchy 2010 ; Harkness 2013 ; Hewlett 2010 ; Kirk 2005 ; Ott 2011 ; Penner 2009.

Le cheminement d'hommes et de femmes fidèles

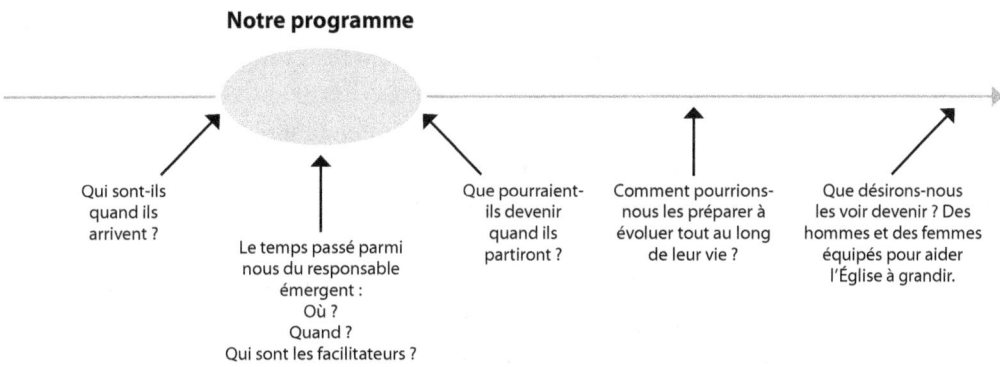

Schéma 1.1 le cheminement d'un responsable chrétien

la mission de Dieu, et la mission de l'enseignement théologique est de renforcer et d'accompagner la mission de l'Église. »

En réalité, l'Église à travers la surface du globe peine à remplir ce mandat. Des problèmes internes et externes à l'Église brouillent sa vision et étouffent son action. L'Église a désespérément besoin d'hommes et de femmes fidèles qui peuvent guider le peuple de Dieu pour affronter et surmonter les défis auxquels il fait face, et remplir courageusement et clairement son mandat d'obéir à la mission du Christ.

C'est là que nos institutions ont un rôle à jouer. Pourquoi les facultés de théologies et les programmes de formation au ministère existent-ils ? À partir d'un fondement construit sur la mission de l'Église sur la terre, la formation théologique et nos institutions existent afin de *préparer des hommes et des femmes capables de guider l'Église afin qu'elle remplisse efficacement sa mission, de voir Christ reconnu comme Seigneur sur toute la Terre*. L'on notera que la préparation d'hommes et de femmes n'est pas la finalité, mais un moyen important d'accomplir le but plus large. Ce but est de doter les églises de personnes les aidant à agir de façon influente, afin d'avoir un impact autant dans la communauté chrétienne que dans la communauté civile, de telle sorte que les caractéristiques du royaume de Dieu soient manifestées dans le monde (Fernández 2012). Notre approche biblique de l'éducation s'exprime en termes de « vision » et de « mission », c'est-à-dire d'un énoncé d'un objectif, préoccupation qui n'est pas absente des sciences de l'éducation aujourd'hui. La « vision » est l'énoncé par une institution de formation de sa perception de ce que Dieu cherche à accomplir dans la région particulière sur laquelle se concentre son ministère ; la « mission » est une description du rôle que joue cette institution de formation particulière dans l'œuvre plus vaste de Dieu – c'est-à-dire comment, précisément, le programme de l'institut cherche à contribuer à la *Missio Dei*.

Une vision-mission ou un énoncé de l'objectif exprimés clairement peuvent constituer une base précieuse à partir de laquelle les décisions concernant les programmes des institutions peuvent être mesurées et évaluées.

Notre rôle en tant que concepteurs de programmes de formation est important pour préparer des hommes et des femmes fidèles au service chrétien. Sachons, cependant, que ce rôle est limité, car notre temps d'accompagnement des étudiants est extrêmement réduit, et nous ferions bien de reconnaître ces limites. Rares sont les programmes de formation qui préparent de jeunes dirigeants émergents pendant plus qu'un petit nombre d'années, mais le travail divin de formation continuera tout au long de leur vie. Tout le processus peut être représenté sous forme de diagramme, ainsi que le montre le schéma 1.1.

Dans de nombreuses institutions théologiques, l'on s'efforce de fournir en trois ans tout ce dont un jeune dirigeant pourrait avoir besoin pour le restant de sa vie. Comme mentionné dans notre introduction, le résultat final d'une telle démarche est un programme dense et exigeant focalisé sur le contenu académique, laissant peu de temps pour former les étudiants à la réflexion sur la pratique des ministères et pour les préparer à apprendre tout au long de la vie. Trois thèmes seront abordés dans les chapitres ultérieurs : les implications éducatives du temps passé hors de la classe ; la nécessité d'un apprentissage tout au long de la vie ; et les manières de favoriser un apprentissage en profondeur. Pour l'instant, soulignons l'importance de concevoir le séjour de l'étudiant à l'école de théologie simplement comme une étape de développement qui se prolongera toute sa vie durant, tendant vers la maturité du dirigeant-serviteur.

Ayant posé le fondement d'une formation théologique articulée autour de la mission de l'Église, et ayant constaté que le temps d'un étudiant parmi nous est limité, une série de questions importantes concernant le programme émerge tout naturellement.

Question n°1 : Quelle est l'Église modèle dans notre contexte ?

Si le mandat du Christ concernant la mission de l'Église est notre raison d'être, la première question à poser est la suivante : à quoi pourrait ressembler une Église modèle, une Église qui sert la *Missio Dei* fidèlement et efficacement dans le contexte local, en particulier dans le type de contexte où nos étudiants accompliront probablement leur service. Dès le début, il faut reconnaître que nous vivons entre le « déjà » et le « pas encore » – c'est-à-dire que, bien que l'œuvre rédemptrice de Christ soit déjà accomplie, nous n'avons pas encore atteint la consommation de la gloire. Par conséquent, nous devons toujours nous attendre à la fois à la réalité du péché et de la rédemption dans nos vies personnelles et dans nos communautés ecclésiales. Cependant, en tant que chrétiens fidèles, la mission que nous avons reçue de vivre en tant que corps de Christ rend nécessaire l'esquisse d'un idéal vers lequel nous pouvons tendre, par la puissance du Saint-Esprit.

Pour que cette question sur l'Église modèle ait du sens pour le développement d'un programme d'étude, elle a besoin de réponses claires et précises. Des déclarations telles que : « C'est une Église pleine d'amour », bien que théologiquement justes, sont trop générales pour être significatives. Il est important de donner des réponses bien ancrées et concrètes, de préférence en employant des exemples précis de la manière dont une conception théologique de l'Église modèle pourrait être appliquée dans la pratique. Un bon point de départ serait de décrire chaque aspect positif constaté dans des Églises locales précises desservies par la faculté de théologie ; ceci peut facilement devenir un tremplin pour concevoir d'autres possibilités. Dans l'annexe 1.1 en conclusion de ce chapitre, vous verrez comment les participants à un atelier qui s'est tenu au Liban ont répondu à cette question.

Une préoccupation majeure dans le domaine de l'enseignement est le rôle des acteurs extérieurs liés à l'institution. Ce sont souvent eux qui ont un regard plus objectif pour répondre à cette question de l'Église modèle, ainsi qu'aux questions de vision d'ensemble posées ci-dessous. Pour cette raison, le développement stratégique d'un programme d'étude implique des pasteurs, des membres d'Églises et des responsables communautaires, aussi bien que des membres du conseil d'administration, les enseignants, et les étudiants, lors des phases initiales de la conceptualisation du nouveau programme.

Question n°2 : Quels sont les enjeux liés au contexte ?

Chaque Église reflète dans une mesure plus ou moins grande quelque chose de l'idéal du corps de Christ. Cependant, il est également vrai que toutes nos communautés de foi arrivent en deçà de l'idéal ultime, en raison des difficultés internes et externes qui les gênent pour être des acteurs fructueux dans la proclamation du Christ. Cette deuxième question cherche à décrire et évaluer ces difficultés. C'est uniquement en exprimant clairement les défis internes et externes de l'Église que nous sommes en mesure d'élaborer un programme d'étude qui prépare les étudiants à aider l'Église à relever les défis auxquels elle est confrontée.

Dans chaque partie du monde on trouve des problématiques sociales multiples. En Occident, les questions majeures auxquelles l'Église fait face comprennent une laïcité militante, le relativisme post-moderne, l'éclatement de la famille et le ralentissement économique, mais aussi une nouvelle forme de spiritualité éclectique qui laisse peu de place à la religion organisée. Au Moyen-Orient et en Asie, ces défis incluent l'essor du fondamentalisme religieux et la réalité d'être une minorité, souvent opprimée. En Afrique, on observe une pauvreté intensifiée et la prolifération du SIDA. On assiste à des conflits raciaux, ethniques ou tribaux dans de nombreuses parties du monde. La violence et la corruption constituent des défis sociaux endémiques dans une grande partie de la planète, sans oublier le nombre croissant de réfugiés. L'urbanisation a entraîné la multiplication des bidonvilles, le trafic d'êtres humains, l'abus de drogues, et un écart croissant entre riches et pauvres. À moins de bien comprendre ces défis et de les faire entrer d'une manière ou d'une autre dans notre réflexion sur le programme éducatif, nous ne pouvons pas affirmer que notre formation théologique ait une influence significative.

De même, nos Églises se débattent avec des défis internes, tels que les conflits de personnes, le traditionalisme, l'individualisme, la superficialité théologique, le manque de vision, ou l'insuffisance de temps libre. Prendre ces défis au sérieux est essentiel pour développer un programme d'étude basé sur une vision fondée sur la mission de Dieu pour l'Église.

Il y a tendance, lorsque l'on traite de la question des problématiques contextuelles, à consacrer énormément de place à une attaque en règle contre l'Église locale. De telles attaques n'accomplissent pas grand-chose. Une saine reconnaissance des forces et des faiblesses des Églises locales, en même temps qu'une évaluation réaliste des défis sociétaux locaux, pose le fondement d'un développement efficace du programme d'étude.

Il est possible que la question des problématiques externes et internes soit la plus importante pour former de façon délibérée des hommes et des femmes influents. Par conséquent, il s'agit de dresser une liste de ces questions et de les revoir périodiquement. Selon mon expérience, ce travail requiert bien une journée complète de travail en groupe (un exemple de ce à quoi pourrait ressembler le résultat d'un tel travail est fourni dans l'annexe 1.2).

Comme pour la définition de l'Église modèle, le processus d'élucidation des enjeux contextuels pour un développement efficace du programme nécessite la participation de tous les acteurs du dispositif, y compris responsables d'Église et d'oeuvres, étudiants et corps enseignant.

Question 3 : À quoi pourrait ressembler un bon responsable chrétien ?

La troisième grande question du programme cherche à faire le portrait des caractéristiques que doivent posséder les responsables pour que ces derniers puissent guider l'Église à travers les problématiques contextuelles (question 2), vers l'accomplissement de sa mission (Question 1). Nous n'attendons pas qu'une personne à elle seule fasse preuve de toutes ces qualités. Le but est plutôt de construire une image vers laquelle nos étudiants peuvent tendre, une série de traits de caractère, de compétences et de connaissances nécessaires pour accomplir au mieux la tâche de direction chrétienne dans notre contexte. Plus précisément, prenons en considération les points suivants :

- Quelles sortes de connaissances et de compétences dans le domaine de la réflexion sont nécessaires pour que le chrétien fidèle relie le texte à son contexte, et son contexte au texte, afin qu'il continue à croître et à apprendre tout au long des années à venir ?

- Quels traits de caractère et attitudes un dirigeant doit-il posséder pour que d'autres le suivent ?

- Quelles sortes de compétences sont-elles nécessaires pour que le message éternel soit incarné en paroles et en actes dans celui qui dirige et dans ceux qui suivent ?

Répondre à ces questions conduit naturellement à formuler une série de descriptions du résultat visé à long terme. Les étudiants de notre programme devraient pouvoir montrer qu'ils ont mûri dans ces domaines durant leur passage dans notre établissement. Certaines institutions décrivent cette liste de résultats comme un « profil du diplômé ». Le « profil du diplômé » de l'ABTS est donné dans l'annexe 1.3 comme un modèle possible pour votre propre école.

Dans trop d'établissements, ces descriptifs n'existent que « sur du papier » pour satisfaire les demandes des agences d'accréditation et des parties prenantes de l'institution. Pour qu'un « profil du diplômé » ait un impact durable, il faut un moyen d'évaluer les étudiants a priori et a posteriori à l'aune de ces critères. À l'ABTS nous avons développé un document d'auto-évaluation basé sur notre profil, que les étudiants doivent compléter quand ils entrent à l'institution ; ensuite, au commencement de chaque nouvelle année académique, ils rédigent des textes de réflexion à la lumière des changements personnels qu'ils perçoivent. Ceci devient la base d'un mentorat pour guider les étudiants dans leur cheminement de croissance. Un bénéfice secondaire de ce processus est que les étudiants auront acquis des compétences fondamentales pour apprendre tout au long de leur vie, et pourront concevoir le document d'auto-évaluation comme un outil pour poursuivre leur croissance après la fin de leurs études.

Conclusion

Une formation théologique fondée sur la mission de Dieu pour son Église requiert une prise en compte attentive des questions de base du programme d'étude, pour décrire l'Église modèle, les problématiques liées au contexte, et les caractéristiques des hommes et des femmes fidèles capables de guider l'Église vers l'accomplissement de sa vocation et sa mission. Une réflexion approfondie sur ces questions fournit à l'institution de théologie une image plus claire de sa finalité sur le long terme, construisant ainsi le fondement d'une conception d'un programme significatif dans son contexte. Dans le chapitre suivant, nous prendrons en compte les questions pratiques liées à la nature de nos étudiants et aux réalités de notre capacité institutionnelle, des limites qui doivent être prises au sérieux pour évaluer ce qui pourra et ne pourra pas être accompli de manière réaliste sur notre chemin vers la qualité dans nos programmes d'étude.

Exercices

1. Prenez un programme de formation théologique que vous souhaitez améliorer ou développer. Si c'est un programme établi, discutez de la logique théologique et philosophique de son énoncé de « vision et mission ». Si c'est un programme que vous aimeriez initier, formulez un énoncé de « vision et mission » et discutez des fondements théologiques et philosophiques de ce document.

2. Réunissez-vous avec au moins deux autres chrétiens engagés dans le ministère dans votre contexte, et, en travaillant ensemble, développez des réponses aux trois premières questions majeures concernant le programme d'étude, selon les recommandations suivantes :

   - Composez une liste des caractéristiques de l'Église locale « modèle ». Commencez par décrire toutes les caractéristiques *positives* de votre propre Église locale et d'autres Églises que vous connaissez dans votre région. Soyez aussi précis que possible, en donnant des exemples. Classez votre liste finale par catégories claires.

   - Quels sont certains des enjeux auxquels votre Église est confrontée dans votre région, qui la gênent pour être un agent efficace dans la proclamation de Christ ? Envisagez à la fois les enjeux extérieurs (en quoi le contexte social gêne cette proclamation) et les enjeux internes (des faiblesses chroniques précises au sein de la communauté ecclésiale chrétienne). Votre réponse peut se faire soit sous la forme d'une liste de points, soit d'un récit.

   - Pour votre propre contexte local, quelles sont les caractéristiques principales du responsable chrétien idéal, le genre de personne à même de conduire l'Église au travers des enjeux liés à son contexte vers l'accomplissement de sa mission ? Veuillez prendre en compte son caractère, ses compétences et ses connaissances. Expliquez brièvement pourquoi vous croyez que ces caractéristiques sont significatives. Organisez votre liste de caractéristiques pour en faire un « profil du diplômé », semblable à l'exemple fourni dans l'annexe 1.3.

Annexe 1.1

Caractéristiques de l'Église modèle

(Adapté d'ateliers ayant eu lieu dans le cadre du Consortium Inter-Écoles de Beyrouth de mars à mai 2006)

- **Une orientation spirituelle**
  - Les gens aiment Christ : ils l'accueillent sans réserve
  - Une communauté centrée sur Christ, formant une communauté d'amour et de soin – elle répond aux besoins de ses membres de manière pratique
  - Caractérisée par l'unité et l'amour
  - La prière et l'adoration de Dieu sont des priorités
  - Les membres voient l'Église comme un organisme dynamique conduit par l'Esprit, et non pas une institution
  - Obéissante à Christ, faisant preuve du fruit de l'Esprit
  - Recherchant une vie qui embrasse de manière équilibrée communion fraternelle, témoignage et service
  - Inclusive, coopérative, ayant la pensée du Royaume
  - La formation des disciples est une priorité
  - Une prédication biblique pertinente pour la société contemporaine
  - Prêche et enseigne la vérité des Écritures comme fondement pour la vie
  - Cherche à connaître et à vivre les Écritures, en prenant au sérieux leurs enseignements difficiles à accepter (le Sermon sur la montagne, Matthieu 25)
  - Valorise la prière et l'adoration de Dieu en tant que mode de vie :
    i. Aime être dans la présence de Dieu
    ii. A un sentiment de crainte et d'émerveillement dans la présence de Dieu
    iii. Romains 12.1-2 → sacrifice vivant
  - Fait réellement des disciples
  - Le renouveau est une valeur centrale
  - Écoute attentivement et répond à la voix du Saint-Esprit
  - Fait confiance à Dieu pour qu'il pourvoie (foi)

- **Caractérisée par l'amour**
  - Généreuse, pratiquant le don de soi, sacrificielle
  - Amour et unité entre les croyants, amour pour ceux qui ne sont pas encore croyants
  - Accepte et sert sans conditions ceux qui viennent
  - Engagés les uns envers les autres (la communauté vit et sert ensemble)
  - Caractérisée par le pardon
  - Accepte les différences
  - Pleure avec ceux qui pleurent
  - Met en pratique Matthieu 18 et autres principes bibliques dans la résolution de conflits

- **Mission du Christ** : individuellement et en tant que corps se voit comme envoyée
  - Tournée vers l'extérieur – concentrée sur l'objectif biblique de toucher l'extérieur ; tous sont sensibles à, et impliqués dans, la mission de l'Église envers la société et le monde
  - Pertinente culturellement
  - A un impact sur la société
  - Tend la main à toute la société environnante : aux différents groupes ethniques, tranches d'âge, etc.
  - Pertinente (centrée sur les personnes, sur la société, souple dans la forme et dans le langage)
  - S'adresse délibérément à son contexte immédiat et touche le voisinage immédiat de manière authentique
  - S'auto-évalue quant à sa pertinence et son efficacité
  - Met l'accent sur un ministère holistique (besoin total)
  - Préoccupée par le bien-être de la société (social, politique, économique)
  - Témoin en paroles et en actes – au travers des relations et du mode de vie
  - Des témoins de transformations (devenir comme Christ)
  - Encourageant, reconnaissant de multiples sphères
  - Concernée par le ministère vers l'extérieur
  - S'efforçant de devenir « tout comme Jésus »
  - Croissante et pertinente – un organisme plutôt qu'une organisation

- **Une direction multiple sur la base des dons spirituels**
  - Conduite par des responsables serviteurs
  - Prêtrise de tous les croyants
  - Personne n'est exclu du ministère
  - Une Église sacrificielle
  - Encourageant, reconnaissant des sphères multiples
  - Une direction plurielle
  - S'auto-administrant, subvenant à ses propres besoins, s'auto-propageant

- **Créative**
  - Ouverte et réactive au changement
  - Se reproduisant et se multipliant
  - Agent de transformations
- **Gérant bien ses ressources (financières, de temps, de personnes, etc.)**

Annexe 1.2

Défis internes et externes auxquels fait face l'Église

(Adapté d'ateliers ayant eu lieu dans le cadre du Consortium Inter-Ecole de Beyrouth de mars à mai 2006)

Internes

- Spirituels
    - Déclin de la vie et des pratiques spirituelles (prière, jeûne, ...)
    - Grâce à bon marché
    - Pressions pour plaire aux hommes plutôt qu'à Dieu
    - Herméneutique insuffisante, de faible qualité
    - Conception erronée de l'Église
    - Abus spirituels
    - Corruption – absence d'honnêteté
- Dans les attitudes
    - Arrogance – « Nous savons tout »
    - Exclusivisme (doctrinal)
    - Possessivité/ réactions d'autoprotection
    - Légalisme
    - Mauvaise image de soi
    - Spectateurs
    - Insuffisance dans la sphère sociale
    - Manque d'engagement
    - Égoïsme
    - Les gens sont trop occupés
- Relationnels
    - Absence de confiance
    - Absence de transparence
    - Individualisme – compétition plutôt que coopération
    - Statut social et hiérarchies dans l'Église
    - Processus insuffisants de résolution de conflits
    - CPJ – Commérages Pour Jésus

- Désunion, menant souvent à des divisions d'Églises et à de nouvelles unions d'Églises
- « Dénominationalisme »
- Mission du Christ
  - Résistance au changement – tenus par les traditions – se contentent de stagner
  - Dirigeants traditionalistes (pas prêts à apprendre ; ne veulent pas développer de nouvelles approches du ministère, etc.)
  - Aveuglement face aux changements rapides du monde
  - Insensibilité aux problèmes sociaux
  - Immaturité ; Églises/ responsables dépendants de l'Occident
  - Prédication/ enseignement ni pratiques ni pertinents
  - Absence d'obéissance dans l'évangélisation due à la crainte, au manque d'assurance, à l'inimitié et à la haine
  - Absence de structure/ système pour préparer et prendre soin des chrétiens dans leur rôle de témoins de Christ
  - Absence d'un véritable enseignement qui transforme la vie des membres de l'Église
  - L'Église s'implique dans le travail de développement mais pour les mauvaises raisons – afin d'attirer un soutien financier
- D'organisation
  - Pas de gouvernance culturellement authentique
  - Besoin d'avoir le contrôle
  - Responsables peu sûrs d'eux qui se sentent menacés par des dirigeants émergents plus jeunes et mieux formés ; des pasteurs trop ambitieux ou surprotecteurs
  - Pas de processus de relation de mentorat entre les dirigeants et les autres
  - Manque de modèles
  - Traditionnelle, hiérarchique et dictatoriale – pas de relations égalitaires
  - Conflit entre les dirigeants à cause de mauvaises compréhensions de ce que sont le « succès » et l'« efficacité »
  - Direction macho (hommes misogynes)
  - Direction tribale (des responsables vexés car ils n'ont pas reçus les bons honneurs)
  - Fixation sur l'image

Externes

- Pression économique
- Trop occupés, contraintes de temps

- Problèmes politiques et sociologiques – instabilité politique
- Problème de l'émigration – fuite des cerveaux
- Perceptions des autres de ce qu'est l'« Église évangélique » - fanatique, une importation occidentale, des Sionistes, « Tous les protestants ne sont-ils pas Témoins de Jéhovah ? »
- Hiérarchie et statut sociaux
- Opposition à la mission chrétienne et à l'évangélisation
- Oppression par la société et l'État inhibant la capacité de l'Église à remplir sa mission
- Opposition active à la liberté de culte
- Réveil des autres religions
- Laïcisation de la société
- Accroissement du matérialisme et du consumérisme
- Évangile de la prospérité
- Pauvreté
- Guerres, conflits
- Nouveaux défis comme le VIH/ SIDA

Annexe 1.3

Profil du diplômé de l'ABTS

Le Séminaire baptiste arabe existe afin de voir Dieu glorifié, les personnes réconciliées et les communautés restaurées à travers l'Église dans le monde arabe.

> *C'est pourquoi nous cherchons à équiper pour un service efficace des hommes et des femmes fidèles qui soient caractérisés par . . .*

Sur le plan des connaissances, un esprit engagé envers une pratique réfléchie

Capable d'interpréter la vie et le ministère chrétiens à travers les optiques multiples de l'Écriture, de la théologie, de l'Histoire et de la communauté.

À cette fin, les diplômés de l'ABTS devraient avoir :

- Une connaissance solide du contenu des Écritures et de la manière dont les différentes pièces du puzzle s'emboîtent dans le grand métarécit de l'œuvre rédemptrice de Dieu et de la reconnaissance de son Royaume.

- Une compréhension claire des doctrines chrétiennes centrales et de la manière dont la réflexion théologique a débattu de ces doctrines à travers l'Histoire. Les étudiants devraient être capables de voir comment la théologie émerge d'un contexte, et avoir pris des mesures pour développer leur propre théologie contextuelle.

- Une compréhension des grandes lignes de l'histoire chrétienne, avec un accent particulier mis sur les Églises orientales et l'histoire, la doctrine et les pratiques distinctives des grandes dénominations protestantes, à la lumière des événements de l'Histoire du monde et du Moyen-Orient.

- Une compréhension de la nature et de l'impact de la culture, et la capacité d'évaluer la culture à la lumière d'une véritable vision chrétienne du monde. En particulier, les étudiants devraient avoir des connaissances approfondies de l'histoire, la doctrine et les pratiques de l'Islam, et la capacité à évaluer à la fois positivement et négativement l'influence de l'Islam sur la société du Moyen-Orient.

- Une compréhension de base des sciences sociales (psychologie, sociologie, anthropologie culturelle, politologie), et de leur impact sur la réflexion théologique et la pratique du ministère.
- Une compréhension critique des processus psychologiques et spirituels par lesquels les personnes évoluent dans les cadres personnel et collectif.
- La capacité à interpréter les questions écclésiales clés à travers les optiques multiples de la Bible, de l'Histoire, de la théologie et du contexte : les responsables chrétiens, l'implantation d'Églises et la croissance de l'Église, le ministère d'enseignement de l'Église, la formation de disciples et le soin pastoral chrétiens, la relation d'aide chrétienne, la prédication.

Sur le plan affectif, un cœur plein d'amour pour Dieu et pour les autres

Capable d'être des exemples d'une foi en maturation en relation avec Dieu, et dans l'engagement envers la réconciliation dans les relations et la restauration des communautés.

À cette fin, les diplômés de l'ABTS devraient s'engager à :

- Travailler personnellement et collectivement pour le plan de Dieu à l'échelle mondiale à travers l'Église universelle et locale. Ceci requiert un amour profond pour le peuple de Dieu et un désir de voir l'Église de Jésus-Christ vivre son appel à la réalisation de la mission de Dieu.
- Entretenir une relation vivante journalière avec Jésus-Christ, visible dans la discipline de pratiques d'adoration régulières, dans le renouveau spirituel et la croissance personnelle, et dans les signes de plus en plus visibles du fruit de l'Esprit.
- Nourrir une capacité croissante à entendre la parole de Dieu dans la tranquillité et la solitude.
- Honorer chaque personne comme étant créée à l'image de Dieu, en appréciant la diversité des cultures, des peuples et des traditions au sein de l'Église.
- Connaître et développer leurs dons, passions et appel dans le ministère.
- Avoir un cœur de berger serviteur qui adopte à la fois une attitude d'humilité et d'assurance sobre face à l'appel et la direction divines, y compris en étant prêt à et capable d'évaluer leur propre développement et pratique spirituels, en notant les domaines de force et faiblesse, et en cherchant à apprendre et à croître tout au long de la vie dans la vie personnelle et la direction chrétienne (un esprit prêt à se laisser enseigner).

- Être prêts à rendre des comptes aux autres dans des relations centrées sur la croissance spirituelle.
- Une gestion de son temps, de son corps, de ses finances pour un ministère efficace, incluant de l'ordre, de la discipline, de la fidélité, de l'intégrité dans l'accomplissement des responsabilités écclésiales, et un équilibre sage dans ses relations avec Dieu, sa famille, l'Église et la société.

Sur le plan des compétences, des mains de dirigeant-serviteur pour équiper le peuple de Dieu

Capable d'équiper des hommes et des femmes fidèles au sein de l'Église pour un service efficace

À cette fin, les diplômés de l'ABTS devraient être capables de :

- Créer un environnement pour les responsables caractérisé par une vision et une direction stratégiques axées sur la mission de l'Église, une direction collégiale, une action rédemptrice, et une culture de responsabilité.
- Rassembler et évaluer des informations démographiques, sociales, économiques et culturelles afin d'éclairer le processus de planification et de développement dans un contexte écclésial particulier.
- Étudier et enseigner les Écritures de manière inductive et synthétique, en tant que base pour répondre aux questions de vie contemporaines.
- Former d'autres personnes qui puissent en former d'autres dans la croissance chrétienne holistique (2 Tm 2.2).
- Témoigner de manière claire, personnelle de Jésus-Christ et du message de l'Évangile à différentes catégories d'auditeurs, et défendre notre foi avec douceur et respect.
- Conseiller les autres pour résoudre des questions de vie et discerner quand orienter les personnes conseillées vers des professionnels de santé pour des soins psychologiques et physiques.
- Parler, lire et écrire de manière claire la langue arabe, et avoir une maîtrise suffisante de l'anglais pour consulter des ressources théologiques internationales et pour continuer à étudier.

2

Poser les bonnes questions (2)

Dans le chapitre précédent vous ont été présentées certaines questions de base concernant le programme éducatif, questions fondées sur la mission donnée par le Christ à toute l'Église : (1) les caractéristiques de l'Église modèle ; (2) les problématiques contextuelles qui entravent l'Église dans l'accomplissement de sa mission ; et (3) les caractéristiques d'hommes et de femmes fidèles capables de guider l'Église vers la réalisation de sa mission. *Ces questions nous donnent une destination vers laquelle nous pouvons nous mettre en route dès le début de la conception du programme.*

Bien qu'il soit crucial de garder à l'esprit l'objectif à long terme de la préparation d'hommes et de femmes fidèles pour le service, notre capacité humaine et matérielle limite ce que nous pouvons raisonnablement espérer accomplir durant le temps passé par l'étudiant dans notre programme de formation. Des questions supplémentaires concernant le programme d'étude nous aident à reconnaître et à définir ces limites pour faire un pas de plus vers le développement d'un programme qui reflète une bonne qualité de gestion des ressources disponibles.

Question 4 : Qui sont les étudiants ?

En fin de compte, les programmes d'études solides ont pour but de conduire les étudiants dès leur entrée dans l'institution pour réaliser un objectif à long terme : préparer un bon responsable chrétien. Si nous ne connaissons pas nos étudiants entrants, il sera problématique de construire un programme valable, en vue d'un apprentissage transformateur. Vella remarque :

> Lorsque cette question vitale n'est pas posée, des tâches d'apprentissage et du matériel pédagogique inadaptés aux étudiants peuvent être sélectionnés, le temps imparti peut ne pas fonctionner pour le groupe, le contenu n'est souvent ni accessible ni accrocheur, et les objectifs semblent servir l'enseignant et non pas les étudiants. Les étudiants sont la priorité – leurs besoins et espoirs. (Vella 2008, p. 33)

Il faut sérieusement prêter attention au niveau de diversité ou d'homogénéité des étudiants. Si le corps étudiant est différent en termes d'arrière-plan et d'aspirations, un programme de qualité proposera des options variées. Dans la mesure où les étudiants sont issus de contextes socio-culturels comparables, et s'attendent à des situations de ministère futur comparables, là un programme fixe est acceptable.

Parmi les domaines qui doivent être traités se trouvent : leur arrière-plan socio-économique et scolaire ; le type de communauté dont ils sont issus (urbaine, suburbaine ou rurale ; mono-culturelle ou multiculturelle) ; le niveau et le type de religiosité dans leur éducation ; le genre d'Église dont ils sont issus ; et ainsi de suite. *Il peut être profitable de* dépeindre le portrait des étudiants entrants typiques, en réfléchissant aux questions suivantes :

- Dans quelles sortes de foyers vos étudiants ont-ils été élevés ? Combien de personnes vivaient-elles ensemble chez eux ? Quelle était la taille de leurs logements (petits ou grands) ? Les pères et mères étaient-ils stricts ou indulgents ? Quel genre d'aspirations leurs parents avaient-ils pour leurs enfants ? Dans quelle mesure leurs familles étaient-elles typiques des autres familles dans la communauté ?

- Dans quelles sortes de communautés locales vos étudiants ont-ils grandi ? Étaient-elles urbaines et cosmopolites, dans les villes secondaires du pays, ou bien de grands ou petits villages ? Dans quelle mesure l'animisme, le bouddhisme, l'hindouisme, l'islam et/ ou le christianisme ont-ils joué un rôle pour façonner ces communautés ? Dans quelle mesure la postmodernité et/ou la laïcité ont-elles joué un rôle pour façonner la vision du monde de vos étudiants ?

- Dans quelles sortes d'Églises vos étudiants ont-ils grandi (s'ils ont grandi dans une Église) ? Combien de personnes venaient dans ces Églises ? Quel était leur niveau d'études ? Quel rôle les pasteurs jouaient-ils dans les Églises ? Comment les fidèles voyaient-ils leur propre rôle dans les Églises ? Où célébraient-ils le culte ? Si c'était dans des bâtiments d'église, à quel point ces bâtiments étaient-ils ou non adéquats pour les ministères de ces Églises ? À quel point ces Églises étaient-elles tournées vers l'intérieur ou vers l'extérieur ?

- En général, quel niveau d'études vos étudiants ont-ils atteint lorsqu'ils rejoignent votre programme de formation ? Dans quelle mesure ont-ils eu l'occasion, durant leur scolarité, de développer des compétences en réflexion critique, et dans quelle mesure leur scolarité était-elle axée sur l'apprentissage par cœur de connaissances ? Comment étaient leurs lycées ? Combien d'élèves y avait-il dans chaque classe ? Quelles étaient les caractéristiques physiques des salles de classe elles-mêmes ?

Développer un questionnaire et interviewer un échantillon représentatif de votre population étudiante, en ayant recours à des questions comparables à celles ci-dessus, peut être une manière utile d'évaluer au préalable la capacité d'apprentissage, ainsi que la compréhension et les besoins de vos étudiants entrants. Dans un monde qui change rapidement, des réévaluations régulières aident à s'assurer que votre programme d'étude est sensible aux besoins d'apprentissage changeants de vos étudiants.

Au-delà de ces questions liées au contexte d'apprentissage, nous avons besoin de nous faire une idée générale des étudiants entrants dans trois domaines : (a) Que savent-ils déjà – et pas uniquement en ce qui concerne la Bible et la théologie ? (b) Que savent-ils déjà faire ? Quelles compétences et capacités possèdent-ils déjà ? (c) Quel genre de personnes sont-ils ? Que savons-nous de leur maturité et de leur caractère ? Connaître les réponses à ces trois questions nous donne un point de départ pour développer un plan du programme d'études (Hardy 2007, p. 134). Un des exercices les plus utiles que nous ayons développé à l'ABTS a été de demander aux étudiants entrants de rédiger une courte description de leur cheminement jusque-là. Lire ces réflexions nous a apporté un éclairage précieux sur les mondes dont ils sont issus.

Il peut également être utile de créer des portraits d'étudiants entrants hypothétiques et composites qui reflètent certains « types » clés d'étudiants, que vous serez susceptibles de rencontrer en réalité dans votre programme de formation. Au fur et à mesure que des questions émergent lors de discussions du corps enseignant, ces « portraits » permettent de maintenir l'ancrage de nos programmes dans la réalité. Par exemple, dans un projet majeur cherchant à développer des cours en ligne pour former des responsables de la jeune Église en croissance rapide en Afrique du Nord, notre équipe chargée de développer ce programme a commencé par étudier les problématiques auxquelles serait sans doute confronté un homme nord-africain hypothétique que nous avons appelé Saïd. Nous avons commencé en imaginant Saïd comme un croyant d'arrière-plan musulman qui dirige une petite Église de maison. Il est marié, travaillant dans le monde séculier et dans l'Église, âgé de 25-30 ans, et a terminé le lycée. Certaines des questions clés auxquelles il pourrait être confronté ont été entrées dans un tableau. Nous nous sommes également rendu compte que les femmes, dans le contexte nord-africain, sont confrontées à des défis particuliers. Par conséquent, nous avons ensuite fait l'esquisse d'une femme nord-africaine hypothétique que nous avons appelée Mariam. C'est une croyante d'arrière-plan musulman, mariée, dont le mari n'a pas encore choisi de suivre Jésus. Jeune trentenaire au foyer, elle est diplômée de l'université avec de jeunes enfants. La liberté de Mariam est limitée, mais elle cherche à vivre sa foi d'une manière significative dans un contexte difficile. À quelles autres problématiques pourrait-elle être confrontée ? Les résultats de notre évaluation sont donnés dans l'annexe 2.1. Tandis que nous discutions vivement du contenu et de l'approche de notre programme d'étude, nous revenions en permanence à Saïd et Mariam. Ces « étudiants » composites représentatifs nous demandaient en quelque sorte des comptes, rendant notre travail à la fois significatif et pertinent par rapport à notre contexte.

Le processus d'admission est une autre question connexe très importante. Pour des raisons financières, de nombreuses institutions acceptent quasiment tous ceux qui peuvent faire preuve d'un arrière-plan scolaire suffisant, indépendamment de la question de savoir si ces étudiants sont qualifiés pour devenir des responsables dans l'Église. Dans de nombreuses parties du monde, il y a une attente culturelle selon laquelle les enfants faisant preuve d'excellence scolaire et sociale devraient se diriger vers des professions « respectées » comme médecin, juriste ou encore ingénieur. Seuls les enfants qui paraissent inaptes à exercer ces professions sont autorisés par leurs familles à se former pour le ministère chrétien. Si la finalité et la structure de l'institution sont conçues pour évangéliser et faire des disciples de jeunes gens et jeunes femmes immatures, accepter des étudiants de « second plan » peut sembler raisonnable. Néanmoins, si le programme d'étude est conçu dans le but de développer de bons conducteurs qui soient des agents de transformation, un processus d'admission beaucoup plus rigoureux doit avoir lieu.

Question 5 : Où vont les étudiants après la formation ?

Comme l'a montré le schéma 1.1 du chapitre précédent, un bon programme d'étude accompagne les étudiants à partir de là où ils en sont à leur entrée dans l'institution théologique en vue d'une vie et d'un ministère influents à long terme. Nous devons par conséquent formuler une vision claire, non seulement du portrait des étudiants quand ils rejoignent notre programme, mais aussi de leur affectation probable dans le ministère après leur départ.

Un point de départ simple est de demander à un échantillon représentatif du corps étudiant actuel à quels types de contextes de ministère ils s'attendent pour l'avenir, ou bien auxquels ils aspirent. Des questions telles que les suivantes peuvent être révélatrices :

- Lorsque vos étudiants actuels regardent vers l'avenir après l'achèvement de leurs études, dans quels types de ministère espèrent-ils s'investir ?

- Quel genre de personnes espèrent-ils servir ? Sont-elles fortunées, de classe moyenne, ou pauvres ? Quel niveau scolaire ont-elles ? Savent-elles lire, ou bien sont-elles analphabètes ou illettrées (sachant lire mais préférant ne jamais lire). Possèdent-elles des téléviseurs, des ordinateurs, des lecteurs DVD ou d'autres formes de technologie ? D'où ces personnes tirent-elles leurs informations concernant le monde ? Sur la vie du croyant ? Combien de temps consacrent-elles à se rendre visite ? Quels moyens trouvent-elles utiles quand elles s'efforcent de grandir spirituellement ? Quelle importance la foi a-t-elle pour elles ?

- Quelle est la nature des communautés au sein desquelles les étudiants pourraient servir à l'avenir ? Seront-elles urbaines, suburbaines, ou rurales ? Dans quelle mesure des engagements religieux, la spiritualité ou la laïcisation jouent-ils un rôle pour façonner ces communautés ?

- Quels sont les plus grands défis que vos étudiants anticipent pour leurs ministères futurs – à la fois dans le cadre du ministère lui-même, et en provenance de la société au sens large ? Quelles sont leurs craintes face à ces problématiques ?

Quels que soient la valeur et le sens des réponses des étudiants à ces questions, ces données seront insuffisantes sans un sondage des anciens étudiants. Tandis que les étudiants actuels peuvent avoir des aspirations, la réalité post-études est souvent très différente. Même si les étudiants actuels ne vont pas nécessairement marcher sur les traces de leurs prédécesseurs, néanmoins leurs situations sont en général comparables jusqu'à un certain point. Effectuer un sondage concernant le genre de ministères qu'ont les anciens étudiants actuellement en exercice peut montrer le type d'apprentissage dont les étudiants entrants auront sans doute besoin pour leur ministère futur à long terme.

Il peut être bénéfique d'établir des statistiques brutes concernant le pourcentage d'anciens qui se trouvent actuellement dans les différents types de ministère suivants : ministère pastoral auprès d'une Église locale, ministère auprès des enfants ou de la jeunesse ; ministère dans le monde du travail, implantation d'Églises, relation d'aide, développement social, plaidoyer en faveur des défavorisés, médias, ministère sur les campus universitaires, mission dans une autre culture (si oui, où ?), monde universitaire, et ainsi de suite. Classer ces types de ministère du plus au moins courants fournit des indicateurs pour orienter les priorités ou les ensembles pédagogiques spécialisés qui reflètent les besoins de la diversité du corps étudiant.

Dans le cadre du processus de renouvellement du programme à l'ABTS, notre directeur des relations extérieures, qui était également responsable des relations avec les anciens, a rapporté au corps enseignant que seulement environ 35 pour cent des étudiants étaient engagés dans un ministère traditionnel de pasteur d'une Église locale. Environ 15 pour cent participaient à des initiatives créatives d'implantation d'Églises, souvent dans des contextes complexes ou le ministère chrétien était en grande partie « clandestin ». Environ 30 pour cent étaient engagés dans différentes formes de ministère d'Église et para-ecclésial auprès d'enfants, de jeunes et de familles[1]. D'autres ministères fréquents comprenaient la relation d'aide, les médias et le développement communautaire. Lorsque l'ABTS a été fondé en 1960, il avait pour mandat bien particulier la préparation de pasteurs pour les Églises baptistes du Moyen-Orient, et jusqu'à 2008 la structure du programme reflétait le paradigme standard des programmes occidentaux de formation de pasteurs. Un tel programme comportait d'importantes composantes non pertinentes pour nombre d'étudiants et d'anciens de l'ABTS engagés dans le service au XXIe siècle.

Par conséquent, un élément critique de notre révision du programme a été l'incorporation de trois ensembles pédagogiques spécialisés – ministère pastoral, implantation d'Église contextualisée, et ministère auprès des jeunes-enfants-familles (JEF). Dès 2013, notre corps étudiant s'était encore diversifié, à tel point que nos trois ensembles pédagogiques spécialisés de départ ne servaient plus les besoins de nombre de nos étudiants. En raison d'un corps enseignant limité en nombre, nous étions dans l'incapacité de

---

[1]. Cette énumération laisse entendre que les 20 pour cent restants étaient engagés dans un travail séculier.

développer davantage d'ensembles pédagogiques ; à la place, nous avons démantelé la partie spécialisée, et avons laissé le choix aux étudiants de tous les cours de cette partie du programme, devenus des cours conseillés pour des ministères particuliers. Derrière tout ce processus il y avait un désir d'exploiter au mieux le temps limité dont disposaient les étudiants chez nous en proposant les cours les plus adaptés possibles dans les limites de nos capacités.

Lorsque le lien avec les anciens étudiants est fort, un élément précieux de la préparation d'une réforme du programme d'études est de leur demander quels sont certains des plus grands défis auxquels ils ont dû ou doivent faire face. Les réponses des anciens à cette question doivent être prises au sérieux dans le choix du type de contenu qui est proposé à nos étudiants actuels et futurs.

Il est surprenant de voir le faible nombre d'institutions qui prennent le temps de poser des questions pertinentes concernant les étudiants entrants et sortants. La majorité des programmes est souvent calibrée pour la petite minorité qui finit dans une carrière universitaire, peut-être parce que ce sont généralement les gens qui ont suivi ce type de carrière qui ont la plus grande influence sur la conception de programmes. Cependant, une vision de la formation théologique centrée sur la mission du Christ à toute l'Église nécessite une enquête soigneuse auprès des étudiants et anciens étudiants afin que nos ressources limitées soient bien gérées dans le service de la mission de Dieu dans le monde.

Question 6 : Quand ? L'horizon temporel

Nous devons avoir l'humilité de reconnaître que notre rôle de formateurs est extrêmement limité dans le temps, comparé au cheminement des dirigeants émergents qui dure leur vie entière. Un problème endémique dans la conception d'un programme d'études est d'allouer trop de « Quoi ? » (le contenu des études) pour le « Quand ? » (la durée des études), avec pour résultat final une tendance à transmettre de vastes quantités d'informations pour aboutir à un faible niveau d'apprentissage. La recherche en sciences de l'éducation (O'Brien, Millis et Cohen 2008, p. 12) tend à démontrer que « moins, c'est plus ». Ceci signifie que, lorsqu'on demande aux étudiants de s'investir dans une fraction seulement du programme habituel d'un cours de l'enseignement supérieur, mais en leur donnant le temps d'approfondir ce contenu, la *quantité d'information* véritablement retenue, appréciée et mise en pratique par les étudiants cinq années plus tard est nettement plus importante que lorsqu'ils doivent écouter, lire et digérer de trop vastes quantités de contenu.

En effet, les professeurs éprouvent souvent des difficultés considérables à prendre en compte les implications de la recherche sur l'apprentissage en profondeur (présenté plus en détail au chapitre 8). Ces enseignants ont passé une si grande partie de leur vie à maîtriser un domaine d'étude, qu'ils tendent à penser que « tout est si important ». Cependant, si l'objet de la formation concerne surtout ce qui est appris et non seulement ce qui est enseigné, alors une réévaluation de ce qui est *le plus important* doit prendre le devant de la scène. La plupart des professeurs qui sont prêts à se poser les cinq premières questions (examinées dans ces deux chapitres) reconnaissent en général que ces cinq domaines majeurs sont négligés dans le programme éducatif. Toutefois ils ont tendance simplement à faire des ajouts à un programme qui est déjà surchargé. Une prise en compte sérieuse et humble du « Quand ? » nous incitera sans doute à enlever certaines matières « sacrées » afin de céder leur place à d'autres éléments plus prioritaires.

Une pratique courante pour les programmes de formation au ministère est de tenter de traiter tout ce dont un dirigeant émergent pourrait avoir « besoin » au cours des trente à quarante années suivant la fin de ses études. De vastes quantités d'information en résultent inévitablement, et les étudiants retiennent effectivement peu de choses. Pire encore : notre approche apprend aux étudiants à aborder l'apprentissage dans une attitude de dépendance : on produit des diplômés incapables de formuler les bonnes questions – et les moyens de répondre à ces questions – après la fin de leurs études (à moins d'avoir un formateur sur place qui leur dit quoi faire, et comment). Un élément essentiel pour intégrer une pratique intentionnelle dans un programme de formation au ministère est d'apprendre aux étudiants comment s'auto-former, afin qu'ils aient les outils pour continuer à apprendre et à grandir de manière continue pendant les vingt, trente ou plus années après l'achèvement de leurs trois ou quatre années de formation si brèves. La formation à ces processus de « méta-apprentissage » (Meyer et Shanahan 2004 ; Novak et Gowin 1984) est chronophage mais constitue un legs plus précieux pour nos étudiants qu'une grande partie des informations que nous avons traditionnellement pensé devoir transmettre.

Choisir entre le bien et le meilleur est l'essence du programme « non-retenu »[2] (Eisner 1994). Nous ne pouvons pas tout enseigner, et le contenu que nous incluons ou excluons communique implicitement à nos étudiants notre compréhension de ce qui a de la valeur ou en a moins. Ainsi, dans la conception d'une formation de qualité, nous prêterons autant d'attention à ce qui est exclu du programme d'étude qu'à ce qui y est inclus, pour choisir de manière stratégique ce qui sert au mieux l'objectif dans les limites du temps disponible.

Avoir une appréhension claire et réaliste du « Quand ? » peut nous aider à gérer au mieux le temps précieux disponible pour l'apprentissage. Le « Quand ? » comprend tous les contextes potentiels d'apprentissage dans et hors de la salle de classe, y compris des activités aussi importantes que le mentorat, les groupes de formation de disciples et les stages, ainsi que les temps informels tels que les repas, les voyages faits ensemble, les rencontres informelles, et ainsi de suite.

---

2. Étudié de manière plus approfondie au chapitre 5 de ce livre.

Question 7 : Où ? L'environnement d'apprentissage

Seymour (1993, p. 145) constate qu' : « Il est quasiment impossible de créer et de maintenir dans le temps les conditions d'un apprentissage productif pour les étudiants quand ces conditions n'existent pas pour les enseignants. » Tant les enseignants que les étudiants sont profondément façonnés par l'environnement d'apprentissage. Jensen (2008, p. 17) suggère que les facteurs environnementaux suivants ont un impact sur la qualité de l'apprentissage : la température de la salle, les plantes et les fleurs, l'acoustique et la qualité du son, la couleur des murs et la décoration, l'éclairage (naturel ou au contraire artificiel) ; la taille de la salle et l'entassement des étudiants, les types de sols, les rideaux ou les stores, la mobilité des meubles ou des sièges, l'humidité, la vue extérieure (facteur d'apaisement ou de déconcentration) ; le niveau et le type de bruit extérieur, et l'existence d'arômes positifs ou d'odeurs toxiques. Des environnements stériles et formels entraînent une distance émotionnelle entre enseignants et étudiants, ainsi qu'entre étudiants. Des salles fermées sans éclairage naturel auront un impact négatif sur le cerveau et peuvent gêner l'apprentissage. Le désordre et le bruit extérieur perturbent la concentration des étudiants sur les tâches en cours.

Nous ne pouvons pas toujours changer notre localisation, mais des choses simples telles que l'éclairage, la qualité des tables et des chaises, les décorations, entre autres, ont toutes un impact sur la qualité du programme. Les bons enseignants seront très sensibles à des choses telles que le confort des étudiants, l'éclairage et la disposition de la salle de classe. Les étudiants de grande et de petite taille seront particulièrement sensibles à l'inconfort dû à l'utilisation d'un mobilier standardisé. Pour étudier, il faut voir plus clair, et plus l'étudiant est âgé, plus il aura besoin de lumière. L'environnement est donc un facteur majeur pour l'apprentissage.

Au bout du compte, l'environnement doit servir et non nuire à la finalité d'une formation théologique centrée sur la mission du Christ à toute l'Église. La formation la plus fructueuse aura lieu lorsque l'environnement d'apprentissage prend en compte l'environnement du ministère futur des étudiants.

Question 8 : Qui facilitera l'apprentissage ?

Cette question permet de réfléchir à nos ressources humaines. Combien de personnes sont impliquées dans la conduite de l'apprentissage ? Quelle est la nature de leur formation ? Que savent-ils sur l'enseignement ? La capacité humaine constitue un élément très important dans la conception d'un programme éducatif. Plus la capacité des facilitateurs est grande, plus le potentiel est grand pour réaliser une conception créative du programme.

Examiner de près nos ressources humaines permettra de mieux identifier les formations professionnelles nécessaires à la mise en œuvre d'un programme d'études fécond dans notre établissement. Dans la plupart des écoles de formation théologique, les professeurs ont été bien formés dans leur discipline, mais ont reçu peu de formation pédagogique. Parfois, des formations professionnelles de dirigeant et d'administrateur sont également nécessaires. Par un processus délibéré de formation des compétences de l'équipe, il est possible de renforcer nos capacités et d'accroître la possibilité d'une conception créative et délibérée du programme pour mieux servir la vision et la mission de l'institut.

Question 9 : Quoi et comment ?

C'est uniquement lorsque toutes les questions énumérées ci-dessus auront reçu une réponse que nous serons bien placés pour construire le programme d'étude. Nous devons nous astreindre à garder les questions « Quoi ? » et « Comment ? » pour la fin, car le programme doit toujours être le serviteur de la réalisation de notre finalité, et non le maître de nos processus de prise de décision. Notre objectif est d'amener des hommes et des femmes sur le chemin du service entreprenant d'une Église engagée et influente, et les cours que nous enseignons sont juste un moyen parmi d'autres à cette fin.

Il est utile à ce stade de commencer par essayer de mettre de côté tout modèle traditionnel, et de conceptualiser ensuite un programme idéal. Essayez d'imaginer que votre programme sera le tout premier programme d'étude à proposer une formation théologique dans votre pays. Comment concevriez-vous un programme pour servir votre contexte ? Quels en seraient les éléments absolument essentiels ?

Le travail accompli dans les réponses fournies aux questions 1 à 5 devrait jouer un rôle important dans la conceptualisation. Les enjeux majeurs liés au contexte devraient être abordés, et la formation de connaissances, de traits de caractère et de compétences doit trouver sa place. Il faudrait prendre en considération non seulement ce que nous voulons que les étudiants apprennent quand ils sont avec nous, mais aussi ce qu'ils auront besoin d'apprendre après nous avoir quittés, et comment ils pourront continuer leur apprentissage tout au long de leur vie. C'est uniquement après avoir consacré du temps au rêve et à la conceptualisation que les limites liées à la capacité devraient être prises en compte dans la conception du programme.

La forme classique d'un programme d'étude ressemble à une série de blocs de construction. Chaque « brique » est un élément distinct, et nous posons une « brique » sur l'autre jusqu'à ce que nous ayons (du moins en apparence) un « bâtiment », comme l'illustre la figure 2.1. Cependant, ce n'est pas ainsi que se passe l'apprentissage, et une approche par « blocs de construction » reflète plutôt un accent mis sur le contenu délivré par l'enseignant plutôt que sur l'apprentissage effectivement reçu et retenu par l'étudiant. D'autres modèles répondent mieux aux besoins d'apprentissage.

	Études bibliques	Études historiques	Études théologiques	Études pratiques
Année 3				
Année 2				
Année 1				

Figure 2.1 Approche du programme par « blocs de construction »

Une seconde approche dite « programme par strates » (figure 2.2) commence en déterminant les éléments absolument essentiels que chaque étudiant doit aborder ; ceux-ci deviennent ainsi des éléments obligatoires du noyau du programme. Parmi eux se trouvent des éléments qui forment le fondement pour tout le reste du programme. La reconnaissance de l'existence d'une diversité de contextes de ministères futurs est reflétée dans la composante d'« ensembles pédagogiques » du programme, et le caractère unique de chaque étudiant est respecté en proposant une composante à options. Le piège dans lequel tombent de nombreuses institutions quand elles ont recours à ce modèle est de prendre leurs cours actuels et d'essayer de les « faire rentrer » dans le modèle, plutôt que de commencer avec l'enquête réalisée au travers des questions 1 à 5 pour déterminer les éléments essentiels d'un programme d'étude.

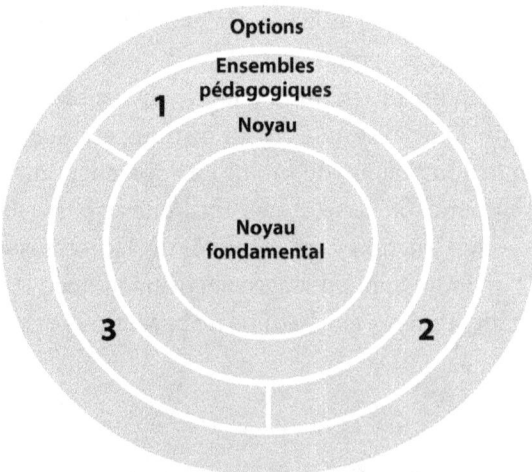

Figure 2.2 « Programme d'études par strates »

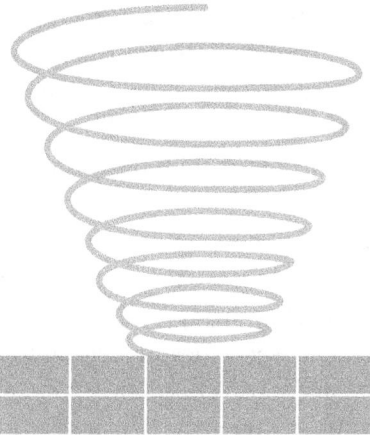

Figure 2.3 Approche du programme du « noyau fondamental – spirale d'apprentissage »

Un troisième modèle, qualifié de « noyau fondamental – spirale d'apprentissage » (figure 2.3), est construit à partir d'une prise de conscience importante : l'apprentissage a lieu en reliant l'inconnu au connu, et, par conséquent, la révision et le développement de la matière doivent mener à un apprentissage en profondeur. Dans ce modèle, une série de contenus de base ouvre le programme, et ensuite les étudiants sont conduits dans un pèlerinage vers une connaissance approfondie, par un processus de révision et de développement continus. Une grande partie de ce qui se passe dans les programmes d'apprentissage plus informels suit ce genre de schéma.

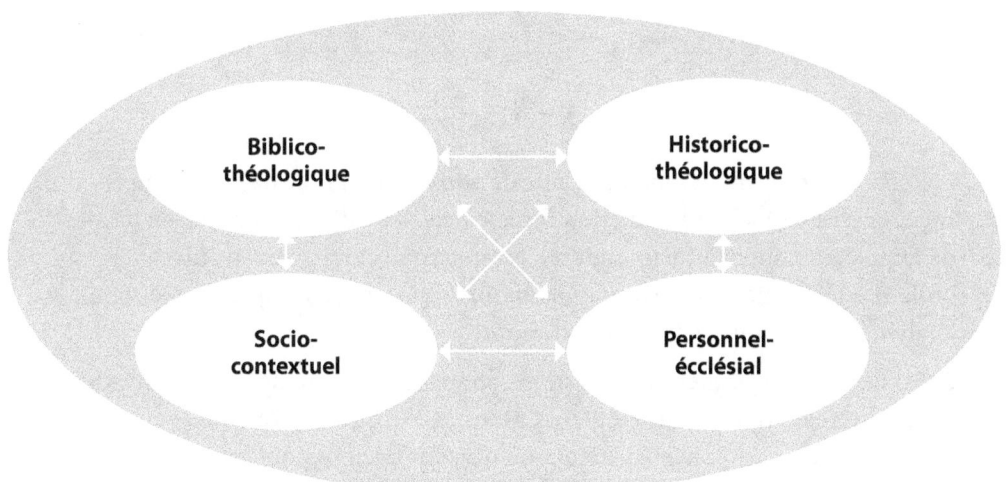

Figure 2.4 Approche du programme « modulaire-intégré »

Une quatrième approche « modulaire-intégrée » (figure 2.4) transmet le noyau du programme à travers des blocs modulaires (de quatre à huit semaines) durant lesquels un thème central est traité à travers les optiques multiples de la réflexion théologique.

Il y a de nombreux autres modèles et schémas de formation de programmes d'étude. En fin de compte, la forme du programme devrait servir sa finalité, et non imiter ce que d'autres ont fait.

Tout autour du monde, les agences d'accréditation se focalisent actuellement sur les résultats attendus et la nécessité pour les programmes d'être en adéquation avec leur finalité, les informations entrantes étant au service des résultats. Par conséquent, il devient de plus en plus indéfendable de préserver les modèles traditionnels dans des contextes pour lesquels ils n'ont pas été conçus. Au contraire, l'avenir de la formation théologique résidera dans les modèles créatifs et intégrés, construits sur une prise en compte attentive du contexte et des capacités institutionnelles.

Conclusion

Brian Tracy a dit : « Tous les hommes et les femmes qui réussissent sont de grands rêveurs. Ils imaginent ce que pourrait être leur avenir, idéal en tous points, et ensuite ils travaillent dur chaque jour à cette vision distante, cet objectif ou cette mission. » Il en est ainsi de la formation théologique : à moins que nous ne rêvions, et ensuite ne travaillions à ce rêve, comment espérer voir le genre de réforme de nos programmes nécessaire au service de Dieu et de sa mission dans le monde ? En posant des questions fondamentales concernant notre vision et mission, les enjeux contextuels, la nature de nos étudiants, et la gestion fidèle de notre capacité institutionnelle, nous pourrons cheminer vers une plus grande qualité des programmes de formation théologique. Pour vous aider sur ce chemin, un résumé des neuf questions fondamentales est donné dans l'annexe 2.2.

Exercices

1. Rencontrez au moins cinq étudiants de votre programme de formation. Interrogez-les. Quel est la situation initiale de vos étudiants entrants, en termes de famille, de contexte socio-culturel, économique et religieux, de niveau scolaire, et ainsi de suite ? Donnez au moins six questions majeures que cette analyse soulève pour le programme éducatif.

2. Essayez de déterminer une statistique approximative qui décrit les contextes de ministère de vos anciens étudiants. Dans quelle mesure votre programme actuel a-t-il préparé convenablement ou non vos anciens pour leurs ministères ? Indiquez au moins un changement significatif que vous pourriez apporter à votre programme d'étude pour mieux servir les futurs contextes de ministère probables des étudiants participant à votre programme de formation.

3. Décrivez les contraintes en temps et en possibilités de mise à disposition pédagogique de votre programme d'étude. De combien de temps auprès vos étudiants disposez-vous, ou disposerez-vous probablement, et sur quelle durée ? Décrivez séparément les périodes liées à une interaction potentielle dans la salle de cours et toutes les activités d'apprentissage hors salle de cours.

4. Décrivez avec autant de détails que possible le contexte dans lequel la transmission de votre programme a lieu, en prêtant une attention particulière à la disposition des salles, des chaises et des tables, à l'éclairage – à la fois naturel et artificiel – au chauffage et / ou à la climatisation, aux outils disponibles pour les enseignants tels que les projecteurs et/ ou les tableaux, la qualité de la peinture, et ainsi de suite. S'il s'agit d'un contexte institutionnel, décrivez avec autant de détails que possible les autres locaux accessibles aux apprenants tels que les bibliothèques, les salons et les résidences universitaires. Dessinez une carte ou un schéma du contexte d'apprentissage typique que vous déployez dans votre programme.

5. Examinez les divers contextes d'apprentissage qui existent dans votre programme académique. À la lumière d'une compréhension de la formation théologique centrée sur la mission du Christ à toute l'Église, quelles sont certaines des forces et faiblesses relatives des contextes variés auxquels vous avez recours ? En reconnaissant les contraintes financières de votre programme de formation, donnez au moins trois moyens spécifiques par lesquels vous pourriez améliorer l'environnement d'apprentissage dans votre établissement.

6. Si vous aviez une liberté totale, comment conceptualiseriez-vous le cursus de votre programme d'étude ? À la lumière de vos réponses aux questions 1 à 5 concernant le programme, quels en seraient les éléments cruciaux ? Quels sont les enjeux majeurs liés au contexte qui doivent être traités ? Comment la formation holistique des étudiants (connaissances, caractère et compétences) pourrait-elle être favorisée ? Comment pourriez-vous préparer vos étudiants à un apprentissage qui continue tout au long de leur vie ? En ayant recours à un des modèles de programmes proposés, ou bien à vos propres idées, esquissez votre programme idéal.

7. À la lumière de vos réponses aux questions 6 à 8 concernant le programme d'étude, quelles seront probablement certaines des limites majeures, en termes de capacité, à la mise en œuvre de votre programme idéal ? Quels changements anticipez-vous devoir y apporter pour que cette mise en œuvre ait véritablement lieu ? Donnez une ou deux suggestions précises quant à la manière dont vous pourriez répondre à certains défis majeurs qui se poseront lors de la mise en œuvre de votre programme idéal.

Annexe 2.1

Saïd et Mariam

Saïd				
Individuel	**Famille**	**Communauté ecclésiale**	**Société**	**Compétences**
Comment être en relation avec Dieu ? Valeur personnelle Autorité des Écritures Direction divine Identité	Mariage & rôles Être parent Famille Communication Relations avec la famille élargie Sexualité	Adoration Histoire/ patrimoine communautaire Communion fraternelle/ appartenance Direction Structures Mentorat Choix des responsables / succession Développement générationnel Responsabilité pour son développement personnel	Pauvreté & économie Violence & insécurité La politique & le chrétien Injustice Changement social Corruption Histoire Environnement Culture	Étude de la Bible inductive & interprétation des Écritures Analyse sociale & culturelle Conduite de petits groupes Conter des histoires Enseigner : de manière créative, centrée sur l'étudiant, tout au long de la vie Faciliter le changement Être mentor Petits groupes Formation de disciples Administration et management

Mariam				
Individuel	**Famille**	**Communauté de foi**	**Société**	**Compétences**
Sentiment de valeur personnelle devant Dieu Discrimination Divorce ou deuxième épouse	« Soumission » Conséquences du divorce Relations avec la belle-famille Gestion du foyer Relations avec d'autres hommes (hors mari, frère et père)	Soumission dans l'Église Mentorat d'autres femmes Exemples bibliques/ enseignement	Changements sociaux pour les femmes Attitudes sociales envers les femmes Abus sexuels et physiques Excision féminine	

Annexe 2.2

Les bonnes questions

1. *Quelle est l'Église modèle dans notre contexte ?* À quoi ressemblerait l'Église modèle – une Église sensible à la mission de Dieu et capable d'équiper et de responsabiliser tout le peuple de Dieu pour être des ambassadeurs significatifs de Christ et de son évangile ?

2. *Quels sont les enjeux contextuels ?* Énumérez certains défis auxquels est confrontée l'Église, qui l'entravent pour être un agent efficace de proclamation de Christ ? Envisagez à la fois les défis externes (comment le contexte social gêne la proclamation) et les défis internes (certaines faiblesses chroniques au sein de la communauté ecclésiale).

3. *À quoi pourrait ressembler un bon dirigeant chrétien ?* Pour votre propre contexte local précis, quelles sont les caractéristiques principales d'un bon responsable chrétien, le genre de personne qui serait capable de conduire l'Église à travers ses enjeux contextuels vers l'accomplissement de l'objectif général que vous avez énoncé ? Quels types de caractère, de compétences et de connaissances seraient nécessaires pour accomplir au mieux la tâche de direction chrétienne dans votre contexte ? Sur la base de ces réflexions, développez un « profil du diplômé ».

4. *Qui sont les étudiants ?* De quelles sortes de communautés sont-ils issus (urbaines, suburbaines ou rurales ; monoculturelles ou multiculturelles) ? Quel est le niveau et quel type de religiosité dans leur éducation ? Le type d'Églises dont ils sont issus ?

5. *Où vont les étudiants après leur formation ?* Quels types de rôles vos anciens étudiants ont-ils ? Quel type de personnes servent-ils ? Sont-elles fortunées, de classe moyenne, ou pauvres ? Avec quel niveau scolaire ? Urbaines, suburbaines ou rurales ? Individualistes ou collectivistes ? Religieuses ou sans religion ? Quels sont, selon vos anciens étudiants, les plus grands défis auxquels ils ont été confrontés ? (Plus les contextes de ministère des anciens sont divers, plus la diversité dans le programme d'étude est une nécessité).

6. *Quand ? L'horizon temporel.* Un problème endémique de la conception des programmes est d'allouer trop de « Quoi ? » pour le « Quand ? ». Le « Quand ? » comprend tous les temps formels potentiels (en salle de cours ou équivalent), les temps non-formels (structurés mais hors cours – par exemple mentorat, groupes de formation de disciples, stages) et les temps informels (par ex. le temps des repas, de voyages faits ensembles, de rencontres informels qui ont du potentiel pour un apprentissage informel). Quelles sont les composantes du programme « non-retenu » ?

7. *Où ? L'environnement de l'apprentissage.* Quelles sont vos ressources matérielles ? Dans quelle mesure votre contexte physique aide-t-il ou gêne-t-il l'apprentissage ? Comment les limitations physiques affectent-elles les possibilités de formation ?

8. *Qui facilite l'apprentissage ?* Qui sont vos ressources humaines ? Combien de personnes sont impliquées dans la facilitation de l'apprentissage ? Quelle est la nature de leur formation ? Que savent-ils sur l'enseignement ? La capacité pédagogique est un élément extrêmement important de la conception d'un programme.

9. *Quoi et comment ?* Une fois que ces huit questions auront reçu leur réponse, vous serez bien positionnés pour envisager ce à quoi une transformation du programme d'étude pourrait ressembler dans les faits.

3

Mise en œuvre et évaluation du programme

Le développement et la mise en œuvre d'un programme d'étude exigent du temps et de l'effort. Il faut recruter des enseignants, mettre au point des descriptifs de cours, enseigner les cours et évaluer l'apprentissage des étudiants. Les institutions de formation fonctionnent souvent avec des ressources limitées. Ne soyons donc pas surpris de constater qu'elles ne soient pas nombreuses à effectuer une évaluation en profondeur afin de savoir si leur programme éducatif réalise effectivement sa raison d'être. Cependant, de plus en plus, cet état des choses est remis en question, du fait que les agences d'accréditation et les États demandent aux établissements de rendre davantage compte de leurs activités.

La comparaison faite par De Gruchy (2010, p. 45) entre les études médicales et l'enseignement théologique révèle un sérieux défi devant nous, à savoir qu'il est impératif d'avoir un processus continu de suivi, d'évaluation, et de révision des programmes :

> Dans l'enseignement médical, la formation de la nouvelle génération de professionnels de santé a pour moteur les avancées des pratiques médicales, de l'efficacité clinique des remèdes et des progrès techniques. Former des étudiants à des procédures dépassées n'aurait aucun sens, et mettrait des vies en danger. Par analogie, la formation théologique devrait elle aussi avoir pour moteur les résultats des pratiques éprouvées, ainsi que des recherches nouvelles et être à la pointe des progrès techniques. Un programme de formation théologique figée se base souvent sur l'idée selon laquelle nous n'avons rien appris de nouveau sur la foi chrétienne dans les siècles récents, et que la sagesse séculaire suffit comme fondement pour la formation des étudiants. Toutefois, sans nier l'importance de la théologie, l'histoire et de la tradition, nous affirmons que la pratique d'une formation biblique et théologique axée sur la mission du Christ à toute l'Église permet d'avoir un laboratoire contextuel permanent pour la réflexion théologique, et soulève quasi quotidiennement de nouvelles questions et perspectives sur des questions anciennes. Notre engagement à l'égard de la vie, et à occuper une

position de pointe pour réagir à ce qu'elle apporte, doit être aussi profond que celui des enseignants en médecine (De Gruchy 2010, p. 45).

Dans ce chapitre nous allons examiner les différentes dimensions d'un processus rigoureux d'évaluation. Différents outils pratiques vous seront présentés. Nous évoquerons plusieurs problématiques auxquelles sont confrontés ceux qui veulent mettre en place un programme de formation théologique de qualité.

Que faisons-nous exactement ?

Mon collègue à l'ABTS, Rupen Das (Haddad et Das 2012) a cherché à adapter le langage du développement communautaire à la formation théologique, en posant quatre niveaux de fonctionnement, dont chacun doit être pris en compte pour évaluer le programme éducatif :

1. Le premier niveau est celui de « *l'Activité* » : ce que nous faisons quotidiennement. En fait, il s'agit du programme que nous proposons, qui comprend, entre autres, l'enseignement dispensé en cours, le travail effectué par les étudiants en dehors des cours, la formation sur le terrain, et des activités formatrices telles que le mentorat, le culte communautaire et les groupes de discipulat. Ces activités sont soutenues par l'institution et se déroulent dans des lieux d'apprentissage tels que salles de cours, environnements en ligne et salle de culte.

2. Ces activités sont conçues pour donner un « *Produit* » : des diplômés qui, à la fin du programme de formation, manifestent une certaine croissance, quantitative et qualitative, en tant que responsables chrétiens émergents.

3. Cependant, le but de nos efforts n'est pas simplement la croissance individuelle des étudiants mais un « *Résultat* » : des Églises plus efficaces grâce au ministère de nos diplômés en leur sein. Si nos étudiants diplômés n'apportent pas de changement significatif dans les Églises que nous servons, nous aurons échoué dans notre tâche d'institution de formation aux ministères.

4. Mais ce n'est pas là le dernier mot. Nous sommes là pour participer à la mission de Dieu qui est une restauration du monde par l'Église en tant que corps de Christ, et en conséquence nous cherchons à voir des Églises ayant un « *Impact* » sur la société qui les entoure. S'il y a peu d'impact ou, pire, si les Églises sont « invisibles » dans leur environnement local, il nous faut soulever des questions essentielles à propos de l'efficacité de ce que nous faisons dans nos programmes théologiques. Bien sûr, il est impossible d'établir un lien direct de cause à effet entre nos programmes de formation et leur impact sur la société, du fait que des facteurs multiples contribuent à cette influence de l'Église sur la société locale. Mais il nous faut néanmoins essayer de concevoir des outils qui nous

aideront à évaluer la contribution de nos diplômés à la transformation du ministère de leurs Églises, de sorte que celles-ci deviennent plus influentes dans leur environnement local.

On peut représenter ces niveaux selon la figure 3.1

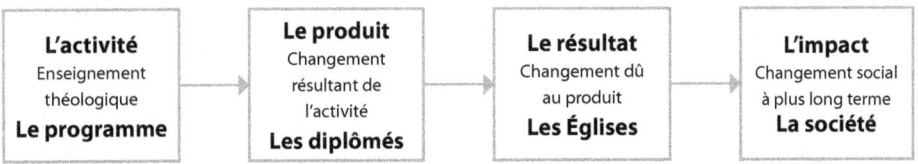

Figure 3.1 Les quatre niveaux de l'évaluation d'un programme

Une évaluation de qualité requiert une implication à chaque niveau, comme l'indique la figure 3.2.

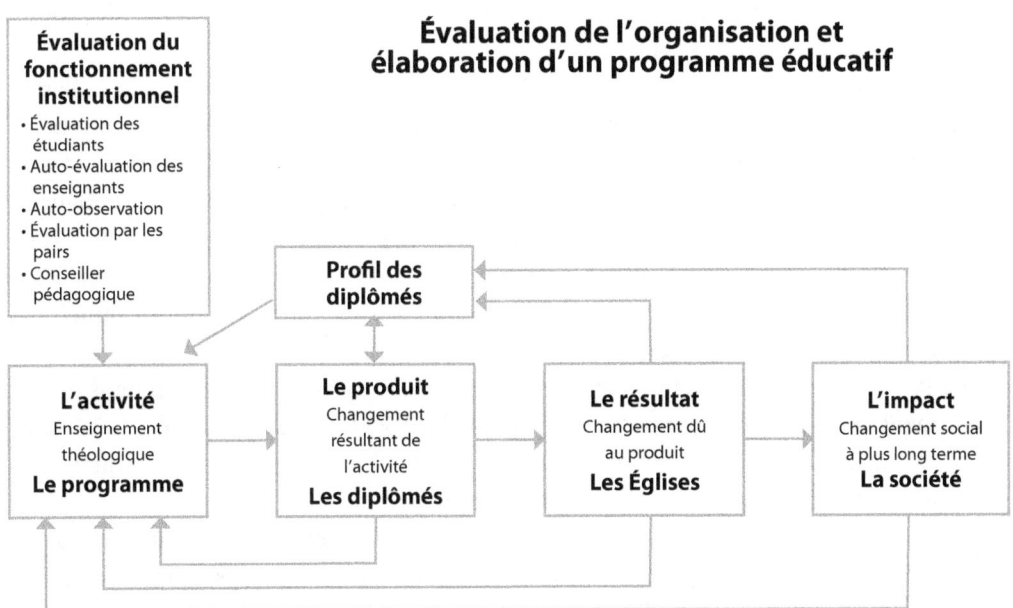

Figure 3.2 Évaluation aux quatre niveaux

Dans le reste de ce chapitre, nous aborderons les diverses composantes de ce processus approfondi d'évaluation.

L'évaluation du fonctionnement

Le point de départ d'une évaluation continue est la gestion interne de la qualité. Cela inclut des processus tels que l'évaluation des modules de cours par les étudiants, l'évaluation par les pairs et l'évaluation institutionnelle.

La forme d'évaluation interne du fonctionnement la plus couramment utilisée dans les institutions de formation est celle des évaluations de *l'enseignement des professeurs par les étudiants* (EPE), qui se font à la fin d'un module de cours. Ces évaluations comportent généralement une série de questions où les étudiants donne une appréciation sur la façon dont ils ont estimé la qualité du contenu et de la méthodologie utilisée dans le cours, la pertinence des outils pédagogiques. Ils se prononcent également sur la clarté et l'équité des exigences du cours et de la notation. Habituellement, on y trouve aussi un espace pour des commentaires libres, particulièrement des suggestions quant aux façons dont le cours pourrait être amélioré à l'avenir. Il y a un vaste corpus de littérature sur les EPE – en partie positif, en partie très négatif. D'un côté, les EPE se sont révélées être plutôt fiables et cohérentes, avec un niveau élevé de concordance entre les étudiants dans la façon dont ils notent les enseignants. On n'a trouvé aucune autre forme d'évaluation qui ait produit des résultats aussi cohérents (Huemer n.d.).

En revanche, certaines études (Rice 1988 ; Wilson 1998) ont trouvé une corrélation significative entre les EPE et l'indulgence des enseignants, en particulier la pratique de l'inflation des notes. D'autres études ont découvert que les bonnes appréciations étaient liées à la forme plutôt qu'au fond : un style enthousiaste et qui fait autorité a tendance à être bien noté, même si le contenu est superficiel ou même contradictoire (Naftulin, Ware et Donnelly 1973 ; Abrami, Levanthal et Perry 1982). Ces bonnes appréciations basées sur le style ont même un impact sur les attitudes par rapport à des éléments impersonnels tels que les manuels (Williams et Ceci 1997). Il semblerait qu'un questionnaire d'évaluation en deux points suffirait pour la plupart des situations, car les étudiants traitent inconsciemment chacune des nombreuses questions d'une EPE typique comme une variante d'une des deux questions suivantes : (a) Est-ce que le professeur a l'air d'être quelqu'un de sympa ? et (b) Est-ce que le cours est bien organisé ?

Il est impossible qu'un cours apporte à la fois un contenu exhaustif et un degré élevé d'implication créative. De plus, les besoins et les attentes des étudiants varient énormément. En conséquence, les étudiants peuvent avoir tendance à se focaliser sur les imperfections du cours et de l'enseignant, au lieu de reconnaître ce qu'ils ont appris dans le cours. Les EPE peuvent donc avoir un effet dévastateur sur des enseignants consciencieux ayant fourni des efforts conséquents de préparation dans le temps limité imparti, extrêmement découragés de recevoir toute une série de reproches sur leur cours. Il est donc important que les enseignants soient formés à une lecture sélective et constructive des EPE.

Ayant reconnu les imperfections des EPE traditionnelles, plusieurs institutions ont élargi leur façon de les aborder, de sorte que les évaluations par les étudiants deviennent plus réciproques : il est demandé par exemple aux étudiants non seulement d'évaluer le cours et l'enseignant, mais aussi de s'évaluer eux-mêmes, en ce qui concerne leur implication personnelle dans le cours et leur collaboration les uns avec les autres. Un exemple de formulaire d'évaluation réciproque par les étudiants est proposé dans l'annexe 3.1.

Les évaluations par les étudiants ont moins de chances d'être valables si elles sont facultatives. On a constaté que les femmes sont plus susceptibles que les hommes de remplir des évaluations facultatives, et que les étudiants qui ont des résultats médiocres sont moins susceptibles de remplir une évaluation. Ces facteurs biaisent le processus de façon significative (Kherfi 2011). Il vaut mieux soit rendre les évaluations par les étudiants obligatoires, soit ne pas en avoir du tout.

Pour que les EPE soient significatifs, il faut que les retours aboutissent à une conclusion. Les bons établissements demandent aux enseignants de faire part des changements qu'ils ont l'intention de mettre en œuvre sur la base des évaluations, et de les retransmettre aux étudiants et à l'administration pédagogique. Si ce processus n'a pas lieu, les évaluations par les étudiants perdent quasiment toute signification.

En plus des EPE, de nombreuses autres formes d'évaluation de fonctionnement sont utilisées dans une plus ou moins grande mesure dans les institutions, afin d'encourager les uns et les autres à rendre des comptes et d'améliorer la performance :

- *Auto-évaluation des enseignants.* En général, il est préférable que l'auto-évaluation des enseignants ait lieu sous forme d'une description plutôt que d'une évaluation. Certains des points sur lesquels on pourrait inviter les enseignants à faire un rapport sont : la ponctualité aux cours, les types de méthodologie pédagogique utilisés, le nombre de thèmes clés traités dans le module, les méthodes utilisées pour chercher à évaluer l'apprentissage des étudiants, le nombre d'heures passées avec les étudiants en dehors des cours, le temps mis à rendre les devoirs, la manière de faire des retours sur les travaux des étudiants, ainsi que l'étendue et la profondeur de ces retours. Ces commentaires pourront alors être croisés avec d'autres outils d'évaluation, tels que les EPE.

- *Auto-observation.* Beaucoup d'institutions ont trouvé bénéfique de demander aux enseignants de se laisser filmer, puis de visionner l'enregistrement et de rédiger un rapport d'auto-évaluation sur ce qu'ils auront remarqué. La plupart des enseignants n'ont pas conscience de certaines façons de faire qui leur sont propres et qui deviennent criantes en vidéo.

- *L'évaluation par les pairs.* Il peut y avoir un avantage mutuel à l'évaluation par les pairs, car celui qui évalue et celui qui est évalué peuvent apprendre l'un de l'autre. L'évaluation par les pairs pourrait se faire par une appréciation administrative – l'examen des descriptifs de cours, des examens, du travail des étudiants, etc. – ou bien par l'observation en classe, où les modes de présentation, l'interaction enseignant-étudiant et bien entendu le contenu du cours pourraient être évalués. L'évaluation par les pairs, tout en ayant de grands avantages potentiels, présente aussi des dangers, particulièrement lorsqu'il existe un esprit de compétition entre les professeurs ou qu'un poste est en jeu. Dans beaucoup de sociétés basées sur les concepts d'honneur et de honte, l'évaluation par les pairs peut être difficile à mettre en œuvre pour des motifs culturels, du fait de la réticence des pairs à « faire honte » à un collègue. D'autre part, on a constaté que l'évaluation par les pairs est peu fiable : les collègues et les observateurs externes sont rarement d'accord entre eux dans leur appréciation des enseignants. (Marsh and Roche 1997).

- *Consultants en éducation.* Une approche plus coûteuse mais potentiellement bénéfique est qu'un consultant en éducation observe les enseignants. Toutefois, il est probable que beaucoup des difficultés rencontrées communément dans l'évaluation par les pairs (mentionnées ci-dessus) apparaîtront également dans le travail avec des consultants.

Évaluation du programme d'étude par les étudiants diplômés

Les étudiants récemment diplômés constituent une des meilleures sources d'information sur l'évaluation du programme dans son ensemble. Ayant suivi et terminé la totalité du programme éducatif, ces diplômés sont les mieux placés pour indiquer les éléments inutiles, tout autant que les domaines qui ont joué un rôle particulièrement important dans leur formation.

L'évaluation par les diplômés peut parfois être décourageante pour les professeurs d'une institution, particulièrement pour ceux qui ont un penchant pour l'apprentissage académique et livresque. Récemment, une étude de premier plan (VerBerkmoes et al. 2011) menée aux États-Unis a révélé que, si la plupart des institutions focalisent leurs programmes sur l'acquisition de connaissances, les diplômés, eux, citent « l'intégrité » comme l'aspect le plus important à traiter dans le programme. Si les connaissances bibliques et théologiques, ainsi que les compétences en exégèse et en homilétique, étaient hautement cotées en tant qu'éléments essentiels, l'amour pour autrui, l'humilité, les capacités relationnelles et la résilience étaient considérées comme ayant une valeur égale aux yeux des anciens élèves. Parmi toutes les compétences proposées, les langues bibliques ont obtenu les notes les plus basses.

Le « profil du diplômé » devrait jouer un rôle conséquent, aussi bien dans l'élaboration que dans l'évaluation du programme. Une quantité étonnante de retours sur les programmes peut être générée tout simplement en demandant aux étudiants d'effectuer une auto-évaluation basée sur ce profil, d'abord au moment où ils commencent un cursus et de nouveau immédiatement avant de le quitter. Si l'auto-évaluation est effectuée au début de chaque année, puis juste avant l'obtention du diplôme, le résultat sera encore meilleur. Ces données peuvent alors devenir la base pour un certain niveau d'analyse quantitative permettant de savoir jusqu'à quel point les étudiants considèrent eux-mêmes qu'ils ont appris et progressé par le moyen d'un cursus. Il est intéressant de constater qu'une étude (Wazir 2013) des auto-évaluations à l'ABTS sur une période de trois ans a démontré qu'il y avait une chute dramatique du niveau des scores d'auto-évaluation par les étudiants entre le début de la première année et le début de la seconde, puis une montée régulière et statistiquement significative de ces scores au cours de la période restante du programme de formation.

Les anciens étudiants peuvent eux aussi représenter des voix significatives dans l'évaluation du programme. Il faut souvent plusieurs années après l'achèvement des études pour déterminer (a) quels éléments du programme d'étude ont été particulièrement utiles pour l'efficacité dans la vie et le ministère ; (b) quels éléments ont été peu pertinents ; et (c) quels domaines importants de connaissance et de savoir-faire nécessaires pour un ministère fructueux manquaient au programme. Des informations fort utiles pour la réforme d'un programme peuvent être glanées par le moyen d'entretiens avec des anciens étudiants cinq à dix ans après l'obtention de leur diplôme, avec des questions appropriées se rapportant à ces trois domaines.

Un avertissement : les réponses apportées aux points (a) et (b) ci-dessus par les nouveaux diplômés et les anciens élèves seront très souvent liées davantage à la qualité de la personne qui a dispensé l'enseignement qu'au contenu effectif du programme. Il ne faudrait pas opérer des changements importants à un programme uniquement sur la base d'évaluations faites par des anciens élèves, mais plutôt en corrélation avec des évaluations provenant d'autres sources.

Amener les Églises locales à s'impliquer dans l'évaluation

À la lumière de cette vision déjà évoquée d'une formation théologique centrée sur la mission du Christ à toute l'Église, il est important que la voix des Églises locales soit entendue dans l'évaluation de nos programmes. La rapidité avec laquelle le contexte du ministère change fait apparaître combien il est utile de permettre aux Églises de s'exprimer par rapport à nos programmes de façon conséquente au moins tous les trois à cinq ans.

Bien que les dirigeants et les pasteurs des unions d'Église soient des acteurs importants dans les évaluations faites par les Églises locales, souvent, leurs voix ne sont pas forcément les plus valables. Comme la plupart de ces responsables sont eux-mêmes passés par une formation théologique, il leur est en général difficile d'envisager des alternatives créatives pour des programmes efficaces. De plus, pour beaucoup d'entre eux, tout changement substantiel apporté à un programme sera perçu inconsciemment comme jetant le discrédit sur leur propre formation passée. Dans certains cas, les responsables et pasteurs des dénominations prônent un enseignement plus traditionnel plutôt que des innovations créatives.

Les voix les plus utiles dans les évaluations faites par les Églises locales viennent en général de responsables laïcs sans formation théologique académique : les anciens, les responsables de jeunes, ceux qui travaillent parmi les enfants, ceux qui ont un don pour l'évangélisation ou le mentorat, des hommes ou femmes d'affaires chrétiens, des enseignants chrétiens, etc. Ce sont en général des gens qui ont une passion pour la bonne santé et la croissance de l'Église. Ils ont souvent un esprit d'analyse aiguisé et une bonne connaissance des nouvelles tendances dans l'enseignement et la formation. On a également constaté que c'est eux qui sont les plus critiques par rapport aux programmes traditionnels de formation au ministère.

Il y a différentes façons d'impliquer ces responsables dans l'évaluation. Beaucoup d'institutions trouvent utile d'avoir périodiquement des sessions d'une journée au cours desquelles ces responsables sont invités à répondre aux questions deux et trois soulevées au chapitre 1 (« quels sont les enjeux contextuels ? » ; « à quoi pourrait ressembler un bon responsable chrétien »). Il sera facile d'incorporer les réponses au « profil du diplômé » du cursus. Souvent, des omissions spécifiques dans le programme émergeront au cours de la discussion.

S'il existe des chrétiens engagés avec une expérience des responsabilités dans le monde des affaires ou de l'enseignement supérieur, ceux-ci peuvent aider les institutions à sortir des paradigmes traditionnels et à découvrir de nouveaux schémas d'enseignement qui serviront mieux la vision d'une formation théologique focalisée sur la mission du Christ donnée à son Église.

La société et l'évaluation

Le but ultime de notre travail est d'avoir une influence chrétienne sur la société qui nous entoure. Comme Vaughn McLaughlin le dit si bien :

> Dans une Église locale, on ne devrait pas simplement arriver là le dimanche en voiture, recevoir une heure et demie de prédication et de chants, puis repartir. Vivre dans une société implique que nous ayons un impact sur elle. Je pose la question aux pasteurs : « Si votre Église devait déménager de la ville au sein de laquelle elle se trouve, quel impact cela aurait-il ? Est-ce que vous lui manqueriez ? Est-ce qu'elle en serait navrée ? » (McLaughlin 2003, p. 26)

Et pourtant, malgré cette vision d'avoir un impact sur la société, il est extrêmement rare que les institutions théologiques recherchent auprès d'elle des retours sur leurs programmes.

Impliquer la communauté environnante dans l'évaluation de l'école théologique peut présenter un défi pour plusieurs raisons. Pour commencer, nombre d'autorités civiles ne sont pas chrétiennes et dans certains cas sont clairement hostiles à l'évangile. Même lorsqu'ils sont ouverts, il peut être difficile de savoir qui consulter et comment le faire. Les politiciens ont souvent de puissants intérêts associés à leur voix. La plupart des autorités civiles ne s'intéressent pas particulièrement à la formation des responsables d'Église. Le processus d'engagement au sein de la communauté locale est souvent plus facile dans des sociétés collectivistes que des sociétés individualistes, du fait que les « protecteurs » locaux ont une voix importante dans la prise de décision communautaire.

En général, l'implication de la société se fera par le moyen d'entretiens semi-structurés, sous forme de conversations plutôt que d'une évaluation formelle. Toutefois, un certain nombre d'éléments d'évaluation pourront être recueillis dans des entretiens de ce type :

- Jusqu'à quel point l'Église est-elle « visible » dans la ville ou le quartier ? Ici nous ne parlons pas seulement de visibilité physique (un bâtiment), mais plutôt de la connaissance d'activités que les gens perçoivent comme apportant un renouveau dans la société.

- Quelle est l'impression générale que les gens de la ville ou du quartier ont de l'Église, et qu'y a-t-il derrière cette impression ? Bien sûr, dans la plupart des pays du monde, le fait même de poser cette question invitera davantage des retours flatteurs, n'apportant aucune information, qu'une évaluation honnête. Des questions de relance plus pénétrantes seront nécessaires pour passer du superficiel à une perception réelle de la situation.

- Jusqu'à quel point le public voit-il l'Église comme à la fois « prophétique » et « sacerdotale », c'est-à-dire qui s'élève vigoureusement contre le mal tout en réconfortant ceux qui sont brisés et exclus ? Et de quelle façon l'Église pourrait-elle mieux servir la ville ou le quartier ?

Lorsque les réponses à ces questions seront rassemblées, les responsables de programmes de formation devront se mettre en rapport avec les responsables d'Église pour déterminer quelles implications ces réponses auront pour le programme éducatif.

Les défis que pose l'évaluation

Avant de conclure notre discussion sur l'évaluation, il est important de reconnaître certains défis qui se présentent à tout processus d'évaluation et à sa mise en œuvre.

Un des plus grands défis de l'évaluation est le fait que certains des résultats les plus importants sont intangibles. Comme Eisner (1994, p. 184-185) l'a remarqué, les résultats d'un bon enseignement sont multiples et pas toujours mesurables. Il y a quelque chose d'intangible et de difficile à définir, et encore plus à quantifier, lorsqu'on a affaire à un bon enseignement (G. Smith 2004). En recherchant des normes mesurables, nous pouvons facilement mettre en priorité des éléments tangibles moins importants et ne pas prêter attention à des éléments très significatifs ou les écarter simplement parce qu'il n'est pas facile de les spécifier ou de les classer.

L'évaluation est difficile émotionnellement pour les professeurs et l'administration d'une institution de formation. Après avoir travaillé dur pour mettre au point le meilleur programme d'étude possible selon l'expérience et les capacités de notre corps enseignant et de l'administration, nous découvrons qu'il n'est toujours pas à la hauteur. Il nous faut reconnaître qu'il n'y a pas d'approche parfaite, et que même s'il est sain et approprié de réévaluer et de consolider le programme en continu, nous n'avons pas à chercher une perfection hors de portée. Notre but devra être plutôt de donner le meilleur possible dans la limite de nos capacités.

L'appropriation de ce processus par le corps enseignant est cruciale (G. Smith 2004). En dernier ressort, ce sont les professeurs qui transmettent le programme ; en conséquence, s'ils n'acceptent pas la nécessité de l'évaluation et des résultats qui en découlent, le processus d'évaluation sera sans effet. En général, les professeurs résistent à un processus sur lequel ils n'ont guère leur mot à dire, surtout s'ils ont le sentiment que l'évaluation leur est simplement imposée d'en haut (par le conseil d'administration et le doyen) ou de l'extérieur (agences d'accréditation). L'implication des professeurs dans la conception et la mise en œuvre de l'évaluation aura plus de chances d'aboutir à l'appropriation par eux des résultats obtenus.

Un processus d'évaluation consciencieux va inévitablement souligner les lacunes du programme, et il sera facile de tomber dans le piège et d'essayer de toutes les combler. En particulier lorsqu'il s'agit des programmes de formation pastorale, il y a la tentation d'accepter la vision erronée selon laquelle un diplômé doit être un expert dans tout ce qui a trait à la vie d'Église, et de chercher à transmettre trente années de connaissances et d'expérience en l'espace de trois années. Ce genre d'approche finit en général par mettre trop d'accent sur la transmission d'un contenu traditionnel, avec peu d'occasions de former les étudiants à réfléchir et à gérer les informations. Il y a aussi le danger que les étudiants voient l'institution théologique comme la seule source de formation, auquel cas ils quittent l'établissement mal préparés à entrer dans un apprentissage qui durera leur vie entière. Un autre souci dans de nombreux programmes de formation pastorale est qu'en cherchant à former les étudiants à être des experts en tout, nous pourrions bien renforcer un statu quo théologiquement douteux. Il vaut bien mieux se concentrer sur la formation de futurs responsables capables d'amener l'ensemble du peuple de Dieu à s'impliquer dans le ministère.

Pour élaborer un programme de formation avec sagesse, on prendra les commentaires et les observations des parties prenantes clés comme des indicateurs précieux de lacunes dans la formation. Si, à la lumière de ces observations, nous introduisons de nouveaux domaines dans le programme d'étude, il faudra également veiller à réduire d'autres domaines ou les supprimer totalement, de sorte que la charge globale du programme reste raisonnable. Le défi sera de choisir entre ce qui est bien et important, et ce qui est essentiel. Comme mentionné au chapitre 2, les théoriciens de l'éducation décrivent ce processus comme le « programme non-retenu », c'est-à-dire ce que nous communiquons par ce que nous incluons dans notre programme ou ce que nous en excluons (ce point sera abordé plus en détail au chapitre 5). Une bonne élaboration de programme tient compte de manière délibérée des éléments non-retenus du programme, et ce sera encore mieux de rendre ces choix publics en les expliquant. Les retours des personnes extérieures concernées, parties prenantes du programme peuvent jouer un rôle important dans ces choix difficiles.

Toutefois, un défi majeur pour une réforme des programmes découle des formations spécialisées des enseignants. Ayant consacré de longues années d'étude à leurs domaines d'expertise particuliers, ils voient naturellement une vaste gamme de sujets dans leur matière comme essentielle à la formation de responsables. En conséquence, dans de nombreuses institutions, la révision des programmes devient une lutte de territoires plutôt qu'un effort collégial. Pour diminuer ces tensions, il serait utile de considérer un programme en termes de noyau, d'enseignements de spécialité et d'options. Il sera encore mieux de s'éloigner du programme fragmenté traditionnel pour avoir un plus grand niveau d'intégration (thème approfondi au chapitre 6).

Ceux qui sont impliqués dans une révision de programme feront bien également de se rappeler que le but des programmes de formation pour le ministère est de former des personnes pour ces ministères – et non pour poursuivre des études au niveau supérieur. Dans le contexte mondial actuel de l'enseignement supérieur, il y a de multiples possibilités pour les étudiants qui souhaitent poursuivre des études plus avancées de trouver les passerelles nécessaires qui leur fourniront les outils dont ils auront besoin. Il n'est pas nécessaire que l'ensemble de ces outils soient dispensés au niveau licence.

Pour finir, nous devons continuellement garder à l'esprit ce que nous cherchons à faire par l'évaluation par les personnes extérieures à l'institution : corriger les redondances dans le programme et prendre conscience des domaines conséquents qui en sont absents. Nous devons faire attention à ne pas réagir trop vite à : « il nous faut plus de ceci ou de cela ». Vérifions que des déclarations d'insatisfaction n'expriment pas tout simplement les préférences des individus qui savent se faire entendre de façon plus éloquente. Ce ne sera que si plusieurs voix concordantes montrent des lacunes et la nécessité d'un changement que l'évaluation pourra être un outil pour rechercher l'excellence dans ce que nous faisons.

Conclusion

À la lumière de la vision de la formation théologique construite autour de la mission du Christ donnée à toute l'Église, l'évolution des programmes n'est pas facultative mais indispensable. Alors que l'Église cherche à avoir un impact significatif sur le monde, elle sera continuellement confrontée à de nouveaux défis, et les formateurs en théologie gagneront à être attentifs pour répondre à ces défis dans la formulation et la révision des programmes pour la formation au ministère. L'évaluation est un élément clé dans ce processus. Au moyen de l'évaluation continue de notre gestion à de multiples niveaux, et par la contribution de parties prenantes clés telles que les anciens élèves et les responsables des Églises et de la communauté, on peut aborder le bilan et la révision des programmes de façon éclairée. Ainsi notre programme sera mieux placé pour mettre au point un bon processus pour former des responsables pour les Églises locales, afin que, en tant que communautés spirituelles, elles soient véritablement « sel et lumière ».

Exercices

1. Créez votre propre formulaire d'évaluation d'un module de cours en appliquant la procédure suivante :

> (a) Faites la liste d'éléments clé d'enseignement que vous cherchez à évaluer. Les caractéristiques de l'excellence dans l'enseignement exposées au chapitre 16 peuvent constituer un bon point de départ.
>
> (b) S'il existe, prenez le formulaire d'évaluation actuel de votre propre programme, et faites une liste de points supplémentaires importants à rajouter ou à supprimer.
>
> (c) Ajoutez des points supplémentaires tirés de l'échantillon de l'ABTS (annexe 3.1)
>
> (d) Classez les différents domaines en dix à vingt questions d'évaluation.
>
> (e) Formulez une structure qui permettrait de faire une forme d'analyse statistique.
>
> (f) Rassemblez tout ce qui précède pour en faire votre propre formulaire d'évaluation.

2. Composez au moins trois questions importantes qui pourraient être adressées à chacun des groupes de personnes suivants, et qui permettraient de mettre en œuvre une évaluation significative du programme d'études : (a) des anciens étudiants de l'institution diplômés entre cinq à dix années auparavant ; (b) des responsables laïcs d'Églises locales ; (c) des responsables de la ville ou du quartier.

Annexe 3.1

Évaluation étudiante réciproque personnelle-corps enseignant à l'ABTS

Il est très important pour nous de connaître vos réflexions sur les cours à l'ABTS – votre vision du cours lui-même, du professeur, et de votre propre part dans l'apprentissage. Pour nous aider dans notre recherche de qualité dans la formation de responsables, nous vous demandons de remplir aussi honnêtement que possible l'analyse qui suit. Cela nous aidera si vous mettez votre nom sur le questionnaire, mais ce n'est pas obligatoire.

Nom (facultatif) :_____

Partie A

Chacune des deux affirmations ci-dessous représente les extrémités opposées d'une échelle. Considérez chaque groupe d'affirmations et faites une évaluation en cochant la position appropriée sur cette échelle.

Au début, je ne savais pas clairement quels étaient les objectifs du cours et ce qu'on attendait de moi.	 3 2 1 0 1 2 3	Les objectifs du cours et les attentes ont été clairement communiqués dès le début du cours.
J'ai trouvé que les objectifs du cours ont été largement atteints	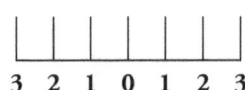 3 2 1 0 1 2 3	J'ai trouvé que le cours n'a pas atteint ses objectifs
Le cours était centré sur le développement de capacités de raisonnement complexes et on s'attendait à ce que j'analyse des éléments et que je forme mes propres opinions et appréciations	3 2 1 0 1 2 3	Le cours était centré sur une information de base que j'étais censé apprendre de sorte à pouvoir la restituer quasiment sous la même forme que celle où elle avait été dispensée

Gauche		Droite
La méthodologie du cours comprenait surtout des cours magistraux avec la possibilité de poser des questions	3 2 1 0 1 2 3	La méthodologie du cours réduisait l'importance des cours magistraux et se déroulait surtout sous forme de discussion et d'atelier
J'ai rarement parlé en cours	3 2 1 0 1 2 3	J'ai beaucoup participé en cours aux discussions
L'enseignant a utilisé des supports visuels	3 2 1 0 1 2 3	L'enseignant a uniquement utilisé la communication orale
Le cours a été surtout pratique	3 2 1 0 1 2 3	Le cours a été surtout théorique
Les cours m'ont paru très bien organisés	3 2 1 0 1 2 3	Les cours m'ont paru chaotiques
J'ai eu du mal à comprendre où l'enseignant voulait en venir	3 2 1 0 1 2 3	J'ai trouvé facile de comprendre où l'enseignant voulait en venir
Quand je ne comprenais pas, je demandais au professeur	3 2 1 0 1 2 3	Quand je ne comprenais pas, je le gardais pour moi
L'atmosphère en cours n'encourageait pas les contributions et la participation des étudiants	3 2 1 0 1 2 3	L'atmosphère en cours encourageait les contributions et la participation des étudiants
Il y avait trop de travail dans ce cours	3 2 1 0 1 2 3	Il y avait trop peu de travail dans ce cours
J'ai trouvé que je n'avais pas besoin de beaucoup travailler dans ce cours	3 2 1 0 1 2 3	Personnellement, j'ai beaucoup travaillé dans ce cours
Les critères d'évaluation étaient connus et compris	3 2 1 0 1 2 3	Les critères d'évaluation semblaient arbitraires

Je n'ai pas ressenti le besoin de consulter le professeur pour faire mes devoirs	3 2 1 0 1 2 3	Je préparais un brouillon avec des idées et vérifiais auprès du professeur si j'étais bien sur la bonne voie
J'ai aidé d'autres étudiants dans le cours à comprendre ce qui était enseigné	3 2 1 0 1 2 3	J'ai surtout travaillé seul dans ce cours
J'ai trouvé que les lectures et les devoirs étaient plutôt des obstacles à franchir pour réussir le module	3 2 1 0 1 2 3	J'ai trouvé les lectures et les devoirs utiles à mon apprentissage
J'ai fait beaucoup de préparation pour chaque heure de cours	3 2 1 0 1 2 3	Je n'ai pas ressenti de besoin ou de désir de me préparer pour les heures de cours
Je n'ai pas reçu de retours sur mon travail de la part du professeur, ou bien les retours n'avaient pas grand sens	3 2 1 0 1 2 3	J'ai reçu des retours très utiles sur mon travail de la part du professeur
J'ai pris le temps d'évaluer ce que j'avais appris ou non afin de croître dans mon apprentissage personnel.	3 2 1 0 1 2 3	Je n'ai pas pris le temps d'évaluer ce que j'avais appris ou non.
Le professeur ne nous a pas donné de temps en dehors des heures de cours officielles pour aborder des questions ou des besoins spécifiques	3 2 1 0 1 2 3	Le professeur nous a donné du temps en dehors des heures de cours officielles pour aborder des questions ou des besoins spécifiques
Le contenu du cours reprenait en grande partie es choses déjà vues dans d'autres cours à l'ABTS	3 2 1 0 1 2 3	Le contenu du cours m'était tout à fait nouveau
Je n'ai pas trouvé le cours particulièrement utile pour mon futur rôle de responsable	3 2 1 0 1 2 3	Le cours a été extrêmement utile pour mon futur rôle de responsable

Partie B

Donnez une ou deux suggestions constructives pour le cours dans l'espace ci-dessous. Merci de prendre en compte ce qui suit :

- Le but de cette section est d'aider à améliorer les enseignements, et non de critiquer la personne de l'enseignant. En conséquence, des commentaires négatifs sur des personnes ne seront pas pris en compte. Toutefois, des suggestions polies et respectueuses pour améliorer la méthodologie de l'enseignement seront appréciées.
- Le temps imparti à ce cours est limité. En conséquence, si vous suggérez un ajout, veuillez aussi suggérer ce qui pourrait être retiré du cours.
- Nous apprécions particulièrement que les étudiants soulignent des éléments spécifiques de ce cours qui sont enseignés ailleurs dans le programme.

_____

_____

_____

_____

_____

4

L'apprentissage multidimensionnel dans l'enseignement de la théologie

L'apprentissage est un processus multidimensionnel complexe qui va bien au-delà de l'apport cognitif. Plusieurs modèles et taxonomies ont cherché à décrire de façon systématique la variété et les différents niveaux d'apprentissage. Dans ce chapitre, nous vous présentons l'un des modèles les plus influents, élaboré dans les années 50 et 60 par des équipes dirigées par Benjamin Bloom et David Krathvohl. La thèse fondamentale de ce chapitre est la suivante : pour optimiser l'apprentissage théologique, celui-ci doit viser l'affectif, le comportemental et le cognitif.

- L'*apprentissage cognitif* va au delà de la simple transmission du savoir pour aboutir à l'apprentissage d'outils de réflexion complexes.
- L'*apprentissage affectif* forge les valeurs, les attitudes, les émotions et les motivations de l'étudiant.
- L'*apprentissage comportemental (psychomoteur)* se fait par le moyen de l'action et de l'expérience.

L'ABCD de l'apprentissage

Il y a bien des années, Joe Bayly disait que : « Le seul point commun entre la façon dont Jésus enseignait et celle de l'école de théologie est que l'une et l'autre durent trois ans » (Richards 1975, p. 163). Trop longtemps, l'enseignement de la théologie a été lié à un modèle universitaire dont certaines valeurs allaient à l'encontre des modèles fondamentaux du discipulat et de la formation de responsables tels qu'utilisés par Jésus et les apôtres. Une formation théologique fondée sur la mission du Christ nous invite à redécouvrir la dimension holistique de l'homme, telle qu'elle se trouve dans les Écritures. Pour atteindre ce but, nous devons éviter de réduire le domaine de l'éducation au cognitif seul, mais l'élargir, et pour cela revoir les programmes dans cette perspective. Nous devons aussi aller au delà d'un discours simpliste sur la formation de « la tête, le cœur et les mains » pour aboutir à des programmes intentionnellement multidimensionnels, de telle sorte qu'ils comportent cette compréhension plus large de l'apprentissage éducatif.

La place centrale de l'intellect et de l'apprentissage cognitif dans nos institutions théologiques se fonde sur une conception du savoir enracinée dans la philosophie grecque et des Lumières et non dans les Écritures (Riebe-Estrella 2009 ; P. Shaw 2010). Selon cette conception, le savoir est une sorte d'objet qui doit être acquis. Parker Palmer (1998, p. 99-108), en s'inspirant largement des travaux de Michael Polanyi (1958, 1966), résume cette compréhension que nous estimons avec lui erronée :

> [Le] modèle mythique mais néanmoins dominant censé nous permettre de d'approcher et d'expliquer le réel (la vérité) se compose de quatre éléments principaux :
>
> 1. *Les objets* de connaissance : ils existent « quelque part là-bas », purs, dans un espace physique ou conceptuel, et sont décrits comme des « faits » qui se rapportent à un domaine donné.
>
> 2. *Les spécialistes* : il s'agit des gens accrédités par leurs pairs, formés à la connaissance de ces objets sous leur forme pure. Ils ne permettent pas à leur propre subjectivité de déborder sur la pureté des objets eux-mêmes (le positivisme). Cette formation se fait dans un lieu éloigné au niveau master et doctorat. Elle a pour objectif d'anéantir le sentiment qu'on a de soi-même au point de devenir une sorte de prêtre séculier, un porteur sûr de ces purs objets du savoir.
>
> 3. *Les amateurs* : ce sont des gens sans formation universitaire. Ils sont remplis de préjugés. Ils comptent sur les experts pour avoir une connaissance objective ou pure des objets en question.
>
> 4. *Les séparateurs* : ils sont situés à chaque point de transmission – entre les objets et les experts, entre les experts et les amateurs – qui permettent au savoir objectif de s'écouler vers l'aval tout en empêchant la subjectivité d'y remonter.
>
> Dans ce mythe objectiviste, la vérité coule du haut vers le bas, partant des experts qui sont qualifiés pour connaître la vérité [. . .] pour arriver aux amateurs qui ne sont qualifiés que pour recevoir la vérité. Dans ce mythe, la vérité est une série de propositions à propos d'objets ; l'enseignement est un système de transmission de ces propositions aux étudiants ; une personne instruite est quelqu'un qui peut se rappeler et répéter les propositions des experts. L'image est hiérarchique, linéaire et manifeste une hygiène compulsive, comme si la vérité passait par un convoyeur aseptisé pour être déposée comme un objet immaculé au bout du processus.
>
> Ce mythe ne présente que deux problèmes : il dépeint de façon inexacte la façon dont nous connaissons la réalité, et il a profondément déformé la

façon dont nous formons. Je connais mille salles de cours où les relations entre l'enseignant, les étudiants et le sujet ressemblent exactement à cette image. Mais je ne connais aucun domaine – de l'astronomie à la littérature, les sciences politiques ou la théologie – où la recherche continue de la vérité ressemblerait de près ou de loin à cet objectivisme mythique.

La formation théologique a besoin d'un paradigme enraciné dans des principes bibliques. Le point central d'un tel paradigme, c'est le fait de comprendre que lorsque la Bible parle de « connaître », elle ne parle pas d'un savoir abstrait et désincarné, mais d'une relation. « Connaître », dans les Écritures, c'est avoir une relation – une relation entre Dieu et une personne, entre Dieu et la société, entre deux personnes (D. Miller 1987, p. 271) – une relation de « connaissance » qui trouve sa source dans la révélation que Dieu nous donne de lui-même. L'affirmation selon laquelle nous avons besoin que Dieu se révèle lui-même est au centre de l'enseignement théologique (Gillespie 1993) : il n'est pas question que ce soit *nous* qui découvrions la vérité, mais que nous parvenions à connaître *uniquement comme nous sommes déjà connus* (1 Co 13.12 ; voir Palmer 1983). Wright fait le commentaire suivant :

> Traditionnellement, nous avons considéré la connaissance en termes de sujet et d'objet et nous avons cherché à atteindre l'objectivité en nous détachant de notre subjectivité. C'est impossible, et l'une des réussites de la postmodernité est de démontrer cette impossibilité. Ce à quoi nous sommes appelés et qui devient possible grâce à la résurrection, c'est une connaissance dans laquelle nous sommes impliqués en tant que sujets, des sujets qui se donnent, et ne cherchent pas leur propre intérêt : en d'autres termes, une connaissance qui est une forme d'amour (Wright 2008, p. 239).

Il est significatif que, tant dans l'hébreu de l'Ancien Testament que dans le grec du Nouveau, le terme « connaître » est utilisé aussi bien pour l'union conjugale que pour la relation du croyant avec Dieu – ce qui montre la nature engagée, personnelle et relationnelle de la connaissance. Donc, l'appel scripturaire à « connaître » Dieu n'est pas un appel seulement à une compréhension théologique des caractéristiques de Dieu (même si elle peut avoir toute sa valeur). Plutôt, la connaissance de Dieu suppose qu'on entre dans une « relation intime, personnelle et interactive » (Gorman 2001, p. 48), en tant qu'enfants d'un Père céleste, au sein d'une communauté de frères et sœurs croyants – une sorte de connaissance qui nous parle moins d'obtenir un diplôme de maîtrise des sciences de Dieu que d'être sous la maîtrise de Dieu. En bref, dans la Bible, la « connaissance » implique non seulement de savoir, mais bien plus d'une relation de cœur à cœur et d'obéissance active. Connaître Dieu, c'est être changé par lui (McGrath 2002, p. 139).

La plupart de nos institutions de formation théologique sont anachroniques dans leur compréhension de l'enseignement et de l'apprentissage. Tout en condamnant le rationalisme séculier, les principes de base du rationalisme sont tacitement approuvés lorsque nous mettons un accent quasi exclusif sur le domaine cognitif. Même des cours censés avoir pour objet le développement de compétences, et qui demandent un ou plusieurs travaux pratiques, sont pour une grande part de nature théorique. Entre-temps, et depuis plus de cinquante ans, les spécialistes de l'éducation débattent et analysent les trois domaines fondamentaux de l'apprentissage connus sous les vocables affect, comportement et savoir. Ce n'est que lorsque ces trois dimensions sont saisies comme un ensemble intégré qu'une transformation fondamentale – un apprentissage fondé sur l'attitude – peut se produire. Ce n'est que par une approche multidimensionnelle de l'enseignement, en institution théologique et dans l'Église, que nos étudiants peuvent devenir de plus en plus disposés à penser, ressentir et agir selon les principes de Jésus – le but ultime de tout enseignement chrétien. (Ep 4.1-13).

Certes, le langage « la tête, le cœur et les mains » est maintenant courant dans les institutions théologiques, mais dans la pratique la tête continue à être privilégiée. Dans le restant du chapitre, chacune de ces dimensions – affective, comportementale et cognitive – sera examinée en tant que cadre d'une approche équilibrée et globale à l'élaboration des programmes éducatifs.

Dès le départ, reconnaissons que toute tentative de classer l'apprentissage en catégories de manière définitive est vouée à l'échec. L'apprentissage est quelque chose de complexe, et les aspects physiques, émotionnels, relationnels, cognitifs, moraux et spirituels de la personne humaine sont intimement liés. Il n'est donc pas surprenant que tant de modèles et de taxonomies différents de l'apprentissage aient été proposés (Anderson et Krathwohl 2001 ; Fink 2003 ; Harrow 1972 ; Marzano et Kendall 2006 ; Shulman 2002 ; Simpson 1972). Comme cela a été mentionné au début de ce chapitre, nous allons nous appuyer sur le travail de Bloom (1956) et de Krathwohl (1964), non que leur approche soit plus parfaite ou pleinement adéquate, mais plutôt qu'ils fournissent un modèle relativement simple et compréhensible, qui a exercé une large influence et qui s'applique aisément à l'enseignement théologique.

Le domaine affectif

> Les êtres humains sont pleins d'émotions, et l'enseignant qui saura utiliser l'affectif à bon escient aura des étudiants engagés. (Leon Lessinger)

> Ce qui ne suscite pas le ressenti n'a pas d'intérêt, et ce qui n'a pas d'intérêt n'est pas compris. (Simón Rodriguéz, qui enseigna Simón Bolívar)

> Les neuf dixièmes de l'éducation reposent sur l'encouragement. (Anatole France)

Une appropriation sérieuse du domaine affectif est un impératif théologique. Les valeurs, les attitudes, les émotions et les motivations sont prises très au sérieux par les écrivains bibliques. Les caractéristiques du chrétien mature telles qu'exprimées dans le fruit de l'Esprit – « l'amour, la joie, la paix, la patience, la bienveillance, la bonté, la foi, la douceur et la maîtrise de soi » (Ga 5.22-23, Segond 21) – sont toutes liées à l'attitude. Le plus grand commandement (Mc 12.30) ne commence pas par « Tu aimeras le Seigneur ton Dieu de toute ta pensée », mais « de tout ton cœur ». Tout au long des Écritures, le cœur joue un rôle central dans le processus de la connaissance. Selon Paul, la foi salvatrice passe par le cœur, non l'intelligence (Rm 10.10). L'utilisation biblique large du mot « cœur », qui inclut la pensée, le sentiment et les actes, révèle bien une compréhension globale de la croissance spirituelle et affirme l'importance de la dimension affective de la personnalité humaine. Le mot « émotion » lui-même nous parle de « motion » : les émotions nous font mouvoir (Moreland and Issler 2006, p. 62). Plus nous comprendrons notre état émotionnel et celui de nos étudiants, plus nous saurons canaliser l'apprentissage vers l'action.

S'il est vrai que la bonne doctrine est importante dans les Écritures, les bonnes attitudes et motivations ont au moins une importance aussi grande. Comme le disait Thomas à Kempis :

> À quoi bon parler avec érudition de la Trinité si, par manque d'humilité, vous déplaisez à la Trinité ? Certes, ce n'est pas l'érudition qui fait qu'un homme est saint et juste, mais c'est une vie vertueuse qui le rend agréable à Dieu. J'aimerais mieux ressentir de la contrition que savoir comment la définir. Car quel profit y aurait-il pour nous de connaître toute la Bible par cœur, ainsi que les principes de tous les philosophes, si nous vivons sans la grâce et l'amour de Dieu ? (Kempis 2003, p. 1)

Dans son étude sur l'affectif dans les Écritures, Karen Shaw dit ceci :

> La Bible est un livre de grande passion. Elle nous présente un Dieu passionné qui répond aux émotions humaines intenses et les suscite, et qui discerne les motivations les plus nobles comme les plus basses [. . .] Il ne serait pas vrai de prétendre que la Bible est *uniquement* affective [. . .] elle est cependant *profondément* affective [. . .] À certains moments les émotions sont dramatiquement minimisées, comme dans l'histoire du voyage d'Abraham au pays de Morija (Genèse 22). À d'autres moments, l'affectif est souligné, comme dans le récit de la mort d'Absalom (2 Samuel 18.9) [. . .] Si c'est ainsi que Dieu s'est révélé à nous, il s'ensuit que notre transmission de sa parole est inadéquate à moins d'être complètement affective du début à la fin (K. Shaw, 2008, p. 53).

Bien que le domaine affectif soit difficilement mesurable, il joue un rôle essentiel dans l'apprentissage – plus que nous ne le reconnaissons habituellement. Voici une cinquantaine d'années, David Krathwohl (1964) et ses associés ont élaboré une taxonomie de l'apprentissage affectif qui continue de guider les enseignants, du moins ceux engagés dans la compréhension du rôle joué dans l'apprentissage par les valeurs, les émotions, les attitudes et les motivations. Cette taxonomie comporte également les étapes vers une incorporation totale de l'affectif.

- La première étape de l'apprentissage affectif, c'est *recevoir* – être disposé à recevoir (ou à accorder de l'attention) à un point de vue particulier. À moins que les étudiants ne prêtent attention à ce que dit un enseignant – plutôt que de laisser leurs pensées vagabonder vers le film qu'ils ont vu à la télévision la veille au soir ou vers les derniers résultats sportifs – l'effet produit par l'enseignement sera négligeable ou inexistant.

- Mais une réception passive est une façon d'apprendre plutôt médiocre. Nous voulons que les étudiants ne prêtent pas seulement attention, mais qu'ils sachent *répondre* – c'est-à-dire aller au-delà de la simple écoute pour faire quelque chose de la matière, en participant à la discussion en cours, en posant des questions intelligentes, ou même en discutant de points clés avec le professeur après le cours.

- Mais les enseignants avertis ne se satisfont pas même de la réaction. Ils souhaitent ardemment voir leurs étudiants apprendre à *évaluer* – étape où les étudiants, après avoir appris à débattre une perspective dans toutes ses facettes, parviennent à exprimer leur préférence pour un point de vue en particulier.

- Mais le fait d'exprimer une préférence n'a de sens que lorsqu'ils arrivent à *organiser* – c'est-à-dire lorsque les étudiants organisent ce qu'ils considèrent importants en établissant des priorités, en résolvant les conflits dus à la hiérarchisation des priorités et en créant un système de valeurs unique.

- Le but final est de *s'approprier* – là où les étudiants construisent leur vie autour du point de vue en question et de son système de valeurs.

Pour être honnêtes, nous pouvons avouer que la médiocrité de l'apprentissage affectif dans la majorité des cours donnés dans nos institutions est déprimante. Alors que le but est de s'approprier la matière, trop souvent les étudiants ne font que survivre à ce qui leur semble fondamentalement ennuyeux. S'ils acceptent d'aller seulement vers le niveau de la réception, c'est en grande partie en raison de la crainte de l'échec, plus que d'une motivation positive réelle pour s'impliquer dans ce qui est enseigné.

La qualité de *la relation enseignant-étudiant* se trouve au cœur de l'apprentissage affectif (Brookfield 1986, p. 62-64; Cranton 2006, p. 112-115). Nous oublions trop souvent que « le but de Jésus n'était pas tant d'enseigner un contenu théologique aux gens que de les inviter à une relation authentique avec lui et à des relations de compassion les uns avec les autres » (Schultz et Schultz 1999, p. 59-60). Dans un grand nombre d'études solides et variées (Merriam, Caffarella et Baumgartner 2007, p. 152-153) on a constaté que des qualités telles qu'un amour passionné pour la matière, la connaissance du sujet et des styles créatifs d'enseignement sont courants chez les enseignants exceptionnels. Encore plus importants sont la chaleur, un souci authentique de l'apprentissage des étudiants, et même l'amour – tous des caractéristiques qui évoquent la relation et l'environnement accueillant en cours. (P. Shaw 2011).

On a constaté que l'argument rationaliste selon lequel on doit séparer le cognitif de l'affectif est contraire à la façon dont l'esprit humain a été conçu pour apprendre. La recherche en neurologie a découvert que le cerveau ne va pas « naturellement séparer les émotions de la cognition, que ce soit sur le plan de l'anatomie ou de la perception » (Caine et Caine 1994, p. vii). En conséquence, nous ne devrions pas être surpris d'apprendre que les relations pendant les cours ont un fort impact sur l'investissement de l'étudiant dans l'apprentissage (Rogers et Renard 1999).

Le développement de relations fortes entre enseignants et étudiants est particulièrement impératif pour les facultés de théologie. Gibson (2012) disait : « Dieu est fondamentalement relationnel. Par conséquent, c'est lorsque notre enseignement théologique l'est aussi qu'il est le plus chrétien. »

Nous nous accordons avec Banks qui affirme ceci :

> Ce que la plupart des personnes entrant dans des institutions théologiques désirent, c'est avoir l'occasion de connaître leurs professeurs personnellement, et d'apprendre d'eux comment grandir spirituellement et exercer un ministère efficace [. . .] Si, en tant qu'enseignants, nous avons tendance à considérer que les aspects académiques sont les plus importants, les étudiants, eux, sont tout aussi intéressés, sinon plus, par les implications personnelles et pratiques de ce qu'ils apprennent. (Banks 1999, p. 227)

Si nous voulons sérieusement nourrir et encourager une attitude et un caractère chrétien, cela ne se fera pas en conservant une distance émotionnelle formelle pendant les cours. C'est plutôt en démontrant une relation d'amour au sein de laquelle nous exerçons un mentorat et présentons un modèle de vie de qualité à ceux que Dieu nous a appelés à former pour être les futurs responsables de son Église. Des relations de qualité sont parmi les caractéristiques principales de l'excellence didactique, qui sera abordée plus en détail au chapitre 16.

Le domaine comportemental

> La connaissance s'acquiert par l'expérience, tout le reste n'est qu'information. (Albert Einstein)

> Il ne suffit pas de savoir, il faut aussi appliquer. Il ne suffit pas de vouloir, il faut aussi agir.
> (Johann Wolfgang von Goethe)

Le grand mandat de Jésus (Mt 28.18-20) est présenté par la plupart des institutions de théologie évangélique comme un ordre missionnaire incontournable pour chaque croyant. Mais, sous ce message, les institutions théologiques entendent souvent que la grande mission c'est de « leur enseigner toutes choses » (message orienté vers le cognitif), et non la directive complète « enseignez-leur à observer tout ce que je vous ai prescrit » (message orienté vers l'obéissance).

Longtemps, les enseignants de nos institutions théologiques ont pensé que s'ils parvenaient à présenter à leurs étudiants une théologie solide, l'exégèse grecque et l'histoire de l'Église, ces étudiants se mettraient à fonctionner comme des responsables chrétiens. Nous avons supposé que les étudiants mettront tout naturellement en pratique ce qu'ils apprennent dans les cours d'homilétique, de pédagogie et de relation d'aide. En bref, nous avons supposé que si nous arrivons à persuader les étudiants de comprendre et croire les bonnes choses, ils agiront en conséquence.

Cependant, au cours des cinquante dernières années, les sciences humaines ont mis à jour de nombreuses données qui les amènent à remettre cette hypothèse en question. En 1964, les recherches de Léon Festinger l'ont amené à énoncer le processus inverse de celui habituellement établi. Pour lui, le comportement précède la connaissance et non l'inverse. C'est-à-dire que les gens sont plus enclins à modifier leur pensée à partir de leur comportement, que de modifier leur comportement à partir de leur pensée. Dans les années qui ont suivi ce travail novateur de Festinger, les preuves ont continué de s'accumuler, et amènent de plus en plus à une conclusion surprenante: les idées et les valeurs professées par un groupe de personnes n'ont pratiquement aucune influence sur leur comportement.

Cela s'applique même aux croyants dits « engagés ». Des études menées par un chercheur chrétien au début des années 1990 ont montré que des étudiants chrétiens conservateurs, dont les croyances sur Dieu et Jésus-Christ étaient tout à fait orthodoxes, qui étaient actifs dans des groupes tels que *Campus pour Christ* et *Navigators*, étaient tout aussi susceptibles de tricher et aussi peu enclins à se porter volontaires que des étudiants non-pratiquants et athées (McNabb et Mabry 1990, p. 75). Tout aussi troublante était l'étude du groupe Barna (2004) constatant que le taux de divorce parmi les Américains prétendant être « nés de nouveau » était *plus élevé* que parmi les Américains non pratiquants. Un autre chercheur (Myers 1978) conclut sans ménagement : « En ce qui concerne le comportement moral, [la croyance religieuse] semble y avoir peu d'effet ». Comme le disait le grand pédagogue du dix-neuvième siècle, Horace Bushnell « Aucune vérité ne s'enseigne par des mots ni ne s'apprend par des moyens intellectuels [. . .] La vérité doit être vécue afin de revêtir une signification, avant de pouvoir être réellement connue » (Bushnell 1979 [1861]).

La clé de ce processus comportemental d'acquisition de connaissances est la compréhension de l'art perdu de la formation d'apprentis. Comment les disciples ont-ils appris comment la doctrine influence la vie ? Ils ont été les apprentis de Jésus pendant trois ans. Peu de nos institutions sont adaptés à ce modèle de l'apprentissage, mais tout ce que nous pourrons faire pour renforcer la part de la mise en pratique de notre enseignement aura un profond impact sur sa qualité. L'enseignement de la théologie devrait plus s'inspirer du processus européen dit de Bologne qui accorde toute son importance à l'éducation informelle dont le bénéfice est acquis hors salle de cours. La préparation de responsables dont la pratique est fondée sur la mission du Christ à l'Église demande une expérience de la mise en pratique de cette mission.

Le domaine cognitif

> Pratiquement tous ont eu l'occasion de réfléchir sur le temps passé à l'école et de se demander ce qu'il est advenu de l'information qu'ils était censés avoir accumulée pendant ces années de scolarité (John Dewey).

Le domaine cognitif de l'éducation est le principal objectif de la plupart des écoles – depuis l'école maternelle jusqu'au second cycle de l'enseignement supérieur. L'apprentissage cognitif est séduisant en ce qu'il est facile à contrôler, à programmer et à mesurer. Cependant, même dans le domaine de l'apprentissage cognitif, notre bilan est au mieux médiocre, du fait que trop souvent nos institutions théologiques ont continué à se focaliser sur l'acquisition de connaissances – la transmission d'énormes quantités d'informations que les étudiants doivent apprendre puis restituer lors des examens.

Accumuler de l'information ne suffit pas, il faut encore savoir la traiter et s'en servir pour être des hommes et des femmes qui influencent la société pour le Christ. Pour cela, il faut forger des outils plus sophistiqués pour les aider à développer cette aptitude.

Selon Bloom et ses associés (1956), il y a six niveaux différents de perfectionnement cognitif, comme suit :

- *La connaissance :* la capacité de se rappeler des faits ou des informations.
- *La compréhension :* la capacité de comprendre ce qui est communiqué et de l'utiliser à un niveau simple.
- *La mise en pratique :* la capacité d'utiliser des concepts dans des situations concrètes données.
- *L'analyse:* la capacité de décomposer un contenu proposé, pour distinguer les éléments ou parties qui la composent
- *La synthèse :* La capacité d'élaborer une structure ou un modèle à partir d'éléments divers, ou de rassembler les parties pour en faire un tout, ce qui crée une signification ou une structure plus complète.
- *L'évaluation :* la capacité d'exercer un jugement sur la valeur d'idées ou de documents.

Une façon simple d'illustrer ces six niveaux est de considérer différentes questions à propos de la parabole du Bon Samaritain (Lc 10.25-37) :

- *La connaissance:* « *Qui a laissé l'homme gisant à demi-mort au bord de la route ?* » La réponse à cette question se trouve dans le texte : si vous *connaissez* le texte, vous *connaissez* la réponse.

- *La compréhension :* « *Pourquoi le prêtre et le Lévite sont-ils passés de l'autre côté ?* » La réponse n'est pas donnée dans le texte, mais requiert une *compréhension* du contexte historique et culturel du texte.

- *La mise en pratique :* « *Qui sont vos ennemis à l'école ou dans votre voisinage ? Que pourriez-vous faire pour être comme le Bon Samaritain envers ces gens ?* » Cette question requiert que des enjeux et des principes soient appliqués dans une situation spécifique.

- *L'analyse:* « *Quel rapport y a-t-il entre les actions du bon Samaritain et l'éthique de la vie et du ministère de Jésus ?* » La réponse à cette question exige que les éléments, tant de la parabole que de la vie et du ministère de Jésus, soient décomposés de façon systématique et *analysés* au moyen de la comparaison.

- *La synthèse :* « *Quelle est la relation entre la parole et les actes dans le témoignage chrétien ? Le bon Samaritain a montré son amour par les actes, mais notre amour pour le monde nous contraint certainement à dire l'évangile. Qu'en pensez-vous ?* » Ici il y a une contradiction apparente qui doit être résolue en considérant les questions plus vastes qui sont en jeu et en les remettant ensemble dans une compréhension d'ensemble globale.

- *L'évaluation :* « *Quelles sont les choses principales qui nous empêchent de faire du bien à nos ennemis ? Pourquoi pensez-vous que Christ dit que "l'amour des ennemis" est une des caractéristiques principales de quelqu'un qui est vraiment son disciple ? Pensez-vous sérieusement que les Tamouls devraient pardonner et manifester activement leur amour aux Cinghalais, et vice-versa ? Réagir avec amour ne fera que causer davantage de persécution. Qu'en pensez-vous ?* » Ici les étudiants sont invités à faire des jugements de valeur par le moyen de questions sur la pertinence et la possibilité d'appliquer le texte à la vie réelle.

Bien qu'elle ne soit pas entièrement satisfaisante, il y une certaine hiérarchie dans la taxonomie de Bloom (fig. 4.1) : la connaissance est un préalable à la compréhension ; la compréhension préalable à l'analyse ; l'analyse préalable à la synthèse ; et la synthèse préalable à une évaluation intelligente. De plus, plus on comprend profondément les implications d'une idée ou d'une question, plus la mise en pratique en sera potentiellement puissante. C'est uniquement lorsque nous mettons les étudiants au défi de penser de façon plus profonde et de prendre des mesures pour vivre et exercer des responsabilités de façon théologique que nous pouvons prétendre participer à la sainte vocation de préparer de bons responsables pour le peuple de Dieu.

La taxonomie de Bloom des objectifs de l'enseignement

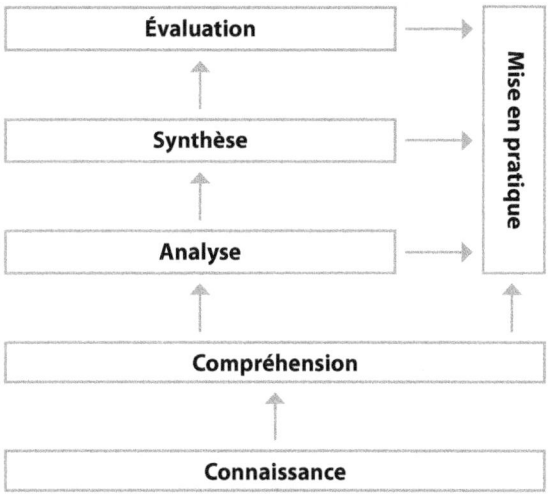

Figure 4.1 La taxonomie de Bloom – une hiérarchie possible

Façonner les attitudes

Les dimensions de l'apprentissage ne fonctionnent pas isolément mais chacune influence l'autre (fig. 4.2) : des attitudes positives motivent les étudiants à réfléchir avec plus de rigueur et à prendre des risques dans l'action ; l'expérience change les croyances et les attitudes ; et une pensée juste donne des principes pour évaluer aussi bien les émotions que le comportement. L'équilibre des agents « A », « B » et « C » coopèrent à féconder les bonnes dispositions (D) de l'étudiant.

Un déséquilibre entre les dimensions de l'apprentissage crée des distorsions qui se manifestent ainsi : trop d'accent mis sur le domaine affectif mène à un piétisme ignorant ; trop d'accent mis sur le domaine comportemental mène à une qualité technique vide de sens ; trop d'accent mis sur le domaine cognitif mène à l'orgueil et au manque de pertinence endémiques chez de nombreux diplômés de théologie. La qualité dans l'enseignement théologique reconnaîtra le besoin d'un équilibre global qui mènera à une saine formation de la disposition des futurs responsables qui nous sont confiés.

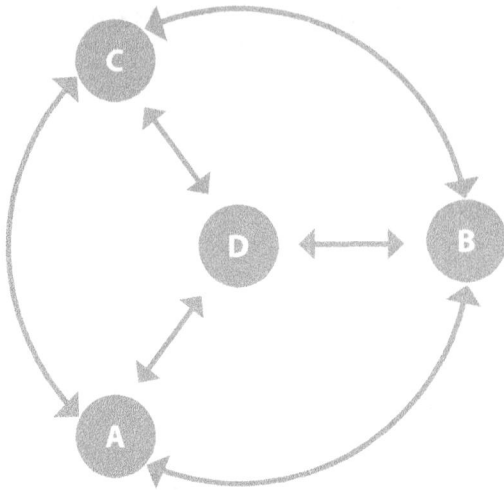

Figure 4.2 L'interaction des dimensions de l'apprentissage

Conclusion

En tant qu'enseignants de théologie responsables, nous préconisons de travailler à une formation équilibrée. Le modèle cognitiviste est pour nous celui qui convient le mieux, selon notre expérience et qui évite les écueils de l'objectivisme moderniste. Nous sommes face au défi de rechercher une approche globale et multidimensionnelle de l'apprentissage qui seule peut nous guider sur la voie de la qualité et de la pertinence dans l'élaboration de programmes.

Exercices

1. Jusqu'à quel point êtes-vous d'accord ou non avec l'évaluation négative de Palmer (1998, p. 99-108) concernant l'approche éducative des Lumières ? Y voyez-vous des manifestations de cette philosophie dans votre établissement ?

2. Riebe-Estrella (2009) et Shaw (2010) remarquent que le paradigme rationaliste des Lumières, dominant dans l'enseignement de la théologie, perdure grâce à l'hégémonie culturelle des hommes blancs occidentaux dans le monde universitaire. Selon eux, ceci devrait gravement préoccuper ceux qui sont les victimes de cette hégémonie, comme les femmes et ceux qui viennent d'autres contextes culturels. Dans quelle mesure êtes-vous d'accord ou non avec cette évaluation ? Pourquoi ?

3. Considérez un cours que vous avez suivi à la lumière des étapes de la taxonomie de l'apprentissage affectif de Krathwohl. À quelle étape affective en sont la majorité des apprenants ? Comment pourriez-vous mesurer si les apprenants ont atteint l'étape du recevoir ? De la réaction ? De l'organisation ou de l'appropriation ? Dans quelle mesure l'enseignant donne-t-il aux apprenants l'occasion d'exprimer l'étendue de leur apprentissage affectif ? Citez un changement que l'enseignant pourrait faire pour renforcer l'apprentissage affectif dans le cours.

4. Une compréhension intégrale et holistique de l'apprentissage imprègnent les Écritures. Prenez au moins deux des passages suivants, et, en une phrase ou deux, expliquez comment le texte soutient une interface globale entre « la tête, le cœur et les mains » : Deutéronome 6.5 (Mt 22.37; Mc 12.30; Lc 10.27) ; Deutéronome 10.12-13 ; Deutéronome 11.1, 22 ; Psaume 26.1-3 ; Psaume 139.23-24 ; Jérémie 17.10 ; Apocalypse 2.23.

5. De quelles manières votre institution théologique cherche-t-elle à promouvoir un sain équilibre entre les dimensions ABC ? Quels sont les principaux obstacles qui limitent son efficacité dans l'apprentissage holistique ?

5

Le programme « implicite » et le programme « non-retenu »

La mesure ultime de l'enseignement est la globalité de l'apprentissage qui en découle. La composante didactique intentionnelle ne forme qu'une partie de l'expérience globale de la formation des étudiants. Un bon projet de programme d'étude reconnaît l'importance de l'environnement et l'impact de la vie communautaire sur l'apprentissage. Ceci est particulièrement vrai pour la formation théologique. Ce que nous sommes et ce que nous faisons en tant que communauté d'apprentissage est un des facteurs les plus influents pour préparer les jeunes responsables aux ministères (Hardy 2007, p. 130).

Ce chapitre traite des distinctions suivantes :

- *Le programme explicite* : les événements de formation connus publiquement, annoncés et planifiés, qui sont habituellement compris par tous les participants.
- *Le programme implicite* : les puissantes dimensions sociologique et psychologique de la formation, qui sont en général absorbées plutôt qu'enseignées délibérément.
- *Le programme « non-retenu »* : ce qui est appris à travers ce qui n'est *pas* enseigné – en termes à la fois des processus intellectuels préconisés ou négligés par l'institution, et des domaines d'étude présents ou absents du programme.

Selon notre thèse fondamentale, les étudiants en théologie apprennent ce qu'est un responsable chrétien non seulement au travers du contenu enseigné dans la salle de cours, mais également (et souvent de manière plus significative) par la manière dont se déroulent les cours, l'exemple de la vie des enseignants, et les contacts des étudiants avec la direction de l'institution. L'ignorance des éléments des programmes implicite et « non-retenu » à l'œuvre dans la formation théologique peut conduire à l'emploi de méthodes et de structures qui sapent de manière subtile le contenu et les objectifs éducatifs des écoles. La formation théologique ne peut être féconde que lorsqu'on objective les parties implicites et absentes des programmes et en justifie les raisons.

Grégory

Ce qui suit est une histoire vraie. Seul le nom du personnage-clé et quelques détails secondaires ont été modifiés.

> Grégory était un étudiant exemplaire de la faculté de théologie. Il obtenait des notes élevées et était connu pour sa vive intelligence philosophique. L'union d'Églises de Grégory lui avait attribué une bourse pour la durée de ses études à condition qu'il se mette à son service au cours des trois années qui suivraient celles-ci. Son premier poste fut comme pasteur d'une petite Église d'une ville de province. L'Église n'avait plus de pasteur depuis plus de six ans. Grégory était très enthousiaste et se réjouissait de pouvoir enseigner toutes les merveilleuses idées nouvelles qu'il avait apprises à la fac.
>
> Peu après son arrivée et son installation dans la ville, Grégory annonça à la fin d'un culte que le vendredi après-midi suivant, un nouveau programme prometteur de formation des adultes débuterait. Désireux de voir autant de monde participer que possible, il appela les responsables clés de l'Église afin de les inviter personnellement. Grégory était sûr qu'en traitant l'ignorance théologique de cette assemblée assoupie, il la transformerait en une Église pleine de vie ayant un fort impact sur son voisinage.
>
> Toute la semaine, Grégory étudia et se prépara. Il passa la plus grande partie du vendredi à mettre en place les salles de cours. Dans la première, il enseignerait une Introduction à l'Histoire de l'Église, de 16h à 17h. Dans la seconde, il enseignerait une Introduction au Nouveau Testament, de 17h à 18h. Et enfin, dans la dernière il enseignerait son dada, l'Introduction à la théologie systématique, de 18h à 19h. À 16h il attendit... et attendit. À 16h30, deux vieilles dames qui étaient des piliers de l'Église arrivèrent ensemble. Environ vingt minutes plus tard, un couple âgé arriva. Tous les quatre restèrent environ une heure, puis partirent. Personne d'autre ne vint.
>
> Pas découragé, Grégory se concentra sur l'Introduction au Nouveau Testament, qui semblait intéresser le plus ces quatre personnes. De nouveau, il lança des exhortations, depuis la chaire et par téléphone, et attendit le vendredi suivant impatiemment. Cette fois-ci personne ne vint. L'enthousiasme de Grégory fut brisé, ainsi que ses sentiments et ses espoirs pour l'Église. Ce ne fut qu'à contrecœur et avec une dose certaine de cynisme que Grégory acheva ses douze mois minimum dans cette Église, puis demanda à être nommé à un ministère auprès de la jeunesse dans une autre localité. Deux années plus tard, il quitta le ministère pastoral afin de préparer un doctorat en théologie.

Initialement, en rédigeant ce récit, je me suis demandé si c'était un cas extrême dans le monde assez petit des Églises évangéliques du Moyen-Orient. Malheureusement, j'ai présenté cette histoire lors de séminaires de formation de professeurs dans des contextes culturels très variés, et j'ai découvert qu'elle était familière à de nombreux enseignants et diplômés, ainsi qu'aux membres laïcs des Églises. Peut-on s'étonner que tant de nos assemblées appellent nos institutions des « cimetières » et non des séminaires, et méprisent autant le produit de notre travail ? Bien qu'on puisse imaginer de nombreuses raisons pour les problèmes illustrés par l'histoire de Grégory, je suggérerais qu'un des facteurs principaux en est notre méconnaissance de l'influence profonde du programme implicite, qui par conséquent nous empêche d'aborder et de traiter son impact négatif potentiel. Mais quel est précisément ce « programme implicite » ?

Le programme implicite : définition

La plupart d'entre nous, en entendant les mots « programme éducatif » (*curriculum*), pensons aux présentations de cursus que l'on trouve dans les brochures des écoles de théologie et dans les descriptifs de cours que nous distribuons à nos étudiants au début de chaque trimestre. Mais ceci n'est qu'un type de programme, connu sous le terme technique de programme « explicite ». L'ironie veut que, tandis que nous consacrons de nombreuses heures à concevoir nos prospectus et nos descriptifs de cours, ceux-ci ont en général beaucoup moins d'influence sur la formation de nos étudiants que les dimensions sociologique et psychologique éducatives. Ces éléments sont en général absorbés plutôt qu'enseignés de manière délibérée.

S'appuyant sur les travaux d'Émile Durkheim (1956, 1961), Philip Jackson (1968) inventa le premier le terme de « programme implicite » (*hidden curriculum*) pour décrire les éléments sociologiques et psychologiques de l'apprentissage. Bowles et Gintis (1976) présentèrent pour la première fois des données probantes de recherche appuyant la thèse de l'importance du programme caché ou implicite. La recherche a confirmé par la suite l'influence puissante sur l'apprentissage des éléments environnementaux de la formation tels que la nature des comportements encouragés, les types de relation proposés, et les valeurs mises en avant dans la communauté d'apprentissage. L'histoire simple présentée ci-dessous illustre davantage le sens du terme de programme caché.

> Marie, 28 ans, était monitrice d'école du dimanche d'un groupe d'enfants de dix ans. Marie enseignait aux enfants l'importance de s'aimer les uns les autres. Pendant la séance d'école du dimanche, c'est la « sage » Christine qui répondait à plus de la moitié des questions. Quand vint le moment de prier, c'est à Christine qu'elle demanda de le faire ; quand il fallait lire un passage, c'est Christine qui lisait ; en plus de tout cela, c'est Christine qui prenait l'offrande. Pendant ce temps, deux garçons particulièrement énergiques et joueurs, Georges et Jean, se faisaient régulièrement gronder, Mary leur parlait durement, et ils furent finalement renvoyés à la directrice de l'école du dimanche.
>
> Ainsi, alors même que Marie était censée enseigner de s'aimer les uns les autres, la leçon qu'elle apprenait réellement aux enfants – le programme implicite de sa leçon – était que « l'amour a pour condition un bon comportement », « l'amour a ses préférés », et « certains ne peuvent tout simplement pas être aimés ».

Ce qui précède illustre ce que les sociologues de l'éducation ont largement documenté mais que l'enseignement supérieur ignore : de manière générale, le programme implicite prend le dessus sur le programme explicite – c'est-à-dire que si le programme explicite et le programme implicite entrent en conflit, le message retenu sera probablement celui qui est enfoui dans le programme implicite, et non celui qui est enseigné dans le programme explicite. Par conséquent, nous méconnaissons le programme implicite à nos risques et périls.

Comme toute institution d'enseignement, les facultés de théologie et écoles bibliques ont elles aussi un programme implicite. Malheureusement, c'est ce qui forme nos étudiants dans un sens totalement opposé à ce que nous enseignons dans le programme explicite et annonçons dans nos énoncés des objectifs. Même si chaque établissement envisage sa formation de manière différente, et par conséquent présente un type différent de programme implicite, ce chapitre indiquera certains messages cachés courants que de nombreux établissements de théologie communiquent à leurs étudiants. **Ce qui suit est intentionnellement négatif et provocateur**. En réalité, la plupart des facultés de théologie possèdent de fortes composantes formatrices dans leur vie institutionnelle qui équilibrent la formation de leurs étudiants. Néanmoins, nous estimons qu'un examen délibéré des aspects négatif possibles du programme implicite de votre école pourrait lui donner les moyens de mieux répondre à son appel à suivre la mission donnée par le Christ à l'Église.

« Scolarisation » = « Formation »

> L'esprit humain n'est pas un vase à remplir, mais un feu à allumer. (Plutarque)

Une des leçons les plus couramment enseignées au travers du programme implicite de nos cursus de formation au ministère est celle-ci : le meilleur moyen d'aider les personnes à croître spirituellement est de leur enseigner la Bible et la théologie. Dit simplement, nous enseignons aux étudiants que « scolarisation » = « formation ». Dans quasiment chaque faculté de théologie, la notation ainsi que d'autres formes d'approbation se basent sur la maîtrise cognitive de données bibliques, théologiques et historiques qui peuvent être restituées dans des devoirs ou lors d'examens. La critique d'Illich concernant la vie d'une école pourrait également s'appliquer à la formation théologique : « L'école enseigne que le résultat de la fréquentation scolaire est un apprentissage qui a une valeur, que la valeur dudit apprentissage augmente avec la quantité d'informations qu'il contient, que cette valeur est mesurable et qu'elle est attesté par des grades et des diplômes » (Illich cité par Gajardo 1993, p. 735).

L'accumulation d'information est valorisée, et cette priorité accordée à la connaissance intellectuelle est transférée de manière subconsciente au ministère, de telle sorte que ce sont ceux qui possèdent les informations, plutôt que ceux qui sont des exemples d'une vie pieuse, qui ont des chances d'être sélectionnés comme responsables dans l'Église locale (Richards 1975, p. 159).

Le modèle « scolaire » se voit aisément dans la disposition classique de la salle de cours en vigueur dans la plupart des institutions de théologie (figure 5.1). Dès l'entrée dans la salle, nous connaissons le rôle et la relation éducatifs dissymétriques de l'enseignant : formateur, directeur, autorité experte professionnelle, ayant la maîtrise intellectuelle de ce champ d'étude (Lawson 1988, p. 67). Mais une distance émotionnelle subconsciente est créée par la disposition de la salle de cours, qui limite l'impression d'une liberté à avoir son opinion et à en discuter. Comme le décrit Thompson (1995, p. 134), la « connaissance » est vue comme un bien extérieur à digérer comme un repas, et « apprendre » n'est souvent pas grand-chose de plus que se conformer aux attentes de l'enseignant. C'est le formateur qui décide des priorités, détermine le contenu du programme, et est au centre de l'attention. Dans les salles de classe plus traditionnelles, la majorité du temps de cours est consacrée au cours magistral, sous forme de monologue du professeur, comme s'il était la seule personne ayant quoi que ce soit d'important à dire et la meilleure manière de servir les étudiants serait de les faire écouter. De cette manière, les nouveau responsables

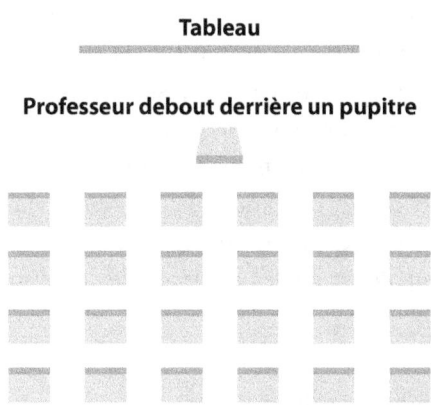

Figure 5.1 Disposition classique d'une salle de cours

d'églises sont « formatés » pour confondre enseignement et apprentissage, progression des notes et formation, diplôme et compétence (Illich 1970, p. 9).

Le présupposé implicite dans les dispositions formelles de salles de cours comme celles-ci est que les étudiants sont des « réceptacles ouverts » ignorants, attendant avec impatience les réponses aux questions de la vie. Souvent, cette approche reflète le pire de ce que Freire (1970) a décrit comme le système « bancaire » de la formation, ou ce que Lindeman (1926) appelle le « processus additif », selon lequel l'enseignant reçoit de la part des élèves exactement la même chose que lui-même a octroyé en tant que dépositaire du savoir académique, tout en gardant le contrôle total sur les objectifs, le contenu et les critères d'évaluation de l'activité formatrice. Foucault (1977) a suggéré que la dynamique traditionnelle d'une salle de cours est un dispositif extrêmement efficace pour le fonctionnement du « mécanisme disciplinaire », qui enracine pouvoir et hiérarchie tout en formant ceux qui sont assujettis à son fonctionnement. L'architecture elle-même fonctionne de manière à inculquer une discipline, des relations hiérarchiques, et un respect pour le pouvoir et l'autorité (Costello 2001, p. 56).

Bien que ce portrait soit peut-être trop négatif, il n'est malheureusement que trop courant. Même si d'autres facteurs entrent en jeu inévitablement, plus une approche

« scolaire » constitue le programme implicite dominant dans des cursus de formation chrétiens, plus il est probable que les diplômés transposeront le schéma d'« autorité experte » et émotionnellement distante dans leur ministère d'Église.

Sur les quarante dernières années, les travaux de Lev Vygotsky (1962, 1978) sur la construction sociale de l'apprentissage ont gagné en crédit. Comme nous le verrons de manière répétée tout au long de ce livre, l'esprit humain, même dès la naissance, n'est pas, comme le disait Aristote, une table rase sur laquelle les formateurs peuvent « écrire » (Aristote, *De l'âme,* III, 4, §9 [430a]) et les nouvelles connaissances ne peuvent pas simplement être transmises d'une personne à une autre. Lorsque les étudiants sont confrontés à de nouvelles informations, ils doivent les traiter à partir de connaissances et d'expériences antérieures, avant de pouvoir en saisir le sens et la valeur, et de les appliquer. Bien que ce processus puisse avoir lieu dans l'isolement, les expériences les plus riches d'apprentissage sont construites socialement au sein d'une communauté qui pratique et qui apprend de manière réfléchie (Fernandez 2012). Lorsque le dialogue et l'application pratique sont mis en avant dans le contexte de la faculté de théologie, les étudiants auront plus de chances d'importer des modèles comparables d'apprentissage significatif dans leurs ministères ultérieurs.

Une approche universitaire du ministère

> 90 pour cent de ce que nous faisons en faculté de théologie regarde en arrière. (Manfred Kohl 2010)

La plupart des institutions de formation théologique mettent l'accent sur l'étude, l'analyse et l'évaluation de textes. Le bénéfice de ce type de recherche est immense, mais, quand elle est employée de manière exclusive, l'approche universitaire de la formation théologique peut « formater » les nouveaux responsables à croire que la connaissance ne se trouve que dans des livres et dans une approche universitaire du ministère. L'âge moyen des étudiants en théologie augmente, et, de plus en plus, nous formons davantage d'adultes mûrs que d'étudiants fraîchement sortis du lycée. Cela étant, nos institutions feraient bien de prendre au sérieux « l'andragogie » : la manière dont les adultes apprennent. Ces études indiquent que la pertinence contextuelle est la priorité d'apprentissage pour les adultes : ils ont la motivation pour apprendre ce dont ils ont besoin pour vivre leur vie de manière efficace (Knowles, Holton et Swanson 2005, p. 58-72). Il n'est pas suffisant de décortiquer les textes : le texte doit être relié à son contexte. Quand le lien entre les deux n'est pas fait en faculté de théologie, il est difficile pour les diplômés de le mettre en œuvre dans leurs ministères.

L'orientation académique de nombreuses facultés de théologie ne fait pas grand-chose pour préparer les étudiants à leur ministère futur. Malheureusement, l'accent est trop souvent mis sur la présentation de grandes quantités de connaissances bibliques et théologiques, plutôt que sur celle d'une vie chrétienne exemplaire. Comme l'a décrit un pasteur (Standish 2005, p. 12-13) : « Je suis sorti de l'institut sachant faire l'exégèse d'un passage, mais je n'avais aucune idée de comment aider une personne qui peinait à trouver un sens à sa vie ou à recevoir l'amour de Dieu ». Tandis que nous enseignons oralement que « la Parole s'est faite chair », en pratique cela revient trop souvent à enseigner psychologiquement et méthodologiquement que « la Parole s'est faite texte » (Éla 1988, p. 181).

Ce problème ne se limite pas aux facultés de théologie. Brookfield (1986, p. 201) a observé le même phénomène dans d'autres champs d'étude : « Une des critiques les plus fréquemment formulées à l'encontre des programmes de préparation professionnelle par des diplômés, qui habitent par la suite le « monde réel » de la pratique, est que de tels programmes sont solides dans la théorie mais faibles dans leur application pratique. Il est courant d'entendre des praticiens déclarer que leurs premiers mois de pratique professionnelle furent passés à désapprendre les leçons de leurs programmes de formation avancés. »

Il va sans dire que former les étudiants à devenir des practiciens réflexifs constitue une préparation importante au ministère dans un monde de plus en plus complexe. Le problème est que trop souvent le terme de « réflexion critique » est réduit à la comparaison et à l'analyse de textes académiques. Une forme de pensée critique beaucoup plus exigeante et complexe a lieu quand nous demandons aux étudiants de devenir des « penseurs chrétiens pratiques » (Hough 1984 ; Banks 1999, p. 34-45) ou des « praticiens réfléchis » (Schön 1991 ; Carr 1997, p. 113-153), en leur demandant d'analyser, de synthétiser et d'évaluer des textes théoriques universitaires à la lumière de situations pratiques de la vie, et vice versa.

Une hiérarchie basée sur la connaissance

Il y a tendance dans de nombreux cours d'institutions théologiques à faire fréquemment référence aux langues originales et à des livres érudits, souvent en dénigrant les interprétations simples en les considérant « simplistes », et en louant les interprétations complexes en les qualifiant de « savantes ». Bien que l'étude sérieuse soit une priorité de notre formation, elle comporte néanmoins un danger : le programme implicite pourrait nourrir une arrogance basée sur la seule connaissance, en enseignant que seules les personnes ayant fait des études peuvent réellement comprendre les Écritures, et en regardant avec dédain la foi simple du plus grand nombre.

La déconstruction de cette conception de l'enseignement supérieur proposée par Goffman (1959) suggère que l'on crée de vastes programmes de formation pour les professions libérales, non parce qu'il y a tant à apprendre, mais afin de gagner en termes de crédibilité et de statut, grâce aux diplômes universitaires et programmes de formation spécialisés. Le grand public est ainsi amené à croire que, puisque sa propre formation est très insuffisante, la gestion des affaires devrait être laissée entre les mains des professionnels. Même si l'analyse de Goffman est sans aucun doute trop négative, il est certain que le programme implicite de nombreuses facultés de théologie enseigne que la plus grande partie des personnes fréquentant les Églises sont incapables de venir à une vraie compréhension des Écritures, et ont par conséquent besoin des savants pour la leur donner. Alors que nous soutenons la grande doctrine de la Réforme du « sacerdoce universel des croyants », le programme implicite pourrait enseigner qu'il y a une nouvelle hiérarchie sacerdotale, plaçant les universitaires au sommet, suivis des diplômés, et enfin le chrétien moyen qui a besoin du travail sacerdotal d'interprétation d'autres personnes plus qualifiées.

Dans les faits, il y a souvent une ambivalence parmi les laïcs envers les diplômés en théologie. D'un côté, les laïcs ont le sentiment que les érudits méritent d'être placés sur un « piédestal ecclésiastique » en raison de leur formation théologique. De l'autre, ils se demandent si les mêmes érudits sont capables de comprendre les réalités de la vie – comme s'ils achevaient leurs études avec les bonnes réponses, mais en répondant aux mauvaises questions (Harkness 2010, p. 106-108).

Le contrôle par les dirigeants

La situation est encore exacerbée par la tendance qu'ont les professeurs à prendre le contrôle total du programme. Un des résultats les plus insidieux de ce contrôle est la mesure dans laquelle celui-ci mine la créativité, aspect essentiel de notre création à l'image de Dieu. Illich le constate : « Une fois que les jeunes ont permis à leur imagination d'être façonnée par l'instruction programmatique, ils sont conditionnés pour la planification institutionnelle en tous genres. L'»instruction» étouffe ainsi l'horizon de leur imagination » (Illich 1970, p. 56).

Si, cependant, nous soutenons que les individus ont de la valeur parce que créés à l'image de Dieu, nous devrons leur donner des occasions d'être créatifs en employant une gamme plus large de méthodes pédagogiques. Cela permettra à nos étudiants très différents d'apprendre et d'appliquer la vérité de Dieu de manières très différentes – des manières qui, tout en restant cohérentes avec les exigences de Dieu, reflètent néanmoins leur propre individualité.

Rare sont les formateurs qui consultent les étudiants avant de dispenser des plans de cours « d'en haut ». Trop souvent, nos cours consistent en un professeur qui garde la maîtrise des questions posées, et qui détermine si les réponses données par les étudiants sont justes. La description faite par Illich n'est que trop familière quand il affirme que dans les établissements d'enseignement : « La plupart des ressources sont consacrées à acheter le temps et la motivation d'un nombre limité de personnes pour s'atteler à des problèmes prédéterminés dans un cadre rituellement défini. » (1970, p. 28) Tragiquement, de nombreux étudiants introduisent le même modèle dans leurs ministères d'Église : dans la mesure où nos programmes d'étude ne rejoignent pas la vie de nos étudiants, l'enseignement que nos diplômés apportent dans leurs Églises est trop souvent sans pertinence pour la vie de leurs assemblées.

Harkness fait la remarque suivante :

En termes de processus de transformation personnelle, le modèle classique enseignant/étudiant, avec son accent sur l'enseignant qui transmet l'information dans le but que les étudiants cherchent à la mettre en pratique par eux-mêmes, était largement répandu au temps de Jésus et dans l'Église primitive. Mais le Nouveau Testament privilégie beaucoup plus des modèles d'enseignement et d'apprentissage qui comportent les connotations de termes tels que : faire des disciples, la croissance spirituelle, soigner et nourrir, l'éducation parentale ; ceci afin de permettre une croissance holistique pour un mode de vie et un ministère chrétiens. (2013, p. 7)

Samuel Escobar (2004), compare l'évolution contemporaine de l'Église à une mosaïque de ministères vue à l'échelle du globe et suggère que le développement d'une « approche pédagogique participative » n'est plus facultative. En tant qu'expression de la *koinonia* (communion fraternelle) entre le corps enseignant et des étudiants vivant des changements à l'échelle locale et mondiale, un niveau d'écoute et d'apprentissage plus élevés sont nécessaires. Si la salle de cours peut être le lieu où les démontrer, il y aura plus de chances qu'on les retrouve dans les ministères ultérieurs de nos diplômés.

Une taille unique qui ne va à personne

Trop de facultés de théologie adoptent une approche « taille unique » de la formation théologique, permettant peu de flexibilité et de choix pour les étudiants à l'intérieur des exigences des programmes et des cours. Il en est de même pour la formation théologique que pour l'habillement : le résultat final est une « taille unique qui ne va à personne ». Au contraire, la théorie contemporaine des styles d'apprentissage (étudiée au chapitre 4) nous montre une large variété de procédés d'apprentissage étudiants, ainsi que la nécessité de proposer une offre variée à la fois dans le contenu et dans la méthodologie, afin de favoriser au mieux la croissance étudiante.

Tout en formulant de belles paroles sur les dons du Saint-Esprit, notre programme implicite laisse aux étudiants un choix minimal de cours disponibles, indiquant ainsi une loyauté théologiquement injustifiable à l'égard de l'uniformité des diplômés. Le contraste avec l'approche individualisée et spontanée de Jésus est saisissant.

Le ministère devient une compétition, non une collaboration

Le cadre de l'institution théologique, comme dans toute autre discipline, a tendance à placer les individus en concurrence académique les uns avec les autres, ce qui encourage une distance interpersonnelle plutôt qu'un rapprochement. Presque tous les devoirs s'effectuent de manière solitaire et individualiste. Les notes sont valorisées en dépit de leur valeur douteuse pour prédire les réalisations professionnelles des étudiants, malgré l'accumulation de preuves concernant les effets néfastes de la notation (Wlodkowski et Ginsberg 1995), et en dépit des attitudes contraires à la piété qu'elles encouragent.

Peut-on s'étonner que tant de nos étudiants en arrivent à voir le ministère comme une question de compétition individuelle plutôt que de coopération communautaire (Hough et Wheeler 1988, p. 1), et mesurent leur réussite dans la vie et le ministère sur des critères extérieurs, en cachant souvent leur propre pauvreté spirituelle intérieure ?

Il est intéressant de noter que Cano-Garcia et Hughes (2000) ont découvert que les étudiants qui décrochent les notes les plus élevées sont en réalité ceux qui préfèrent le travail individuel, qui se montrent prêts à se conformer aux règles et procédures existantes, et qui n'aiment pas créer, formuler et planifier pour résoudre les problèmes – des qualités qui sont parfaitement à l'opposé de celles que l'on trouve chez les conducteurs créatifs et visionnaires dont on a désespérément besoin aujourd'hui. Goleman remarque, « Savoir qu'une personne [a réussi à l'université] revient à dire seulement qu'elle est extrêmement douée pour réussir selon ce qui est mesuré par les notes. Cela ne vous dit rien sur sa manière de réagir aux aléas de la vie. » (Goleman 1995, p. 38)

La question que nous devrions poser n'est pas : « Quelle note ce devoir mérite-t-il ? » mais plutôt « quelle approche de l'évaluation aidera au mieux cet étudiant à devenir un responsable fructueux pour une Église qui prend au sérieux la mission du Christ ? » Il y a de meilleurs moyens pour promouvoir l'apprentissage tout au long de la vie parmi les responsables chrétiens que celui fourni par les systèmes traditionnels et verrouillés par la notation.

La culture de l'institution théologique

Un des éléments les plus subtils mais aussi les plus influents du programme implicite est la culture et la structure de l'institution dans son ensemble. Les relations entre la direction, le corps enseignant, le personnel et les étudiants communiquent des messages puissants quant à la nature de l'encadrement et de la communauté chrétienne elle-même. Là où l'équipe dirigeante est distante et autoritaire, les étudiants tendront à suivre ce modèle, sans intégrer l'instruction donnée en cours concernant l'importance d'une direction collégiale. Si des conflits interpersonnels non résolus existent au sein de l'école, les étudiants ne prendront pas au sérieux les leçons appelant à mettre la réconciliation et la conciliation au centre de la direction des communautés ecclésiales chrétiennes. Là où des membres « importants » du corps enseignant se contentent d'une préparation minimale et enseignent le même contenu année après année, les étudiants reçoivent rapidement le message qu'une fois que l'on a atteint une position de prestige, il n'y a plus besoin de croître comme responsable (Hardy 2012).

Même la disposition physique du campus forme nos étudiants. Si les dirigeants les plus haut-placés ont des bureaux somptueux, tandis que les professeurs débutants doivent se contenter d'une table et d'une étagère dans un bureau surpeuplé, les étudiants se rendent compte rapidement des privilèges de l'avancement. Le programme caché sape tout ce que nous pouvons déclarer et enseigner à propos de « dirigeants-serviteurs ».

De même, les conditions de travail du personnel montrent aux étudiants comment le personnel de l'Église devrait être traité.

Les étudiants en viennent rapidement à comprendre les relations de pouvoir au sein de la communauté théologique, et importent de manière inconsciente ce modèle dans leurs ministères. Les cursus qui cherchent à s'attaquer aux éléments négatifs potentiels du programme implicite doivent prendre au sérieux les questions suivantes, et évaluer leurs réponses à la lumière de principes théologiques-bibliques fondateurs :

- Qui a le pouvoir dans l'institution ? Dans quelle mesure ce pouvoir est-il centralisé ou dispersé ? Comment ce pouvoir s'exerce-t-il ?

- Comment la communication se passe-t-elle au sein de l'institution ? Est-elle ouverte et va-t-elle dans les deux sens, ou bien existe-t-il un niveau important de communication cachée ou à sens unique ?

- Qui prend les décisions finales dans l'institution, et de quelle manière ? Les décisions viennent-elles d'en haut, ou bien y a-t-il un processus de consultation ? Les décisions sont-elles basées sur des processus rigoureux d'analyse des problèmes, ou bien ont-elles tendance à être arbitraires et impulsives ?

La conception et l'application de la politique institutionnelle révèlent un élément particulièrement significatif de la culture organisationnelle qui influence l'apprentissage implicite des étudiants. Là où les politiques sont rigides et impersonnelles, l'école communiquera la valeur accordée au légalisme et au conformisme plutôt que celle de relations mûres et d'un esprit critique. Quand les principes écrits de l'institution ne sont que « de l'encre sur du papier » et que les processus institutionnels sont mis en œuvre sur la base du clientélisme, les étudiants en arrivent à reproduire cette approche dans leurs pratiques de conducteurs chrétiens (P. Shaw 2013b). Créer un équilibre entre l'ordre et la relation dans la conception et la mise en œuvre de politiques institutionnelles n'est pas un processus simple, mais les écoles opérantes en reconnaissent l'importance pour façonner la vision qu'ont les étudiants du ministère chrétien.

Le programme « non-retenu »

Les étudiants apprennent à travers ce qui n'est pas enseigné et ces éléments non-retenus ont un impact profond sur notre formation – ce qu'Eisner appelle le « programme non-retenu ». Aucune institution théologique ne peut tout enseigner, et elle doit par conséquent exclure des thèmes et des matières du programme explicite. Eisner constate que : « Ce que les universités n'enseignent pas est peut-être aussi important que ce qu'elles enseignent. Je soutiens cette thèse car l'ignorance n'est pas seulement un vide neutre ; elle a des effets importants sur le genre d'options que nous sommes capables d'envisager, les alternatives que nous pouvons examiner, et les points de vue à partir desquels nous voyons une situation ou des problèmes » (Eisner 1994, p. 97).

Ceci s'applique également à la formation théologique : le contenu que nous incluons ou excluons, les thèmes qui sont accentués ou minimisés – tout ceci communique un message puissant à nos étudiants concernant ce qui est important et ce qui ne l'est pas pour la vie et le ministère chrétiens. Par exemple, dans la plupart des institutions, la priorité est donnée aux études bibliques, théologiques et historiques, tandis que les cours touchant à la croissance spirituelle et à la prière sont absents des programmes, ou au mieux ne jouent qu'un rôle mineur, comme si celles-ci étaient des questions secondaires ne méritant pas une réflexion théologique sérieuse et une formation soignée. Cela ne devrait donc pas nous surprendre qu'une enquête majeure auprès de facultés de théologie révèle que moins de 40 pour cent des étudiants en théologie ont le sentiment que leur expérience dans leur institution les a aidés à croître spirituellement (Banks 1999, p. 200). Une autre étude a révélé qu'à la suite à leur formation en faculté de théologie de nombreux diplômés se sont plaints de : « se sentir spirituellement indifférents, dans la confusion théologique, incertains bibliquement, endurcis sur le plan relationnel, et non préparés professionnellement » (Dearborn 1995, p. 7).

De même, une enquête auprès de pasteurs australiens (Burke 2010) a révélé que 45 pour cent d'entre eux trouvaient que des lacunes dans leur formation théologique ont engendré un niveau élevé de stress au début de leur ministère. La plainte la plus courante concernait un manque de formation en compétences pratiques, interpersonnelles et de relation d'aide. Et pourtant, rares sont nos programmes d'étude qui mettent l'accent sur le développement de compétences de conciliation et en relations interpersonnelles. Le programme « non-retenu » de l'absence de ces matières pourrait bien communiquer aux étudiants que les conflits dans l'Église et dans la société sont insolubles et que nous ne pouvons rien y faire.

Notons que selon la récente « Enquête mondiale sur la formation théologique » (Esterline *et al.* 2013), les quatre domaines de formation théologique ayant besoin d'être renforcés – la communication interculturelle, la croissance spirituelle, les compétences pratiques liées au ministère, et la missiologie – sont souvent absents ou au mieux constituent un point faible des programmes de nos facultés. En mettant de côté ou en marginalisant ces éléments, les écoles de théologie sont souvent en décalage avec les besoins et les préoccupations des parties prenantes extérieures.

Trop de professeurs enseignent sans prier ni reconnaître la nécessité de la direction du Saint-Esprit dans l'enseignement théologique. Ce faisant, nous courons le danger de communiquer à nos étudiants que Dieu ne s'intéresse pas à ce que nous enseignons, ou bien même qu'il n'est pas présent dans nos cours de niveau universitaire. Communiquons-nous de manière inconsciente que Dieu est l'ennemi de la vérité ? Nous pourrions certainement communiquer à nos étudiants que la prière n'a qu'une importance secondaire. Ce faisant, il est possible que nous renforçons la croyance commune de trop nombreuses personnes dans nos assemblées selon laquelle la foi est une affaire privée et ne devrait pas empiéter sur d'autres domaines de la vie – études, relations sociales, usage de l'argent, mode de vie, et ainsi de suite. Trop facilement, nous pouvons transmettre à nos étudiants le message qu'il y a certains aspects de la vie qui sont spirituels et d'autres pas – plutôt que de voir que tout ce que nous sommes et faisons est intimement lié à notre identité en tant qu'êtres spirituels.

Nous ne pouvons pas tout enseigner, et les priorités traditionnelles peuvent exclure des éléments qui méritent de passer en premier. Une discussion ouverte et intentionnelle du programme non retenu peut permettre à nos facultés de mieux préparer des responsables au service de leurs communautés.

Conclusion

Un certain nombre de questions fondamentales ont été soulevées dans ce chapitre concernant le programme implicite et le programme « non-retenu ».

- Un apprentissage significatif est sous-jacent dans le programme « implicite » des schémas sociologiques et psychologiques à l'œuvre dans un établissement de formation. Dans la formation théologique, les étudiants sont influencés dans leur compréhension de ce qu'est un responsable chrétien par les attitudes et les pratiques du corps enseignant, de la direction, et des politiques institutionnelles.

- Les pratiques didactiques dans la salle de cours donnent un modèle à nos étudiants pour comprendre le ministère chrétien. Une conception intentionnelle du programme caché implique une réflexion sérieuse sur la nature d'une bonne formation de disciples et de responsables, ainsi que l'incorporation de ces schémas dans la salle de cours.

- Ce que nous n'enseignons pas communique des valeurs. Quand nous donnons la priorité à certains contenus et activités d'apprentissage plutôt que d'autres, le programme « non-retenu » forme les étudiants à la manière dont ils doivent interpréter la vie et le ministère. Une formation stratégique sélectionne délibérément les éléments qui sont prioritaires en termes d'impact sur le développement de praticiens dont l'action se base sur la mission donnée par le Christ à son Église.

Exercices

1. Réfléchissez à l'histoire de Grégory. Dans quelle mesure une approche « scolaire » a-t-elle influencé sa compréhension du ministère chrétien ?

2. Quels sont selon vous quelques-uns des facteurs principaux qui ont conduit une majorité des programmes de formation au ministère à adopter une approche « scolaire » de la formation ? Dans quelle mesure ce modèle « scolaire » est-il dominant dans votre établissement ? Quels sont certains facteurs qui influencent votre approche pédagogique ? Proposez au moins un moyen précis par lequel votre institut pourrait contrer l'impact négatif potentiel des éléments « scolaires » du programme implicite de votre établissement.

3. Le programme implicite a une influence omniprésente. Décrivez deux ou trois autres éléments du programme implicite que vous voyez à l'œuvre dans votre école de théologie. Prenez en compte des éléments tels que : la tendance à la fragmentation du programme d'études ; la mesure dans laquelle le programme est obligatoire ou optionnel pour les étudiants ; la mesure dans laquelle les études théologiques et historiques sont traitées de manière philosophique et/ ou pratique ; le caractère et la mise en pratique de la politique institutionnelle ; la manière dont les décisions institutionnelles sont prises ; les relations qui existent entre étudiants, corps enseignant et direction.

4. Prenez chacun des aspects du programme implicite proposés dans ce chapitre : (a) la promotion d'une approche « scolaire » ou universitaire du ministère ; (b) le soutien à une hiérarchie basée sur la connaissance ; (c) l'encouragement d'une mainmise de la direction ; (d) une vision du ministère comme une question de compétition plutôt que de coopération ; (e) la culture administrative et institutionnelle de la faculté. Décrivez au moins trois manières dont vous voyez ces schémas à l'œuvre dans votre institut. Dans quelle mesure êtes-vous d'accord ou pas que ces schémas sont aussi destructeurs que le décrit ce chapitre ? Justifiez votre réponse.

5. Par quels moyens votre école arrive-t-elle à contrer les schémas négatifs du programme implicite à travers sa vie communautaire ou autre moyen ?

6. À la lumière du contenu des chapitres 1 et 2, quels sont selon vous les deux ou trois aspects les plus pressants du programme non-retenu qui doivent être traités en priorité par votre école ? Pourquoi pensez-vous que ces aspects sont particulièrement importants ? Si vous pouviez choisir, quels éléments de votre programme d'étude explicite actuel supprimeriez-vous pour faire de la place à ce contenu prioritaire ? Pourquoi ?

7. Suggérez au moins un moyen précis pour votre institut d'élaborer le programme implicite et le programme manquant de manière délibérée, plutôt que d'accepter une forme de programme caché non intentionnelle ?

6

Dépasser la fragmentation des programmes

Depuis plus de cent ans, des préoccupations s'expriment au sujet de la fragmentation des programmes d'études dans la formation théologique évangélique. Cependant, c'est avec la fin de l'hégémonie moderniste en théorie de l'éducation, ainsi qu'avec le déplacement du centre mondial du christianisme vers le Sud, que l'appel à l'intégration dans la formation théologique est devenu un impératif urgent. Dans ce chapitre, vous trouverez une très courte esquisse historique montrant comment la fragmentation des programmes est apparue dans la formation théologique, ainsi que des raisons importantes pour lesquelles il convient de promouvoir ce que nous nommons l'intégration des apprentissages théologiques. Nous conclurons par une série de suggestions pratiques, certaines relativement simples, d'autres à portée plus large et plus substantielle.

Les racines de la fragmentation des programmes *éducatifs*

Linda Cannell (2006, p. 126-237) fait le récit détaillé de l'histoire de la formation théologique occidentale et de la manière dont nous sommes arrivés au modèle mondialisé actuel. Les racines de la fragmentation dans la formation théologique se trouvent en grande partie dans l'adoption occidentale de schémas philosophiques grecs, et plus particulièrement dans l'application par Thomas d'Aquin de la philosophie aristotélicienne à la réflexion théologique. Ce fut la première tentative de développer un système de catégories distinctes en théologie. Avec l'avènement des Lumières et le développement de la méthode scientifique, un consensus fut de plus en plus perceptible, selon lequel la vérité ne pouvait être appréhendée qu'à travers un processus de « réflexion rationnelle ».

Il faut reconnaître que la méthode scientifique a grandement contribué au développement de la connaissance, particulièrement dans les sciences physiques. La discipline rigoureuse associée à l'étude des éléments constitutifs de la connaissance a aidé le monde scientifique à passer d'une compréhension spéculative de la réalité à des approches soigneusement testées avec des données probantes et claires. En raison des grands bienfaits que la société occidentale a reçus grâce à cette forme de raisonnement analytique, en particulier pendant et après la révolution industrielle, la méthode scientifique a été appliquée à tous les champs d'études durant l'ère moderne comme seul moyen de découvrir une connaissance sûre (Ziolkowski 1990).

Les approches rationnelles de la réflexion théologique sont devenues la norme suivant la création du département de théologie de l'université de Berlin (1810). La tendance de la méthode scientifique à étudier les parties d'un ensemble comme moyen de comprendre le tout, a contribué encore davantage à la fragmentation institutionnalisée de l'étude théologique, et les trois « disciplines » que sont les études bibliques, historiques et systématiques sont devenues de plus en plus distinctes.

Les structures européennes de l'enseignement supérieur étaient admirées outre-Atlantique, et lorsque les facultés de théologie ont commencé à se créer en Amérique du Nord, dès le début du XIXe siècle, le modèle de disciplines séparées en théologie biblique, historique et systématique fut gardé, en ajoutant un quatrième domaine d'études écclésiales ou liturgiques. L'ironie veut que, parmi ces disciplines, les études dites parfois de « théologie pratique » ont généralement été vues comme occupant le rang le plus bas, les études en théologie biblique ou systématique la position la plus élevée. Alors que le programme des facultés de théologie prétend exister pour préparer des hommes et des femmes au ministère chrétien, le programme implicite laisse entendre que la formation aux études en théologie pratique revêt une importance secondaire (Madueme et Cannell 2007). L'absence de tout paradigme intégrateur a renforcé ce sentiment d'une hiérarchie.

Dans chacun de ces domaines, les champs d'études ont été compartimentés davantage, par exemple en Ancien Testament et Nouveau Testament, et ensuite au sein de ces disciplines, en Pentateuque, livres de sagesse, ou littérature prophétique. L'attente prédominante est devenue, et continue à être, que les érudits seront très spécialisés dans un champ très étroit – par exemple, en devenant un expert de la « littérature johannique », de l'« histoire de l'Église médiévale européenne » ou de la « pneumatologie pentecôtiste ». De plus, sur les cent dernières années, la tendance est progressivement passée de la formation des pasteurs-érudits à celle des universitaires. La plupart de ces derniers ont achevé des études avancées dans des domaines hautement spécialisés, en employant une forme adaptée de la méthode scientifique, et culminant dans une thèse traitant une question de recherche très restreinte. Tout ce processus a conduit à un haut niveau de spécialisation professorale, et la fragmentation du programme d'études est devenue en conséquence endémique.

Tandis que le mouvement missionnaire moderne répandait l'Évangile à la surface du globe, ce sont majoritairement des missionnaires nord-américains qui ont établi des institutions théologiques protestantes, les missionnaires européens et britanniques se concentrant davantage sur les ministères médicaux, scolaires et d'évangélisation. Il n'est donc pas surprenant que, dans la plupart des coins du globe, les programmes de théologie soient calqués sur les schémas des facultés de théologie de Princeton, Dallas ou Fuller, plus que sur les modèles européens ou britanniques de formation au ministère. Le système américain de crédits Carnegie domine, et la plupart des institutions proposant des cours de deux ou trois heures de crédit chacun. Les quatre disciplines fondamentales façonnent le programme, et il est normal que les étudiants suivent de manière concomitante des séries distinctes de cours souvent sans lien réel entre elles, passant sans raison apparente d'un cours sur l'Exode à un cours sur l'histoire de la Réforme, puis à un cours en suivi pastoral et relation d'aide. Il est rare que l'on demande aux étudiants de faire le lien entre les cours et de voir comment les pièces du puzzle s'emboîtent.

Vers l'intégration

Une compréhension holistique de l'être humain est essentielle pour l'anthropologie biblique. Comme nous l'avons vu au chapitre 4, un apprentissage optimal requiert une interconnexion entre les dimensions cognitive, affective et comportementale. Une telle interconnexion est un élément essentiel des schémas de pensée et d'apprentissage des femmes en général, d'une part, et des étudiants venant de la plupart des contextes non-occidentaux, d'autre part.

Le plaidoyer des Lumières en faveur de la spéculation théorique et sa revendication d'une objectivité détachée a perdu une partie de sa crédibilité dans le monde post-moderne, mais il continue de dominer la *forme* qu'a l'enseignement supérieur, même parmi ceux qui, du bout des lèvres, reconnaissent la mort du modernisme. Cependant, les problématiques contenues dans les travaux de chercheurs non-occidentaux tels que Paulo Freire (1970) ont gagné de plus en plus de terrain dans l'enseignement supérieur laïc, particulièrement en termes d'une promotion d'un apprentissage engagé sur le terrain, d'accents mis prophétiquement sur la transformation, et de la valeur d'approches qualifiées d'*emic* (de l'intérieur), par opposition à des approches appelées *etic* (de l'extérieur) pour comprendre et dialoguer avec le monde.

À la lumière de notre appel vers une formation théologique basée sur la mission du Christ à l'Église, les institutions gagneraient à incorporer nombre de ces réflexions provenant des pays émergents dans leurs ambitions. Priest (2000) a suggéré qu'il serait plus significatif pour l'Église si le modèle du « praticien réflexif » mettait davantage l'accent sur la pratique que sur la réflexion, et si la base de l'évaluation éducative accentuait la capacité de l'étudiant à conduire une Église de manière réfléchie dans l'évangélisation, la recherche de la justice, la formation de disciples et la croissance spirituelle, et non sur sa seule capacité à être performant dans une salle de cours ou une bibliothèque. Andrew Kirk voit dans cette pratique un grand potentiel qu'il exprime en ces termes :

> C'est maintenant un lieu commun dans une grande partie des travaux théologiques de l'Église des pays du Sud que la vérification d'une théologie véritable se détermine, non tant sur des critères formulés à l'intérieur des paramètres de la communauté académique, que sur la capacité de cette théologie à libérer les personnes pour un investissement agissant dans la société. Si elle n'a pas ce résultat, une telle théologie est considérée comme une force aliénée et aliénante. (Kirk 2005, p. 33)

Le cloisonnement traditionnel entre théorie et pratique (le phénomène de la « tour d'ivoire ») a très souvent conduit à une théorie non pertinente ou déconnectée de la réalité, et à une pratique ignorante et davantage forgée par la culture ambiante que par une réflexion théologique rigoureuse. Au contraire, l'« Enquête mondiale sur la formation théologique » (Esterline *et al.* 2013) a cité l'intégration d'un apprentissage pratique aux disciplines universitaires traditionnelles, perçue comme un besoin pour une bonne formation théologique. Pour mettre en œuvre une formation significative dans la réalisation d'une pratique réfléchie du ministère, une plus grande intégration entre théorie et pratique doit se réaliser. Dans l'idéal, celle-ci devrait être bidirectionnelle : faire le lien entre les questions abordées en cours et les réalités de la vie, et aussi entre une réflexion sur l'expérience du terrain et les matières étudiées en cours, le tout mené au travers des optiques multiples des matières bibliques, historiques, théologiques, socio-contextuelles et pratiques.

Paul décrit le ministère chrétien comme un « ministère de la réconciliation » (2 Co 5.18-20), ce qui implique, à la base, la capacité à travailler avec et pour les personnes. Par conséquent, pour qu'une bonne formation théologique holistique ait lieu, il faut laisser de la place dans le programme pour nourrir la dimension affective de la personnalité humaine. Cette préoccupation n'est pas l'apanage exclusif de la formation théologique. L'ouvrage de référence de Goleman (1995, 2006) sur les intelligences émotionnelle et sociale suggère que le quotient intellectuel d'une personne (QI) contribue à hauteur de 20 pour cent, au mieux, à sa réussite dans la vie. Bien plus importants sont les intelligences émotionnelle et sociale (QE et QS) d'une personne, comprenant des facteurs tels que la stabilité émotionnelle, les compétences sociales, des attitudes positives et la capacité à s'auto-motiver (voir Salovey et Mayer 1990 ; Banks et Ledbetter 2004, p. 50). Ces éléments sont fondamentaux pour un ministère chrétien fructueux, mais ces capacités se déploient de manière optimale lorsqu'elles sont éclairées par une réflexion biblique et théologique.

Suggestions pratiques

De nombreuses possibilités existent pour promouvoir des niveaux d'intégration plus ou moins élevés dans les programmes de formation théologique. Ce qui suit fournit quelques suggestions.

Accueillez les sciences sociales et autres champs d'études

Particulièrement depuis les Lumières, l'étude de la théologie a été largement comprise comme une discipline universitaire distincte, interagissant de façon minimale avec les autres champs de la connaissance. Il en résulte que de nombreux diplômés de facultés de théologie se tournent vers les études bibliques, théologiques et pastorales comme source d'information principale pour le ministère d'Église, aidés, peut-être, de quelques outils donnant des compétences tirées de l'homilétique, de la direction d'Église et de la relation d'aide.

Le processus de formation au ministère chrétien n'est pas un cas exceptionnel. De la même manière, la plupart des chrétiens (dans les professions libérales, les hommes et femmes d'affaires, les enseignants, et en réalité la majorité des membres d'Églises), n'ont recours à la connaissance offerte par leur domaine d'expertise professionnelle que lorsqu'ils sont confrontés à des défis concrets de la vie. Leur expérience d'une vie fragmentée fait que ces croyants peinent à relier les Écritures à leurs propres contextes de vie, et interagissent rarement avec le texte biblique en réponses à des demandes sociales, professionnelles ou personnelles (Fernandez 2012).

Les institutions théologiques ont le potentiel pour devenir des exemples d'une approche plus intégrée de l'apprentissage déployant connaissance, compétences et stratégies provenant de différentes disciplines et champs de recherche. La première étape en est une démystification des sciences sociales et une intégration sensée de la théologie avec des vérités issues d'autres disciplines humaines.

Investir dans des champs d'études en dehors de nos disciplines traditionnelles peut être coûteux, à la fois en temps et en argent. Cependant, pour qu'un programme d'études soit à la fois intégrateur et orienté vers l'accomplissement de la mission du Christ, il doit affirmer continuellement la vérité selon laquelle Dieu est à l'œuvre dans un monde qui comporte des métiers et des domaines de connaissance variés (de Gruchy 2010). Plus nous aidons nos étudiants à voir des liens entre la théologie et les études sociales, scientifiques, et esthétiques, mieux nos diplômés seront préparés à aider l'Église à toucher le monde qui l'entoure. Un dialogue entre les disciplines théologiques classiques et les sciences sociales émergentes contribuera de manière importante à la pratique ecclésiale fondée sur la mission du Christ.

Lors des cours, mettre l'accent sur la pratique par rapport à la théorie

Si nous prenons au sérieux notre mission de préparer des responsables capables d'être des agents de transformation, nous devons les aider à lier la théorie et la pratique. De nombreux professeurs présentent leur contenu de manière si dénuée d'émotion et si spécialisée qu'il n'est pas étonnant que les étudiants les perçoivent comme détachés des réalités de la vie et du ministère. Des progrès significatifs vers l'intégration de l'apprentissage peuvent avoir lieu quand l'institution exige des professeurs l'inclusion d'une composante pratique dans leurs cours. Grâce à cette dernière, ils discutent des implications du contenu du cours pour la vie de tous les jours, et ils conçoivent des devoirs qui incitent les étudiants à mener une réflexion critique sur des situations de vie réelles. Si les professeurs sont incapables de relier la théorie à la pratique, il est très improbable que les étudiants puissent faire ce lien.

Pour qu'une intégration efficace entre théorie et pratique ait lieu en cours, il sera nécessaire de réduire le contenu cognitif et d'accorder plus de temps à la discussion de thèmes clés importants dans la vie contemporaine. En faisant le lien de manière synthétique entre le champ d'études, les aspects pratiques du ministère et les implications pour la vie de tous les jours, non seulement nos étudiants seront mieux qualifiés en tant que praticiens réflexifs, mais ils auront également plus de chances de trouver la substance du cours pertinente et importante. Les conséquences d'une perception positive des cours par les étudiants pour un apprentissage de long terme ou un apprentissage en profondeur seront traitées de manière plus approfondie au chapitre 8.

Encourager la spiritualité en salle de cours

Des manifestations particulières telles que les retraites, les journées de prières, ou encore une semaine avec un accent particulier mis sur la spiritualité, constituent des moyens importants pour développer le climat spirituel de la communauté, du corps enseignant et des étudiants. Cependant, à moins que ces activités ne soient reliées à des expériences formelles dans les cours, elles peuvent devenir contre-productives, et servir à promouvoir une vision fragmentée de l'apprentissage. En effet, dans ce type de fragmentation, la salle de cours est perçue comme étant destinée aux universitaires seulement, tandis que c'est dans la salle de culte que l'on nourrit la spiritualité. Pilli (2007) a constaté que le travail universitaire peut et doit être un exercice d'ordre spirituel. Tout au long de l'Histoire de l'Église, la réflexion théologique a donné le meilleur d'elle-même quand elle était reliée aux réalités quotidiennes et culminait dans la prière. Quand les formateurs, sous la conduite du Saint-Esprit, enseignent dans un esprit de prière et d'humilité, ils deviennent des modèles d'enseignement et d'apprentissage, reconnaissant ainsi que Dieu est présent dans la salle de cours. Ils savent qu'Il se préoccupe de ce qui s'y passe. Banks (1999, p. 202-203) a noté que si certains trouvent cette approche « non-académique », elle n'est certainement pas « non-théologique ». Plutôt que de séparer la communauté académique de la foi, nous devrions nous réjouir de leur saine interaction, en respectant l'étudiant comme une personne entière, et en cherchant l'intégration entre pensée et esprit.

Changer le contexte d'apprentissage

Une des meilleures manières d'aider les étudiants à voir le lien entre théorie et pratique est de les sortir du campus et de les faire entrer dans le monde du travail, en rencontrant et en réfléchissant avec des praticiens, ainsi qu'en discutant de la manière dont la théorie pourrait être appliquée de façon concrète (voir Banks 1999, p. 177-179). Nul n'est besoin de limiter un tel processus aux matières « pratiques » : par exemple, un cours qui se tiendrait dans le quartier d'affaires d'une ville sur les écrits prophétiques de l'Ancien Testament, susciterait des discussions fondamentalement différentes de celles qui auraient lieu entre les « murs saints » de la faculté de théologie – tout simplement en raison de l'intensité de la vie des personnes dans le contexte dans lequel se déroule l'apprentissage.

Exiger l'intégration de dissertations

Certaines écoles de théologie ont trouvé profitable d'exiger des étudiants qu'ils rédigent une ou plusieurs dissertations intégrées comme devoirs de synthèse de l'ensemble de leurs études, par exemple avec un premier devoir de synthèse à la conclusion de la deuxième année d'études et un deuxième à la fin de la troisième année. Ceux-ci pourraient être pris en compte ou non dans la notation, mais être un élément obligatoire du cursus de l'étudiant. De telles dissertations traiteraient d'un thème significatif à travers de multiples optiques, rassemblant tout le contenu dans des recommandations de conclusion et répondant à des questions telles que celles qui suivent ci-dessous :

Disciplines bibliques – théologiques

- Comment cette question est-elle traitée dans les Écritures ? Quels principes pourraient être tirés des exemples des responsables fidèles à Dieu de l'époque biblique ? Les éléments de la vie et de l'enseignement de Jésus sur cette question sont d'une importance particulière.
- Comment cette question est-elle traitée dans la Torah ? Dans les écrits prophétiques ? Dans les Psaumes ? Dans l'enseignement de Jésus ? Dans les épîtres ? À travers une réflexion exégétique rigoureuse sur des passages clés, quels principes bibliques sont pertinents pour la question étudiée ?

Disciplines historiques – théologiques

- Comment cette question a-t-elle été traitée à diverses périodes de l'Histoire de l'Église ?
- Comment cette question a-t-elle été traitée par des penseurs chrétiens de premier plan à travers toute l'Histoire – plus particulièrement, les penseurs issus de la région où l'étudiant accomplit son service ?

Disciplines pastorales - contextuelles

- Quelles questions missiologiques sont en jeu dans ce problème ? Comment des réponses diverses à cette question aident-elles ou bien font-elles obstacle à la proclamation de l'Évangile en paroles et en actes ?
- Quelles questions pédagogiques et pastorales doivent être prises en compte en envisageant une réponse à ce problème ?

Par ailleurs, il pourrait être utile de se montrer plus directif, et de guider l'étudiant pas à pas sur le cheminement du processus d'intégration. Ceci est particulièrement utile pour les contextes culturels dans lesquels les étudiants sont moins sensibilisés au moment de la conception d'une recherche. Prenez, par exemple, le modèle suivant :

> 1. Choisissez un groupe de croyants avec lequel vous êtes en relation très proche : une Église locale, une équipe de ministère, un groupe de maison ou un groupe de formation de disciples. Réfléchissez de manière approfondie à *un* aspect majeur de la nature et du caractère de Dieu (par exemple sa justice, son amour, sa bonté, sa fidélité, sa sainteté, sa sagesse, son rôle de créateur, rédempteur, roi, qui soutient toutes choses) et expliquez en quoi cette caractéristique divine se manifeste clairement dans ce groupe.
>
> 2. Choisissez *deux* passages bibliques clés (*un* dans chacun des *deux* Testaments) qui traitent de l'aspect de la nature et du caractère de Dieu mentionné dans le point 1 ci-dessus. En prenant en compte le contexte littéraire et historique de chaque passage, faites-en l'exégèse détaillée et rigoureuse, et développez des principes clés manifestes dans le passage et qui s'appliquent tout particulièrement à votre propre contexte local. Discutez de certaines des implications pratiques de ces principes pour le groupe que vous avez choisi.
>
> 3. Choisissez *au moins un* grand théologien chrétien de l'Histoire qui a réfléchi sérieusement à l'aspect de la nature et du caractère de Dieu mentionné au point 1 ci-dessus. Quels éclairages théologiques clés ce théologien a-t-il apporté à la compréhension de cet aspect de la nature et du caractère de Dieu ? En quoi le contexte historique du théologien a-t-il eu un impact sur le développement de sa pensée au sujet de Dieu ?
>
> 4. Réfléchissez au contexte local social et culturel dans lequel votre groupe accomplit son service. Décrivez en détail au moins *deux* facteurs contextuels qui contribuent aux forces et/ou aux faiblesses du groupe en termes de la manière dont ce dernier reflète l'attribut de Dieu en question. Comment la société plus large a-t-elle à la fois correctement et de manière inappropriée communiqué et représenté cet aspect de la nature et du caractère de Dieu ? Donnez au moins *trois* recommandations concernant la manière dont le groupe pourrait surmonter les défis culturels locaux afin de mieux jouer le rôle de « visage de Dieu » auprès de la communauté qu'il sert.
>
> 5. Pour le groupe que vous avez choisi, énumérez *trois à six* mesures stratégiques qui aideront le groupe à mieux manifester les attributs de Dieu dans la vie de ses membres. Incluez dans votre discussion des éléments qui favorisent une adoration juste de Dieu.
>
> 6. Décrivez une mesure spécifique, concrète, que vous-même pourriez adapter personnellement en conclusion de ce module, afin de mieux manifester dans votre propre vie l'attribut de Dieu que vous avez considéré ci-dessus.

Dans la majorité des cas, les dissertations intégrées de ce type proposent des suggestions plutôt qu'un panorama complet, le temps et l'espace étant limités. L'objectif n'est pas tant que l'étudiant arrive à des réponses définitives à des questions complexes, mais plutôt qu'il voit comment les différents éléments de l'étude théologique peuvent fonctionner ensemble pour éclairer la pratique du ministère. Même lorsque la majeure partie du programme d'études demeure cloisonnée, une ou deux expériences de cette sorte peuvent être transformatrices dans la croissance de l'étudiant en vue de devenir un praticien réflexif.

Inclure l'apprentissage par la résolution de problèmes (ARP)

Puisque les professionnels doivent apprendre à gérer des problèmes du monde réel, la méthodologie de l'apprentissage par résolution de situation-problème (ARP) *(problem-based learning – PBL)* s'est répandue dans pratiquement tous les domaines de la formation professionnelle. Howard Barrow a contribué à l'essor de ce type d'apprentissage comme élément essentiel dans de nombreuses facultés de médecine nord-américaines. Il décrit ainsi le plan général du processus d'apprentissage par résolution de situation-problème (ARP) : « [. . .] premièrement de reconnaître le problème, ensuite de le résoudre par les compétences du raisonnement clinique, et d'identifier les besoins en apprentissage dans un processus interactif, ensuite d'étudier de manière autonome, puis d'appliquer la connaissance nouvellement acquise au problème, et enfin de résumer ce qui a été appris » (Barro 1996, p. 1).

L'ARP puise ses racines théoriques dans la notion de socio-constructivisme de Lev Vygotsky (1896-1934) : certains des apprentissages les plus efficaces et durables ont lieu grâce à une interaction sociale autour d'une idée ou question centrale. L'investissement du groupe pour relever des défis adaptés avec l'assistance d'enseignants ou des pairs plus exercés pousse les étudiants vers de nouveaux domaines d'apprentissage (Arends 2007, p. 386). L'ARP formel implique un travail étendu et détaillé de réflexion multidisciplinaire, organisé généralement par équipes d'étudiants, avec un membre du corps enseignant pour superviser le travail. Ce type d'apprentissage concret par équipe est une expérience puissante d'apprentissage au niveau des programmes d'études à la fois explicite et implicite.

La force de l'ARP tient à ce qu'il demande aux étudiants d'intégrer du contenu de multiples disciplines pour répondre à des situations précises de la vie réelle. Les étudiants sont mieux équipés pour développer des compétences en pratique réflexive. L'ARP ouvre aussi la possibilité d'investir des connaissances qui passent habituellement « à la trappe » dans les choix des disciplines traditionnelles. Les problèmes de la vie soulèvent inévitablement des questions méconnues d'un programme d'études classique, conduisant les étudiants à des domaines de la plus haute importance pour une pratique fructueuse, mais qui ne trouvent pas naturellement leur place à l'intérieur des frontières traditionnelles.

Par exemple, lors d'une activité récente d'ARP se déroulant dans mon institution, (voir annexe 6.1), les étudiants se sont retrouvés à se débattre avec les dynamiques de conduite de la vie de l'Église locale, et de la manière dont ces dynamiques étaient issues de schémas culturels plus larges, ainsi que la question de l'évaluation de ces schémas à la lumière de principes bibliques, historiques et théologiques. Ce type de dialogue trouve rarement une place dans les programmes d'études théologiques traditionnels. À la lumière de la vision de la formation basée sur la mission du Christ que nous avons étudiée aux chapitres 1 et 2, la pertinence de l'ARP pour la formation théologique se voit aisément.

Le secret d'un ARP efficace réside dans l'importance et la qualité de l'étude de cas ou du problème sur lequel la recherche de groupe est basée. Des problèmes bien conçus ont les caractéristiques suivantes (Madueme et Cannelle 2007) :

- Le problème est réaliste et proche du contexte probable du ministère futur des étudiants.

- Il y a une multiplicité de points de vue possibles sur le problème, et le potentiel pour que des réponses différentes conduisent à des résultats différents.

- Le problème suscite une forte réaction personnelle parmi les étudiants, qui génère le désir de travailler ensemble pour examiner le cas au travers d'optiques multiples.

- La réponse au cas abordé requiert l'examen de sources primaires et secondaires multiples. Les étudiants reconnaissent immédiatement qu'une analyse et une réponse adaptées nécessitent du contenu théorique provenant de plusieurs matières et disciplines, et le conseil d'une variété de personnes ressources.

- On doit se pencher sur des domaines pour lesquels la connaissance préalable de l'étudiant peut être limitée, de telle sorte qu'en l'examinant, de nouveaux domaines de perception et d'apprentissage sont introduits.

Les études de cas de qualité sont un puissant moyen de formation ; par conséquent, le chapitre 13 porte son attention sur le développement et l'application d'études de cas dans la formation théologique.

Une adoption institutionnelle de l'ARP comme élément significatif du programme d'études sera très prometteuse pour la formation chez les étudiants. Cependant, même quand l'institution rechigne à faire des changements importants pour passer à l'ARP, nombre des bienfaits de ce dernier pour l'intégration peuvent résulter de simples exercices en classe où les études de cas servent de tremplin pour une discussion intégratrice, dans les séminaires intégrés ou comme base pour un travail d'intégration au sein des dissertations.

Incorporer une réflexion théologique sur la vie et le ministère

La plupart des cursus théologiques incorporent des éléments de ministère sur le terrain dans leurs programmes d'études, comprenant un rapport de l'étudiant et du maître de stage. Cependant, ce genre de compte-rendu a tendance à se focaliser sur les leçons pratiques apprises de l'expérience, plutôt qu'une réflexion théologique de fond. Par conséquent, le cloisonnement existant entre théorie et pratique y est généralement renforcé plutôt que réduit. Pour que le ministère sur le terrain soit un moyen d'intégration réelle, le processus pour rendre compte de cette expérience doit incorporer des éléments de réflexion théologique et pas seulement pratique. Les étudiants seront encouragés à faire le lien entre théorie et pratique au travers de questions liées à des aspects tels que : les signes de la présence de Dieu dans cette expérience ; la mesure dans laquelle le contexte de ce ministère reflétait une ecclésiologie saine ; les schémas endémiques constatés à d'autres moments de l'Histoire ; la mesure dans laquelle le contenu présenté lors des cours d'études de théologie pratique était visible dans la pratique.

Bien qu'une réflexion théologique sur l'expérience du ministère soit importante, les exercices de réflexion théologique sur les expériences de la vie le sont tout autant, sinon plus. Le cloisonnement des matières n'est pas un problème propre aux facultés de théologie : pour de nombreux chrétiens travaillant en entreprise, il y a une fracture profonde entre la composante spirituelle ecclésiocentrique et les affaires de la vie quotidienne. Après tout, quel rapport y-a-t-il entre la foi chrétienne et la cuisine, le ménage ou les couches sales à changer ? Quel lien y-a-t-il entre la Bible et le ronronnement d'un travail routinier et parfois ennuyeux ? La plupart des diplômés sont mal équipés pour répondre à de telles questions. Demander aux étudiants de faire des exercices de réflexion théologique pendant leurs études de théologie sur des sujets concrets – tels que leurs relations avec les autres étudiants, leur travail à la cantine de l'école théologique ou dans les jardins de la faculté, ou la difficulté d'élever ses enfants – peut être un pas en direction de l'intégration entre la théologie et la vie quotidienne. En reliant les études de théologie au train-train de la vie, les étudiants sont mieux placés pour servir leurs Églises, étant donné que la vie quotidienne de nombreux croyants peut être profondément ennuyeuse et rébarbative.

Une réflexion théologique de qualité incorpore tout ce que Cranton (2006, p. 34) décrit : la réflexion sur le contenu, sur les processus et sur les postulats de la matière. La réflexion sur le contenu cherche à analyser le problème lui-même : que se passe-t-il, quelles sont les questions en jeu ? La réflexion sur le processus examine l'évolution de la situation examinée. Quels facteurs ont contribué à la situation actuelle, quelles stratégies de résolution des situations-problèmes ont été déployées, et vers où ces processus paraissent-ils mener ? La réflexion sur les postulats pose la question : pourquoi est-ce important ? D'ailleurs, pourquoi devrais-je me soucier de ce problème ? Dans une certaine mesure, ces trois niveaux sont comparables aux éléments cognitif (réflexion sur le contenu), comportemental (réflexion sur le processus) et affectif (réflexion sur les postulats). Des précisions sur la manière dont le processus de réflexion théologique peut être consolidé seront développées dans le chapitre suivant.

Regrouper les cours

Pourquoi les étudiants doivent-ils suivre cinq cours valant trois crédits chacun par semestre ? Qu'est-ce qui nous empêcherait d'intégrer trois cours enseignés en équipe valant cinq crédits par semestre, ou bien même de proposer un cours valant 15 crédits qui implique une intégration totale du contenu entre les disciplines abordées ? Ce concept n'est pas nouveau : lorsque j'ai étudié les sciences de l'éducation pour la première fois, il y a bien des années, à l'université de Nouvelle Galles du Sud (Australie), le cursus d'une année comprenait trois éléments : Théorie de l'éducation ; Programme d'études et pratique ; Pratique de l'enseignement. Pour ce dernier élément, les étudiants étaient simplement reçus ou recalés, alors que les deux premiers « cours » étaient enseignés en équipe et comportaient de multiples facettes. Par exemple, la théorie de l'éducation comportait des études en psychologie du développement, psychologie de l'éducation, sociologie de l'éducation et philosophie de l'éducation, mais une seule note finale globale était attribuée. Cette sorte de formation groupée enseignée par des équipes est de plus en plus préconisée dans l'enseignement supérieur, et elle doit trouver sa place dans la formation théologique. Rien ne nous interdit de proposer un cours combiné enseigné par équipe en « Bible », à la place de cours séparés en Ancien Testament 1 et 2, Nouveau Testament 1 et 2, herméneutique biblique, hébreu, grec, etc. Un tel processus pourrait être mis en œuvre en changeant de manière minimale le processus de mise en œuvre éducative traditionnel. Cependant, des leçons multiples en intégration et sur le ministère en équipe pourraient faire surface an niveau du programme implicite.

Incorporer une « année de césure »

Suivant le modèle courant dans de nombreux cursus de formation de professeurs, de géomètres et d'ingénieurs, certaines facultés de théologie ont restructuré leurs programmes dans le sens d'une prestation en « sandwich » : après une année propédeutique, l'étudiant est envoyé sur le terrain pendant six mois, puis revient pour six mois, puis retourne sur le terrain et ainsi de suite. Le va-et-vient entre l'institution et le ministère sur le terrain aide l'étudiant à faire le lien continuellement entre théorie et pratique. Un programme avec des périodes de césure est plus adapté aux facultés qui sont étroitement liées à une union d'Églises particulière, puisqu'un ministère et des études fractionnés nécessitent une coopération étroite entre l'Église et l'institution théologique. Une organisation comportant des périodes de césure est plus difficile à mettre en œuvre dans les facultés interdénominationnelles. Il n'en reste pas moins qu'il serait utile que ces institutions théologiques-là réfléchissent également aux possibilités de proposer une telle option.

Équilibrer « du texte au contexte » avec « du contexte au texte »

Le programme classique est dominé par l'étude de textes – que ce soit la Bible, ou des manuels d'histoire, de théologie, de sciences sociales ou de ministère pratique – dans l'espoir que les étudiants seront ensuite capables d'appliquer le contenu à leurs propres contextes. En réalité, il est rare que cela se produise – car les formateurs eux-mêmes n'ont pas fait ce pas auparavant. Un programme d'études qui développe un nombre important de cours ayant comme point de départ des enjeux contextuels (la pauvreté, la discrimination religieuse, les technologies changeantes . . .), puis examinent comment les textes traitent ces questions, préparera mieux les étudiants aux défis auxquels ils feront face dans leur ministère après la fin de leurs études. C'est uniquement en prenant le contexte au sérieux que nous pouvons espérer développer un programme d'études intégré qui touche notre monde en mutation.

Repenser la forme globale du programme éducatif

Dans une certaine mesure, toutes les suggestions ci-dessus ne seront appliquées que superficiellement, si l'institution continue de maintenir la structure traditionnelle cloisonnée de la formation théologique. Une adoption sérieuse de l'intégration des études en exige davantage. Pour qu'une intégration véritable se produise, il faut qu'une reconstruction de fond de l'ensemble du programme d'études ait lieu, dans laquelle l'intégration fait partie de la « trame » de la formation théologique. Une poignée d'institutions théologiques se sont engagées dans cette direction. Le plus grand nombre d'entre elles a découvert qu'avec un niveau élevé de confiance et d'engagement de l'équipe, la mise en œuvre elle-même est moins exigeante qu'on ne l'avait craint au départ, pour peu qu'une personne de l'équipe soit à l'aise avec la théorie de l'éducation et ses implications pratiques.

Conclusion

À la lumière d'une vision de la formation théologique centrée sur la mission du Christ à toute l'Église, nous ne pouvons plus nous satisfaire du statu quo d'un programme d'études fragmenté, si nous voulons être à la hauteur de la tâche qui vise à préparer des praticiens réflexifs et agissants pour le ministère chrétien. Tout particulièrement, en raison de la croissance de l'Église des pays dits du Sud, de nouveaux paradigmes pour une formation théologique intégrale gagnent à être recherchés. Les possibilités incluent l'intégration de mesures simples en salle de cours, telles que la promotion de la spiritualité et l'accent mis sur les questions comportementales en cours ; ou bien des changements institutionnels fondamentaux, tels que l'incorporation de séminaires et projets intégrés au programme d'études. Cependant, il vaut bien mieux repenser le modèle traditionnel de programme de formation théologique dans lequel des niveaux multiples d'intégration forment le cœur du programme, et les étudiants sont continuellement incités à être performants dans le cadre d'une pratique du ministère bien renseignée.

Exercices

1. Comparez le programme d'étude de votre faculté de théologie avec les modèles décrits dans les premières sections de ce chapitre. Quel système de crédits utilisez-vous, et comment fonctionne-t-il ? Comment les crédits sont-ils alloués ? Dans quelle mesure votre programme d'études emploie-t-il les divisions classiques d'études bibliques, historiques, théologiques et écclésiales ? Dans quelle mesure les décisions concernant le programme d'études sont-elles le résultat d'une « bataille » entre les spécialistes des différentes disciplines ? Selon vous, quelles sont quelques-unes des barrières principales à la mise en place de l'intégration dans votre programme d'études ? Quelles tentatives (s'il y en a eu) votre institution a-t-elle faites pour encourager un certain niveau d'intégration entre les disciplines ?

2. Parmi toutes les « suggestions pratiques » faites dans ce chapitre, lesquelles (prenez-en deux ou trois) mettez-vous déjà en œuvre de façon efficace dans votre faculté de théologie ? Lesquelles (énumérez-en deux ou trois) pensez-vous être les plus difficiles à mettre en œuvre dans votre établissement ? Quels sont les obstacles principaux à leur mise en œuvre ? Avez-vous jamais vu d'autres facultés ou collègues mieux mettre en œuvre ces suggestions que ne le fait votre établissement ? Comment faisaient-ils ?

Annexe 6.1

Projet intégré pour autonomiser des dirigeants-serviteurs (exemple)

Le projet sera mis en œuvre à travers une approche modifiée d'apprentissage par résolution de situations-problèmes :

- Les étudiants travailleront par équipes de trois ou quatre.
- Un atelier initial obligatoire de trois heures se tiendra vers le début du module, durant lequel les étudiants commenceront à travailler sur le projet, en esquissant les domaines clés qu'ils souhaitent traiter, et en déléguant les responsabilités.
- Chaque groupe devra présenter un rapport d'étape de 300-500 mots à rendre pour 9h à telle date.
- 15 jours plus tard, commençant le matin et se prolongeant dans l'après-midi, chaque groupe devra présenter les découvertes de son projet aux autres étudiants de la promotion. Chaque membre du groupe devra participer à l'exposé. Les groupes prenant plus de 30 minutes seront pénalisés.
- Le travail final sur le projet devra être présenté avant 9h, 15 jours encore plus tard. Le projet final devra inclure les éléments décrits ci-dessous, ainsi qu'une dernière page détaillant la contribution de chaque membre du groupe.

1. Le projet portera sur un groupe-témoin, qui sera un groupe que l'un de vos membres, ou votre équipe, a dirigé, ou (de préférence) dirige actuellement. Quelques exemples de situations possibles : être le pasteur d'une Église établie ; conduire une nouvelle implantation d'Église ; être le responsable d'un groupe dans l'Église (groupe d'adolescents, groupe de jeunes adultes, groupe de femmes, équipe de moniteurs d'école du dimanche) ; diriger une équipe d'évangélisation ; diriger une association paraecclésiastique, etc.

- Décrivez en détail les modèles de direction à l'œuvre dans ce groupe ; le nombre de responsables ; le style de relations entre responsables ; la manière dont les décisions sont prises ; comment de nouveaux responsables sont intégrés à la direction.
- Visitez un groupe comparable ici au Liban, et par l'observation et le questionnement, analysez les modèles de direction à l'œuvre dans cet autre groupe, et comparez ses forces et ses faiblesses avec les modèles visibles dans votre propre groupe-témoin.

2. *Optique biblico-théologique* : Comment la Bible éclaire-t-elle votre étude de cas ? Vous devrez mener une large réflexion biblique, qui pourrait impliquer l'exégèse attentive de passages précis, ou une réflexion sur de plus vastes thèmes bibliques-théologiques. Une prise en compte du contenu présenté dans le cours d' « Éclairages bibliques sur la conduite d'un groupe » est attendue. Cependant les présentations considérées excellentes chercheront plus loin que les données de ce cours pour creuser plus profondément les principes bibliques fondamentaux de direction, qui touchent à l'étude de cas que vous avez présentée dans la section 1.

3. *Optique historico-théologique* : Comment notre riche patrimoine historique et théologique éclaire-t-il votre étude de cas ? Vous êtes encouragé à examiner des situations comparables dans l'Histoire, et la manière dont l'Église a connu des échecs ou des réussites dans une situation semblable. Une présentation exceptionnelle examinerait l'œuvre de grands théologiens dans leurs contextes historiques qui se rapportent à la situation que vous avez décrite dans la section 1. Des preuves d'un travail sur le contenu présenté dans le cours « Leçons vivantes pour les dirigeants tirées de l'histoire de l'Église » sont attendues.

4. *Optique socio-contextuelle* : Comment les sciences humaines (psychologie, sociologie, psychologie sociale, anthropologie culturelle, sciences politiques, etc.) éclairent-elles la situation que vous étudiez ? Vous souhaiterez peut-être prendre en compte de la matière issue du module « Église et société », mais il faudrait également avoir recours au cours sur « Les dirigeants bibliques et la culture ».

5. *Optique personnelle-ecclésiale* : Comment voyez-vous votre propre rôle d'agent de transformation dans cette situation ? En vue du contenu donné dans le cours « Cheminement personnel du responsable », quel type de responsable devriez-vous être, et que devriez-vous faire, dans ce contexte, pour le devenir ?

6. *Intégration* : comment ces optiques se rejoignent-elles ? Quels principes partagés voyez-vous ici ? Comment pouvez-vous intégrer une multiplicité d'optiques pour examiner des situations telles que celle-ci ?

7. *Recommandations*. Que recommanderiez-vous en termes de croissance du groupe ? Comment le groupe-témoin pourrait-il mieux jouer le rôle de visage du Christ dans la société qui l'entoure ? Comment une influence véritable sur le monde peut-elle être maintenue ? Vos recommandations devront être (a) ancrées dans les Écritures et une saine théologie ; (b) précises, réalisables et mesurables ; (c) holistiques – voir les membres du groupe comme des personnes entières ; (d) complètes, traitant les aspects multiples de cette situation ; (e) personnelles, expliquant comment vous, personnellement, penserez, agirez, et aborderez les autres différemment dans le but de favoriser un changement adapté.

Une dernière exigence

Les bons responsables cherchent à faire un bon travail tout en conservant un équilibre dans leur vie. Vous devrez vous engager à 30 heures de travail par membre de l'équipe, mais pas plus. J'attends que vous accomplissiez un travail exceptionnel dans certains domaines, et un travail simplement passable dans d'autres. Je souhaite constater que, tout en travaillant à ce projet, vous consacriez un temps suffisant à votre corps, votre cœur, et vos relations.

Temps en cours : 6h. Temps hors cours : 24h. Temps total : 30h.

7

Éléments de l'apprentissage hors cours magistraux

Il est indiscutable que l'expérience traditionnelle structurée et vécue dans un cours est une composante importante d'un apprentissage formateur de responsables chrétiens émergents. Toutefois, pour avoir du sens, la préparation au ministère chrétien doit aussi comprendre des éléments de programme qui se produisent en dehors de la salle de cours. Dans ce chapitre, vous serez invité à considérer différents moyens pour obtenir une meilleure reconnaissance institutionnelle de ces éléments. Nous vous présenterons ensuite diverses activités possibles à programmer en dehors des cours, ainsi que le moyen d'élaborer et de mettre en œuvre un apprentissage intégral, par le moyen de ces activités.

Définitions

Les activités, telles que les stages pratiques, le mentorat et le culte en commun, sont autant de manifestations d'un apprentissage efficace. Dans certaines parties du monde, ces activités sont classées comme éducation non-formelle ou informelle du programme, mais selon nous cette terminologie peut être source de confusion. En effet, cela peut être le cas dans des contextes où les termes « non-formel » ou « informel » sont utilisés de façon à désigner des modes d'apprentissages parallèles et non articulés dans un même dispositif éducatif et non comme la description de certaines formes d'apprentissage ayant lieu dans pratiquement n'importe quel contexte éducatif (Rogers 2004; M. Smith 2012). L'expression « services péri-universitaires » est encore plus problématique, car elle laisse entendre que les seuls éléments de programme valables sont ceux qui se passent durant les heures d'enseignement, le péri-universitaire venant en soutien aux cours sans être pleinement partie prenante de l'apprentissage.

 S'il s'avère extrêmement bénéfique d'inclure une réflexion en classe sur le contenu des stages pratiques, du mentorat et d'autres, les activités d'apprentissage associées tendent surtout à se passer dans des contextes moins formels que les cours magistraux. En conséquence, l'option la moins mauvaise est sans doute d'appeler ces activités pédagogiques « éléments de programme hors cours » ou « éléments de programme non traités en cours ». Ce seront ces expressions-là qui seront utilisées dans ce chapitre.

S'assurer que les éléments de programme hors cours sont significatifs et intentionnels

Le système américain Carnegie de comptabilisation des crédits, qui prévaut dans l'enseignement théologique dans une grande partie du monde, a longtemps été basé sur le nombre d'heures de cours consacrées à différents éléments du programme d'études. En conséquence, il n'attribuait que peu ou pas de crédits aux formes d'apprentissage qui se font en dehors des cours magistraux, malgré l'importance de la nature formatrice d'un tel apprentissage et le temps que les étudiants consacrent à ces éléments dans de nombreuses institutions. Ce système comporte de nombreuses insuffisances, car il ne valorise pas la partie implicite. En attribuant des crédits presque exclusivement aux composantes du programme enseignées en classe, sont transmis aux étudiants une hiérarchie de valeurs : c'est le cours magistral donné par l'enseignant qui est le plus important. Les apprentissages produits par les autres activités éducatives sont marginalisés, elles ont peu de valeur. Il se peut aussi qu'en attribuant des crédits basés sur le nombre d'heures de cours, nous laissions entendre aux étudiants que la formation est une question d'instruction plutôt que de formation.

Le Processus européen de Bologne, lancé à la fin des années 1990, reconnaît une bien plus grande diversité d'éléments de programme et leur accorde une place non-négligeable, par le moyen de son *Système européen de transfert et d'accumulation de crédits* (ECTS). Les crédits ECTS ne sont pas basés sur le nombre d'heures de cours magistraux, mais sur le nombre total d'heures consacrées à « une activité d'apprentissage ». Au niveau licence en théologie, chaque crédit comprend un ensemble de vingt-cinq à trente heures d'activité d'apprentissage. Cela est comparable à ce que l'on attend généralement dans les institutions qui se basent sur le système traditionnel de Carnegie, mais en diffère par l'exigence européenne de 60 crédits ECTS annuels au lieu des 30 à 40 crédits annuels exigés dans les écoles suivant le système américain. Dans l'enseignement de la théologie, cette différence de 20 crédits est due généralement à des éléments de programme proposés en dehors des cours. En mesurant les crédits à l'aune du temps consacré à « l'apprentissage » plutôt que du temps accordé « aux cours magistraux », cette philosophie des ECTS permet une quantification plus objective du temps d'apprentissage. Cela confirme, par l'attribution de crédits, la valeur formatrice non-négligeable des éléments de formation non-formelle, et cela présente un potentiel pour des avancées positives dans un enseignement théologique de qualité.

Bien entendu, la réalité est que les institutions théologiques n'ont besoin de se sentir liés ni au système américain ni au système européen. Le système de crédits dans son ensemble n'est pas la « loi des Mèdes et des Perses », mais simplement un outil commode pour préserver l'obligation de rendre des comptes et pour fournir au monde plus vaste de l'enseignement supérieur une approche compréhensible. En réalité, certaines institutions ont recherché une approche hybride, attribuant un bon nombre de crédits à des éléments d'enseignement hors cours sans les contraintes d'aucun des deux systèmes.

Ce qui importe, c'est que le mode de calcul de l'établissement soit compréhensible pour toutes les parties prenantes.

Dans le cadre du système européen, des crédits peuvent être attribués chaque fois que les trois éléments suivants sont présents :

- *Des résultats d'apprentissage prédéfinis.* Ceux-ci seront abordés de façon plus approfondie au chapitre 9, où nous parlerons de la conception du contenu des cours. Les résultats d'apprentissage sont essentiellement une description du genre de compétence que l'on cherche à obtenir par le moyen d'un cours ou d'une activité. De plus, il est préférable qu'ils soient précédés d'une déclaration générale décrivant pourquoi le cours ou l'activité sont importants dans l'évolution de l'étudiant vers le « profil du diplômé ».

- *Des tâches et activités d'apprentissage prédéfinies.* Cette composante décrit en détail le genre de tâches et d'activités que l'étudiant aura à accomplir. Dans le cadre du système européen, ces tâches et activités devront être soigneusement quantifiées de sorte que les « vingt-cinq à trente heures par crédit » puissent être explicitées et justifiées.

- *Des moyens d'évaluation prédéfinis.* Il devra y avoir des indices tangibles montrant qu'un véritable apprentissage a bien eu lieu. Ceux-ci n'ont pas besoin d'être exhaustifs, mais devront être solides. Pour de nombreuses activités éducatives qui se produisent en dehors des cours, l'évaluation se fera sur une base de la validation ou de la défaillance de l'étudiant qui n'a pas accompli le travail demandé, et se fondera sur des documents tels que des relevés de temps passé dans l'activité, des journaux, des rapports évaluatifs et de courtes réflexions écrites.

Tout en examinant diverses formes d'éléments de programme hors cours que l'on trouve communément dans l'enseignement de la théologie, nous donnerons quelques exemples de la façon dont ce mode d'attribution de documentation et de crédits pourrait fonctionner en pratique.

Les stages pratiques

Les stages pratiques imposés aux étudiants dans le cadre de leur cursus sont peut-être l'élément hors cours le plus répandu dans un programme de théologie classique. La valeur de ces expériences a été largement reconnue, et la plupart des autorités d'accréditation exigent des preuves de stages comme composantes obligatoires des cursus de premier cycle en théologie. De ce fait nul ne peut valider un diplôme sans avoir validé les stages, qu'ils soient ou non chiffrés, les crédits validant les cours magistraux ne suffisent pas. Les stages sont donc essentiels pour obtenir le diplôme.

La plupart des institutions ont reconnu non seulement la valeur des stages en eux-mêmes, mais aussi l'importance de la réflexion des étudiants sur leur expérience.

Toutefois, dans la plupart des cas, cette réflexion a tendance à se concentrer sur les niveaux affectif et comportemental, en invitant les étudiants à commenter les leçons pratiques apprises et à évaluer dans quelle mesure leur stage a été une expérience positive ou négative. Afin d'arriver à un niveau de réflexion plus substantiel, il est nécessaire de considérer certains des avantages d'apprentissage potentiels qui pourraient être acquis pendant et après le stage. Voici quelques exemples de ce qui est possible à chacun des niveaux affectif, comportemental et cognitif respectivement.

La dimension affective de l'apprentissage

Le plus grand potentiel des stages sur le plan affectif se trouve sans doute dans la possibilité pour les étudiants d'avoir une meilleure compréhension d'eux-mêmes et de leur appel spirituel. Souvent, les étudiants entreprennent des études de théologie avec un désir général de servir Dieu de façon plus étendue et efficace, mais l'appel ressenti est parfois plus général que spécifique. Le stage pourra être un contexte idéal permettant aux étudiants d'explorer et de découvrir leurs dons, mais aussi d'acquérir une meilleure vision de la façon dont ces dons pourraient être utilisés pour le service du royaume de Dieu. Le stage pourra aussi faire apparaître des faiblesses personnelles à traiter dans le pèlerinage de croissance vers l'idéal décrit dans le « profil du diplômé ». Parmi les questions qui pourraient guider les étudiants sur la voie de la réflexion on trouvera :

- Avant le stage : qu'avez-vous ressenti avant de commencer le stage ? De la crainte ? De l'excitation ? Ou une autre émotion ? D'où provenaient ces sentiments ? Rétrospectivement, ces sentiments étaient-ils justifiés ou non ? Pourquoi ?

- Qu'est qui vous a le plus intéressé / passionné pendant votre stage ? Pourquoi était-ce intéressant / passionnant pour vous ?

- Pendant le stage : y a-t-il eu quoi que ce soit qui vous ait découragé ou causé du souci pendant votre stage ? De quoi s'agissait-il, et pourquoi ?

- Quelle est la leçon la plus importante sur vous-même que vous ayez apprise pendant ce stage ? Pourquoi ?

- Dans quelle mesure votre appel a-t-il été fortifié ou affaibli pendant votre stage ? Pourquoi ?

La dimension comportementale (psychomotrice) de l'apprentissage

Le stage peut être pour les étudiants, une occasion clé de mettre en pratique sur le terrain, les théories apprises dans un cours magistral. Certes, la mesure dans laquelle cela pourra se faire dépendra du niveau de liberté accordé par le directeur de stage. Mais, lorsqu'il est possible, le dialogue entre théorie et pratique constitue un moyen important de favoriser un plus grand niveau d'intégration de l'objet de l'apprentissage. Considérez ci-après quelques exemples de questions de réflexion à se poser dans le domaine de l'application des apprentissages :

- Réfléchissez à certains des cours que vous avez suivis en communication, psychologie, sociologie, prédication, enseignement, relation d'aide, évangélisation, etc. Décrivez au moins deux manières dont l'enseignement dans ces cours vous a aidé. Pourquoi avez-vous trouvé ces éléments particulièrement utiles ?
- Décrivez des situations que vous avez vécues auxquelles vous ne vous attendiez pas ou qui étaient contraires à ce qu'on vous avait enseigné en cours.
- Citez au moins deux domaines dans lesquels vous aurez besoin d'acquérir un plus grand savoir-faire dans la suite de vos études.

La dimension cognitive de l'apprentissage

Dans la plupart des programmes de théologie, en ce qui concerne les stages, l'accent principal est mis sur l'apprentissage comportemental, et (peut-être) l'apprentissage affectif, et le dialogue théorie-pratique se focalise sur les cours de théologie appliquée suivis par l'étudiant. Il est rare que les étudiants soient invités à opérer un dialogue sérieux entre leur expérience en stage et leurs études de la Bible, d'histoire et de théologie. Cependant, ce n'est que lorsque la réflexion est menée entre leur expérience en stage et chacun des domaines de leurs études académiques, que les étudiants sont mis réellement au défi de voir le ministère dans son ensemble comme un processus profondément théologique. Comme le dit De Gruchy :

> La pratique centrée sur la mission donnée par le Christ à toute l'Église, c'est précisément cela : s'impliquer, faire, agir. Tout ce qui a été écrit à ce sujet suffit à montrer qu'une action de ce genre sans réflexion continue ne manquera pas de dégénérer en un activisme qui s'égarera vite. L'enseignement de la théologie donne un cadre important qui permet à l'activité axée sur la mission du Christ de répondre du contenu et du processus de son entreprise, de préciser ses perspectives et d'en sortir assagi et mieux armé pour faire face au monde. (De Gruchy 2010)

Voici quelques questions de réflexion intégrantes possibles :

- Dans quels domaines avez-vous vu Dieu à l'œuvre pendant votre stage ? Quels aspects de son caractère se sont révélés pendant votre service ?
- Dans quelle mesure le contexte de votre stage a-t-il reflété le cœur missionnaire de Dieu ? Expliquez votre réponse.

- Réfléchissez au contexte ecclésial de votre service. Citez au moins deux façons dont l'Église a manifesté une ecclésiologie biblique solide. Y avait-il des manières dont le contexte de l'Église s'écartait de votre idéal biblique de l'Église ? Expliquez votre réponse.

- Une optique théologique centrale est celle de l'histoire du salut – la création, la chute, la rédemption, le temps de la fin. Les humains sont créés à l'image de Dieu mais sont déchus, et en conséquence, nous pouvons nous attendre à voir en ceux que nous servons quelque chose à la fois du caractère de Dieu et de la chute. Sans nommer personne, décrivez une situation où vous avez constaté cela dans les faits. L'œuvre de Christ a ouvert la voie à des processus de rédemption, ou de restauration devant des situations malheureuses s'écartant de l'idéal recherché. Considérez au moins une situation malheureuse que vous avez observée. Comment cette situation aurait-elle pu être appréhendée d'une façon plus restauratrice ? Qu'est-ce que vous, serviteur « porteur de la croix », auriez pu faire pour promouvoir la rédemption ?

- Décrivez au moins un schéma de comportement dans votre stage que vous avez également observé dans l'histoire de l'Église. Comment un dialogue entre des schémas historiques et contemporains pourrait-il vous guider vers un ministère mieux aiguisé ?

Afin que les étudiants entrent en dialogue avec des questions comme celles-ci, l'on inclura dans une partie de l'exercice du stage un mémoire de réflexion solide, sans doute en fin de stage. Pour calculer le nombre total d'heures d'activités d'apprentissage, il faudra inclure les heures d'exercice du ministère et celles que les étudiants sont censés passer sur le mémoire. D'autres éléments pourront faciliter davantage le processus : par exemple, le fait de tenir un journal pendant le stage et/ou opérer un bilan de l'expérience à la suite du stage.

Avant de conclure cette section sur les stages, il vaut la peine de tenir compte de quelques mises en garde importantes :

- Malheureusement, dans bien des contextes, on trouve un niveau de supervision médiocre ou une certaine exploitation du stagiaire. Les étudiants peuvent se trouver dans des contextes où le maître de stage est peu enclin à consacrer un temps conséquent à l'orientation, aux conseils ou au débriefing. Dans certaines situations, il se sert de l'étudiant pour faire « les tâches ingrates » que lui-même ne veut pas faire. Les responsables des programmes de stages doivent être attentif aux choix des superviseurs sur la façon dont les étudiants sont placés et supervisés.

- Dans les sociétés de culture « honneur-honte », les responsables ont des réticences à donner par écrit des commentaires d'évaluation. Si on les oblige à le faire, ils auront tendance à décrire l'étudiant comme « un nouveau Billy Graham », ou bien, parfois, le contraire. En conséquence, l'exigence occidentale classique d'une évaluation écrite par le maître de stage est probablement inappropriée dans une grande partie du monde non-occidental. Dans les contextes de ce type, le responsable des stages de l'institution devra prendre contact personnellement avec le maître de stage et avoir un entretien oral avec lui pour parler de la performance de l'étudiant.

- Les étudiants peuvent avoir des attentes irréalistes par rapport à leurs stages. Il se peut que ce qui est enseigné en cours leur ait donné une vision nouvelle d'un ministère chrétien, mais que la réalité ne soit pas à la hauteur de l'idéal. Il y a une longue histoire d'étudiants-stagiaires critiquant ouvertement des responsables de l'Église locale, ce qui occasionne du ressentiment des deux côtés. Dans d'autres cas, les responsables restreignent sévèrement les activités des étudiants une expérience extrêmement frustrante pour le stagiaire. Il est important de préparer les étudiants à être déçus, et aussi de les encourager à être pleins de grâce et de patience envers ceux qu'ils servent.

- Le plus grand obstacle à l'intégration de la théorique dans la dimension pratique de l'apprentissage, c'est pour Argyris et Schon le corps enseignant lui-même : « Le corps enseignant a tendance à résister à l'intrusion du travail pratique dans le cursus, ou, en tout cas, à poursuivre le programme académique en parallèle au travail en stage, comme si ce dernier n'existait pas. »

Pour que l'apprentissage en stage devienne un élément important dans l'élaboration d'une formation intégrale, le corps enseignant doit être partie prenante du processus et en harmonie avec les expériences des étudiants sur le terrain.

Le mentorat

La méthode principale de Jésus pour la formation de responsables a été le mentorat d'un petit groupe de disciples. Cette approche intime et personnalisée de l'apprentissage peut être, pour un étudiant en cours d'études en théologie, une des expériences éducatives les plus importantes et transformatrices. Cependant, mal conçu et mal géré, le mentorat peut également être perçu comme une perte de temps. Il y a pléthore de définitions du « mentorat », mais, en général, dans le cadre de l'enseignement théologique, il s'agit d'une relation individuelle entre l'étudiant et un responsable plus affermi. Le but de cette relation est que l'étudiant reçoive encouragement et direction dans toutes les dimensions de sa formation.

Le plus grand défi dans la mise en œuvre d'un programme de mentorat est le recrutement et la formation des mentors. En effet, un mentorat de qualité prend beaucoup de temps, et de nombreux responsables, ayant déjà des emplois du temps chargés, sont peu enclins à sacrifier le temps nécessaire. Certains sont plus doués pour parler que pour écouter, d'autres ont des motifs cachés qu'ils cherchent à imposer aux étudiants. S'il est nécessaire de remettre en question des stéréotypes de ministère, tels que celui du pasteur faisant son « one-man-show », il sera contre-productif de recruter des pasteurs locaux s'ils ne font que renforcer ce modèle-là.

Dans certaines institutions, le mentorat devient une situation de formation où des étudiants plus avancés sont invités comme pair des tuteurs pour néophytes. Cette forme de tutorat peut être plus facile sur le plan logistique que de recruter des mentors de l'extérieur. Toutefois, là où les étudiants plus avancés n'ont pas fait leurs preuves ou sont de maturité insuffisante, le résultat peut être insatisfaisant. Également, l'étudiant peut perdre l'occasion d'entendre une voix nettement différente et extérieure.

Un autre défi majeur se pose lorsque le mentor et l'étudiant sont mal assortis. Là il faudra mettre en place un processus de régulation permettant aux étudiants de changer de mentor. Cela peut s'avérer délicat, si le premier mentor prend cette demande comme une attaque contre sa personne. Le coordinateur du mentorat dans l'institution devra avoir de bonnes relations personnelles avec les mentors, ainsi que la sagesse de savoir quand une demande de changement faite par l'étudiant est justifiée.

Une difficulté de plus est la documentation nécessaire pour confirmer le mentorat comme une composante accréditée du cursus. Pour que le mentorat soit fécond, il faut que règne la confiance et la confidentialité entre le mentor et l'étudiant. Dans la plupart des cas, il n'est pas nécessaire de fournir des comptes rendus détaillés des sessions de mentorat ; il suffit de démontrer que le processus a bien eu lieu et qu'un apprentissage approprié s'en est suivi. Un registre des sessions avec un bref rapport d'évaluation de la part du mentor ainsi qu'un devoir de réflexion final de la part de l'étudiant en constituent souvent une preuve suffisante.

Quel que soit le contexte ou l'approche, pour que le mentorat soit un élément efficace du programme, il est essentiel que les mentors soient formés à ce processus, en particulier, quand les mentors sont recrutés à l'extérieur. Ils doivent comprendre l'objectif de la relation et la façon dont elle s'insère dans la vision et la mission générales du programme de formation dans son ensemble. Il faut aussi que les mentors soient sensibilisés à la nécessité de l'écoute, aussi bien qu'aux moyens par lesquels ils pourront aider leur protégé à être honnêtes et à avoir une juste image d'eux-mêmes. Souvent, les mentors apprécient beaucoup qu'on leur fournisse des exemples de questions et d'approche dans ce domaine.

Il est nécessaire d'ajouter un dernier mot quant aux défis uniques liés au mentorat dans les sociétés de culture « honneur-honte ». La plupart de ces sociétés ont beau avoir un long héritage de gourous, de sages, de rabbins et d'autres types de conducteurs spirituels, le format de leurs relations de mentorat diffère beaucoup de la conception occidentale. Ce type de culture est aussi de telle nature que nombre d'étudiants sont réticents à se rendre vulnérables dans des relations de mentorat avec des personnes plus avancées, et ils manquent parfois de formation dans la réflexion sur soi. En conséquence, les processus de mentorat dans des contextes non-occidentaux devront peut-être être adaptés de manière appropriée.

Les petits groupes

Le ministère par petits groupes devient un élément de plus en plus fructueux dans beaucoup d'Églises en croissance de par le monde. Lorsqu'il est partie intégrante de leur formation, le petit groupe peut être très bénéfique pour les étudiants, leur permettant de connaître par l'expérience la valeur de la participation à un petit groupe. Les programmes présentiels sont particulièrement propices à l'inclusion de cet élément dans le programme d'études, mais, même pour des programmes distanciels, il est possible de créer des structures qui permettent ou même exigent que le ministère par petits groupes fasse partie intégrante de leur apprentissage.

Il est important que l'objectif et les résultats d'apprentissage de ces expériences en petits groupes soient clairement définis, car ces résultats devront définir le processus. Si l'on met l'accent sur le cheminement spirituel des étudiants, le processus devra sans doute être piloté de façon soutenue par des membres du corps enseignant. En revanche, si l'accent est davantage mis sur les compétences de préparation et d'animation d'une étude biblique en petit groupe, il faudra généralement que d'autres étudiants soient impliqués plus activement dans le processus.

Le culte communautaire

Dans les programmes résidentiels en particulier, un office communautaire régulier est célébré. Alors que de nombreuses institutions préfèrent que ces moments restent hors programme, il peut aussi être bénéfique de structurer certains éléments de l'office communautaire de telle sorte qu'ils soient intentionnellement des expériences d'apprentissage pour les étudiants. Cela peut se réaliser de diverses façons, dont les suivantes :

- Après une formation sur les bases de la prise de parole en public, les étudiants devront tenir un journal de leurs réflexions sur, par exemple, deux à trois messages donnés chaque semaine. Ces réflexions prendront en compte des éléments à la fois de contenu et de méthodologie, et seront plus utiles si elles sont centrées sur les aspects positifs plutôt que négatifs – à savoir ce que l'étudiant aura appris par les aspects positifs du message présenté, plutôt que le contraire.

- Chaque étudiant devra présider le culte communautaire et/ou apporter un message un certain nombre de fois chaque année. La présidence et le message seront alors évalués dans le but d'améliorer leurs compétences. Dans certaines institutions, cette évaluation est faite en privé par un formateur en élocution ou en prédication. Dans d'autres établissements, l'accent est davantage mis sur l'évaluation par les pairs, où les étudiants s'évaluent mutuellement. Dans les deux cas, il faudra mettre l'accent sur ce qui est positif et tourné vers l'avenir, plutôt que sur le négatif et la critique.

Tout comme pour les autres éléments de programme hors cours, le processus devra être explicité de manière adaptée. Ceci devrait inclure une description de l'objectif, des résultats d'apprentissage attendus et des activités liées à l'apprentissage ainsi que le genre de croissance recherché par le moyen du culte communautaire. Un exemple de cette manière de faire dans la pratique est donné dans l'annexe 7.1.

Réflexion théologique sur l'expérience de vie

Une formation théologique efficace ne doit pas simplement préparer au professionnalisme dans le ministère, mais aussi à un service de Dieu intelligent, consacré, créatif et fidèle, ainsi qu'apprendre à former d'autres à bien penser à comment agir de façon juste (Hoeckman 1994). Nombre de chrétiens ont du mal à établir des liens entre leur foi et le quotidien de leur vie. Même pour ceux qui sont assidus au culte dominical, on constate une difficulté de mise en pratique de leur foi sur leur lieu de travail, dans leurs études, dans leur rôle parental et dans leurs loisirs. Ainsi, un élément très utile du programme hors cours consiste à demander aux étudiants de se livrer à des activités exigeant une réflexion théologique sur les expériences de vie.

En utilisant des questions semblables à celles formulées dans la section « Stages » ci-dessus, les étudiants sont invités à tenir un journal, et à mener des exercices de réflexion théologique, sur des expériences de vie très diverses, telles que leurs relations avec leurs pairs, leur vie de famille, leur travail sur le campus et à l'extérieur, et même leurs activités sportives. L'approche générale de la réflexion théologique que nous avons adoptée à l'ABTS est résumée dans l'annexe 7.2.

Les contrats pédagogiques indépendants

À plusieurs reprises dans ce livre, j'ai insisté sur les limites de ce qu'on peut attendre d'un programme de formation théologique. Ayons l'humilité de reconnaître que certaines des expériences d'apprentissage les plus précieuses que connaîtront nos étudiants ne se feront pas pendant la courte période qu'ils passeront sous notre responsabilité, mais pendant les années qui suivront l'obtention de leur diplôme. Pour œuvrer en vue de cette perspective plus durable, nous ferions bien de réduire le contenu de nos programmes d'étude et de former les étudiants à planifier et concevoir leur propre apprentissage. Une des approches les plus utiles pour former les étudiants à ce processus est le contrat pédagogique individualisé.

De même que pour les éléments de programme hors cours, un contrat pédagogique de qualité impliquera une préparation minutieuse dans laquelle l'étudiant dira en détail ce qu'il souhaite apprendre, pourquoi il lui semble que cet apprentissage est important pour son ministère à venir, quelles activités il a l'intention d'entreprendre afin de réaliser cet apprentissage, et comment cet apprentissage pourrait être évalué. L'approche utilisée à l'ABTS est donnée dans l'annexe 7.3 pour servir d'exemple.

Ceux qui ont suivi une formation théologique traditionnelle ont tendance à limiter l'apprentissage indépendant à des exercices cognitifs, mais le besoin en formation le plus important se trouve parfois dans les domaines affectifs ou comportementaux. Pour certains étudiants, une des meilleures façons de se préparer à leur ministère futur, tant pour le contenu que pour le processus de cette formation, sera de s'engager dans un contrat pédagogique individuel centré sur des compétences telles que la gestion du temps ou l'autodiscipline, ou bien sur des savoir-faire pratiques comme jouer de la guitare ou utiliser une machine à coudre. Guider les étudiants, par le moyen d'un contrat d'auto-formation, vers des objectifs d'apprentissage personnalisés, pourra être une contribution majeure à leur formation à long terme, un processus qui sera peut-être le fondement d'un apprentissage intentionnel qui durera toute leur vie.

Un apprentissage théologique intentionnel et « circonstanciel »

Jonathan Bonk (2008) a fait remarquer que le ministère de Jésus était très souvent « circonstanciel » c'est-à-dire que la plus grande partie de son ministère, en paroles et en actes, s'est produite en réaction à des situations survenues alors qu'il parcourait le pays. Dans de nombreux cas, les gens que rencontrait Jésus étaient en crise, et la manière dont il a agi et parlé a provoqué un changement de paradigme dans leur façon de penser et d'agir. Ce constat concerne les personnes directement impliquées dans les situations et qui écoutaient et observaient Jésus. De la même façon, dans le cadre de la formation théologique, un apprentissage fécond se produit souvent en réaction à des circonstances particulières. Les enseignants saisiront ou provoqueront ces « moments d'apprentissage » de façon intentionnelle et peut-être aussi en créant certaines structures pour l'encourager.

Le langage utilisé par les voix dominantes de la théorie constructiviste de l'apprentissage varie (Piaget 1970, 1975 ; Brookfield 1987 ; Loder 1982, 1998 ; Mezirow 1991, 2000 ; Cranton 2006), mais la description des processus impliqués dans ce type d'apprentissage est assez cohérente. La notion clé est de concevoir les crises de la vie et les expériences personnelles déstabilisantes comme des occasions potentielles pour une croissance qualitative. Brookfield (1987, p. 26-28) suggère cinq étapes d'un mécanisme dans l'apprentissage transformationnel[1], c'est-à-dire qui agit en profondeur pour transformer de façon organique l'étudiant :

---

1. Voir en français : Françoise Raynal et Alain Rieunier, *Pédagogie dictionnaire des concepts clés. Apprentissage, formation, psychologie cognitive*, Issy-les-Moulineaux, ESF, 1997/2005.

- L'étape « Conflit-cognitif » : c'est *l'événement déclencheur* qui occasionne perplexité et inconfort[2].

- L'étape « Équilibration » : c'est *la phase d'évaluation* – la clarification du problème et auto-examen pour comprendre ce qui se passe[3].

- L'étape « Assimilation » : c'est *la recherche* d'explications ou des façons nouvelles de réagir dans un même contexte[4].

- L'étape « Accommodation » : c'est *l'élaboration d'autres perspectives*, qui permettront la mise à l'épreuve de nouvelles façons de faire dans d'autres contextes[5].

- L'étape « Adaptation » (à un nouvel équilibre) : c'est *l'intégration* d'éléments nouveaux avec d'autres aspects de notre vie.

Qu'en est-il de l'apprentissage des étudiants en théologie ? La plupart des étudiants connaissent de multiples facteurs de stress dans leur vie. Même dans le cours ordinaire de la vie, la recherche d'un équilibre entre les exigences des études, l'engagement dans le ministère et les relations personnelles avec Dieu et les autres peut amener la personne à se sentir submergée. Le stress supplémentaire dû à des urgences personnelles ou familiales, ou bien des troubles politiques, peut être à l'origine d'une crise majeure. Ce genre de crise peut être extrêmement destructeur pour la personne, ou traitée avec sagesse, peut devenir le catalyseur d'une croissance transformatrice. Debbie Kramlich (2013) raconte comment son mari concevait l'exercice des responsabilités dans un institut biblique :

> Nous avons été confrontés à beaucoup de conflits et de problèmes, et au lieu de les voir comme des éléments qui détournaient l'attention des étudiants de leur apprentissage en cours, ces luttes sont devenues des occasions de rendre vivant ce que les étudiants apprenaient. Mon mari a jeté le règlement aux orties et a proposé des principes directeurs pour aider les étudiants à apprendre à vivre ensemble dans une communauté composée de cultures diverses et de tranches d'âge multiples. Il ne s'agissait pas de règles strictes, mais plutôt de principes directeurs pour aider les étudiants à évaluer leur manière de vivre ensemble [. . .] Nos principes étaient fluides et adaptés à

---

2. On entend par conflit cognitif le « déséquilibre cognitif dû à la perception d'une différence entre ce que l'on croit savoir d'une réalité et ce que l'on constate de cette même réalité » (Raynal 2005, p. 84).

3. « Pour Piaget, le concept d'équilibration est le concept central de l'apprentissage. [. . .] apprendre c'est passer d'un équilibre 1 à un équilibre 2, par acquisition de nouveaux schèmes d'action » (Raynal 2005, p. 32-33). Voir Piaget (1975).

4. Par « assimilation » le constructivisme entend le processus d'adaptation par lequel une personne « intègre un objet ou une situation nouvelle à sa structure mentale ». En s'exerçant, la personne sait mobiliser cette connaissance dans ce contexte (Raynal 2005, p. 42).

5. Par « accommodation » le constructivisme entend le processus d'adaptation par lequel « un organisme se modifie sous la pression de l'environnement ». Les schèmes d'actions de la personne sont modifiées, lui permettant de mobiliser de façon créative cette connaissance, et l'adapter à d'autres situations (Raynal 2005, p. 14). Chez Piaget (1975), l'assimilation et l'accommodation sont les deux faces de l'adaptation.

notre communauté. Ce processus a fait que nos étudiants ont obtenu leur diplôme et les a préparés à faire face à un monde nuancé, ni tout noir ou tout blanc. Ils avaient appris comment vivre ensemble et se respecter les uns les autres (Kramlich 2013).

Les crises de la vie sont particulièrement importantes comme « événements déclencheurs » et offrent potentiellement le niveau le plus élevé d'apprentissage transformateur. Cependant, la dernière chose que souhaitent la plupart des personnes en crise est que quelqu'un vienne leur dire ce qu'elles doivent penser ou faire. Comment donc pouvons-nous devenir plus intentionnels dans la formation théologique « circonstancielle » ? Ci-après quelques suggestions :

- *Anticiper.* Certaines crises sont assez prévisibles. Par exemple, il est courant que les étudiants connaissent des problèmes dans leur santé personnelle ou celle de leur famille, et parfois la mort d'un être cher. Pour les étudiantes mariées, une grossesse ne devrait pas être surprenante. Dans certaines parties du monde, les crises et les violences politiques sont monnaie courante, soit dans le pays où est située l'institution théologique, soit dans les pays d'origine des étudiants. Dans d'autres parties du monde, on peut s'attendre à ce que les chrétiens soient persécutés. Traiter ces problèmes d'un point de vue théologique et pastoral avant qu'ils ne se produisent permettra de donner aux étudiants les outils dont ils ont besoin pour mener une réflexion efficace et positive durant les phases « d'évaluation et de recherche ».

- *Réagir à chaud.* Les enseignants consacrent de longues heures à la préparation de leurs cours et peuvent devenir tellement polarisés sur le contenu qu'ils passent à côté d'occasions d'enseignements importants. Connaître personnellement ses étudiants ainsi que leur situation peut ouvrir la voie à un apprentissage de vie fécond. Il faut cependant avoir suffisamment de sagesse pour s'assurer qu'on ne privilégie pas indûment le circonstanciel aux dépens de la valeur des éléments plus structurés du programme.

- *Adopter une attitude « paraclétique » vis-à-vis des étudiants.* Le mot grec *paraklesis* se réfère à une relation dans laquelle une personne plus mature vient aux côtés d'une autre et lui montre la voie à suivre, autrement dit, du modèle de compagnonnage. Ce processus baigne dans le réconfort et l'encouragement, mais parfois il implique aussi de reprendre et d'avertir. Dans tous les cas, cette aide vient de la proximité et non de la supériorité. Être dans une relation de *paraklesis* avec les étudiants dans leurs moments de crise peut avoir sur eux un impact positif qui durera bien plus longtemps que le contenu de notre enseignement en cours.

Conclusion

Ce chapitre est une introduction très brève à un nombre croissant d'éléments de programme hors cours magistraux utilisés pour la formation des étudiants dans le cadre de programmes de formation théologique. L'efficacité pour l'apprentissage de ces éléments de formation est connue depuis de nombreuses années. Avec l'influence mondiale croissante de l'approche européenne ECTS de crédits attribués sur la base des heures d'activités d'apprentissage, il est maintenant acceptable non seulement d'incorporer ces éléments dans le programme d'études, mais aussi d'attribuer des crédits non négligeables à l'apprentissage qui a lieu.

Parmi les éléments hors cours, on trouve communément les stages, le mentorat et des expériences faites en petits groupes. Cependant, il n'est pas nécessaire de limiter le programme d'études à ces activités. Si les processus appropriés sont établis, le culte communautaire, l'apprentissage indépendant, la réflexion théologique sur les expériences de la vie, ainsi que d'autres éléments peuvent être soutenus et encouragés comme autant de composantes substantielles du cursus.

Bien qu'il soit difficile à définir concrètement, l'apprentissage « circonstanciel » est aussi un élément significatif de la formation des étudiants, et les institutions feraient bien d'être sensibles au potentiel sous-jacent de ces « moments formateurs » et de chercher à y répondre avec sagesse et pertinence.

Exercices

1. Parmi les divers éléments de programme hors cours décrits dans ce chapitre, quels sont ceux que votre propre programme de formation réussit le mieux, selon vous ? Pourquoi ? Vous basant sur votre propre expérience, ou sur d'autres programmes que vous connaissez issus de votre région, faites au moins deux suggestions sur la façon dont l'on pourrait renforcer des éléments de programme hors cours. Vous pourrez répondre en présentant soit d'autres formes créatives d'apprentissage hors cours soit des processus spécifiques pour mettre ces éléments déjà existants en œuvre plus efficacement.

2. Lisez les études de cas suivantes et répondez aux questions suivantes : (a) Quelles sont des leçons possibles qui auraient pu être tirées au travers des crises et des réactions ? (b) Décrivez au moins deux façons spécifiques dont les

« moments formateurs » mentionnés ici pourraient contribuer à la formation de futurs responsables. (c) Faites au moins une suggestion quant à la façon dont vous pensez qu'un ou plus de ces « moments formateurs » aurait pu être mieux géré. (d) Décrivez un « moment formateur » que vous avez vécu ou observé personnellement. Quelles ont été certaines des leçons importantes apprises ou potentiellement apprises au travers de cette expérience ?

- Ce devait être un cours ordinaire sur le livre des Actes. Alors que l'heure de début du cours approchait, les étudiants sont entrés comme d'habitude et ont rejoint leur place. Kamil, lui, était debout près de la porte en grande conversation avec un des autres étudiants. Tout à coup, il a pris ses livres et a quitté la salle. J'ai été tenté de ne pas faire attention à ce qui s'était passé et de commencer le cours, mais la situation était si inhabituelle que j'ai demandé à l'un des autres étudiants s'il savait ce qui n'allait pas avec Kamil. « Il vient d'apprendre que son frère [responsable d'une des églises clandestines du pays de Kamil] vient d'être arrêté pour apostasie. » Au lieu de commencer immédiatement le cours, nous avons passé dix minutes à prier pour Kamil et son frère, et pour l'Église dans son pays. Puis nous avons commencé notre étude des Actes en considérant les expériences de Pierre dans Actes 12 et de Paul dans Actes 21.

- C'était un cours de Psychologie Sociale, et, afin de présenter les questions de conflit et de point de vue, j'ai demandé à deux étudiants de faire un jeu de rôles à propos du Dr. Philippe, un professeur qui avait perdu patience devant la mauvaise attitude et le travail médiocre de ses étudiants, et de Miriam, une étudiante qui n'était pas satisfaite de sa note et qui venait voir le Dr. Philippe pour le supplier de lui donner une meilleure note. Dans le jeu de rôles, le Dr. Philippe répond à Miriam de façon cassante et sur un ton humiliant. Soudain, en plein milieu du jeu de rôles, Sarah, l'étudiante qui jouait le rôle de Miriam, a éclaté en sanglots. Il s'est avéré que, la même semaine, elle avait subi un traitement presque identique de la part d'un professeur. Nous avons interrompu le cours et passé du temps à prier pour Sarah avant de continuer l'enseignement – qui a acquis une intensité nouvelle en conséquence de ce qui s'était passé. Je n'étais pas en mesure de la défendre, mais après le cours elle et moi avons pris une tasse de thé ensemble.

- En arrivant au culte du matin, nous avons découvert que pendant la nuit une bombe avait explosé dans le quartier de la famille de Michaël, dans un pays déchiré par la guerre civile. Il y a eu une consultation rapide entre l'aumônier de l'institut et les étudiants qui devaient présider et prêcher. Au lieu de suivre le programme comme prévu, l'aumônier a donné une courte méditation, puis nous nous sommes mis en petits groupes et avons prié pour Michaël et son pays, ainsi que pour d'autres pays voisins affectés par les conflits et l'instabilité.

Annexe 7.1

La prise de parole en public lors du culte du Séminaire baptiste arabe (ABTS) : Descriptif de cours

Objectif et description

« La mission de l'ABTS est de servir l'Église dans notre région dans l'accomplissement de sa mission biblique de faire reconnaître Christ comme Seigneur, en lui proposant des outils d'apprentissage spécialisés et en équipant des hommes et des femmes fidèles pour un service fécond. » Une partie de ce processus d'équipement implique de fournir des contextes de formation dans lesquels les étudiants évoluent afin de devenir de bons communicants dans toute une gamme de situations. Le culte à l'ABTS offre un cadre important grâce auquel les étudiants pourront grandir dans leurs compétences en communication, tant au niveau de la prise de parole et de la présentation en public que dans la communication interpersonnelle.

Chaque étudiant apportera un message à la communauté de l'ABTS. Après le culte, il y aura des sessions informelles, mais dirigées, avec retours d'expérience, impliquant tous les étudiants et quelques professeurs. Les étudiants seront également invités à participer à une auto-évaluation. Le fait de donner et de recevoir des retours constructifs développe aussi des compétences interpersonnelles cruciales pour un service chrétien fructueux. Ce processus comptera dans l'évaluation d'ensemble des étudiants donnée chaque année par le corps enseignant de l'ABTS.

Les objectifs d'apprentissage

Au plan cognitif

- Les étudiants comprendront mieux ce que sont un contenu et une méthodologie appropriés pour communiquer en public dans le cadre du ministère chrétien.
- Les étudiants comprendront mieux les principes d'une évaluation efficace et édifiante.

Au plan affectif

- Au moyen de ce processus, les étudiants manifesteront un esprit d'humilité, de transparence et de responsabilité mutuelle, dans un cadre supervisé.
- Les étudiants prendront conscience de la valeur d'une critique constructive tant à donner qu'à recevoir d'une façon pleine de grâce et d'amour.
- Les valeurs essentielles de l'ABTS, telles que *la cohésion communautaire, une pratique réfléchie* et *un cœur de serviteur chez le dirigeant,* seront encouragées par ce processus.

Au plan comportemental

- Les étudiants amélioreront leur capacité à s'exprimer clairement en public.
- Les étudiants amélioreront leur capacité à donner des retours constructifs à leurs pairs.

Le processus d'évaluation et la logistique

- Les éléments sur lesquels les étudiants seront notés sont présentés dans un document séparé ci-joint et serviront de directives pour les étudiants et les évaluateurs.
- Les étudiants feront une *auto-évaluation* lorsqu'ils partageront leurs pensées avec les professeurs ou les étudiants.
- Retours reçus : les étudiants de première année recevront un retour en privé après le culte par deux professeurs. En plus des commentaires positifs, on ne leur donnera qu'un ou deux points sur lesquels ils devront travailler. Après la première année, ils recevront des retours de la part de leurs pairs sous la supervision d'un professeur.
- Retours donnés : pendant leur premier semestre, les étudiants ne feront qu'observer le processus. Ce n'est qu'après avoir suivi des cours de communication qu'ils seront autorisés à participer.
- Les étudiants recevront une appréciation « satisfaisant » ou « insuffisant » basée sur leur aptitude à communiquer en public et révélée par leurs partages réguliers pendant le culte, et sur leur compétence relationnelle manifestée par leurs commentaires et sur leurs attitudes pendant les réunions d'évaluation.
- Chaque étudiant sera évalué deux fois par semestre.
- Un maximum de deux cultes par semaine serviront aux évaluations, afin d'y maintenir une ambiance globale détendue.

Annexe 7.2

Réflexion théologique sur la vie et le ministère au Séminaire baptiste arabe (ABTS)

Certificat de théologie : 9 crédits au total
Licence et Master en théologie : 21 crédits au total

Objectif et description

La raison d'être de l'ABTS est d'« équiper des hommes et des femmes fidèles pour un service fécond ». Pour en arriver là, l'apprentissage qui se fait en cours doit également être mis en application dans le contexte de la vie et du ministère de l'étudiant. Le processus de réflexion théologique sur la vie et le ministère est une composante majeure de la préparation de l'étudiant pour devenir un bon conducteur chrétien.

Toute la vie est orientée par des choix théologiques ; de ce fait, au cours de la composante du programme dédiée à la réflexion théologique, les étudiants sont invités à réfléchir sur les points suivants : (a) différentes formes d'engagement dans un ministère ecclésial ou para-ecclésial ; (b) des éléments de la vie quotidienne tels que les relations familiales, les relations avec les autres dans la communauté de l'ABTS, et l'emploi sur le campus ; (c) l'actualité dans la société.

Les résultats attendus des apprentissages

Au plan affectif

- Identifier et examiner plus en détail son appel personnel au ministère dans le contexte de la pratique du ministère et l'expérience de la vie.
- Approfondir son engagement envers un ministère intégré et centré sur la mission du Christ à toute l'Église dans le contexte de son ministère à venir.
- Connaître la valeur et le rôle de l'auto-évaluation et de l'évaluation par autrui par rapport au ministère.

Au plan comportemental

- Acquérir et mettre en pratique des compétences pertinentes pour son ministère présent et futur dans le contexte où il sera exercé.
- Continuer de développer des compétences de réflexion et d'auto-analyse.

Au plan cognitif

- Approfondir leur compréhension des contextes sociaux, politiques, religieux et économiques dans lesquels ils auront à exercer leur ministère dans l'avenir, et établir des liens entre ces contextes et leurs activités dans le ministère.
- Acquérir une compréhension théologique des contextes pratiques du ministère.

Livret de la formation

Première phase : Première année (étudiants en certificat, licence et master en théologie)

Formation du praticien-réflexif (4 crédits)

Au cours de la première année, les étudiants seront formés au dialogue entre théorie et pratique au moyen de deux dissertations importantes. En allant toujours plus en profondeur et élargissant leur champ d'analyse, ils prendront ce qu'ils apprennent en cours et en appliqueront les principes à leur vie et à leur ministère avant leur venue à l'ABTS. [De ce fait un élément de crédit est ici accordé à un apprentissage préalable par l'expérience.]

- Dans la première semaine du module d'Interprétation, il y aura une session au cours de laquelle les étudiants seront invités à parler de leur expérience préalable de vie et de ministère, à la lumière de chacune des unités pédagogiques contenues dans les Modules d'Enquête et de Communication. Ces réflexions seront ensuite formulées dans un mémoire détaillé et supervisé.
- Dans la première semaine du module de Théologie, il y aura une session au cours de laquelle les étudiants seront invités à parler de leur expérience préalable de vie et de ministère à la lumière de toutes les unités pédagogiques dans chacun des modules suivants : Enquête, Communication, Interprétation, Introduction à l'Islam et Église et Société. Ces réflexions seront alors formulées dans un mémoire supervisé.

Lorsque ces deux mémoires auront été achevés de façon satisfaisante, les étudiants recevront 4 crédits pour la Réflexion théologique sur la vie et le ministère.

Réflexion théologique indépendante (5 x 1 = 5 crédits)

Des livrets seront prêts à être remplis par les étudiants – 1 livret pour chaque crédit ECTS. Pour valider un crédit, l'étudiant doit présenter ce qui suit :

1. Une description de ce qu'est la pratique de la réflexion et une explication de la raison pour laquelle cette activité est importante pour se préparer à un futur ministère.

2. Au moins huit réflexions d'une page. Il peut s'agir de réflexions sur des événements spécifiques ou sur l'expérience dans son ensemble sur une période donnée.

3. Une réflexion prolongée soit sur un événement significatif dans le cadre de l'exercice pratique de réflexion, ou bien sur l'expérience dans son ensemble, qui traite des points suivants :

- Une réflexion au niveau psycho-socio-affectif sur les sentiments et les attitudes ressentis au cours de l'événement ou de l'expérience, une discussion des sources possibles de ces sentiments et attitudes, et une réflexion pour savoir dans quelle mesure ces sentiments ont été une aide ou une entrave dans la situation.
- Une analyse de l'événement ou de l'expérience à travers les optiques biblique, historique, culturelle-contextuelle et personnelle-écclésiale.
- Une présentation de recommandations pour la croissance personnelle ou dans le ministère au vu de l'événement ou de l'expérience.

La longueur totale de cette réflexion prolongée devra être de 600 à 1 000 mots.

4. Un relevé des dates et du nombre d'heures correspondant à l'expérience elle-même et aux réflexions sur l'expérience.

Les étudiants disposent d'une latitude considérable par rapport au sujet de leur pratique de réflexion : la réflexion sur le ministère chrétien est bien une composante importante, cependant l'on s'attend à ce que les étudiants se livrent également à une réflexion théologique sur d'autres expériences de vie, comme par exemple la vie avec leur conjoint, leurs parents ou leurs pairs partageant leur hébergement à l'ABTS ; le quotidien du travail manuel sur le campus ; le fait de vivre loin de sa famille, etc. Toutes ces expériences sont communes aux personnes au service desquelles nos étudiants/ futurs responsables se mettront après le temps passé à l'ABTS, et si l'on veut qu'ils soient compétents dans ce service, il est essentiel qu'ils aient l'expérience de voir la vie dans son ensemble à travers une optique théologique.

Total pour la première année : 9 crédits ECTS

Deuxième phase : Deuxième et troisième années (Étudiants en Licence et Master en théologie)

Ministère et réflexion (2 x 3 crédits)

- Au cours de l'été entre la première et deuxième années, et entre la deuxième et troisième années, il est demandé aux étudiants de tenir un journal détaillé de leur expérience de vie et de ministère, donnant le nombre d'heures passées et une brève description de chaque d'activité. Le nombre total d'heures devra être d'au moins 70.

- À l'époque du bilan de septembre, on demandera aux étudiants de se livrer à une réflexion détaillée sur leur expérience de l'été, en traitant les points suivants :
  - Au niveau affectif, les sentiments et attitudes qu'ils auront connus à l'occasion de l'événement ou de l'expérience, une discussion des causes possibles de ces sentiments et attitudes, et une réflexion sur la mesure dans laquelle ces sentiments et attitudes ont été une aide ou une entrave dans la situation.
  - Une analyse de l'événement ou expérience à travers des optiques bibliques, historiques, culturelles-contextuelles et personnelles-écclésiales.
  - Des propositions de recommandations pour une croissance personnelle ou touchant le ministère au vu de l'événement ou de l'expérience.

- La longueur totale de cette réflexion prolongée devra être de 1500 à 2 000 mots.

Réflexion théologique avancée (2 crédits)

Au cours des deuxième et troisième années, il y aura un certain nombre de sessions pendant lesquelles des problèmes de société actuels seront abordés à la lumière de principes théologiques fondamentaux. Les étudiants seront invités à rédiger de brèves dissertations de réflexion après chaque session.

Réflexion théologique indépendante (4 crédits)

Les étudiants devront remplir 4 livrets de réflexion théologique sur la vie et le ministère, tout comme pour la première année ci-dessus. D'autres livrets, focalisés sur certains points particuliers, pourront également être ajoutés à ce processus.

Total pour les Deuxième et Troisième années : 12 crédits ECTS

Annexe 7.3

Plan pour l'auto-apprentissage

1. Objectif

Une partie cruciale de la mission de l'ABTS est d'équiper des hommes et des femmes fidèles pour un service fécond. Aider les étudiants à devenir des étudiants à vie est une composante essentielle d'une formation de responsables. En conséquence, pendant chacune des deuxième et troisième années, il est demandé aux étudiants de concevoir et de réaliser un contrat pédagogique indépendant valant 1 crédit. L'étudiant est libre de choisir la nature de l'apprentissage à entreprendre : cognitif (par exemple apprendre les bases du latin, enquêter sur la vie d'al-Ghazali, apprendre les bases des statistiques élémentaires) ; concernant des compétences (par exemple apprendre à se servir d'un logiciel utile dans le ministère, tel que Microsoft PowerPoint ou Microsoft Publisher, apprendre à concevoir et à évaluer des questionnaires, apprendre à partager sa foi avec les Témoins de Jéhovah) ; ou personnel (par exemple, apprendre à être plus discipliné, à mieux contrôler sa colère). Cependant, l'étudiant doit être capable d'expliquer pourquoi cet apprentissage en particulier est important pour lui. Le Projet d'apprentissage indépendant est présenté chaque année au cours du bilan de septembre.

2. Les résultats attendus d'apprentissage

En arrivant à la fin de cet apprentissage, l'étudiant devra avoir manifesté une croissance dans les domaines suivants :

- *Sur le plan cognitif :* se comprendre soi-même, reconnaître ses faiblesses, et savoir comment traiter ces domaines de façon significative et tangible.
- *Sur le plan affectif :* savoir reconnaître la valeur de l'apprentissage tout au long de la vie, et s'engager de plus en plus à s'auto-évaluer et à s'améliorer.
- *Sur le plan comportemental :* élaborer et mettre en œuvre un plan d'apprentissage sous sa propre direction.

3. Tâches d'apprentissage

À la fin du bilan de septembre, les étudiants devront avoir choisi leur projet d'apprentissage et en avoir établi le plan pour l'année qui commence. Ce plan devra englober les éléments suivants :

- *Mes besoins en matière d'apprentissage* : une brève explication de ce que l'étudiant souhaite apprendre, et pourquoi il est important pour lui de l'apprendre.
- *Mon plan d'étude* : un bref résumé de la manière dont l'étudiant prévoit d'apprendre ce qu'il souhaite apprendre, suivi d'un plan d'étude détaillé, qui explique ce sur quoi portera son travail durant chaque phase, quels outils il prévoit d'utiliser, quand le travail sera fait, et combien de temps il compte passer à cet apprentissage. Le nombre d'heures total devra être de l'ordre de 25 à 30. L'étudiant devra également donner une liste des outils recommandés par un conseiller.
- *La preuve de l'apprentissage* : une brève description des éléments que l'étudiant prévoit de présenter pour prouver que cet apprentissage a bien eu lieu. Il pourrait s'agir d'un rapport écrit, d'une présentation, d'un plan de cours, d'un journal, etc., mais en tout état de cause cela devra démontrer qu'un effort significatif a été fait et que l'apprentissage correspondant a bien eu lieu.

Lorsqu'il aura achevé son plan d'apprentissage, l'étudiant sera invité à présenter les preuves prévues dans le contrat à l'enseignant qui le supervise.

Temps total passé en cours : 0 heures.
Temps total hors cours : 25-30 heures.
TOTAL: 25-30 heures = 1 crédit ECTS.

8

L'apprentissage en profondeur

La formation est une question d'apprentissage – pas seulement d'enseignement. Même si la plupart des enseignants proclament pour la forme leur attachement à ce principe, relativement peu d'entre eux le mettent pleinement en pratique dans leur manière d'enseigner. Encore moins réfléchissent à quel type d'apprentissage, ou à comment stimuler et développer les meilleures formes d'apprentissage. Dans le cas de la formation au ministère, l'apprentissage véritable n'est pas tant ce qui est retenu à la fin d'un cours, mais plutôt ce qui reste en mémoire cinq ou dix ans après, et encore plus ce qui façonne dans le long terme le caractère et les actes de l'étudiant. Dans ce chapitre, le concept d'« apprentissage en profondeur » vous sera présenté – à savoir un apprentissage qui influence la vie de façon durable.

Comprendre la nature de la mémoire constitue le premier fondement pour promouvoir l'apprentissage en profondeur. Par conséquent, nous aborderons le sujet de la mémoire en utilisant le modèle centré sur le traitement de l'information d'Atkinson et Shiffrin (1968), ainsi qu'une partie de la recherche qui y est associée. En cours de route, vous sera présentée la découverte centrale de cette recherche : le premier facteur permettant un apprentissage en profondeur ou la question de savoir si l'étudiant considère que le contenu a une portée pour sa vie. Le chapitre se terminera par une discussion des implications de l'apprentissage en profondeur pour la conception du programme d'études, des modules, et des cours.

La nature de la mémoire

Le cerveau est un organe extrêmement complexe, et plusieurs théories et modèles ont été proposés pour expliquer comment nous enregistrons, et comment nous reviennent à l'esprit, connaissances et compétences à mobiliser, et quels sont les facteurs qui déterminent le processus de la mémoire. Des modèles influents mais assez complexes ont été proposés par Baddeley (2000, 2003) et Tulving (2000). Nous aurons cependant recours dans ce chapitre, en introduction à notre discussion sur la mémoire et sur l'apprentissage en profondeur à un modèle plus ancien et plus simple développé par Richard Atkinson et Richard Shiffrin (1968). Ce modèle plus épuré constitue à nos yeux une meilleure introduction en la matière.

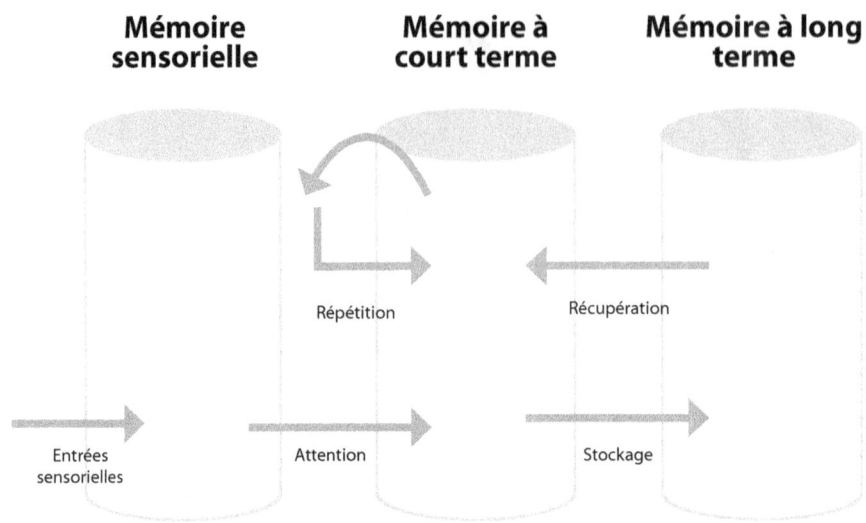

Figure 8.1 Théorie de la mémoire d'Atkinson et Shiffrin

Atkinson et Shiffrin sont parti de l'hypothèse selon laquelle la mémoire humaine comporte trois composantes fondamentales (voir figure 8.1) : la mémoire sensorielle, la mémoire à court terme ou de travail, et la mémoire à long terme. Bien entendu, la clé de l'apprentissage en profondeur est de comprendre comment guider au mieux les étudiants jusqu'à la dernière phase de rétention et de rappel sur le long terme.

La mémoire sensorielle (MS)

Selon Atkinson et Shiffrin, la mémoire sensorielle (MS) désigne la partie de notre cerveau où restent 1 à 2 secondes les stimuli venant de nos cinq sens. Si nous devions nous lever rapidement de notre place, pour faire un tour sur nous-même, puis nous rasseoir, une quantité énorme d'informations sensorielles serait enregistrée dans notre cerveau – essentiellement ce que vous avez vu, mais également ce que vous avez entendu, et senti physiquement. Cependant, si l'on vous demandait de noter ce que vous aviez vu, entendu et senti, il vous serait difficile de vous rappeler plus qu'une proportion infime de l'influx sensoriel. La mémoire sensorielle est très riche et détaillée, mais l'information est rapidement perdue à moins qu'elle ne soit transférée dans la mémoire à court terme.

Chaque jour, des millions de stimuli traverse notre champ de vision, auditif, kinesthésique, olfactif ; les bourgeons sur les arbres, le bruit du métro souterrain, la chaleur s'échappant d'une grille d'aération, une odeur de café se répandant depuis un bar local. Même si vous ne traitez pas consciemment tous ces stimuli, une bien plus grande partie reste dans votre mémoire plus longtemps que vous ne le remarquez consciemment. Même en ce moment, si l'on vous demandait de décrire ce qui se trouve derrière vous dans la pièce où vous êtes assis, vous seriez sans doute capable de décrire correctement quelques éléments, et vous auriez également un certain nombre de vagues « flashes » de mémoire qui sont présents mais indistincts. Nous recevons trop de stimuli sensoriels pour tout traiter plus d'un court instant, et par conséquent, ces éléments sont perdus pour la mémoire. En bref, la plus grande partie des informations qui touchent notre cerveau ne va pas plus loin que le stade de la mémoire sensorielle de la vue, de l'audition, de l'odorat, du goût et du toucher. En quelques instants, ces informations sont perdues pour toujours.

La mémoire de travail ou à court terme (MT ou MCT)

Pour que les souvenirs sensoriels puissent perdurer et être traités dans la mémoire à court terme ou de travail, d'une manière ou d'une autre, la personne doit avoir une raison d'y être attentive. Dites à voix haute l'enchaînement de chiffres suivant, détournez ensuite votre regard et tentez d'en noter autant que possible de mémoire :

6174958150724063 14603

Il a été constaté qu'après une brève exposition, la majorité des gens ne se souviennent que de cinq à neuf chiffres – ce qu'on a appelé le phénomène 7 ± 2 (G. Miller 1956). Il y a tout simplement trop de contenu pour que la plupart des gens y prêtent attention, et la plus grande partie est perdue. Mais même notre mémoire à court terme a une capacité limitée, et ne retient pas l'information plus de trente secondes, à moins que des stratégies ne soient appliquées pour la garder en mémoire plus longtemps. Bien que la plupart des gens retiennent plusieurs des chiffres ci-dessus pendant cinq à dix secondes, peu seraient capables de se souvenir des deux premiers chiffres, même le lendemain. Le contenu a pénétré la mémoire de travail mais n'est pas allé plus loin.

La plupart des gens prêtent une attention limitée à ce qui est dit ou vu, et, pour que le contenu soit absorbé plus profondément – l'étape suivante dans l'apprentissage en profondeur – il faut avoir recours à une technique de mémorisation. Parmi les nombreuses techniques qui ont donné lieu à des recherches au cours du temps, deux se sont montrées particulièrement prometteuses : le « regroupement » et la « répétition ».

Le *regroupement* implique de constituer de plus petites unités, par exemple 617.495.815.072072, les informations qui peuvent être gardés en mémoire comme des unités simples. En triant et organisant la collecte des informations, la MT rend celles-ci exploitables.

Dites à haute voix les mots suivants, et ensuite regardez ailleurs et essayez d'en noter autant que possible de mémoire :

Programme, cursus, Bible, formation, Église, mission, théologie

Sans doute avez-vous trouvé qu'il était plus facile de retenir ces mots que la série de chiffres, parce que ceux-ci sont dans une certaine mesure liés entre eux – ils sont

« regroupés » autour d'un thème central, et plus précisément le thème de la formation théologique articulée sur la mission du Christ donnée à Son Église, notion qui est au cœur de ce livre.

La conséquence la plus importante du « regroupement » est la nécessité, pour les formateurs et ceux qui développent les programmes, de grouper l'information autour de thèmes et concepts centraux qui deviennent des « accroches » pour l'apprentissage des étudiants. Par exemple, dans ce chapitre, un certain nombre de concepts et de termes clés ont été introduits comme des accroches pour l'apprentissage : « la formation est une question d'apprentissage – pas seulement d'enseignement », la « mémoire sensorielle » et la « mémoire à court-terme ou de travail ». Moins vous incluez de « groupes » dans une séance d'apprentissage, plus il est probable que l'idée centrale du « groupe » sera retenue. Au chapitre 10, quand nous verrons la planification des cours, une attention considérable sera portée à la formulation des « idées principales », des vérités clés autour desquelles s'articule le contenu du cours. En regroupant l'apprentissage autour d'« 'idées principales », le potentiel est là pour que, même si les étudiants ne se souviennent pas de chaque détail du cours, ils soient capables de garder en mémoire les concepts centraux, et que les détails leur reviennent plus facilement à l'esprit par leur mise en lien avec les points principaux.

Une autre manière d'améliorer la mémoire à court terme implique la *répétition*, consciente, de l'information, ce que les théoriciens de la communication décrivent comme « une redondance adaptée ». Revenons à la liste de chiffres :

617495815072406314603

Cette fois-ci, dites la série de chiffres *trois fois* à voix haute, puis regardez ailleurs et essayez de noter de mémoire autant de chiffres que possible. Il est probable que la répétition vous ait aidé à en retenir plus que lors de votre première tentative. Il est même possible que vous soyez capables de vous souvenir des deux ou trois premiers chiffres demain. La répétition a aidé la rétention.

Bien entendu, le temps disponible pour apprendre est limité, et nous devons être hautement sélectifs dans ce que nous choisissons de répéter. La liste de nombres donnée ci-dessus est sans grande signification, mais nous espérons que les concepts clés présentés dans votre salle de classe sont d'une plus grande pertinence. La répétition de concepts et idées clés est essentielle pour la mémoire et pour l'apprentissage. Sans une telle répétition, un apprentissage en profondeur a peu de chances d'avoir lieu.

La répétition est au mieux de ses possibilités quand elle implique plusieurs sens. La probabilité que les étudiants absorbent dans leurs mémoires un concept principal est plus élevée quand celui-ci est à la fois dit et montré à bon escient sur une diapositive d'un diaporama que quand il est seulement dit oralement.

L'apprentissage en profondeur 145

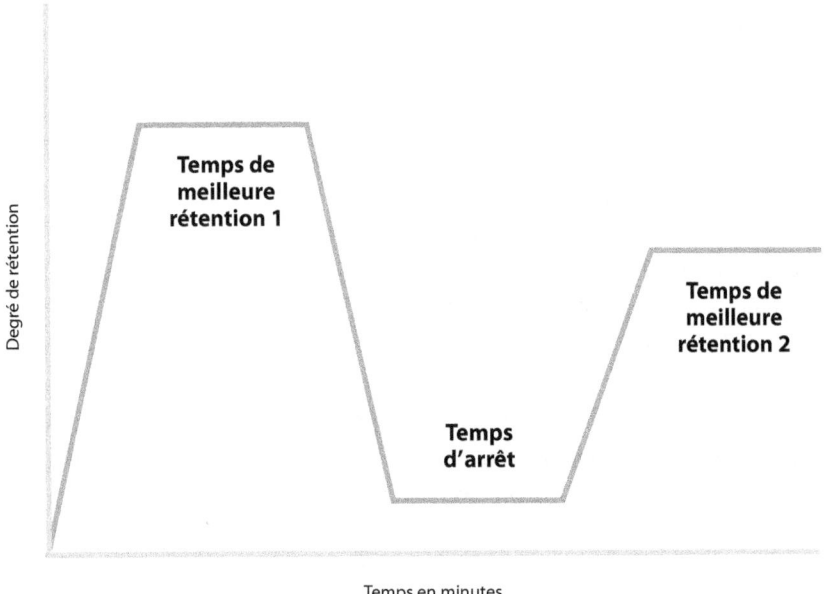

Figure 8.2 Rétention en mémoire durant un épisode d'apprentissage (adapté de Sousa 2006, p. 90)

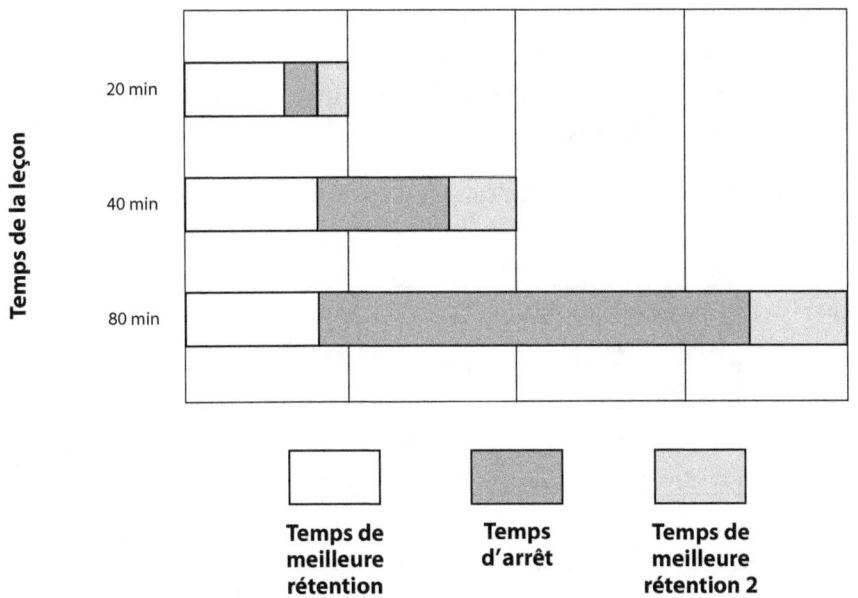

Figure 8.3 Ratio approximatif de temps de qualité par rapport aux temps morts (adapté de Sousa 2006, p. 92)

L'effet de primauté – et effet de récence dans l'apprentissage

Une caractéristique de la mémoire de travail à noter est « l'effet de primauté – et l'effet de récence. » En termes simples, nous nous souvenons le mieux de ce qui vient en premier, puis de ce qui vient en dernier, et le moins bien de ce qui vient au milieu. En d'autres termes, la capacité d'une personne à prêter attention et à transférer du contenu vers la mémoire de travail est la plus forte au début, puis un peu moins forte à la fin, et minime au milieu. Après les toutes premières minutes d'une période d'apprentissage, l'information qui suit excède cette capacité et se perd (Craik et Tulving 1975).

La figure 8.2 donne un tableau approximatif de la manière dont l'effet de primauté – récence fonctionne durant un épisode d'apprentissage de quarante minutes (Sousa 2006, p. 89-94). Comme vous pouvez le voir, il y a deux périodes de qualité pour l'apprentissage : la meilleure période au début et une période moins bonne à la fin de l'épisode d'apprentissage. Au milieu, on trouve une période de temps où pas grand-chose n'est retenu.

Les conséquences de l'effet de primauté et de l'effet de récence pour l'enseignement sont significatives. Les informations ou compétences importantes devraient être enseignées en premier, durant la première période de qualité. Les étudiants ont le maximum de chances de retenir les informations présentées à ce moment là – qu'elles soient importantes ou non. Lors d'un cours observé (Sousa 2006, p. 90), l'enseignant a commencé en écrivant au tableau le terme littéraire « onomatopée » et en demandant aux étudiants de deviner sa signification. De nombreuses propositions *incorrectes* qu'avaient formulées des étudiants sont apparues dans le contrôle de connaissances suivant. Dans un autre cours, l'enseignant a commencé en faisant l'appel. Lors d'entretiens qui ont suivi, la *seule* chose du cours que de nombreux étudiants avaient retenue était les présents et les absents. Comment commencez-vous vos cours d'habitude ? La manière dont vous commencerez influencera largement ce qui est appris.

Tableau 8.1 La rétention varie avec la durée de l'épisode d'enseignement (adapté de Sousa 2006, p. 93)

Longueur du cours	Deux temps de qualité (approximatifs)	%	Temps mort (approximatif)	%
20 minutes	18 minutes	90%	2 minutes	10%
40 minutes	25 minutes	60%	15 minutes	40%
80 minutes	30 minutes	35%	50 minutes	65%

La proportion de temps de première qualité par rapport au temps mort change selon la durée de l'épisode d'enseignement (figure 8.3, tableau 8.1). Dans un cours de 40 minutes de haute qualité, les deux meilleurs moments font au total environ 25 minutes, ou 60 pour cent du temps d'enseignement. Si nous doublons la longueur de l'épisode d'apprentissage à 80 minutes, même si le cours est de haute qualité, le temps mort augmente jusqu'à 50 minutes, ou plus, soit 65 pour cent du temps d'enseignement total. Plus la durée d'un cours augmente, plus rapidement le pourcentage de temps morts augmente par rapport à celui des temps de qualité. L'information pénètre dans la mémoire de travail plus vite qu'elle ne peut être triée ou vérifiée, et elle s'accumule. Cet encombrement interfère dans les processus de tri et de regroupement, et réduit la capacité de l'étudiant à y attacher un sens et une importance, diminuant ainsi la rétention.

Ce schéma incite à prévoir des épisodes d'apprentissage plus courts pour apprendre davantage. « Bref, mais bon ! ». Les enseignants qui souhaitent que la formation aboutisse à un bon apprentissage fractionneront leurs cours en ensembles de 20 à 30 minutes, pour aider les étudiants à mieux retenir le contenu important. Ces brefs « paquets » d'apprentissage peuvent être créés en passant à une nouvelle activité qui accroche les étudiants, comme une étude de cas, un jeu de rôle, ou une discussion en table ronde. Même montrer un court clip vidéo, accompagné de quelques brèves questions de réflexion, peut parfois créer les conditions pour un nouvel épisode d'apprentissage.

Souvenez-vous : la formation est plus une question d'apprentissage que d'enseignement. La formation pour un apprentissage important et approfondi doit accrocher l'attention des étudiants, faire passer l'information de la fugace mémoire sensorielle à la mémoire de travail, et ensuite motiver les étudiants à traiter ce contenu pour le faire entrer dans un apprentissage de long terme.

La mémoire à long terme (MLT)

La mémoire à long terme est un type de mémoire relativement permanent qui stocke d'énormes quantités d'informations sur une longue période. La mémoire à long terme est complexe. Cependant, la recherche semble indiquer que celle-ci est faite de deux sous-structures de base, appelées « mémoire explicite » ou déclarative[1] (se souvenir du qui, quoi, où, quand, et pourquoi), et « mémoire implicite » ou non-déclarative[2] (se souvenir du comment).

La *mémoire explicite* ou déclarative est le souvenir conscient d'informations comme des faits ou des événements précis, par exemple relater les événements d'un film, ou bien décrire l'histoire du salut ou la signification du royaume de Dieu à quelqu'un. Cette mémoire regroupe les mémoires dites épisodique et sémantique.

La *mémoire implicite* ou non-déclarative est une mémoire à laquelle nous ne pensons pas consciemment mais qui affecte nos actions – des compétences et perceptions nous permettant par exemple de jouer au tennis, conduire une voiture, parler notre propre langue en employant une grammaire correcte, ou même réciter le Notre Père sans penser aux paroles. Cette mémoire dite aussi procédurale, comprend des actions et attitudes

---
1. Il s'agit de celle qui récupère les informations que nous sollicitons explicitement.
2. Il s'agit de celle qui ravive des informations sans que nous les sollicitions formellement.

habituelles, et inclut des choses telles que des compétences en pensée synthétique et d'évaluation, aussi bien que des réactions empathiques et esthétiques[3].

Le secret d'un enseignement et d'une formation chrétienne efficaces c'est donc aussi cet objectif de l'apprentissage en profondeur. Faire travailler la mémoire déclarative est donc important pour pérenniser les acquis tout au long de la vie. Mais la mémoire non-déclarative est aussi très importante, car c'est elle qui façonnent nos actions, et leur donnent un sens intuitif juste. Plus important encore : elle permet des souvenirs *implicites* significatifs et théologiquement solides, qui parviennent à façonner la personne à un tel point que ses décisions de vie deviennent une habitude, le fruit d'une pratique réfléchie saine. Ressortir ces souvenirs de long terme explicites et implicites est à la base des décisions et actes de la vie.

Critères de « stockage » à long terme

La grande question posée est celle du « Comment ? » Comment pourrions-nous développer notre enseignement, pour que les informations véritablement importantes ne disparaissent pas simplement de la mémoire de travail à court terme, mais soient « stockées » pour être remémorées et utilisées ultérieurement – ou, mieux, deviennent une pratique habituelle de la mémoire implicite ? Sur quelles bases la mémoire de travail prend-elle cette décision ?

Des recherches indiquent (Sousa 2006, p. 48-49) que ce dont nous avons besoin pour survivre est aisément enregistré dans la mémoire à long terme. Par exemple, vous n'avez pas besoin de réapprendre chaque jour que marcher devant un bus en mouvement, ou bien toucher une plaque chaude peut vous blesser. De fortes expériences émotionnelles ont aussi une chance élevée d'être stockées de manière permanente (Willingham 2009, p. 44-45). Nous avons tendance à nous souvenir des meilleures et (encore plus) des pires choses qui nous sont arrivées. Il a été dit que les pires expériences font les meilleures anecdotes, et si vous deviez faire le récit de vos pires expériences d'enseignant ou de voyageur, vous n'auriez aucune peine à vous en souvenir. Vous auriez plus de mal à vous rappeler des expériences positives de votre vie. Si un enseignant peut susciter des émotions fortes chez les étudiants, ceux-ci auront certainement plus de chances de s'en souvenir. D'où la valeur d'expériences d'apprentissage telles que les sorties sur le terrain, les études de cas et les jeux de rôle. Cependant, il existe un danger : c'est celui que l'étudiant se souvienne uniquement de ce qui est lié à l'émotion forte, et pas nécessairement des concepts clés d'apprentissage présentés.

Au-delà des éléments de survie et émotifs, la mémoire de travail pose seulement deux questions pour déterminer si un élément est enregistré ou rejeté (Sousa 2006, p. 48-49) : « Est-ce que je comprends ? » et « Est-ce important ? ». Ces deux questions sont

---

3. Cette distinction est à l'origine de travaux sur « l'amorçage à long terme » (Long-term priming) et l'amorçage à court terme (Short-term priming).

les clés de l'apprentissage en profondeur, à savoir les clés d'une formation qui dépasse un simple enseignement, pour faciliter un véritable changement de vie.

Est-ce que je comprends ?

Cette première question fait référence au fait que l'étudiant comprend ce qui se dit et peut le relier à son expérience passée. Quand un accent étranger ou régional fort rend la compréhension de l'enseignant difficile, il est probable que l'apprentissage soit insuffisant. Mais le recours à un jargon technique ou théologique peut également créer une barrière à l'apprentissage. Expliquer les concepts avec des mots simples est essentiel pour l'apprentissage. Quand un étudiant dit « je ne comprends pas », cela signifie qu'il a du mal à saisir ce qu'il faut apprendre, et aura ainsi peu de chances d'aller plus loin dans le traitement des données dans la mémoire de travail. Une part importante de la compréhension est la capacité à relier le nouveau contenu à des concepts et des idées antérieurs. Est-ce que cela « colle » avec ce que l'étudiant sait du fonctionnement du monde ? Les étudiants ont plus de chances de s'investir dans un nouvel apprentissage lorsqu'il est présenté comme un prolongement, ou même une antithèse, de ce qui avait été appris auparavant, en raison d'un sentiment de maîtrise face à de nouveaux défis.

Est-ce important ?

Cette seconde question fait référence au fait que l'étudiant trouve le contenu pertinent et important pour la vie. C'est la question fondamentale « pourquoi devrais-je même faire l'effort de me souvenir de cet élément ? ». Si la question « est-ce que je comprends ? » est importante, en fin de compte, les étudiants ne feront un effort pour retenir le contenu que s'ils croient que celui-ci a suffisamment d'importance pour eux.

Fink (2003, p. 7) décrit deux caractéristiques d'un apprentissage significatif : (a) le contenu a pour résultat des changements importants chez les étudiants, des changements qui perdurent après la fin du cours et même après la fin de leurs études ; (b) ce que les étudiants apprennent a un fort potentiel pour avoir de la valeur dans leur vie après la fin du cours, en améliorant leur vie individuelle, en les préparant à participer à des communautés multiples, ou en les préparant au monde du travail. Malheureusement pour la plupart des étudiants, le seul niveau d'utilité communiqué est : « ce sera dans l'examen ». Ils font donc l'effort de s'intéresser au contenu aussi longtemps qu'il reste important – soit jusqu'à la fin du cours. Dès que l'examen est fini, le contenu n'a plus d'importance, et ce qui a été appris disparaît rapidement de la mémoire. Mais en tant que formateurs chrétiens, ayant une vocation à être de bons intendants de ce que Dieu nous a confié, nous ne pourrons nous contenter de cela. Nous devons rechercher un apprentissage en profondeur chez les étudiants, et cet apprentissage n'aura lieu que si l'étudiant considère que le contenu a de l'importance pour sa vie.

Pourquoi devriez-vous prêter attention à ce chapitre sur l'apprentissage en profondeur ? Pourquoi devriez-vous vous souvenir de ce qui est présenté ? Si vous ne trouvez pas ce contenu important, si vous ne le voyez pas comme quelque chose qui vous aide à devenir un meilleur enseignant ou responsable de ministère, vous finirez de lire ce chapitre, et, d'ici quelques jours, vous aurez oublié la plus grande partie de ce qui a été présenté. Et même si vous vous souvenez d'une partie du contenu de ce chapitre, ce ne seront que les éléments que vous trouvez significatifs et utiles pour votre vie et votre ministère qui auront une chance de rester en mémoire et d'être utilisés dans les années à venir.

Conséquences pour l'apprentissage dans la formation de responsables

Que faire de tout cela dans la pratique de l'enseignement ? Comment développer et présenter un contenu, de telle sorte que ceux qui participent à nos cursus de formation de responsables s'y intéressent vraiment, expérimentent un apprentissage en profondeur qui touche leur vie ? Il existe trois domaines de base qui doivent être pris en compte.

Le programme d'études : « du contexte au texte »

Le premier domaine à relever est le programme d'études lui-même. La majorité d'entre nous, indépendamment du lieu ou du public de notre enseignement, commençons à façonner notre programme d'études à partir de ce qui nous est connu – le programme d'études théologiques classique, divisé en Bible, théologie, histoire et théologie pastorale ou appliquée. C'est un modèle qui emploie quasi-exclusivement la méthode dite « du texte au contexte » – c'est-à-dire qui part de textes obligatoires et continue vers l'application au contexte de l'étudiant (sachant que, dans la pratique, cette dernière étape est souvent négligée). Ce modèle présuppose des étudiants ayant une expérience limitée de la vie et un public d'étudiants à temps plein obligés d'être présents. Ce modèle profondément cloisonné donne beaucoup d'informations mais peu d'outils pour réfléchir à la vie au travers des optiques biblique et théologique. En bref, la valeur du programme d'études traditionnel en termes d'apprentissage en profondeur serait de ce point de vue contestable.

Dans la réalité, l'âge moyen des étudiants dans les facultés et les cursus de formation théologiques augmente régulièrement, et les étudiants ne sont plus, dans leur grande majorité, frais émoulus du lycée ou de l'université. La plupart sont des adultes qui apportent en cours une expérience significative de la vie et de ses questions de fond. Ils sont nombreux à disposer d'un temps libre extrêmement réduit, et, s'ils ont le choix, n'étudieront que le contenu qui les aide à répondre à leurs questions, ou qui leur donne des outils pour un service et une vie féconds – en bref, du contenu qui leur paraît utile.

Prenez, par exemple, le cas réel d'une faculté de théologie au Moyen-Orient où deux cours communautaires ont été proposés simultanément – l'un sur « l'arrière-plan du Nouveau Testament », et l'autre sur « le développement de l'enfant et l'éducation chrétienne ». Le premier attira au départ six participants, qui se retrouvèrent à deux à la fin du module ; le second commença avec quatorze participants, pour monter à dix-huit en fin de module. Ceux qui y venaient disposaient de peu de temps libre, recherchaient des outils pour leur vie et pas uniquement des informations.

Une bonne compréhension de l'apprentissage en profondeur invite à mettre plus d'accent sur le programme d'études selon l'approche dite « du contexte au texte », que sur celle « du texte au contexte ». Pour promouvoir un apprentissage en profondeur, nous devons élaborer la conception d'un programme, non pas en partant du modèle qui a toujours existé, mais plutôt de questions telles que : « quelles sont les préoccupations et questions de vie principales de nos étudiants potentiels ? » et « quelles sont les compétences dont nos étudiants potentiels ont besoin pour leur vie et leur ministère ? », pour ensuite développer des cours qui cherchent à répondre à ces questions à travers les textes de l'Écriture, ainsi que des ouvrages d'histoire, de théologie et de sciences humaines[4].

À quoi ressemble votre programme d'étude ? Comprend-il avant tout une approche « du texte au contexte », ou avez-vous pris en compte les questions, besoins et contextes des étudiants, en construisant une forte composante « du contexte au texte » ? Si vous avez l'apprentissage en profondeur à cœur, cette dernière devrait devenir une priorité.

Les descriptifs de cours : pourquoi se donner cette peine ?

Le deuxième domaine à prendre en compte est notre manière de façonner nos modules de cours. Trop souvent, nos étudiants s'inscrivent à des modules parce qu'ils veulent le diplôme – et non parce qu'ils veulent apprendre. Trop souvent, les étudiants ne savent pas pourquoi ils suivent un certain module, mais le font simplement parce qu'il fait partie des exigences du programme d'études. Trop souvent, les étudiants considèrent ce qu'ils étudient, foncièrement, comme une perte de temps. Mais là encore, souvent, les formateurs non plus ne sont pas sûrs de pourquoi ils enseignent ce qu'ils enseignent ! Roland Barth a fait la remarque suivante : « La majeure partie des matières enseignées par les professeurs est sans grand intérêt pour ces derniers ; c'est juste ce qu'ils pensent que quelqu'un veut que les étudiants sachent » (Barth, 2001, p. 4).

À titre d'exemple, une des plus grande tragédies de la formation théologique est la proportion élevée d'étudiants qui trouvent dans l'Histoire de l'Église une des matières les plus ennuyeuses et inutiles du programme d'études (VerBerkmoes *et al.* 2011). Quelle perte de temps ! Mais là encore, combien de formateurs en Histoire de l'Église se sont-ils jamais eux-mêmes demandé pourquoi les étudiants devraient s'y intéresser – au-delà du fait qu'on ne peut avoir un programme d'études théologiques sans cette matière ? En revanche, il existe des raisons profondes et importantes d'enseigner l'Histoire de l'Église :

---

4. Ainsi, si l'étude des Écritures constitue le paradigme théorique propre à répondre aux besoins des Églises de tous les temps et tous les continents, l'organisation du programme de formation des chrétiens s'enracine dans la reconnaissance des besoins véritables et diversifiés pour que chacun apprennent à construire des réponses bibliques appropriées et non appliquer des formules standardisées.

(a) afin de mieux voir la main souveraine de Dieu à travers le bien et le mal, et ainsi d'affirmer notre confiance en lui ; (b) afin de mieux comprendre comment nous sommes parvenus à devenir qui nous sommes – à savoir la formation de notre identité ; (c) afin de mieux comprendre comment d'autres en sont venus à penser et à agir différemment de nous et donc de mieux apprécier la diversité au sein du peuple de Dieu ; (d) afin que nous puissions (nous l'espérons) apprendre des vies, des erreurs et des réussites de ceux qui nous ont précédés. D'autres raisons pourraient être suggérées. Mais les étudiants comprennent-ils toutes ces raisons qui sous-tendent le cours – et plus important encore, le contenu est-il enseigné comme si ces raisons étaient vraiment importantes ?

La recherche didactique a révélé que les cours qui tendent à employer une approche superficielle de l'apprentissage comporte les caractéristiques suivantes (Rhem 1995) :

- *Une quantité excessive de contenu.* Le formateur est tellement concentré sur son devoir de fournir un corpus d'informations qu'il reste peu de temps pour la réflexion complexe nécessaire à un apprentissage en profondeur. Ainsi les étudiants apprennent le contenu requis pour réussir l'examen, mais se l'approprient peu.

- *Un nombre d'heures de cours relativement élevé.* Le paradigme pédagogique est orienté vers le professeur plutôt que l'étudiant, se focalisant plutôt sur la matière fournie par le professeur que sur l'apprentissage généré personnellement chez l'étudiant.

- *Un accent mis sur un apprentissage passif plutôt qu'actif.* Les étudiants passent la plus grande partie du temps à écouter et à regarder, plutôt qu'à interagir activement avec le contenu.

- *Une absence de diversité par rapport aux sujets et aux méthodes d'apprentissage.* Les étudiants ressentent peu d'autonomie et se voient par conséquent comme des réceptacles, plutôt que comme des agents actifs du processus d'apprentissage.

- *Un système d'évaluation menaçant et anxiogène.* Notre loyauté à l'égard des notes mine la motivation intrinsèque des étudiants. L'apprentissage en profondeur est mieux desservi grâce à des matrices multidimensionnelles qui aident les étudiants à prendre conscience de leurs forces et à mettre le doigt sur leurs points faibles.

Adopter résolument l'apprentissage en profondeur reviendra à présenter moins de contenu, à mettre les étudiants au défi de réfléchir de manière approfondie, à les guider vers l'autonomie en proposant une variété d'options d'apprentissage adaptées, et à désamorcer l'anxiété par des pratiques d'évaluation orientées vers l'apprentissage.

Plans de cours : pourquoi se donner cette peine ?

Savoir pourquoi un module de cours a de l'importance pour un étudiant est certes stratégique – mais insuffisant. Chaque fois que nous enseignons, nous devons comprendre et communiquer pourquoi le contenu est important et pertinent pour la vie de l'étudiant.

Pourquoi les étudiants devraient-ils étudier les motifs des mots « nous et vous » d'Éphésiens 1-3 ? Pourquoi devraient-ils étudier le développement des confessions de foi ? Pourquoi devraient-ils étudier les visages contemporains de la philosophie postmoderne ? Pourquoi devraient-ils se débattre avec la hiérarchie des besoins de Maslow ? Si vous, en tant qu'enseignant, n'arrivez pas à répondre à ce type de question, soyez relativement sûr que vos étudiants n'y arriveront pas non plus. Si la réponse n'en est pas parlante vis-à-vis des questions et préoccupations de la vie réelle, il est peu probable qu'un apprentissage en profondeur ait lieu.

Le point de départ pour susciter un apprentissage en profondeur est la connaissance des préoccupations profondes des étudiants. C'est une des raisons pour lesquelles la relation enseignant-étudiant est un élément essentiel d'une formation de qualité. Si un enseignant désire que les étudiants ne se contentent pas de terminer le cursus, mais soient transformés par le contenu présenté, cet enseignant doit bien connaître les étudiants, et il doit se poser de manière répétée la question fondamentale : « Comment ce contenu aidera-t-il mes étudiants à vivre de manière juste, face à leurs préoccupations et besoins quotidiens ? Comment ce contenu aidera-t-il mes étudiants non seulement à connaître leur foi mais également à la vivre ? » C'est seulement lorsque les étudiants considèrent que le contenu de l'enseignement a de la valeur pour la vie qu'un apprentissage en profondeur a des chances d'avoir lieu.

Conclusion

La recherche scientifique sur la manière dont le cerveau reçoit, traite, stocke et restitue un contenu suggère qu'une bonne partie de notre méthodologie didactique actuelle est inefficace. Les formateurs réfléchis s'approprieront les modèles qui facilitent le mieux l'apprentissage en profondeur – un apprentissage qui dure et qui touche la vie. Que ce soit dans le programme d'études dans son ensemble, dans la conception d'un module de cours ou dans la présentation d'un cours en particulier, l'apprentissage en profondeur ne peut avoir lieu que si les étudiants voient que le contenu a de la valeur pour leur vie. La recherche d'un sens et d'une finalité dans notre enseignement est la clé d'un apprentissage transformateur.

Exercices

1. Faites une pause de soixante secondes pour vous étirer. Levez-vous, frottez-vous le corps, stimulez votre circulation sanguine et, si possible, parlez à une personne de votre bâtiment/foyer de ce chapitre. Lorsque nous restons assis plus de vingt minutes, notre sang afflue vers notre siège et nos pieds. En nous levant et en bougeant, nous faisons circuler ce sang. Une minute plus tard, il y a environ 15 pour cent de sang en plus dans notre cerveau (Sousa 2006, p. 34).

2. Essayez de faire une analyse approximative de votre programme d'études dans son ensemble. Quel pourcentage de ce programme est consacré à des cours qui vont« du texte au contexte », et quel pourcentage va « du contexte au texte » ? Décrivez au moins une mesure précise que vous voulez prendre dans le mois à venir pour aider votre institution à mieux promouvoir l'apprentissage en profondeur en mettant plus d'accent sur une formation allant « du contexte au texte ».

3. Prenez un module de cours que vous avez enseigné récemment ou que vous êtes en train d'enseigner, et essayez de construire un énoncé de l'objectif qui explique pourquoi le module a de l'importance pour les étudiants. Pourquoi les apprenants devraient-ils s'intéresser à ce module ? Comment pourrait-il toucher les besoins ressentis, les préoccupations et les questions d'apprenants adultes dans votre contexte ? Comment ce module va-t-il aider vos apprenants à être plus efficaces dans leur vie et leur ministère chrétiens ? Si vous ne pouvez pas répondre à cette question de manière satisfaisante, vous pouvez être sûrs que vos apprenants ne pourront pas y répondre non plus. Même s'ils font mine de jouer le jeu et s'ils réussissent l'examen, un apprentissage en profondeur n'aura pas lieu non plus. Pour développer un tel énoncé de l'objectif, imaginez que vous ayez un groupe d'étudiants devant vous ayant le choix de suivre ce module ou pas. Vous devez convaincre ces étudiants que le contenu de ce module est absolument crucial pour leur vie et leur ministère futurs. Que diriez-vous pour les convaincre ? Présentez les raisons que vous avez développées à un(e) fidèle de votre Église, qui n'a jamais suivi de programme de théologie formel. Demandez-leur ce qu'ils pensent du module que vous proposez, et des raisons que vous avancez de suivre ce module. Dans quelle mesure sont-ils convaincus par vos raisons ? Pourquoi, ou pourquoi pas ?

4. Pensez à une leçon que vous avez enseignée récemment et visualisez les apprenants dans la classe. Dans quelle mesure le contenu touchait-il à leurs préoccupations profondes ? Sur quelle base avez-vous tiré cette conclusion ? Comment pouvez-vous savoir si un cours touche les apprenants de manière significative promouvant un apprentissage en profondeur ?

Deuxième partie

Une intention délibérée dans l'enseignement en classe

Une vision institutionnelle pour une formation théologique intégrale et articulée autour de la mission du Christ à Son Église a fait l'objet de la première partie de ce livre. Une telle vision se traduit par une certaine conceptualisation du programme d'études. Cependant, le meilleur programme du monde serait un échec si le souci de l'intégration et de la visée de la mission n'était pas adopté et mis en œuvre par le corps enseignant dans sa pratique lors des cours. Les expériences de formation de nombreux professeurs leur ont légué une « boîte à outils » limitée et constituée d'outils pédagogiques assez traditionnels. La deuxième partie de ce livre est consacrée à la présentation de principes directeurs pour améliorer la pratique en salle de cours, et pour élargir le répertoire possible de méthodes didactiques à employer dans l'enseignement. Le but de ce matériel est le développement d'approches pédagogiques qui sont en harmonie avec la mission de l'Église et qui accordent la priorité à l'apprentissage sur l'enseignement.

La créativité pédagogique commence par la façon dont est conçu un module d'enseignement. Le chapitre 9 guide les enseignants en abordant le développement d'un module selon la méthode dite de « planification à rebours ». Il faut d'abord se demander comment le module pourrait contribuer au développement de responsables équipés pour aider l'Église à remplir sa mission. Une fois cette finalité en place, des *objectifs généraux* plus précis seront développés. Puis seront formulés des *objectifs spécifiques* destinés à mesurer la progression des étudiants vers ces objectifs. Ensuite des *activités d'apprentissage* nécessaires pour fournir aux étudiants la connaissance, les attitudes et les compétences souhaitées. Enfin, le *matériel pédagogique et les détails logistiques* seront définis. Quand les enseignants pénètrent dans leur salle de classe ayant à l'esprit une vision à long terme, leur approche se déplacera inévitablement de leur activité enseignante vers l'apprentissage véritable.

La pratique courante d'un système pédagogique centré sur l'enseignant tend à présenter un cours calqué sur la structure d'un article de recherche. Ici, nous préconisons un modèle de cours informé par la manière dont les personnes apprennent. Le cours magistral tend à privilégier l'exposé logique des contenus et non la psychologie de l'élève. Après avoir introduit son sujet, l'enseignant structure logiquement son exposé en deux ou trois chapitres puis conclut.

Une approche centrée sur l'apprentissage se structure autrement : en adéquation avec la théorie de l'apprentissage en profondeur, des leçons fructueuses développeront d'abord des énoncés de concept clairs, et puis chaque épisode d'apprentissage fera dialoguer texte et contexte. Des principes clés pour une approche orientée vers l'apprentissage en matière de planification des cours de ce type se trouvent au chapitre 10.

Les chapitres 11 à 13 sont consacrés à garnir la « boîte à outils » de l'enseignant avec d'autres techniques pédagogiques. L'on y porte une attention particulière à la conception des questions-problèmes afin de pousser les étudiants à réfléchir sur ces trois modes: analytique, synthétique et de l'évaluation. En effet, selon nous, une didactique qui reste au niveau purement cognitif mènera rarement à un apprentissage holistique basé sur une vision transformatrice. Les situations-problèmes devront de ce fait être conçues pour promouvoir l'interaction en classe, toucher l'affectif et engager à une activité psychomotrice. L'enseignant valorisera en particulier, les études de cas[1], prisées dans le monde entier, en particulier dans le Sud et l'Est de la planète. Ainsi, dans la formation théologique, les études de cas se révèlent une approche particulièrement puissante de l'enseignement en salle de cours. Le chapitre 13 se concentre donc sur la conception et la scénarisation des études de cas.

La formation théologique, selon une forme d'enseignement magistrale, a été développée initialement en Occident, et est restée pendant des siècles un domaine quasi exclusivement masculin. Il n'est, par conséquent, pas surprenant, selon nous, qu'une grande partie de la méthodologie employée dans la formation théologique soit influencée davantage par les hommes blancs que par les femmes et ceux qui viennent du Sud de la planète. En revanche, l'épicentre de la formation théologique est en train de se déplacer loin de l'Occident, et la proportion d'étudiantes en théologie est en train de grandir dans chaque union d'Églises et dans chaque région du monde (Esterline *et al.* 2013). Le chapitre 14 survole quelques théories récentes au sujet des modèles d'apprentissage, ainsi qu'une partie des données de la recherche sur les théories sur le rôle du genre et de la culture dans l'apprentissage. Pour la réalisation du mandat chrétien de la formation théologique, les formateurs doivent prendre en compte la diversité des modes d'apprentissage, et répondre aux profils spécifiques de leurs étudiants.

La notation et l'évaluation des étudiants semblent incontournables dans la formation. Au chapitre 15, le rôle prépondérant des notes est remis en question – particulièrement dans la formation théologique. Une variété de structures d'évaluation alternatives est proposée ; celles-ci ont plus de chances de favoriser une motivation intrinsèque pour

---

1. « Narration de faits temporels vécus par un sujet, assortie du travail de retour réflexif qui vise à en faire apparaître le sens. » http://www.cairn.info/l-abc-de-la-vae--9782749211091-page-154.htm

apprendre, et ainsi de mieux servir la vision de la formation théologique fondée sur la mission du Christ.

Le dernier chapitre du livre est une parole d'encouragement et lance un défi. De nombreuses recherches ont été entreprises pour étudier les caractéristiques des enseignants exceptionnels, et ce chapitre résume certaines des lignes majeures de ces études. Une conséquence clé de la vie entre le « déjà » et le « pas encore » est le besoin continuel de s'auto-évaluer à la lumière d'un idéal (P. Shaw 2006b). Ces caractéristiques peuvent fournir des thèmes utiles dans notre itinéraire vers l'excellence dans la formation théologique.

9

Concevoir un module de cours pour un apprentissage multidimensionnel

Pour de nombreux enseignants, la rédaction d'un plan de cours est une tâche fastidieuse, qui n'a pas beaucoup de sens. Cependant, de bons plans de cours fournissent une base pour une formation centrée sur l'apprentissage par objectifs, comportant des paramètres d'engagement réciproque entre enseignant et étudiant. Dans ce chapitre, la notion de « planification à rebours » des modules de cours vous sera présentée, et vous serez guidés pas à pas à travers le processus d'apprentissage multidimensionnel :

- Définir l'objectif général (la *finalité*) du module
- Établir des *objectifs spécifiques* souhaités à long terme (apprentissage en profondeur) aux niveaux cognitif, affectif et comportemental.
- Scénariser des *situations-problèmes* ou *activités d'apprentissage* adaptées qui cherchent à mesurer les progrès des étudiants vers les résultats d'apprentissage.
- Concevoir des *activités d'apprentissage* fournissant aux étudiants la connaissance, les compétences et les occasions permettant une croissance holistique, nécessaires pour réaliser les activités d'apprentissage.
- Faire la liste des *ressources d'apprentissage* auquel les étudiants peuvent avoir accès.
- Déterminer les éléments *d'engagement mutuels*, tels que le temps à consacrer au travail demandé, les règles de vie de classe, et les engagements des enseignants.

La planification à rebours

Alors que les spécialistes de l'éducation font de plus en plus le choix de mettre l'apprentissage au centre du dispositif éducatif, et alors que la recherche sur la nature de l'apprentissage et les moyens par lesquels il peut être favorisé s'accroît, de « nouveaux » modèles pédagogiques émergent. Un des modèles les plus caractéristiques est celui que Grant Wiggins (1998) a appelé la « planification à rebours ». Au lieu de partir d'un contenu préétabli, l'enseignant commence en se posant la question : « Qu'est-ce que mes étudiants devraient avoir appris et acquis de façon pérenne à la fin de mon cours ? » La réponse à cette question donne la base des « objectifs généraux » du module. Ensuite, l'enseignant raisonne en termes d'activités séquencées qui lui permettront de mesurer les progrès réguliers des étudiants : « Qu'est-ce que les étudiants doivent avoir fait pour me convaincre qu'ils auront progressé par rapport aux résultats d'apprentissage à long terme souhaités ? ». Ceci devient la base de ce qu'on appelle les « objectifs spécifiques », à travers lesquelles les étudiants donnent des preuves de l'apprentissage ayant eu lieu. Et, enfin, le formateur fait un pas en arrière pour se retrouver au sein du déroulement du module même et se demande : « Qu'est-ce que les étudiants auront besoin de faire durant le module pour progresser suffisamment pour maîtriser les activités d'apprentissage ? » La réponse à cette question force le formateur à forger une didactique ouverte sur ce que l'élève a appris et non pas simplement sur ce que de l'enseignement a délivré.

« La planification à rebours » peut être un défi pour des enseignants ayant fait leurs études dans un paradigme traditionnel. Cependant, le processus est assez simple, et la suite de ce chapitre présentera pas à pas le processus de conception d'un tel cours. Chaque étape a sa place dans le processus, et le tout fonctionne harmonieusement pour promouvoir l'intention délibérée dans l'enseignement, un élément important pour renforcer la motivation de l'étudiant pour apprendre. Un exemple de descriptif de cours finalisé est donné dans l'annexe 9.1 ; vous trouverez peut-être utile de vous référer à cet échantillon de descriptif de cours lors de l'étude de chaque étape.

Étape 1 : l'énoncé institutionnel de l'objectif général

Tout cours significatif cherche à combler un manque fondamental – soit dans l'Église, soit dans la vie des étudiants. Les formateurs ont tendance à se focaliser sur les besoins cognitifs, cependant les besoins les plus importants sont souvent comportementaux ou affectifs. Le point de départ de chaque module est de réfléchir à sa nécessité ! Comment ce cours pourrait-il aider les dirigeants chrétiens en devenir à se préparer à leur ministère futur ? Pourquoi les étudiants devraient-ils porter suffisamment d'intérêt à ce cours pour s'engager avec nous dans un apprentissage significatif ? L'enjeu d'une formation théologique de qualité est la transformation de notre conception de l'enseignement, dépassant un simple transfert d'information pour viser la formation holistique d'une génération de praticiens théologiquement réfléchis. Comme nous l'avons vu au chapitre précédent sur l'apprentissage en profondeur, l'appropriation de l'apprentissage sur le long terme par les étudiants est directement liée au degré où ils perçoivent un sens et une valeur dans le contenu qu'ils étudient. L'énoncé de l'objectif met en évidence aux étudiants la pertinence de ce cours dans le cadre de la préparation à leurs contextes de ministère futurs.

Un bon énoncé de l'objectif possède la structure suivante :

- Un bref résumé des énoncés de la vision et de la mission du programme ou de l'institution proposant le cours.

- Une description de certains enjeux contextuels précis auxquels ce cours cherche à faire face.

- Une description de la manière dont le contenu et la méthodologie du cours pourraient aider les étudiants à mieux faire face à ces enjeux, et à mieux aider les autres à faire de même.

L'énoncé de l'objectif devrait conduire naturellement aux « résultats de l'apprentissage ».

Étape 2 : les objectifs pédagogiques, résultats de l'apprentissage

Comme de nombreux termes en sciences de l'éducation, l'expression « objectifs pédagogiques » a été employée de diverses manières. Pendant longtemps, elle était pratiquement synonyme de résultats précis et mesurables d'un « pack » d'apprentissage, que ce soit un cours, un module ou un cursus d'études complet. Cette compréhension très directive a été largement critiquée : elle saperait la créativité intellectuelle, l'expérimentation et la découverte, elle nourrirait un climat inhibant l'accueil et le dialogue avec l'incertitude parmi les enseignants et les étudiants, et conduirait au final à un apprentissage insignifiant (Furedi 2012).

Faire des « objectifs pédagogiques » l'équivalent des « objectifs comportementaux » pose problème, car l'apprentissage le plus important n'est pas démontré lors des examens et des dissertations rendues en fin de module, mais plutôt par ce qui reste après plusieurs années. C'est pourquoi une approche plus pertinente aux résultats de l'apprentissage cherche à répondre à la question (comme déjà énoncé plus haut) : « Qu'est-ce que j'espère que les étudiants auront appris, de façon durable et valable, plusieurs années après la fin du module, et qui aura un impact sur la pensée, le caractère et le comportement des étudiants ? ». Le but du module est de conduire les étudiants dans un cheminement vers ces objectifs d'apprentissage importants. La priorité des résultats d'apprentissage devrait être la croissance holistique, et par conséquent pourrait ressembler au cadre adapté qui suit :

> D'ici la fin de ce module de cours, vous devriez avoir fait preuve d'une croissance dans les domaines suivants :
> - Cognitif : Quelles connaissances et compétences en réflexion importantes ce module vise-t-il à fournir aux étudiants ?
> - Affectif : Quelles attitudes, motivations et qualités personnelles ce module cherche-t-il à développer chez les étudiants ?
> - Comportemental : Quelles compétences personnelles et/ou de ministère ce module cherche-t-il à développer parmi les étudiants, et/ou quelles actions espérez-vous que vos étudiants entreprendront pendant ou suivant ce module ?

Cette reconnaissance de l'importance des objectifs de l'apprentissage existe depuis près d'un siècle. Elle a été formalisée à travers les taxonomies développées par les équipes de Bloom (1956) et Krathwohl (1964) (vues au chapitre 4) en 1948.[1] Dans les années depuis la publication de ces taxonomies d'apprentissage, de nombreux spécialistes de l'éducation ont élaboré des listes de verbes qui sont devenus des outils détaillés d'objectifs pédagogiques. Une sélection de ces verbes d'action est donnée dans l'annexe 9.3.

Plus récemment, des préoccupations ont été exprimées quant au besoin de développer des compétences métacognitives, à travers lesquelles les étudiants non seulement apprennent, mais également apprennent à apprendre et à organiser leur apprentissage grâce à leur compréhension de la manière dont il se produit. Ceci devient ensuite le fondement d'un apprentissage tout au long de la vie. Suskie (2009, p. 123-124) constate : « Comme la connaissance grandit à un rythme exponentiel, l'on constate une prise de conscience croissante de l'importance de préparer nos étudiants à une vie entière d'apprentissage, souvent à leur propre initiative, faisant de la métacognition une compétence recherchée. »

La métacognition comprend des traits cognitifs tels que la discussion et l'évaluation de nos propres stratégies de résolution des problèmes ; la capacité à examiner de manière critique et à évaluer les bases de nos propres raisonnements ; et le développement et l'évaluation de plans d'apprentissage. De la même manière, un apprentissage affectif de qualité va au-delà des buts de la valorisation et du développement du caractère, pour prendre conscience de la manière dont nos valeurs, attitudes et options peuvent continuer à être nourries et développées tout au long de la vie (Suskie 2009, p. 123). La formation théologique en vue d'une croissance tout au long de la vie présuppose le développement de

---

[1]. Suite à une rencontre informelle entre examinateurs de l'enseignement supérieur présents à la convention de *l'American Psychological Association* (Association américaine de psychologie) à Boston.

compétences d'auto-surveillance et d'auto-évaluation dans l'apprentissage, compétences qui devraient jouer un rôle dans l'énoncé des résultats d'apprentissage pour nos modules.

Étape 3 : Activités d'apprentissage : les objectifs spécifiques des « situations-problèmes »

Les objectifs spécifiques des situations-problèmes décrivent ce que les étudiants doivent faire pour démontrer leur progression dans les domaines décrits dans la section ci-dessus sur les résultats d'apprentissage. De bonnes activités d'apprentissage n'existent pas simplement pour occuper les étudiants, mais doivent soutenir un apprentissage véritable. Elles cherchent à répondre à la question déjà énoncé : « Que devraient faire les étudiants pour me convaincre qu'ils ont progressé vers la réalisation des objectifs d'apprentissage ? ». Une bonne conception des cours implique de lier chaque activité d'apprentissage directement à un ou plusieurs objectif(s) pédagogique(s). Elle vérifie que chaque objectif ou situation-problème est bien traité d'une manière ou d'une autre dans une ou plusieurs activités d'apprentissage[2]. Cette procédure donne la responsabilité à l'enseignant, qui doit s'assurer que le cours, non seulement en paroles mais en pratique, est conçu pour une croissance holistique intentionnelle.

De bonnes activités d'apprentissage donnent aux étudiants une direction claire, pour une durée prévisible. Dans de nombreux cas, l'objectif final du cours est à dominante comportementale, auquel cas les activités d'apprentissage devraient logiquement être pratiques.

Des situations-problèmes pertinentes établissent des attentes exigeantes mais réalistes. Souvent, lorsque les étudiants savent exactement ce qu'ils doivent faire pour obtenir une note élevée, ils se montrent à la hauteur du défi, même si cela implique de réaliser des choses auxquelles ils ne pensaient pas pouvoir arriver à faire. Jamie Escalante[3] affirme : « Les élèves se montreront à la hauteur des attentes de leur enseignant ». Si cette affirmation n'est pas toujours vérifiable dans la pratique, et que des attentes élevées ne garantissent pas forcément l'efficacité, elles semblent toutefois jouer un rôle majeur dans la réussite des élèves. Ceci se voit le plus clairement dans le phénomène de « prophétie auto-réalisatrice », constaté initialement par Rosenthal et Jacobson (1968 [1992]). Dans une expérience célèbre, ils ont démontré l'existence d'une relation entre les préjugés positifs des professeurs sur les capacités des élèves et les performances des élèves. Dans

---

2. La pertinence d'une situation-problème se mesure à la façon dont elle permet d'atteindre les objectifs spécifiques, et, à la fin, contribue à atteindre l'objectif général. Ces libellés fractionnant l'activité d'apprentissage de l'étudiant ne se limitent pas à un savoir intellectuel à reproduire le jour de l'examen. Ils sont conçus pour engager l'étudiant à atteindre l'objectif général fixé par l'enseignant, en s'appropriant au niveau cognitif, affectif et psychomoteurs les différents objectifs spécifiques intermédiaires, de façon durable.
3. Représenté dans le film *Envers et contre tous*, réalisé par Ramón Menéndez, 1988.

l'expérience originelle[4], les élèves de 18 classes durent passer un test standard d'intelligence verbale. Leurs professeurs furent amenés à croire que ce test aiderait à identifier les élèves en mesure de s'épanouir dans leur scolarité. Les expérimentateurs étiquetèrent 20 pour cent des étudiants comme prêts à s'épanouir potentiellement. Ces élèves étaient, cependant, sélectionnés au hasard et sans référence aux résultats du test – ce que les enseignants ignoraient. Lorsque les élèves repassèrent le test huit mois plus tard, il mit en évidence des différences marquées en croissance intellectuelle entre ceux qui étaient de façon aléatoire présentés comme ayant un meilleur potentiel.

Une expérience similaire, comprenant une recherche parmi des étudiants adultes d'âge mûr (Avolio *et al.* 2009 ; Etherington 2011), apporte un soutien puissant à l'hypothèse selon laquelle la réussite est étroitement corrélée aux préjugés positifs et aux attitudes du professeur[5]. Les professeurs qui attendent de grandes choses des étudiants agissent souvent pour accomplir leur « prophétie ». Si cela est exact, dans les activités d'apprentissage, il serait utile de demander aux étudiants de dépasser la simple compréhension pour acquérir des compétences en réflexion comme l'analyse, l'évaluation et la créativité. Si la thèse de Rostenthal est juste, nous encourageons les enseignants à prendre le parti de cultiver une haute opinion du potentiel de leur élève. Ce préjugé sera le moteur d'exigences élevées et guidera la conception de situation-problèmes mobilisant toutes les attitudes des étudiants pour les « tirer vers le haut ». Énoncer donc des paramètres clairs et détaillés pour une activité d'apprentissage, et formuler une description claire de ce qui est attendu pour bien réussir, tout en soutenant de manière enthousiaste que les étudiants ont la capacité de réaliser l'activité, leur donnera plus de chances de réagir de manière positive aux activités d'apprentissage qu'ils doivent relever.

Le rapport d'efficacité d'apprentissage au temps mérite qu'on s'y arrête. Le temps dont disposent les étudiants en dehors des cours est limité, et une bonne formulation des activités d'apprentissage réfléchira sérieusement à la question suivante : le temps que les étudiants pourront consacrer à tel devoir produira-t-il un résultat d'apprentissage suffisant ? Une dissertation exigeant vingt heures de travail personnel, permet-elle de mieux atteindre les objectifs pédagogiques que la réalisation, par exemple, d'une bibliographie commentée ? Les étudiants apprendront-ils vraiment beaucoup plus d'un mémoire

---

4. Après des expériences sur des souris, Rosenthal et Jacobson firent passer des tests de QI aux élèves de 18 classes. À la rentrée scolaire suivante, ils donnèrent aux maîtres une liste de noms d'élèves « démarreurs » ou « bons élèves », mais établi de façon aléatoire, par tirage au sort, donc sans liens avec les tests de QI. Cette liste correspondait à 20 pour cent des élèves. Huit mois plus tard, Rosenthal fit repasser à tous les élèves les tests pour mesurer leur progression et constatait que les élèves présentés aux enseignants comme des « démarreurs » avaient progressé en moyenne de 12 points de QI, les autres de 8 points. Note : ces résultats sont surtout significatifs pour les petites classes car le détail a été établi pour le Cours préparatoire (CP) : les « démarreurs » ont un QI supérieur de 15,4 points par rapport aux autres, en Cours élémentaire 1 (CE1), l'écart est de 9,5 points. Dans les autres classes, il n'y a pas de différence significative.

5. Précisons que : L'effet Pygmalion porte sur le préjugé qu'a l'enseignant qui pense que, par exemple, l'élève issu d'une famille de cadre réussira mieux que l'élève venant d'un quartier populaire, avec un nom à consonance étrangère. L'effet Golem (inverse de Pygmalion) n'a pas fait l'objet d'étude pour Rosenthal. Pour des raisons éthiques, il ne s'est intéressé qu'aux effets des préjugés positifs.

de trente pages que d'une dissertation de cinq pages (et qui prendra six fois moins de temps au formateur pour l'évaluer) ? » Parfois, les résultats d'apprentissage cognitif ne requièrent pas une dissertation de fin de module, ou un projet de recherche. Les étudiants pourraient progresser en direction des objectifs d'apprentissage de manière tout aussi efficace en préparant une proposition de recherche ou une bibliographie annotée (Suskie 2009, p. 159).

Les activités visant l'affectif seront en général évaluées par la tenue d'un journal ou des formes d'expression créative telles que la poésie, la musique, la peinture ou la danse. Les activités psychomotrices comportementales chercheront des moyens d'apprendre par l'expérience, tels que le mentorat par les pairs, la recherche communautaire, ou une activité de service avec réflexion.

La scénarisation de bonnes activités d'apprentissage est l'un des éléments les plus chronophages de la conception d'un bon cours. Mais l'élément créatif n'est que la première étape du travail de l'enseignant. Il faudra également rédiger un descriptif clair de ce qui est attendu, décomposé en étapes : clarifier ce qui a besoin d'être fait pour accomplir l'activité avec excellence ; estimer de façon juste le temps requis pour que l'étudiant fasse un bon travail ; opérer un lien clair entre les résultats d'apprentissage associés et préalablement définis.

Un dernier élément important des activités d'apprentissage est d'assurer que la quantité de travail totale (lecture, rédaction, et pratique) demandée aux étudiants respecte les paramètres définis par l'institution théologique. Par exemple, sous les systèmes américain Carnegie et l'ECTS, chaque crédit est censé représenter un total de 25 à 30 heures d'apprentissage. Selon la pratique normale en licence, selon le système Carnegie, la moitié de ce total se déroule en cours, et la moitié hors cours. Un cours valant 3 crédits entraînerait un total d'environ 90 heures d'apprentissage, dont 45 auraient lieu en cours, et 45 hors cours. Le total de toutes les activités d'apprentissage (y compris le temps alloué à la lecture) devrait également s'élever à environ 45 heures. La plupart des institutions demandent aux étudiants des lectures conséquentes comme activité d'apprentissage. Il est important que les facultés estiment de manière réaliste les vitesses de lecture des étudiants. En général, des locuteurs natifs anglophones du premier cycle de l'enseignement supérieur devraient pouvoir lire de 15 à 25 pages de l'heure, suivant le genre de l'ouvrage. Des ouvrages de théologie complexes peuvent prendre plus longtemps à lire que des livres plus pratiques. Si les étudiants lisent l'anglais comme leur deuxième langue, des vitesses de lecture plus basses devraient être attendues. Si le corps enseignant a des attentes irréalistes en termes de lecture, soit les étudiants ne termineront pas les lectures, soit ils s'irriteront contre le travail donné par le formateur.

Une surveillance institutionnelle du temps que prennent les activités d'apprentissage est importante pour assurer que des quantités de travail comparables sont attendues pour des allocations de crédit comparables. Cette vigilance peut également désamorcer certaines tensions qui adviennent lorsque les exigences trop élevées d'un formateur ont un impact négatif en cascade sur le travail des étudiants pour d'autres membres du corps enseignant.

Étape 4 : les activités d'apprentissage

Le formateur (ou le « référent pédagogue ») met en œuvre les activités d'apprentissage pour aider les étudiants à apprendre et à progresser. Les activités d'apprentissage désignent à la fois le contenu et la méthodologie par lequel le formateur projette de faciliter un apprentissage multidimensionnel réalisé par les étudiants. Pour paraphraser de nouveau Grant Wiggins (1998), les activités d'apprentissage sont conçues pour répondre à la question : « Qu'est-ce que les étudiants auraient besoin de faire durant le module pour être capables de bien réussir les activités d'apprentissage ? » (Wiggins 1998)

Le curriculum et le choix des méthodes pédagogiques doivent être les serviteurs et non les maîtres de l'objectif général du module et de la formation. Les points suivants énoncent des principes de base en vue d'une bonne conception des activités d'apprentissage :

- L'accent doit être mis sur l'apprentissage multidimensionnel et non pas l'enseignement, c'est-à-dire doit privilégier la relation de l'étudiant aux savoirs à développer plutôt que la relation d'expert de l'enseignant aux savoirs à dispenser.
- Il sera toujours nécessaire d'impliquer les étudiants dans un nouveau contenu, la présentation seule d'un contenu pédagogique produit rarement un changement transformateur.
- L'efficacité de l'apprentissage est proportionnelle à sa pertinence contextuelle et à l'implication des étudiants dans le processus d'apprentissage.
- Une diversité d'activités d'apprentissage comportant une présentation de contenu ainsi que des lectures, des discussions et des méthodologies d'enseignement créatives aura un maximum de chances d'aboutir à un apprentissage formateur fécond (cognitif, affectif et comportemental).

Inévitablement, lors de la première présentation du matériel didactique, un enseignant devra passer de nombreuses heures jusqu'à maîtriser le contenu puis s'assurer que leur présentation soit adaptée aux étudiants. Cependant, mettre l'accent sur l'apprentissage nécessite plus qu'une simple maîtrise du contenu. Un bon apprentissage émerge quand les méthodologies d'instruction sont conçues pour aider les étudiants à entrer en interaction avec le matériel pédagogique à un niveau plus profond. Les enseignants entrant dans ce processus ne se contenteront pas de lire et grandir dans leur domaine d'étude ; ils réviseront également la méthodologie du module chaque fois qu'ils l'enseigneront. Dans le long terme, les choix didactiques devraient occuper notre attention au moins autant que le contenu que nous présentons. Dans les chapitres qui suivent, une variété de modèles didactiques sera présentée, pour aider à progresser dans ce processus d'apprentissage.

Étape 5 : le matériel d'apprentissage

Le matériel pédagogique renforce les activités d'apprentissage. Traditionnellement, cette partie comprend une liste d'ouvrages disponibles en bibliothèque, souvent en liste de réserve. Cependant, les formateurs se libèrent de plus en plus des manuels prescriptifs en faisant appel au matériel en ligne, y compris des liens vers des bases de données importantes. Il serait également précieux d'inclure des ressources humaines, des personnes présentes sur le campus ou en dehors, que les étudiants pourraient consulter pendant le processus de réalisation des activités d'apprentissage. Plus les ressources d'apprentissage seront variées, plus grand sera le potentiel pour former les étudiants aux procédés d'un apprentissage destiné à perdurer tout au long de la vie.

Étape 6 : la responsabilité mutuelle

L'élément final dans un développement de cours de qualité est la mise en place d'une responsabilité mutuelle partagée entre étudiant et formateur. Elle devrait aller dans les deux sens :

- Concernant les étudiants, des politiques de vie de classe clarifiant les attentes du formateur quant à une participation professionnelle. Ces attentes peuvent inclure des éléments tels que la préparation des cours et une participation active, le respect des autres étudiants durant et hors des cours, la ponctualité, l'adhésion aux dates limites des devoirs, l'intégrité intellectuelle et des retours respectueux au formateur sur sa prestation.
- Concernant l'enseignant, ses engagements envers les étudiants comprendront la communication de moyens de contact (adresse électronique, téléphone professionnel, etc.) et des renseignements sur sa disponibilité en dehors des cours (horaires de permanence). Cependant, il est très important pour les étudiants qu'un enseignant soit prêt à s'engager sur des points tels que le temps passé sur une activité (afin d'utiliser le temps bien et efficacement), des retours rapides de sa part, une attitude positive envers les étudiants et un respect de la diversité.

Conclusion

La conception d'un cours de qualité exige du temps et des efforts, mais produit un rendement élevé. Lorsque nous travaillons selon le modèle « à rebours » en partant de la finalité et des résultats d'apprentissage à long terme, à travers des activités qui mesurent les progrès accomplis sur le chemin de l'apprentissage, c'est uniquement à partir de ce moment-là que nous devons préparer des activités servant cet apprentissage. Ainsi nous serons capables d'acquérir un recul permettant de discerner ce qui est véritablement crucial et ce qui est d'importance secondaire. Les enseignants s'engageant dans ce processus transmettent inévitablement une passion contagieuse pour leur contenu, et les étudiants ont plus de chances de juger valable et transformatrice leur expérience de formation, et non simplement un moyen de décrocher un diplôme.

Trois questions fondamentales pour concevoir une « planification à rebours » d'un cours

1. « Qu'est-ce que j'espère que mes étudiants auront appris, qui sera durable et valable plusieurs années après la fin du cours ? » La réponse à cette question forme la base de l'objectif général pour le cours.

2. « Qu'est-ce que les étudiants doivent faire pour me convaincre qu'ils ont progressé par rapport aux résultats souhaités d'apprentissage à long terme ? » Sur cette base seront formulées les « activités d'apprentissage », à travers lesquelles les étudiants donnent des preuves de la mesure de progrès dans l'apprentissage.

3. « Qu'est-ce que les étudiants ont besoin de faire durant le module pour faire suffisamment de progrès afin de maîtriser les activités d'apprentissage ? » La réponse à cette question permet à l'enseignant de façonner sa conception didactique pour leur apprentissage et non simplement pour son enseignement.

Étapes de la conception d'un descriptif de cours

Considérez un cours que vous avez l'intention d'enseigner dans un futur proche.

1. *Énoncé de l'objectif* : Dans les exercices en conclusion du chapitre précédent sur l'apprentissage en profondeur, il vous a été demandé de développer un énoncé de l'objectif compréhensible et significatif pour les étudiants. Passez en revue ce que vous avez fait dans cet exercice et retravaillez l'énoncé de l'objectif pour qu'il prenne la forme suivante : (a) « Le/la [programme/faculté] existe pour ____ ; (b) « Cependant, … [citer les enjeux et défis contextuels] ; (c) « Ce cours cherche à servir cet objectif en… » Vous souhaiterez peut-être vous inspirer de l'approche adoptée dans l'exemple de descriptif de cours 1 (annexe 9.1).

2. *Résultats d'apprentissage* : En pensant aux cinq à dix ans à venir, dans ce cours, sur les plans (a) cognitif : qu'est-il essentiel que les étudiants sachent ? Quelles compétences intellectuelles voudriez-vous que vos étudiants soient capables de développer à travers ce cours ? (b) affectif : comment voulez-vous que vos étudiants changent dans leur attitude, leurs motivations ou leurs émotions en suivant ce cours ? (c) comportemental : Quelles compétences pour le ministère souhaitez-vous que les étudiants développent à travers ce cours ? Sur la base de ces réflexions, établissez des résultats d'apprentissage sous la forme : « D'ici la fin de ce cours, vous devriez avoir fait preuve de croissance dans les domaines suivants : cognitif ____ ; affectif ____ ; comportemental ____ ; » En articulant vos résultats d'apprentissage, vous pourrez vous aider du modèle donné dans l'exemple de descriptif de cours 1 (annexe 9.1) et dans la liste de verbes donnée à l'annexe 9.3.

3. *Activités d'apprentissage* : Suggérez des activités qui pourraient à la fois faciliter les résultats d'apprentissage et mesurer à quel point ils ont été réalisés. Soyez créatifs ! Envisagez des exercices tels que : la tenue guidée d'un journal, une prédication ou une leçon biblique, un culte, une confession de foi, de la poésie, du théâtre, de la peinture, un morceau de musique, une relation de mentorat, des voyages comportant des temps de méditation, des groupes de prière avec travail de réflexion, des études de cas rédigées et discutées par les étudiants, des présentations en groupe devant la classe, et des entretiens réfléchis ; et même un devoir de recherche pourraient comprendre des composantes affectives et comportementales. Donnez les détails nécessaires concernant les activités d'apprentissage, en vérifiant que les points suivants sont tous couverts :

- suffisamment de détails pour éviter l'ambiguïté ;
- une explication des critères objectivant ce qui doit être fait pour bien réussir dans l'activité ;
- une estimation réaliste du temps nécessaire pour réaliser un travail de bon niveau ;
- la quantité totale de travail demandée aux étudiants (y compris tout le travail de lecture, de rédaction et pratique) reste dans les paramètres alloués au module par l'institution ;
- chaque activité comprend une explication du résultat d'apprentissage visé ;
- chaque résultat d'apprentissage est traité par au moins une activité d'apprentissage.

4. *Activités d'apprentissage, matériel d'apprentissage et responsabilité mutuelle.* Pour le descriptif de cours sur lequel vous avez travaillé, (a) esquissez le contenu principal que vous souhaitez aborder dans chaque séance du module ; (b) faites une liste des méthodologies possibles à employer lors de vos cours pour améliorer le processus d'apprentissage ; (c) développez une liste de ressources d'apprentissage, y compris des textes, des ressources en ligne, et des ressources humaines disponibles dans votre contexte ; (d) rédigez une série d'engagements que vous attendez de la part de vos étudiants, et d'engagements que vous êtes prêts à tenir envers eux. Vous pourriez revoir et adapter les politiques données dans l'exemple de descriptif de cours de l'annexe 9.1.

Exercices

1. Lisez les deux exemples de descriptifs de cours donnés dans les annexes 9.1 et 9.2 et répondez aux questions suivantes :

    - Avec lequel de ces deux descriptifs de cours vous sentez-vous le plus à l'aise ? Pourquoi ?

    - Qu'est-ce qui vous plaît le plus dans le descriptif de cours alternatif (annexe 9.1) ? Pourquoi ? Qu'est-ce qui vous déplaît le plus ? Pourquoi ?

    - Les descriptifs de cours traditionnels (annexe 9.2) commencent par le contenu, puis donnent des devoirs, alors que les descriptifs alternatifs passent de la description du cours aux objectifs, puis aux activités d'apprentissage. Donnez deux ou trois raisons pour lesquelles la seconde approche pourrait être jugée plus sûre sur le plan pédagogique.

    - De quelles manières le descriptif de cours traditionnel tente-t-il d'adopter une structure holistique de l'apprentissage (a) en termes d'objectifs du cours ; (b) à travers les activités d'apprentissage ; (c) à travers la méthodologie didactique ?

    - Décrivez un ou deux aspects négatifs du programme implicite sous-jacents dans l'approche traditionnelle que l'approche alternative cherche à traiter de manière positive et intentionnelle.

    - L'approche traditionnelle comporte relativement peu de risques pour le formateur. Quels sont les pièges potentiels de l'approche alternative ? Décrivez certaines mesures précises qui pourraient être prises pour déjouer ces pièges.

    - Indiquez au moins un aspect du descriptif de cours traditionnel que vous n'utilisez pas actuellement mais que vous pensez pouvoir incorporer à votre propre enseignement.

2. Kennedy, Hyland et Ryan (2007) font la distinction entre les « objectifs d'apprentissage » et les « résultats d'apprentissage », les premiers étant plus généraux, les seconds plus précis. Dans ce chapitre, cette distinction n'a pas été faite, en raison de l'accent mis sur l'apprentissage en profondeur et la « planification à rebours ». En effet, ce que Kennedy, Hyland et Ryan appellent des « résultats d'apprentissage » est intégré dans les « activités d'apprentissage ».

Quelles forces et faiblesses voyez-vous dans le fait de distinguer entre les « objectifs » et les « résultats » dans la mise en œuvre de la conception de cours ?

3. Fink (2003, p. 24-25) décrit plusieurs problèmes auxquels les enseignants sont couramment confrontés : (a) obtenir des étudiants qu'ils se préparent avant les cours – d'où des étudiants arrivant en cours non préparés à travailler sur des questions et des problèmes exigeants ; (b) l'ennui étudiant, soit face aux cours magistraux de l'enseignant, soit face à la totalité du module ; (c) une médiocre rétention des connaissances, particulièrement lorsque les étudiants passent rapidement à d'autres cours. Comment une approche de la « planification à rebours » du développement des modules permet-elle de faire face à certains de ces défis, ou même à tous ?

Annexe 9.1

Exemple de descriptif de cours 1 ST 201 Introduction à la théologie systématique

Printemps 2007
Enseignant référent : David Khouri
4 heures de crédit (60 heures en cours + 60 heures hors cours = 120 heures)

Descriptif de cours

« Un survol des doctrines chrétiennes majeures, suivant la méthode de la théologie systématique et comprenant une étude des professions de foi et de doctrine, ainsi que leurs implications pour la vie et le ministère. »

La finalité principale

La finalité principale de vos études en théologie est de renforcer votre connaissance, vos attitudes et vos compétences en tant que personne pouvant aider l'Église dans son engagement à travailler à ce que le Christ soit reconnu comme Seigneur sur toute la Terre. L'Église ne peut accomplir sa vocation sans une compréhension claire de qui est Dieu, et de comment il met en œuvre ses plans dans le monde. Pour cette raison, l'efficacité de toute personne dans le service chrétien est construite sur une relation avec Dieu qui ne cesse de s'approfondir. La connaissance au sujet de Dieu – son caractère et son dessein – est essentielle pour mieux le connaître et le servir. Le but de ce cours est de conduire à une vision approfondie de Dieu, pour parvenir à le connaître personnellement de manière plus profonde, et à vivre la vie chrétienne à la lumière d'une relation personnelle avec lui. C'est en grandissant dans la connaissance de Dieu, que l'on aide le peuple de Dieu à grandir dans la connaissance qu'il a de lui. Le pèlerinage de foi en Dieu n'est pas solitaire, mais nourri par la réflexion sur l'expérience de penseurs chrétiens pendant deux millénaires. Par conséquent, le cours vous guidera à comprendre la théologie dans une perspective historique.

Les résultats d'apprentissage

D'ici la fin de ce module, vous devrez avoir fait preuve d'une croissance dans les domaines suivants :

- *Affectif* : expérimenter une relation plus profonde avec Dieu à travers la méditation des grands thèmes théologiques contenus dans les Écritures et débattus tout au long de l'Histoire.
- *Cognitif* : mieux saisir quelques-uns des grands thèmes de la théologie débattus tout au long de l'histoire de l'Église, et leur importance pour la spiritualité personnelle, la vie de l'Église, et la mission envers la société alentour.
- *Comportemental* : prendre des mesures pratiques pour réfléchir théologiquement à des questions personnelles/de ministère et/ou des questions rencontrées dans le monde séculier, et ainsi d'agir comme un praticien théologique réfléchi.

Les activités d'apprentissage

1. Votre première activité d'apprentissage sera de lire jusqu'au bout les activités d'apprentissage énumérées ci-dessous (1 heure) ; un « contrat » vous sera fourni par lequel vous confirmez que vous les avez lues attentivement et que vous vous engagez à les mener à bien.

Puisque la finalité des activités d'apprentissage est de fournir des preuves des progrès tangibles accomplis vers les résultats d'apprentissage, je vous encourage à faire preuve de créativité et d'appropriation personnelle en *proposant des activités alternatives* mieux adaptées à votre style d'apprentissage. Cependant, la/les activité(s) que vous proposez devra/devront demander des efforts comparables hors temps de cours, et doivent contribuer aux résultats d'apprentissage. Si la conception d'une ou de plusieurs activités alternatives vous intéresse, je vous encourage à venir m'en parler, et je vous assisterai dans ce processus.

2. Il vous sera demandé de tenir un journal personnel de vos réflexions. Pour chacune des lectures (14 x 2 heures = 28 heures) et des séances en cours (14 x ½ heure = 7 heures), les journaux devront inclure au minimum les éléments suivants :

- Un bref résumé de certaines questions clés soulevées par la lecture ou la séance de cours.

Concevoir un module de cours pour un apprentissage multidimensionnel 175

- Les émotions fortes – positives ou négatives – qui ont été suscitées par le contenu, avec une courte déclaration quant à l'origine possible de ces sentiments.
- La réponse à la question : « Si ceci est vrai, et alors ? » – les implications pratiques des questions clés pour le ministère et pour la vie.

Les journaux pourront aussi contenir des éléments tels que des prières, des plans de prédications et des cantiques, en réponse aux lectures et aux cours magistraux.

Il vous sera demandé de former des groupes de responsabilité réciproque à 3 ou 4, et une demi-heure du temps de cours sera mise à part une semaine sur deux pour que ces groupes se retrouvent pour discuter des journaux et prier les uns pour les autres (8 x ½ heure = 4 heures)

La finalité de cette activité d'apprentissage est de nourrir votre connaissance personnelle approfondie de Dieu, à travers la réflexion sur les grands thèmes théologiques vus dans les Écritures et débattus tout au long de l'histoire.

(Total de 39 heures = 50% de l'évaluation du module)

3. Vous devrez travailler de manière coopérative en groupes de 3 pour présenter des questions clés autour d'une grande doctrine de l'Église. Pour chaque groupe, une table ronde se tiendra, que j'animerai, dans lequel chaque membre jouera le rôle d'un des grands penseurs de l'Histoire de l'Église, et fera un exposé de 20-30 minutes sur le contexte dans lequel vivait ce personnage, pourquoi cette question était importante pour lui, et une brève esquisse des idées de cette personne sur cette doctrine. (Par exemple, un trio pourra choisir de présenter une table ronde sur l'ecclésiologie, avec des participants représentant St Ignace d'Antioche, St Augustin et Calvin.) Durant ces présentations, chaque participant doit jouer le personnage qu'il présente, jusqu'à s'habiller selon la mode de l'époque et le contexte dans lequel la personne vivait. Par conséquent, l'étudiant devrait maîtriser de manière approfondie la vie du personnage. De plus, l'étudiant devra fournir à chaque membre de la classe au moins deux pages d'informations sur la vie et la théologie du personnage – sous forme de dissertation, de notes ou de tableau. Suite aux présentations, le reste de la classe aura l'occasion de poser des questions aux participants, et les participants pourront dialoguer entre eux. (10 heures de préparation au total = 20% de l'évaluation)

La finalité de cette activité est d'évaluer la mesure dans laquelle vous avez saisi certains des grands thèmes théologiques débattus au cours de l'Histoire dans leur contexte historique.

4. Vous devrez compléter **une** des activités d'apprentissage suivantes :

Soit

Sans mentionner de noms ou de lieux précis, décrivez soigneusement une situation que vous avez observée dans le ministère ou le monde laïc, et proposez (i) une réflexion théologique sur la situation ; et (ii) des mesures précises qui devraient être prises en réponse à cette situation à la lumière de la réflexion théologique.

Soit

Préparez et présentez dans un contexte d'Église locale **un** des éléments suivants :

- Une *prédication* traitant d'une grande doctrine de l'Église, aidant les auditeurs à comprendre les implications pratiques de la doctrine pour leur vie quotidienne et les mettant au défi de répondre par des actions adaptées. Merci de ne pas livrer un pensum savant soporifique !

ou

- Une *leçon thématique* pour un groupe d'adolescents ou de jeunes adultes traitant d'une grande doctrine de l'Église, dialoguant activement avec les étudiants, les encourageant à comprendre de manière plus approfondie les implications pratiques de la doctrine pour leurs vies de tous les jours, et les mettant au défi de répondre par des actions adaptées. N'oubliez pas que les jeunes s'ennuient rapidement. Cette leçon doit être vivante !

ou

- Un *article* pour un magazine grand public traitant d'une grande doctrine de l'Église qui aide les lecteurs à comprendre les implications pratiques de la doctrine pour leur vie de tous les jours, les mettant au défi d'y répondre en prenant des mesures adaptées. Comme l'article devrait paraître dans un magazine grand public, le style d'écriture et l'approche doivent être simples, sympathiques et non techniques. Des exemples de ce style d'écriture peuvent être obtenus en m'envoyant une demande par e-mail.

Dans chaque cas, vous devriez pouvoir faire preuve de votre capacité à établir un lien entre les grandes doctrines de l'Église et les aspects pratiques de la vie de tous les jours (Total de 10 heures de préparation = 20% de l'évaluation du module.)

La finalité de cette activité d'apprentissage est d'évaluer dans quelle mesure vous saisissez la pertinence de thèmes théologiques clés pour la spiritualité personnelle, la vie d'Église, et la mission envers la société alentour, ainsi que votre capacité à prendre des mesures pratiques pour être capables de réfléchir de manière théologique aux questions personnelles et de ministère et/ou aux questions auxquelles le monde séculier est confronté.

5. On attend de vous que vous veniez préparés en cours et preniez part aux discussions, aux débats et à la réflexion sur les études de cas, comme il vous sera indiqué. (10%)

6. À l'issue de ce cours vous aurez un entretien privé avec moi pour discuter de ce qui aura été appris, et pour en envisager les implications pour la croissance spirituelle personnelle et le changement de comportement.

Activités d'apprentissage

Semaines 1-3 : doctrine de Dieu
Lectures demandées : ...

Semaines 4-5 : anthropologie théologique
Lectures demandées : ...

Semaine 6-8 : christologie
Lectures demandées : ...

Semaines 9-10 : histoire du salut
Lectures demandées : ...

Semaine 11 : pneumatologie
Lectures demandées : ...

Semaine 12 : révélation divine
Lectures demandées : ...

Semaines 13-14 : ecclésiologie
Lectures demandées : ...

Semaine 15 : eschatologie
Lectures demandées : ...

Le canevas du professeur sera transmis aux étudiants une semaine avant chaque séance de cours. Les étudiants devront avoir lu ce document avant le cours. Selon la situation, les cours comprendront certains des éléments suivants :

- Des occasions de prier – à la fois improvisées et suivant des liturgies publiées – en public, en petit groupe et en privé

- Le chant de cantiques
- Des témoignages personnels, dans lesquels les étudiants chercheront à relier les grandes doctrines à leurs propres expériences spirituelles
- Des discussions en petit groupe sur des problématiques clés à travers des questions d'analyse, de synthèse et d'évaluation
- Une réflexion sur des études de cas à la lumière de questions théologiques clés
- Des jeux de rôles avec une réflexion théologique
- Des débats
- Des extraits de films avec une réflexion théologique

Ressources pour l'apprentissage

Grudem, Wayne A., *Systematic Theology: An Introduction to Biblical Doctrine*, Grand Rapids, Zondervan, 1994.

McGrath, Alister E., *Historical Theology: An Introduction to the History of Christian Thought*, Oxfford, Wiley-Blackwell, 1998.

Migliore, Daniel L., *Faith Seeking Understanding: An Introduction to Christian Theology*, Grand Rapids, Eerdmans, 1991.

Engagements réciproques

Ce que j'attends de vous en tant que responsable chrétien en formation au service de Christ :

1. Que vous vous appliquiez à préparer soigneusement chaque cours.

2. Que vous soumettiez vos devoirs dans les temps, ou, si cela n'est pas possible, que vous demandiez un délai suffisamment tôt par rapport à l'échéance.

3. Que vous participiez de manière pleine et constructive à toutes les activités et discussions du module.

4. Que vous fassiez preuve de respect envers les autres étudiants, et soyez sensibles aux différences nationales, culturelles, de genre et autres différences individuelles, et que vous écoutiez avec courtoisie quand les autres prennent la parole en cours.

5. Que vous fournissiez des retours justes et constructifs sur le contenu et la méthodologie du cours qui aideront le professeur durant ce cours et lorsqu'il l'enseignera à nouveau à l'avenir.

Mes engagements envers vous sont :

1. Je me préparerai rigoureusement pour chaque cours.

2. J'encouragerai la réciprocité et la coopération entre vous en tant que classe de responsables émergents.

3. Je mettrai l'accent sur le temps passé sur une activité, en faisant le meilleur usage du temps disponible pour promouvoir un apprentissage de qualité.

4. Je favoriserai un apprentissage actif, respectant la diversité des talents et des styles d'apprentissage.

5. Je me rendrai suffisamment disponible en dehors des cours pour que vous puissiez discuter du contenu du module avec moi.

6. Je ferai de mon mieux pour vous donner des retours rapides sur votre travail.

Me contacter : Je serai disponible dans mon bureau les mardis et jeudis après-midis de 14h à 17h. Email : dkouri@abcdseminary.org

Annexe 9.2

Exemple de descriptif de cours 2
ST 201 Introduction à la théologie systématique

Printemps 2007
Enseignant référent : David Khoury
4 heures de crédit

Semaines 1-3 : doctrine de Dieu
Lectures demandées : ...

Semaines 4-5 : anthropologie théologique
Lectures demandées : ...

Semaine 6-8 : christologie
Lectures demandées : ...

Semaines 9-10 : histoire du salut
Lectures demandées : ...

Semaine 11 : pneumatologie
Lectures demandées : ...

Semaine 12 : révélation divine
Lectures demandées : ...

Semaines 13-14 : ecclésiologie
Lectures demandées : ...

Semaine 15 : eschatologie
Lectures demandées : ...

Exigences du cours

1. Assiduité, lecture et participation en classe. 10%
2. Courts devoirs, comme requis. 20%

3.   Partiels. 25%
4.   Mémoire de recherche de 3000 à 5000 mots à définir avec le formateur. 20%
5.   Examen final. 25%

Méthodologie

Les cours sont construits autour des interventions magistrales du professeur, avec des pauses périodiques pour les questions des étudiants.

Annexe 9.3

Verbes à employer dans la rédaction d'objectifs

(Adapté et enrichi d'après Martin 2006)

Cognitifs

Connaissance	Compréhension	Application	Analyse	Synthèse	Évaluation
Assortir	Associer	Ajouter	Analyser	Catégoriser	Classer
Citer	Choisir	Appliquer	Classer	Combiner	Comparer
Compter	Comprendre	Calculer	Combiner	Compiler	Conclure
Déclarer	Convertir	Changer	Comparer	Composer	Contraster
Découvrir	Déclarer	Classer	Concevoir	Concevoir	Critiquer
Décrire	Déduire	Compléter	Décomposer	Contraster	Déterminer
Définir	Défendre	Découvrir	Déduire	Créer	Distinguer
Écrire	Définir	Démontrer	Délimiter	Élaborer	Donner des retours
Enregistrer	Discerner	Diviser	Détecter	Expliquer	
Énumérer	Discuter	Employer	Disposer	Générer	Estimer
Esquisser	Distinguer	Examiner	Développer	Intégrer	Évaluer
Étiqueter	Donner des exemples	Faire un graphique	Différencier	Modifier	Interpréter
Identifier	Estimer	Illustrer	Distinguer	Ordonner	Juger
Indiquer	Étendre	Interpoler	Examiner	Organiser	Justifier
Lire	Expliquer	Manipuler	Mettre en relation	Planifier	Maîtriser
Lister	Extrapoler	Modifier	Réfléchir	Pousser	Mesurer
Mémoriser	Généraliser	Montrer	Schématiser	Préciser	Noter
Nommer	Identifier	Opérer	Sélectionner	Prescrire	Sélectionner
Rappeler	Paraphraser	Préparer	Séparer	Proposer	Soutenir
Réciter	Prédire	Produire	Signaler	Regrouper	Tester
Reconnaître	Réécrire	Résoudre	Subdiviser	Réorganiser	
Répéter	Résumer	Soustraire	Tracer	Résumer	
Reproduire	Traiter	Traduire	Utiliser	Réviser	
Savoir		Traiter		Revoir	
Sélectionner				Transformer	
Tirer					
Tracer					

Affectif

Accepter	Désirer	Rejeter
Admirer	Être convaincu	Remercier
Aimer	Être prêt à	S'engager à
Apprécier	Être reconnaissant pour	S'enthousiasmer
Approuver	Être sensible à	Se réjouir
Atteindre	Être tolérant envers	S'identifier à
Choisir de	Juger	S'émerveiller
Commencer à s'intéresser à	Mettre en œuvre	Soutenir
Croire	Obéir	Supposer
Continuer	Pratiquer	Sympathiser avec
Décider	Préférer	Valoriser

Comportemental

Acheter	Enseigner	Présenter
Admettre	Envoyer	Prier
Aider	Équilibrer	Produire
Aiguiser	Esquisser	Programmer
Aller	Éviter	Propager
Appliquer	Exécuter	Rassembler
Appuyer	Expérimenter	Regarder
Assister	Fabriquer	Regrouper
Attacher	Faire	Réguler
Augmenter	Fixer	Remercier
Calibrer	Fournir	Remplacer
Chanter	Gérer	Remplir
Chercher	Guider	Rénover
Coder	Inspecter	Réparer
Collecter	Instruire	Répartir
Colliger	Interviewer	Reproduire
Communiquer	Inviter	Retirer
Complimenter	Jouer	Sauvegarder
Compter	Laver	Schématiser
Concevoir	Localiser	Sécuriser
Conduire	Louer	Sélectionner
Confesser	Marcher	Séparer
Conserver	Mélanger	Servir
Construire	Mener	Simplifier
Contrôler	Mesurer	Simuler
Créer	Mettre en œuvre	Soigner
Demander	Mettre fin à	Soulever
Démanteler	Moissonner	Souligner
Démontrer	Montrer	Tailler
Dépanner	Nettoyer	Tabuler
Dessiner	Noter	Téléphoner
Dicter	Obéir	Tracer
Diriger	Opérer	Traiter
Donner	Organiser	Transférer
Dupliquer	Orienter	Trier

Écouter	Parler avec	Trouver
Écrire	Partager	Utiliser
Éditer	Planifier	Visiter
Éliminer	Planter	
Emballer	Positionner	
Émonder	Pratiquer	
Encourager	Prendre soin de	
Enregistrer	Préparer	

10

Préparer un cours pour un apprentissage multidimensionnel

> Il est généralement supposé, implicitement, que l'enseignement devrait aboutir à l'apprentissage, et que l'apprentissage est la conséquence de l'enseignement. Le problème avec cette supposition est que l'on tend à rendre l'étudiant responsable lorsqu'il ne réussit pas à apprendre. Il est rarement envisagé que ce soit les enseignants qui n'enseignent peut-être pas ce qu'ils croient enseigner (Smith 1986, p. 80).

Une des grandes tragédies d'une bonne partie de la formation théologique est que les cours sont centrés sur l'enseignant : c'est l'enseignant seul, quasiment, qui réfléchit, qui parle, et c'est souvent la seule personne dans la classe à apprendre la matière de manière significative. Un ensemble de facteurs contribue à cette formation centrée sur l'enseignant : l'impression de sécurité que cela donne, tant aux enseignants qu'aux étudiants (Palmer 1998, p. 50-60) ; le fait que les professeurs ont tendance à enseigner comme eux-mêmes ont appris ; leur perception de leur rôle, comme étant celui de transmettre une sagesse acquise au travers d'années de recherche et de publications universitaires.

Malheureusement, très peu de gens apprennent quelque chose de cette façon-là. Plus l'apprentissage est passif, moins le contenu est retenu, et la probabilité de mettre en application le cours de manière significative est quasi nulle. Si notre objectif en tant que pédagogues en théologie est à la fois de transmettre de l'information et, avant tout, de faciliter la maturation chrétienne des étudiants, un changement fondamental de perspective doit avoir lieu. Les cours doivent être centrés sur l'étudiant et l'apprentissage.

L'enseignement est un acte très personnel, et un enseignement de qualité découle de l'intégrité de la personne de l'enseignant (Cranton 2006, p. 112-115 ; Palmer 1998, p. 1-33).

Par conséquent, la définition de l'apprentissage réussi sera différente selon le professeur et selon la classe. Ce chapitre exposera une série d'étapes facilitant la conception d'un cours ; ces étapes ne sont pas une façon de standardiser le processus. Il ne s'agit pas d'une « loi » mais d'approches qui, comme démontré plus haut, amélioreront l'apprentissage. L'objectif est de vous fournir de nouveaux « outils » pour votre « boîte à outils », vous qui cherchez à promouvoir une formation théologique transformatrice.

Étape 1 : La finalité. Pourquoi enseignez-vous ces contenus ?

Préparer un cours commence par se poser cette question : « pourquoi enseigner ces contenus ? ». Au chapitre 8 nous avons montré la place de l'adhésion des étudiants au projet éducatif pour « l'apprentissage en profondeur ». Si l'enseignant ne peut pas expliquer aux étudiants les raisons pour lesquelles le cours vaut leur investissement, ni en quoi cela va contribuer à les préparer à leur ministère, les étudiants ne le pourront pas non plus. Que l'enseignant commence la préparation de son cours en se demandant comment convaincre des étudiants non astreint par l'obligation de présence d'y assister. Pour ce faire l'enseignant gardera en point de mire quelle est la vocation de formation professionnalisante de l'école où il travaille. Ensuite, il veillera à relier ses enseignements à cet objectif institutionnel, pour dépasser la fonction « informative », et participer à un projet pédagogique « transformateur ».

Étape 2 : Objectifs pédagogiques

Une fois que vous avez formulé clairement les raisons d'enseigner un cours, l'étape suivante consiste à clarifier vos objectifs pédagogiques. Comment veut-on que les étudiants soient transformés sur les plans cognitif, affectif et du comportement, à la suite à ce cours ?

De nombreux spécialistes de l'éducation prônent la formulation d'objectifs pédagogiques en termes de compétences ou de capacités mesurables à maîtriser (capabilité), c'est-à-dire d'actions précises et tangibles à réaliser d'ici la fin du cours. De tels objectifs sont généralement exprimés par des expressions telles que : « d'ici la fin du cours, l'étudiant sera capable de . . . » Les objectifs pédagogiques devraient posséder les caractéristiques suivantes (Benson 1993, p. 168) :

- *Être suffisamment clairs pour être compris.* Ceci peut sembler évident, mais trop souvent nous visons un niveau différent de celui de nos étudiants. Comme il en a été question au chapitre 8 sur l'apprentissage en profondeur, les étudiants ne peuvent pas apprendre ce qu'ils ne comprennent pas. Comprendre le contenu est l'un des fondements de l'apprentissage en profondeur.

- *Être suffisamment précis pour être atteints.* Nous sommes souvent tentés d'alourdir ces objectifs. Comme déjà évoqué à plusieurs reprises dans ce livre : « moins, c'est plus ». La plupart des personnes ne peuvent absorber qu'un élément de vérité à la fois ; un bon but consistera en un seul objectif précis.

- *Être suffisamment personnels, calibrés pour l'individu.* Les étudiants ne s'approprieront pas un objectif sans lien direct avec leurs situations de vie et ce type d'objectif aura donc de grandes chances de ne pas être réalisé. C'est ici que notre sensibilité aux situations de vie des étudiants devient importante. Un bon objectif pédagogique fera le lien entre la matière et les contextes de vie des étudiants.

- *Être suffisamment pratiques.* Un objectif énoncé ainsi « Que vais-je faire ? » donnera de bien meilleurs résultats qu'un énoncé d'objectif de type « Que vais-je penser ? » – même si ce type de formulation a aussi sa place.

La force des objectifs comportementaux tient au fait qu'ils responsabilisent les enseignants pour qu'ils orientent leur pratique pédagogique vers l'apprentissage des étudiants. La tâche de former ne peut pas être considérée accomplie si les étudiants ne fournissent pas de preuves tangibles de leur apprentissage. Cependant, faisons attention à ne pas considérer les objectifs de capacités comme une mesure complète de l'apprentissage ! Un trop grand accent mis sur ce type d'objectifs peut rendre notre enseignement trivial. De plus, parmi ceux qui mettent l'accent sur le recours aux objectifs comportementaux, il y a une tendance, à négliger le domaine affectif de l'apprentissage. Cela s'explique par des difficultés à le mesurer, en dépit du rôle crucial que joue l'affect dans la transformation holistique.

Étape 3 : Quelle(s) est/sont l'(les) idée(s) la(les) plus importante(s) de votre cours

Au chapitre 8 sur l'apprentissage en profondeur, l'intérêt du « regroupement » du contenu tournant autour d'idées centrales vous a été présenté, ainsi que le recours à une répétition adaptée à ces thématiques. Une idée principale centrale aide à unifier votre cours et donne à l'étudiant une base pour relier les différents éléments du cours. L'enseignant préparera son cours autour d'une idée servant de fil d'Ariane, de telle sorte que si l'étudiant oublie tout, ce fil conducteur lui reste. L'enseignant peut se préparer avec application, présenter un cours solidement bâtit et très riche en concepts et notions, captiver l'attention des étudiants qui passeront un très bon moment . . . mais peu de temps après, ces derniers sont incapables de dire de quoi il s'agissait. L'idée principale n'est pas assez ressortie. Une bonne « idée principale » servant de fil d'Ariane possède les cinq caractéristiques clés suivantes. Elle est :

- *L'idée principale du cours* – et non une question secondaire ou marginale.
- *Courte et facile à retenir.* L'idée principale devrait être suffisamment brève pour rester clairement à l'esprit de l'enseignant, de telle sorte qu'il puisse la répéter fréquemment durant le cours. Une règle pratique est de viser un maximum de dix mots.
- *Énoncée sous la forme d'une phrase déclarative.* Le titre ou le sous-titre ne devrait pas être l'idée principale. Celle-ci devrait être l'énoncé d'une vérité qui pourra rester avec les étudiants.

- *Sur un ton positif.* Les êtres humains rechignent à être repris – même quand cela est justifié. Un vieux dicton dit : « Quand tu insistes, ils résistent » ; c'est pourquoi des idées principales de qualité sont exprimées sous une forme positive ou neutre qui invite l'étudiant à les retenir. Des formules péremptoires comme mots tels que « il faudrait », « il devrait » érigent généralement une barrière psychologique qui entraîne les auditeurs à oublier l'idée rapidement.
- *Centrée sur une seule idée.* Si nous essayons d'enseigner dix idées dans un cours, nos étudiants en retiendront en général une. Visez une idée par heure d'enseignement, que vous reprenez sous différents angles.

En somme, indépendamment du fait de savoir si le contenu est accrocheur et important, l'esprit des étudiants reste rarement concentré durant tout un cours. C'est pourquoi, en règle générale, il vaut mieux de ne pas viser plus d'une idée principale pour chaque heure d'enseignement donnée. Cette idée centrale est ensuite réintroduite et répétée fréquemment, de différentes manières, tout au long du cours. De cette façon, si l'étudiant oublie de nombreux détails, le concept central reste intact et a plus de chance d'intégrer la mémoire à long terme.

Prenez les exemples suivants :

- Les Églises saines sont caractérisées par l'équilibre.
- L'œuvre de Jésus continue dans la vie de l'Église par le Saint-Esprit.
- Travailler en équipe donne de la puissance au ministère chrétien.
- Les Églises en bonne santé acceptent tous ceux que Dieu accepte.
- Le travail d'évangélisation et de croissance de l'Église nécessite l'ouverture et la coopération.
- Les dirigeants chrétiens se sacrifient eux-mêmes mais sans manipuler les autres.
- La source de la puissance dans le ministère chrétien est la Croix.
- Diriger de manière opérante, c'est s'engager sur un chemin partagé d'influence spirituelle.
- Diriger de manière opérante découle d'une sélection étudiante intentionnelle et d'une formation transformatrice.
- La postmodernité remet en cause les présupposés de vérité et d'objectivité.

Dans chaque cas, l'idée principale répond à chacun des cinq critères donnés ci-dessus : elle constitue le point central du cours, est brève et facile à retenir, énoncée sous forme de phrase déclarative, sur un ton positif et focalisée sur une seule idée.

On notera que la plupart des proverbes et dictons dont nous nous souvenons si bien (« qui vole un œuf vole un bœuf », « un 'tiens' vaut mieux que deux 'tu l'auras' », « un homme averti en vaut deux », « le mieux est l'ennemi du bien ») satisfont également ces cinq critères. La forme de ces proverbes simplifie leur mémorisation.

Étape 4 : Aborder le cours d'une manière psychologique

L'apprentissage est une interaction entre contenu et méthodologie. L'intérêt des étudiants pour le contenu préparé par un formateur est le résultat d'un bon modèle pédagogique. Par conséquent, une formation de qualité donne un poids égal, dans la préparation, au contenu et à la pédagogie. La plupart des professeurs de l'enseignement supérieur consacrent la plus grande partie de leurs efforts au contenu qu'ils souhaitent présenter, sans se rendre compte que la présentation d'un contenu ne garantit pas l'apprentissage. Même s'il est en général nécessaire que les formateurs se concentrent sur le contenu la première fois qu'ils élaborent leur cours, les enseignants expérimentés revoient et améliorent leur pédagogie chaque fois qu'ils enseignent à nouveau un module ou une unité de cours.

L'accent mis sur le contenu conduit de nombreux formateurs à concevoir des cours dans la forme comme des rapports de recherche, suivant une présentation par étapes logiques. Si cela est souvent avantageux dans un travail écrit, cette approche est en général inefficace dans l'univers oral d'une salle de cours. Une véritable facilitation de l'apprentissage provient d'une approche *psychologique,* plutôt que logique, de la planification d'un cours.

Un exemple classique de l'agencement psychologique d'un cours est celui que Lawrence Richards a proposé il y a plus de quarante ans (1970) : *accrocher, chercher, regarder et rapprocher.* Ces principes ont été conçus pour la formation dans l'Église, mais ils sont tout aussi pertinents pour une formation théologique transformatrice. Des approches comparables ont même été préconisées pour l'enseignement supérieur non religieux (par exemple, Sousa 2006, p. 275-276 ; Vella 2008, p. 32-47).

Richards suggère que l'enseignement de cours efficaces implique un procédé qui adopte quatre phases, que l'on peut résumer ainsi :

- L'élément « *accrocher* » aide les étudiants à considérer le thème du cours d'une manière intéressante et pertinente.
- Dans la section « *chercher* », le thème principal est étudié et expliqué.
- Ensuite, les implications générales du thème pour le contexte contemporain sont abordées dans la section « *regarder* ».

- Enfin, le thème est abordé en privé dans la section « *rapprocher* ». L'enseignant créatif ne fait pas que présenter un cours créatif ; il amène également les étudiants à prévoir des manières dont eux-mêmes pourraient mettre des éléments du cours en pratique.

Le processus d'accrocher, chercher, regarder et rapprocher peut être présenté de manière schématique (voir figure 10.1). Le restant de ce chapitre apportera une réflexion sur chacune de ces phases, en réfléchissant sur la logique qui les sous-tend, et les processus par lesquels ils peuvent être mis en œuvre.

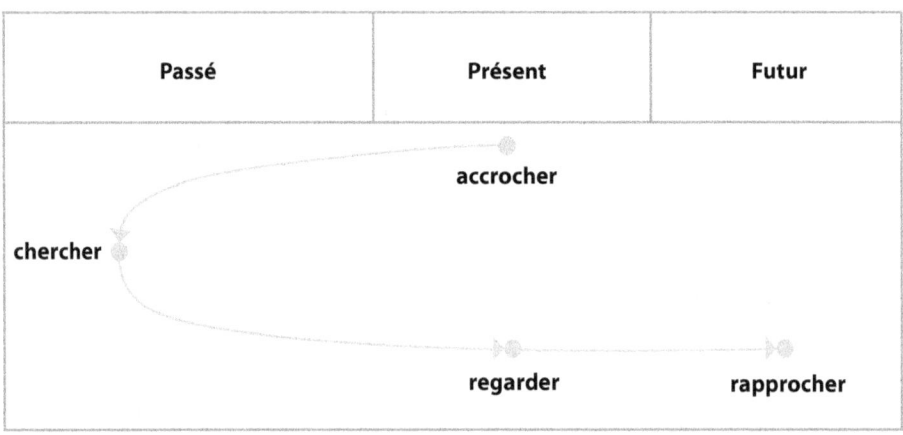

Figure 10.1 Le mouvement d'accrocher, chercher, regarder, rapprocher (adapté de Richards et Bredfeldt 1998, p. 60).

Accrocher : « démarrer en fanfare »

En commençant à lire ce chapitre, comment vous sentiez-vous ? Où vous seriez-vous placé par rapport à chacun des paramètres suivants ?

Les toutes premières minutes de n'importe quelle séance de cours comportent une période très instable. En tant qu'enseignant motivé, vous vous êtes préparé et êtes plein d'enthousiasme en entrant dans la salle de classe. Vous connaissez votre contenu et croyez en sa valeur. Vous êtes prêt à enseigner. Mais ceci ne veut pas dire que vos étudiants sont prêts à apprendre. Le plus souvent, ils ne sont pas en train de penser à votre cours. Ils ont leurs propres centres d'intérêt et préoccupations. Certains sont heureux, d'autres tristes. Certains ont des préoccupations angoissantes – la maladie d'un proche, une dispute à la maison, des difficultés financières. Dans la réalité, très peu d'étudiants arrivent en cours complètement prêts à apprendre. Leur esprit est dominé par le domaine affectif – des sentiments et des attitudes qui ne sont pas, en règle générale, concentrés sur l'apprentissage. L'« accroche » cherche à parler aux sentiments et aux attitudes de nos étudiants et à détourner leur attention de ce qui leur préoccupe l'esprit vers une nouvelle phase de croissance potentielle par le biais du cours en question.

Une bonne accroche a trois qualités de base :

- *Elle attire l'attention.* La meilleure manière d'attirer l'attention est de faire participer vos étudiants oralement ou physiquement. Dès que les étudiants commencent à faire quelque chose, ils sont accrochés par le cours. Dès que les étudiants ont exprimé leurs opinions en réponse à une question iconoclaste, ils sont impliqués dans le cours. La participation est la clé pour obtenir l'attention.

- *Elle fixe un objectif* – elle donne aux étudiants une réponse à la question fondamentale : « Pourquoi devrais-je écouter cela ? » Du point de vue des étudiants, c'est une question légitime : « Si je dois être attentif, ce cours doit aborder quelque chose d'important pour moi. Pourquoi devrai-je prêter attention à la présentation sans intérêt de données poussiéreuses ? » Si vos étudiants n'ont pas de raison d'être attentifs – du moins à leurs yeux – vous aurez du mal à retenir leur attention. Mais si vous fixez un objectif qu'*eux-mêmes* veulent atteindre, ils vous suivront.

- *Elle les fait entrer naturellement dans le noyau du cours*, en étant directement liée à l'idée principale. Un début attirant est contreproductif s'il ne fait pas de lien direct avec le contenu qui va suivre.

Une bonne manière de commencer est d'avoir recours à des techniques qui apportent de la crédibilité (un article sur l'actualité récente), un trait de réalité (des études de cas, des objets physiques intéressants qui ont un lien avec le cours), du théâtre (un jeu de rôle, un extrait de film), ou un aspect éclatant, immédiat (des images, un diaporama), et ensuite de faire le lien entre l'essentiel de l'idée principale du cours et la vie des étudiants. Ces méthodes créatives, ainsi que d'autres, seront examinées dans les chapitres suivants.

De nombreux enseignants trouvent qu'une déclaration qui emploie des mots forts (Brookes 2006, p. 127-128), provoque une réaction, lance un défi, ou produit des réactions émotionnelles fortes chez les étudiants, est une ouverture puissante possible. Suit une discussion en petits groupes ou un débat au cours duquel les étudiants essaient de discerner le raisonnement et les circonstances derrière une telle déclaration. En étant forcés à prendre au sérieux des opinions avec lesquelles ils sont en désaccord complet, les étudiants sont impliqués dans la discussion au niveau de leurs émotions.

Edwards (1988, p. 55-66) remarque que : « La disposition d'un groupe à apprendre est souvent déterminée dès les premières minutes d'un cours. Durant cette période de temps, un «état psychologique» est établi qui persiste souvent pendant toute l'heure ; heureusement, cet état peut être positif aussi bien que négatif. » Edwards met en garde contre quelques pièges courants comme :

- Passer trop de temps sur des tâches administratives banales (faire l'appel, des annonces).
- Proposer un temps « mort » sans aucune activité prévue pour les étudiants (rassembler le matériel, attendre que les autres arrivent).
- Étouffer tout intérêt par une introduction usée (« Veuillez ouvrir vos Bibles au chapitre . . . »).

Dans le chapitre 8 sur l'apprentissage en profondeur, nous avons évoqué l'effet de primauté-récence. Ce que vous faites comme première activité, votre première idée, votre première phrase, même, pourra occasionner l'apprentissage le plus significatif que vos étudiants retiendront. Les enseignants efficaces prévoient soigneusement comment ils ouvriront le cours et accrocheront les étudiants. Quelle que soit la méthode, le principe est le même – la nécessité d'impliquer les étudiants activement dès le début du cours.

Prenez, par exemple, les ouvertures de cours suivantes :

---

1. « Bon, je crois que nous devrions démarrer. J'aimerais commencer en vous lisant Philippiens 2.1-11. »

2. « Je crois que tout le monde est là, maintenant. Je vais faire l'appel avant d'aborder le cours. »

3. L'enseignant écrit au tableau : « Le Sermon sur la montagne : idéal hors d'atteinte ou instructions réalisables pour la vie chrétienne ? » Le groupe est divisé en deux et l'enseignant dirige un débat sur ce thème.

4. L'enseignant ouvre le cours en lisant un court extrait du journal de cette semaine, qui parle de l'augmentation du taux de divorce local, et ensuite demande aux étudiants ce qu'ils ressentent à ce sujet.

5. L'enseignant ouvre le cours en lisant une étude de cas, et la classe est divisée en groupes de trois ou quatre pour en discuter.

L'option 1 présuppose que les étudiants sont attentifs dès le début du cours, et ne fait pas grand-chose pour attirer l'intérêt ou l'attention. L'option 2 commence par des tâches administratives banales, et gaspille un temps de qualité crucial pour la classe, à savoir l'ouverture. Au contraire, les options 3 à 5 impliquent et orientent toutes trois l'ensemble du groupe. Bien que les trois « accroches » soient toutes des ouvertures fortes, même celles-ci ont des difficultés associées : la discussion de l'extrait du journal et le débat seront tous deux probablement dominés par une poignée de voix ; l'étude de cas aura plus de chances d'impliquer tous les étudiants, mais peut être chronophage et inadaptée pour des séances de cours plus courtes. Les bonnes « accroches » nécessitent créativité et vision.

Chercher/regarder : « texte et contexte »

Bien que Richards distingue les phases « chercher » et « regarder », en pratique, l'idéal est que la partie centrale du cours soit un dialogue entre le texte (« chercher ») et le contexte (« regarder »), durant lequel le thème principal est étudié, expliqué, fait l'objet d'une réflexion, et analysé.

Le cours magistral n'est en aucun cas la seule méthode pour présenter les phases chercher et regarder ; en réalité, d'autres méthodes sont en général beaucoup plus efficaces. Certaines méthodes importantes seront traitées dans les chapitres suivants de ce livre.

Quelle que soit la méthode utilisée, la finalité reste la même : par des stratégies didactiques significatives et intentionnelles, approfondir la compréhension de l'idée principale, et de son importance pour le bon développement d'hommes et de femmes pour le ministère.

Une orientation didactique en faveur de l'apprentissage ne se contentera pas d'une simple présentation des phases chercher et regarder. Au contraire, l'accent sur l'apprentissage visera la participation de l'étudiant, une participation par laquelle les étudiants démontrent à la fois leur compréhension des textes et leur capacité à faire le lien entre les textes et leurs contextes. C'est durant cette phase que la véritable capacité « artistique » de l'enseignant rayonnera. Comme le décrit Willingham (2009, p. 161-162) :

> Enseigner c'est jouer le rôle d'un guide lors d'un voyage. L'enseignant cherche à guider la réflexion de l'étudiant vers des sentiers particuliers, ou peut-être à explorer un pan plus vaste d'un nouveau type de terrain. Ce peut être un territoire nouveau même pour l'enseignant, car ce voyage se déroule en tandem avec l'étudiant. Sans relâche, l'enseignant encouragera l'étudiant à persévérer, à ne pas perdre courage quand il rencontre des obstacles, à utiliser l'expérience de voyages précédents pour aplanir le sentier, et à apprécier la beauté et l'émerveillement suscités par les paysages. Un écrivain doit convaincre le lecteur de ne pas abandonner le livre, de même, un enseignant

doit persuader l'étudiant de ne pas interrompre le voyage. L'enseignement est un acte de persuasion.

En général, un bon cours :

- Reliera chaque question au(x) point(s) central (centraux) du cours.
- Fera un va-et-vient cadencé entre la théorie et la pratique.
- Conduira les étudiants d'une connaissance factuelle à une compréhension qui s'approfondit au fur et à mesure, à une mise en application vivante.
- Incorporera des questions affectives (pour exprimer des sentiments).
- Maintiendra la participation et l'intérêt des étudiants tout au long de la séance, par le recours à une méthodologie variée.

Rapprocher : « vers la transformation et pas uniquement la simple information »

En 1976, la première rencontre de *l'Association œcuménique des théologiens du Tiers-monde* se déroula à Dar-es-Salaam, en Tanzanie. Ils conclurent leur réunion par la déclaration suivante :

> Les théologies en provenance d'Europe et d'Amérique du Nord dominent aujourd'hui dans nos Églises, et représentent une forme de domination culturelle. Ces théologies doivent être comprises comme ayant émergé de situations en lien avec leurs pays, et ne doivent donc pas être adoptées sans recul ni sans soulever la question de leur pertinence dans le contexte de nos pays. Nous devons, pour être fidèles à l'Évangile et à nos peuples, refléter les réalités de nos propres situations et interpréter la Parole de Dieu en relation avec ces réalités. *Nous rejetons pour son manque de pertinence un genre de théologie érudite qui est coupée de l'action. Nous sommes préparés à une rupture radicale d'épistémologie qui fera de l'engagement le premier acte de la théologie, et qui s'investira dans une réflexion critique sur la praxis de la réalité du Tiers monde.* (Torres et Fabella 1978, p. 269 ; italiques ajoutées)

Une compréhension de la formation théologique centrée sur la mission et l'Église implique le besoin d'accueillir l'ordre missionnaire de Matthieu 28 qui enjoint le disciple d'enseigner en vue de l'obéissance. Pour de nombreux formateurs théologiques, ce concept est nouveau, et pourtant, un véritable apprentissage transformateur se révèle par une action réfléchie venue du cœur – c'est la capacité à agir suite à un apprentissage et à laisser la croissance cognitive modifier affect et comportement. Pour que notre formation ne soit pas seulement informatrice mais transformatrice, notre enseignement ne se contentera pas d'établir un lien entre texte et contexte, mais il conduira impérativement à une réponse active. Tous les sujets abordés dans un cours ne se prêteront pas aisément à une mise en pratique par des actes, mais si une réponse concrète n'a jamais lieu, la formation proposée par notre programme ne pourra prétendre être ni formatrice ni basée sur la mission du Christ.

Un vieux dicton arabe dit : « Un voyage de cent kilomètres commence par un pas ». De même, une bonne application ne cherche pas tant un vaste changement général que des actions spécifiques, des pas vers la maturation chrétienne. Un modèle courant d'application est l'élaboration de réponses « SMART » pour : Spécifiques, Mesurables, Atteignables, Rapprochés, Tangibles » – qui font preuve des caractéristiques suivantes. Elles sont :

- *Spécifiques* : des applications qui donnent des noms, des lieux, des détails.
- *Mesurables* : des applications qui donnent des chiffres et des délais, de sorte qu'après une période prédéfinie, on puisse mesurer si oui ou non le message a été appliqué de manière significative.
- *Atteignables* : des applications qui peuvent être réalisées.
- *Rapprochés* : des applications qui sont directement liées au message.
- *Tangibles* : des applications qui sont des actes visibles.

En d'autres termes, il devrait être (au moins en théorie) possible d'observer cette personne mettant en pratique cette application.

Comme exemple, imaginez que vous venez de conduire le groupe dans une étude biblique dans Matthieu 5.13-16 et avez demandé aux étudiants d'écrire comment ils allaient appliquer ce message à leurs propres vies. Voici leurs réponses :

- Je veux être sel et lumière dans le monde.
- Je veux être un exemple chrétien pour ceux qui m'entourent.
- Je veux rendre témoignage de ma foi.
- Je veux rendre visite à mon ami Ahmad durant la semaine qui vient, et lui parler de Jésus.
- Je veux aider George et Dikran à régler leurs différends, et donc je projette d'appeler chacun d'entre eux d'ici dimanche prochain.

Chacune de ces réponses est une application acceptable du passage. Cependant, les deux dernières applications ont plus de chances d'aboutir à une action que les autres car elles sont spécifiques, mesurables, atteignables, rapprochés, et tangibles.

Quand vient le moment de planifier un cours, la plupart des étudiants ont besoin d'être guidés dans le processus d'application du message d'une manière spécifique, mesurable, atteignable, rapproché et tangible. Sans être « la loi des Mèdes et des Perses », une manière de conduire les étudiants vers une action significative est de suivre ce processus en quatre étapes :

1. Alors que le cours tire à sa fin, posez aux étudiants les questions comportementales suivantes : « Indiquez deux ou trois manières dont l'idée principale est mise en pratique (ou non). Quelles sont certaines des barrières principales à une pratique de l'idée maîtresse ? » En effet, une partie de la raison d'enseigner est qu'il existe un aspect de l'idée principale qui n'est pas encore pleinement vécu : si les étudiants se sont déjà appropriés l'idée principale, enseigner le cours (s'il n'est pas au programme obligatoire) ne présentera pas d'intérêt. Une question comme celle-ci donne aux étudiants l'occasion de réfléchir de manière générale aux implications possibles de l'idée principale pour leur vie. Parallèlement, d'un point de vue négatif, ce genre de question permettra l'expression ouverte des doutes et craintes des étudiants.

Par exemple :

- Donnez deux ou trois facteurs importants qui empêchent les Églises d'être ouvertes et d'accepter les nouvelles personnes. Envisagez par exemple des questions liées à l'âge, l'origine géographique, et l'arrière-plan socio-économique.

- Donnez deux ou trois facteurs importants favorisant la création de barrières à un travail d'équipe véritable dans votre propre Église locale, ainsi que dans d'autres Églises que vous connaissez.

- Pourquoi nous est-il difficile d'incarner au quotidien une vie et un ministère centrés sur la Croix du Christ ? Donnez deux ou trois facteurs qui nous font craindre les implications d'une vie conforme à la théologie de la Croix dont nous avons discuté en cours.

2. Ayant examiné des difficultés de mise en pratique de l'idée principale, réfléchissons surtout aux possibilités positives. Ainsi, une deuxième question de comportement pourrait suivre, du type : « Donnez deux ou trois moyens précis et pratiques par lesquels vous avez vu l'idée principale mise en pratique dans votre propre vie ou dans la vie de quelqu'un que vous connaissez. » La manière la plus efficace de faciliter la mise en pratique d'une vérité dans la vie est de fournir aux personnes des modèles ou des exemples à suivre. Ce type de question offre un tel modèle.

Par exemple :

- Avez-vous jamais vu une Église capable de créer un environnement où tous étaient acceptés de manière sincère et ouverte ? Citez deux ou trois des facteurs principaux qui ont permis à cette Église de faire cela.

- Avez-vous jamais vu une Église dans laquelle un travail d'équipe de qualité était largement pratiqué, et où ce travail d'équipe rendait le ministère de l'Église fécond ? Citez deux ou trois des facteurs principaux qui ont permis à l'Église de développer ce genre de ministère en équipe.

- Avez-vous jamais vu un responsable chrétien qui montrait quelque chose de la puissance d'un ministère cruciforme ? Décrivez comment cela fonctionnait en pratique. Donnez deux ou trois facteurs qui ont aidé cette personne à adopter cette vision du ministère.

Il est souvent utile que ces questions soient abordées dans des discussions en petits groupes de trois à cinq personnes.

3. Grâce aux deux questions précédentes, les étudiants ont partagé ensemble en termes généraux à la fois les barrières qui les empêchent de vivre l'idée principale, et les possibilités pour changer leur comportement actuel. La question suivante les pousse à réfléchir et à réagir de manière personnelle : « Notez un domaine précis de votre vie dans lequel vous voudriez vivre l'idée principale de manière plus efficace. Prenant en compte les manières dont ce point a été vécu dans le passé, selon ce que vous-même ou d'autres ont pu voir, donnez un exemple de comment il pourrait être vécu à l'avenir, selon vous. »

Par exemple :

- Étant donné le contenu que nous avons vu dans ce cours ainsi que notre discussion d'Églises réelles de notre région, proposez au moins une mesure précise et tangible que vous pourriez personnellement prendre au cours des deux prochaines semaines, pour promouvoir dans votre propre Église locale un environnement ouvert où chacun est véritablement accepté.

- À la lumière de notre discussion d'aujourd'hui, proposez au moins une mesure précise et tangible que vous pourriez prendre personnellement, au cours du mois à venir, pour promouvoir un ministère en équipe dans votre propre Église locale.

- Prenant en compte les principes discutés en cours aujourd'hui, donnez au moins une mesure précise et tangible que vous pourriez prendre, durant la semaine à venir, en direction d'une vie de ministère.

Étant donné le côté personnel de la question, il est en général recommandé que les étudiants rédigent leurs réponses par écrit en privé, sur un « formulaire individuel de réponse », qui pourrait comprendre l'engagement personnel ci-dessous.

4. Les étudiants ont maintenant énoncé des manières *précises*, *pertinentes* et *tangibles* par lesquelles ils pourraient mettre en pratique le message. Pour rendre l'application *mesurable* et *atteignable*, il est souvent utile de terminer l'étude en leur faisant remplir un engagement, selon un des modèles suivants : soit « Durant la semaine à venir, j'agirai au moins une fois selon l'idée principale en . . . » soit : « Avec l'aide et la force de Dieu, je m'engage pour la semaine à venir à ne pas . . . » Cette réponse est privée, restant entre l'étudiant et Dieu, mais il est possible pour l'enseignant de demander la semaine suivante si des étudiants ont pu mettre en pratique le message. Lorsqu'il existe une confiance

suffisante entre les étudiants, j'ai constaté qu'il était possible et utile que l'étudiant signe l'engagement et le fasse contresigner par un ami. Être témoin de l'engagement rajoute une note de sérieux et renforce l'engagement dans le processus.

Un processus alternatif, que de nombreux formateurs ont trouvé utile, est de conclure les blocs d'apprentissage (par exemple toutes les trois ou quatre heures d'apprentissage) par une activité qui recentre sur le sujet ou la tenue d'un journal. La série de questions suivantes peut être utilisée pour conclure pratiquement n'importe quelle sorte d'activité d'apprentissage, donnant aux étudiants l'occasion de réfléchir sur leur apprentissage cognitif, leur engagement affectif et leurs réponses en termes de comportement, au contenu vu en classe :

- Faites une liste courte des points principaux de la séance d'aujourd'hui
- Pour vous personnellement, quelle a été la chose la plus importante que vous avez entendue et lue lors du cours d'aujourd'hui ? Pourquoi était-ce important pour vous ?
- Y a-t-il quoi que ce soit que vous trouviez difficile dans les lectures ou le cours d'aujourd'hui ? Pourquoi ? Y a-t-il quelque chose qui vous ait mis mal à l'aise, ou avec lequel vous n'étiez pas d'accord ? Pourquoi ?
- Avez-vous jamais vu les principes dont on a discuté aujourd'hui à l'œuvre dans votre propre vie et dans votre Église ? Décrivez brièvement ce qui s'est passé.
- À la lumière du cours d'aujourd'hui, décrivez au moins une action spécifique, mesurable et atteignable que vous pourriez entreprendre au cours des prochains jours, en réponse à ce qui a été abordé.
- À la lumière du cours d'aujourd'hui, décrivez au moins une manière par laquelle votre vie et votre ministère futurs pourraient être touchés par ce dont on a discuté.

Conclusion

La plupart des enseignants engagés dans la formation théologique ont passé des années dans la recherche et l'écriture, et en sont venus à valoriser le système et la logique dans la pensée. Le passage à un agencement psychologique n'a en aucun cas pour but de dénigrer la valeur d'idées rigoureusement structurées. Cependant, une appréciation de la nature holistique de l'apprentissage, et en particulier de l'importance de construire de l'affect positif, renforcera considérablement la planification de nos cours. De plus, en passant à un agencement psychologique, se concluant par une application significative, nous serons mieux placés qu'avec une approche traditionnelle pour aboutir à un apprentissage qui soit transformateur et non pas simplement informatif.

Étapes de la conception d'un cours

Prenez un cours que vous avez l'intention d'enseigner dans un futur proche :

1. *Énoncé de l'objectif.* Pourquoi avez-vous l'intention d'enseigner ce cours ? Dans quelle mesure le contenu parle-t-il aux préoccupations profondes des apprenants ? Comment ce cours pourrait-il vous aider à réaliser la vision et la mission (finalité) de votre programme de formation ou institution ? Rédigez un énoncé de l'objectif clair pour le cours.

2. *Idée principale.* Quelle(s) est/sont l'(les) idée(s) principale(s) du cours ? En vous servant des idées principales données dans le chapitre comme modèle, formulez un énoncé simple qui donne l'essence de ce que vous essayez de communiquer dans votre cours. Vérifiez votre/vos énoncé(s) à la lumière des cinq caractéristiques d'une idée maîtresse de qualité : qu'il soit (a) l'idée principale du cours ; (b) court et facile à retenir – pas plus de dix mots ; (c) énoncé sous forme de phrase déclarative ; (d) sur un ton positif ; (e) concentré sur une idée. Gardez en tête le fait qu'un enseignement de qualité cherche à présenter une seule idée principale pour chaque période de 45 à 60 minutes d'enseignement.

3. *Accrocher.* Comment pourriez-vous commencer le cours « en fanfare », pour assurer que l'effet de primauté-récence aboutisse à ce que vos étudiants retiennent ce qui est important pour le cours dans son ensemble ? Proposez un moyen de faire participer vos étudiants activement dès le début du cours. Gardez en tête les trois éléments d'une accroche efficace : elle attire l'attention ; elle fixe un objectif ; elle fait entrer naturellement dans le cours.

4. *Chercher et regarder.* Faites une liste résumant les questions principales présentes dans le contenu, expliquant courtement comment chacune est liée à l'idée maîtresse. Donnez quelques suggestions de départ de comment vous pourriez impliquer les étudiants dans un apprentissage actif au lieu de simplement livrer le contenu sous forme de cours magistral. (Dans les chapitres suivants, une variété de méthodes d'enseignement créatives vous sera proposées, afin de rendre vivante la phase chercher/accrocher du cours.)

5. *Rapprocher.* En employant le processus à quatre étapes décrit dans ce chapitre, ou une autre approche, développez la phase « rapprocher » adaptée à votre cours. Rappelez-vous qu'un « rapprocher » puissant sera spécifique, mesurable, atteignable, rapproché et tangible.

6. *Le temps.* Prévoyez des périodes de temps adaptées pour chaque phase du cours, en vous assurant que suffisamment de temps a été accordé à la réflexion

et à l'application en clôture du cours. Même si le temps prévu ne devrait jamais à lui seul déterminer notre enseignement, si la question du temps n'a pas été suffisamment prise en compte, l'accent du cours sera probablement mis sur la transmission d'informations et non sur le véritable résultat recherché : à savoir un apprentissage transformateur véritable qui favorise la pensée, la formation d'attitudes, et l'action. En prenant en compte la répartition du temps, n'oubliez pas de changer d'activités régulièrement afin de garder au plus 20 à 30 minutes pour chaque épisode d'apprentissage, et ainsi maximiser l'apprentissage pour obtenir un temps de qualité pour le groupe.

7. Matériel. Pour chaque phase du cours, faites une liste de tout le matériel dont vous aurez besoin. Si ces ressources comprennent du matériel technologique, il est important de le tester au moins dix minutes avant le début du cours.

Exercices

1. Réfléchissez au dernier cours que vous avez donné. Qu'est-ce qui a bien fonctionné ? Pourquoi ? Qu'est-ce qui a mal fonctionné ? Pourquoi ? Quel apprentissage a eu lieu, et comment savez-vous qu'il a bien eu lieu ?

2. Palmer (1998, p. 1-33) voit le point de départ d'un enseignement de qualité non pas dans le contenu ou la pédagogie, mais dans la personne de l'enseignant. Dans quelle mesure êtes-vous d'accord avez Palmer ? Pourquoi ? Comment vous décririez-vous en tant qu'enseignant ? Comment votre personnalité et votre caractère se voient-ils dans votre enseignement en classe ? En quoi votre personnalité est-elle un atout pour votre enseignement ? En quoi est-elle un frein ?

11

Les méthodes pédagogiques traditionnelles face aux méthodes non-traditionnelles

Le don d'enseigner n'est pas le don de parler ! (Duane Elmer)

En fin de compte, le succès ou l'échec de notre formation repose sur ce qui se produit dans la salle de cours. La mise en œuvre du meilleur programme holistique et intégré dépend de la dynamique enseignant-étudiant. Malheureusement, trop de nos professeurs n'ont pas eu de formation pédagogique et reproduisent le modèle d'enseignement par lequel ils ont appris, c'est-à-dire : le cours magistral suivi de devoirs. Mais, vous l'aurez compris, de meilleures méthodes et modèles sont à leur disposition.

Nous présentons dans ce chapitre une sélection de stratégies pédagogiques susceptibles d'être employées dans le processus d'encouragement et de facilitation de l'apprentissage. Les méthodes traditionnelles (comme le cours magistral et la discussion en cours) seront évaluées à la lumière de la recherche pédagogique, et des suggestions seront présentées pour améliorer les approches traditionnelles, en les rendant plus sensibles aux besoins de l'étudiant. Une variété de stratégies non-traditionnelles sera également proposée, telles que les forums, les débats, les interviews, et le recours aux images et à la littérature. Les deux chapitres suivants seront consacrés à une discussion plus détaillée de la scénarisation de situations-problèmes pour obtenir un apprentissage en profondeur, et de l'approche par étude de cas, que l'on peut aisément transposer aux simulations ou jeux de rôles.

Tout au long de ce processus, il est important de garder à l'esprit que, quelles que soient les techniques utilisées, elles sont de simples servantes du processus d'apprentissage, et qu'il n'y a aucune stratégie-miracle pour résoudre toutes les difficultés pédagogiques. À cet égard, la remarque de Fink est particulièrement pertinente :

> Il y a une différence fondamentale entre stratégie pédagogique et technique d'enseignement. La stratégie pédagogique est de loin la plus importante. Les enseignants ont toujours besoin d'être bons et de maîtriser les techniques qu'ils utilisent. Mais c'est la manière précise dont ces techniques et activités

d'apprentissage sont associées et ordonnées qui détermine si un cours crée une synergie entre ses parties. C'est la stratégie pédagogique qui produit la dynamique d'un apprentissage fécond, et non les techniques en elles-mêmes. C'est pourquoi mon exhortation aux enseignants qui veulent un cours réellement performant est : « Ne pensez pas technique ; pensez stratégie ! » (Fink 2003, p. 138)

La recherche en sciences de l'éducation des quarante dernières années a démontré que les façons de faire habituelles – préparer et présenter des cours magistraux à des étudiants à qui on demande de régurgiter l'information dans des contrôles et des dissertations – ne sont plus une approche adéquate pour promouvoir l'apprentissage. Peut-être cela n'a-t-il jamais été le cas. Meyers et Jones (1993, p. 14-15) présentent les constatations suivantes :

- Lorsque les enseignants donnent un cours magistral, 40 pour cent du temps, les étudiants n'écoutent pas ce qui est dit.

- Pendant les dix premières minutes d'un cours magistral, les étudiants absorbent environ 70 pour cent de ce qui est dit. Dans les dix dernières minutes, seulement 20 pour cent. Les 70 pour cent sont en grande partie perdus une heure après la fin du cours, et quasiment rien de ce qui est dit durant les dix dernières minutes n'est retenu.

- Les étudiants perdent leur intérêt de départ, et le niveau d'attention continue à baisser, durant le cours magistral.

- Quatre mois après avoir suivi un cours d'introduction à la psychologie, les étudiants n'avaient que 8 pour cent de connaissances en plus sur les thèmes abordés qu'un groupe de contrôle qui n'avait jamais suivi le cours.

- La recherche a démontré que les étudiants retiennent en six semaines environ 5 pour cent de ce qui est appris par l'emploi des stratégies d'enseignement traditionnelles (cours magistraux, temps de questions), et qu'au bout de deux ans quasiment rien n'a été retenu.

Il y a deux clés pour une bonne méthodologie pédagogique – la participation et l'application. La participation signifie que l'étudiant est attiré par le matériel et dialogue avec lui de telle sorte qu'il commence à se l'approprier. L'application signifie qu'une fois que l'étudiant s'est approprié le contenu en principe, il reçoit de l'aide pour l'appliquer de manière concrète et précise. Il y a plus de soixante ans, Edgar Dale (1946) a reconnu la relation entre une participation active, la rétention en mémoire et l'apprentissage, et a développé son « cône d'expérience », devenu célèbre (figure 11.1).

Dans le reste de ce chapitre, nous examinerons une variété de stratégies didactiques à la lumière du diagramme de Dale, en partant des formes plus verbales pour aller vers les formes plus actives de méthodologie éducative. La stratégie didactique qu'est l'étude de cas sera l'objet d'une attention particulière au chapitre 13.

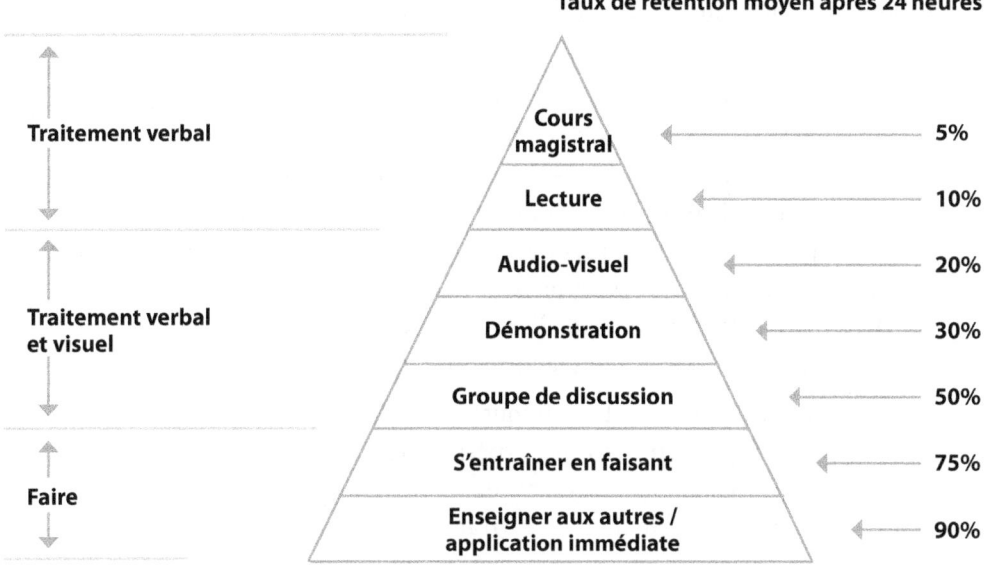

Figure 11.1 Cône d'expérience d'Edgar Dale

Le cours magistral

> Un cours magistral est un acte contre nature, un acte pour lequel la Providence n'a pas conçu les êtres humains. Il est tout à fait bien de parler de temps en temps pendant que les autres gardent le silence, mais le faire régulièrement, pendant une heure à la fois, qu'une personne ne s'arrête pas de parler tandis que les autres restent assis silencieusement, je ne crois pas que c'est pour faire cela que le Créateur nous a conçus. (Barth 2001, p. 34-35)

Même si les professeurs dans toutes les disciplines de l'enseignement supérieur expriment le désir de promouvoir un apprentissage de haut niveau, et en profondeur, environ 80 pour cent des professeurs du premier degré de l'enseignement supérieur continuent à choisir le cours magistral comme leur méthode pédagogique principale, en dépit de nombreuses recherches (Fink 2003, p. 3) qui suggèrent que le cours magistral est d'une efficacité limitée pour aider les étudiants à :

- Retenir l'information après la fin d'un module de cours
- Développer la capacité de transposer la connaissance à des situations nouvelles
- Développer de l'habileté dans la réflexion et la résolution de problèmes
- Obtenir des résultats affectifs, comme une motivation pour aller plus loin dans l'apprentissage, ou un changement d'attitude.

De nombreux mythes contribuent à entretenir la popularité du cours magistral comme méthode didactique dominante. Elmer (1993, p. 142-143) propose les suivants :

- *Le mythe de l'omniscience.* Puisque les enseignants sont ceux qui ont entrepris des études avancées et ont préparé le cours de manière approfondie, ils croient qu'ils sont les seuls à avoir des choses importantes à dire, et que le mieux pour les autres serait qu'ils écoutent. Comme le chapitre 5 sur le programme implicite l'a montré, dans de telles situations l'enseignant considère que la formation est l'équivalent de la scolarisation, et non synonyme d'un apprentissage de qualité – ce qui est discutable dans n'importe quel contexte d'enseignement supérieur, mais qui est particulièrement grave dans la formation théologique.

- *Le mythe de l'ignorance.* Il est fréquemment supposé que, puisque c'est l'enseignant qui est plus formé, expérimenté et outillé, c'est une perte de temps de demander aux étudiants de « partager leur ignorance ». Même si l'enseignant a souvent une plus grande expertise en ce qui concerne les éléments théoriques du contenu, de nombreux étudiants viennent en cours avec des connaissances et de l'expérience dont l'enseignant et les autres étudiants pourraient bénéficier. En vue de l'objectif de former des hommes et des femmes fidèles pour être des conducteurs chrétiens, ce qui implique de vivre le contenu activement, les étudiants gagneraient beaucoup à entendre comment leurs collègues ont mis en pratique le message dans leurs propres vies. Si ceci est utile en formation initiale, cette écoute des autres devient un impératif dans les contextes où les étudiants ont la trentaine, la quarantaine ou la cinquantaine. Dans de tels contextes, bien que les étudiants ignorent la théorie dans une certaine mesure, ils ont souvent plus d'expérience pratique que le formateur.

- *Le mythe du changement* laisse entendre que dire quelque chose va changer les personnes. Le principe « action-attitude » présenté au chapitre 4 sur l'apprentissage multidimensionnel suggère que c'est l'inverse qui est vrai – que les actions changent les attitudes beaucoup plus que les attitudes ne changent les actions – indiquant ainsi le besoin d'approches plus actives de l'apprentissage.

- *Le mythe du manque d'intérêt* fait référence à la réticence qu'ont les étudiants à participer à l'enseignement. D'après ce mythe, les étudiants préfèrent rester assis à prendre des notes plutôt que de s'engager dans un modèle d'apprentissage participatif. En général, ce mythe est cru par ceux qui n'ont jamais employé de méthodes dites actives, ou n'ont pas su les utiliser correctement. En revanche, ceux qui ont acquis la capacité à impliquer les étudiants activement en cours reconnaissent que ceux-ci sont impatients de s'investir dans un apprentissage compréhensible et significatif (voir le chapitre 8 sur l'apprentissage en profondeur).

Bien que le cours magistral soit critiqué, et qu'il y ait de solides raisons pour remettre en question son statut de méthode didactique dominante, il reste une place pour lui dans une didactique centrée sur l'apprentissage de qualité. Ainsi, les formateurs efficaces ont recours au cours magistral à petite dose, et font attention à ce que son rôle soit compris.

Le cours magistral typique a tendance à présenter un résumé systématique et concis des connaissances à couvrir ce jour-là, une approche que Chang *et al.* (1983, p. 21) décrivent comme « axée sur la conclusion » c'est-à-dire que le début, le milieu et la fin du cours sont présentés aux étudiants comme un ensemble fini. McKeachie (1999, p. 75) suggère que cette approche est mal orientée, et que la tâche du professeur n'est pas d'être un : « résumeur d'encyclopédies, mais d'apprendre aux étudiants à apprendre et à penser. »

Le plus grand danger du cours magistral est la tendance du formateur à se focaliser sur la technicité des contenus plutôt que la réception des contenus, et à privilégier la présentation de l'information dans un ordre logique aux dépens de la dimension psychologique. Quand le cours exige peu de réaction de la part des étudiants, la dépendance et la passivité créative sont minorées. L'étudiant peut obtenir d'excellentes notes sans pour autant avoir réellement acquis l'objet de l'enseignement en profondeur.

La pertinence du cours magistral, se justifie davantage comme introduction (ou propédeutique) à l'apprentissage en profondeur. Il introduit ainsi les grandes lignes d'un champ d'étude, et peut être suivi d'une discussion en classe entière ou en travaux dirigés pour s'assurer que les concepts sont compris et pour réfléchir sur les implications du contenu. Nombreux formateurs ont bien compris que « moins, c'est plus » – c'est-à-dire que présenter moins de contenu, mais bien enseigné et en prévoyant du temps pour réfléchir, en discuter, et l'analyser, mènera à plus d'apprentissage à long terme que la présentation de grandes quantités de contenu avec peu d'occasions pour y réfléchir et en discuter (O'Brien, Millis et Cohen 2008, p. 12).

Pour qu'un apprentissage de qualité ait lieu à travers un cours magistral, les formateurs devraient garder à l'esprit certains des principes de base de la rétention en mémoire et de l'apprentissage en profondeur :

- Étant donné sa valeur contestable pour l'apprentissage à long terme, ne faire un cours magistral que si vous n'avez pas d'autre choix. Envisagez toujours des stratégies pédagogiques alternatives (Juengst 1998, p. 90-91).
- Déterminer en quoi la présentation ou démonstration sous une forme expositive sera plus efficace dans ce cas. N'hésitez-pas à communiquer la valeur de ce contenu de manière enthousiaste et passionnée. L'enthousiasme est contagieux.

- Choisissez une et une seule idée centrale claire qui servira de fil conducteur à l'unité d'enseignement, et qui puisse se traduire par un mot clé qui lui, sera répété plusieurs fois.

- Comme outil pour les aider à mieux comprendre, fournir aux étudiants un plan clair qui les aide à suivre le cours de la pensée, et à « échafauder » leur approche des savoirs.

- Il est souvent utile de fournir aux auditeurs une documentation pertinente à lire (questions importantes, études de cas, extraits d'ouvrages, bibliographies annotées), avant la présentation (Farrah 2004). Ceci nourrit l'impatience de certains étudiants, et permet à l'étudiant de structurer la logique de la présentation.

- Être conscients du phénomène de primauté-récence (voir chapitre 8 sur l'apprentissage en profondeur). En conséquence, s'assurer que la première phrase et le premier paragraphe du cours soient frappants, pertinents, et valent la peine d'être gardés en mémoire. Laisser aux étudiants l'occasion de donner des retours et de réagir après les premières dix à quinze minutes : cela permettra de minimiser les pertes pour la mémorisation durant les temps morts.

- Morceler votre cours magistral en « sous-unités » de dix à quinze minutes, en insérant des intermèdes de discussion en petits groupes, en classe entière, de silence méditatif, pour montrer des clips vidéo courts, ou d'autres moyens de créer de la place pour qu'un nouvel épisode d'apprentissage puisse commencer (Brookfield 2006, p. 105).

- S'assurer que les étudiants comprennent ce qui est présenté. Définir les termes employés, clarifier les concepts, et demander régulièrement des retours aux étudiants. Être sensible à ce que les étudiants entendent et apprennent réellement.

- Donner l'exemple de comportements souhaités tirés de l'apprentissage, en introduisant en début de cours les questions auxquelles vous cherchez à répondre. Présenter délibérément une variété de points de vue alternatifs qui poussent les étudiants à penser synthétiquement. Incorporer des temps d'évaluation des présupposés sous-jacents, et conclure avec une série de questions venant du cours qui restent sans réponse (Brookfield 2006, p. 109-113).

- Connaître votre contenu suffisamment bien pour produire un sentiment de « familiarité détendue » (Habermas 1995, p. 217) qui réduit la crainte du contenu parfois éprouvée par les étudiants.

- Parler sur le ton de la conversation, avec un bon contact visuel et les gestes adéquats. Ceci a plus de chance de retenir l'attention des étudiants qu'une approche trop savante. Parler avec autorité, mais de manière chaleureuse et humaine.

- Utiliser des exemples et illustrations parlants, ainsi que des ressources visuelles, mais tout en vous assurant que ceux-ci restent des serviteurs et non des maîtres du processus d'apprentissage.

- Garder la partie « cours magistral » aussi courte que possible. Laisser les étudiants sur leur faim plutôt que de trop les rassasier. Ne dites pas tout, mais ce qui est nécessaire, pour éviter que les étudiants s'ennuient et attendent avec impatience que vous ayez terminé.

La discussion en classe entière

Dans les cours plus traditionnels, les enseignants sensibles à l'apprentissage interrompent le contenu magistral régulièrement, en insérant des temps de discussion par le groupe d'étudiants du matériel présenté. En vue de facteurs tels que le besoin d'un agencement psychologique et de l'effet de primauté-récence, la discussion en classe entière peut fournir aux étudiants l'occasion de s'arrêter, de réfléchir, de répondre et de dialoguer.

Malheureusement, dans la pratique, les discussions de *qualité* en classe entière sont rares. La préparation du formateur est consacrée en priorité à l'organisation du contenu. L'accent est mis sur l'enseignement. Peu d'attention est portée à la manière dont les étudiants pourraient dialoguer avec, et réfléchir à ce contenu – cela mettrait l'accent sur l'apprentissage. Pour qu'une discussion en classe entière soit efficace, les formateurs doivent consacrer du temps non seulement au contenu mais également aux questions qui seront utilisées pour faciliter la réflexion (le chapitre suivant est consacré à la préparation de questions pour un apprentissage en profondeur).

Les bonnes questions sont fondamentales pour une discussion de qualité en classe entière. Mais d'égale importance est le besoin d'être sensible aux dynamiques de la salle de classe. En particulier, une bonne discussion en groupe prend en considération ce qui suit :

- Les bons enseignants élaborent des moyens par lesquels se font entendre à la fois les voix des membres les plus assurés et qui ont des facilités d'expression, et celles des membres plus silencieux. Selon que la personne a plus ou moins confiance en elle, ou est plus ou moins socialement habituée, voire culturellement habilitée à prendre la parole dans un groupe, elle sera naturellement expansive ou plus réservée. Un moyen efficace de donner la parole aux étudiants plus réservés est de changer l'aménagement de la salle de cours, d'une disposition en auditorium à une disposition de type atelier, en groupes de trois à cinq étudiants, avec les membres les plus loquaces dans le même groupe, et les plus silencieux ensemble dans les autres groupes (voir figure 11.2). Les questions de réflexion donnent lieu à des discussions en petits groupes, et chaque groupe dispose ensuite du même temps de parole lors de la mise en commun. Par exemple, plutôt que de créer un forum ouvert pour parler (en quel cas les étudiants les plus loquaces domineront), chaque groupe est autorisé à proposer seulement une ou deux réponses clés. Une telle approche aide aussi les étudiants à développer et à regrouper leurs idées plus clairement. Même si un changement de la disposition de la salle n'est pas possible, un résultat qui s'en rapproche peut être obtenu en demandant aux étudiants de « discuter avec leur voisin ».

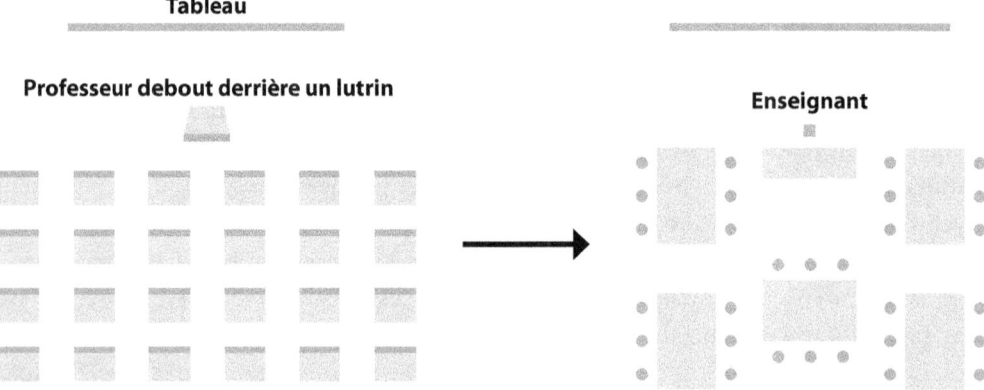

Figure 11.2 D'une disposition de la salle de cours en auditorium à une disposition en atelier.

- Le modèle traditionnel d'interaction en classe demande au formateur d'intervenir en permanence. Le secret d'une bonne modération de discussion est de s'effacer et de guider plutôt que de diriger. Les formateurs offrent une direction adaptée de la discussion en maintenant l'équilibre entre l'expression ouverte et honnête de leurs propres opinions et la nécessité de garder leurs points de vue privés. À certains moments, les étudiants peuvent en venir à se sentir perdus. Ils ont alors besoin d'aide et de l'aide du formateur. Celle-ci devient alors déterminante pour articuler les idées en débats, ou dégager une idée directrice majeure qui est étouffée par un nombre important d'idées secondaires ou particulières. Lorsque les enseignants proposent trop vite la « bonne réponse », les étudiants cessent rapidement d'exprimer leurs opinions, par crainte qu'elles soient incompatibles avec le point de vue « officiel » ou « acceptable ».

- Une communication non-verbale de qualité joue un rôle très important pour favoriser une discussion de groupe saine. S'éloigner de l'estrade et créer un espace ouvert entre l'enseignant et les étudiants encourage les plus timides à parler. Le contact visuel communique valorisation et relation. Il est également important de donner le temps aux étudiants de réfléchir avant de parler, et d'insister pour avoir un environnement respectueux et bienveillant, où les étudiants ne bavardent pas avec leur voisin pendant qu'un de leurs collègues est en train de parler (Weimer 2013a).

- Le point de départ d'un apprentissage transformateur peut prendre la forme d'une « dissonance cognitive[1] », c'est-à-dire poser un dilemme qui fait temporairement perdre aux étudiants leurs repères et les pousse à un examen personnel critique (Cranton 2006, p. 20). Les formateurs doivent trouver l'équilibre entre le fait d'inciter les étudiants à un apprentissage significatif, et celui de rester sensible à l'anxiété qu'ils éprouvent quand ils sont confrontés à une idée qui se détache de leur paradigme d'origine.

- Les discussions de qualité prennent du temps. Par exemple, si vous avez un groupe de vingt-quatre étudiants et que vous le divisez en six groupes de quatre personnes, pour que chaque étudiant parle pendant deux minutes dans le petit groupe, et puis que chaque groupe ait deux minutes de partage avec la classe entière, cela prendra au total vingt minutes. Si de nombreux formateurs voient cela comme du temps perdu, en revanche, du point de vue de l'étudiant, la participation active crée un plus grand potentiel pour un apprentissage en profondeur que vingt minutes de cours magistral. Un bon équilibre entre cours magistral et discussion impliquera une sélection soigneuse de ce qui est le plus important, et une conception rigoureuse des questions d'accompagnement, pour assurer une implication profonde.

- Les gens traitent l'information de différentes manières. Certains développent leurs idées *en parlant*, d'autres ont besoin de les organiser *avant de parler*. Par conséquent, permettre un bref temps de silence avant d'entamer la discussion en classe entière donnera l'occasion au second groupe de préparer ses idées initiales. Une des plus grandes erreurs que commettent les formateurs confrontés au silence du groupe est de répondre à leurs propres questions. Les étudiants en viennent rapidement à s'y attendre, et ce qui était au début un silence concentré aboutit à une non-participation des étudiants. Si le silence se prolonge, il est possible que votre question n'ait pas été bien comprise. On encouragera davantage la participation des étudiants en reformulant la

---

1. Ou distorsion cognitive, (Festinger 1957), mais comme d'autres théories celle-ci est débattue. Certains, comme Beauvois et Joule (1981), préfèrent parler de théorie de cognition « génératrice » en ce qu'elle déclenche et oriente le travail cognitif, plutôt que de la perturber.

question, ou en demandant à un étudiant d'expliquer ce qu'il a compris par votre question.

- Il est possible de développer les capacités critiques des étudiants en jouant « l'avocat du diable », en présentant des points de vue opposés et en mettant les étudiants au défi de donner des raisons pour justifier leurs points de vue, ou bien en demandant des contre-exemples à d'autres étudiants : « Qui peut trouver un autre point de vue ou à un argument contraire ? » (Fisher 2008, p. 126)

- Les formateurs de qualité suscitent parfois de la perplexité chez les étudiants (Issler et Habermas 1994, p. 60). En général, c'est le programme « implicite » qui empêche les étudiants de poser des questions, le sentiment que cela ne se fait pas pour un étudiant de montrer son ignorance en cours – ignorance exposée par les réactions des enseignants ou les soupirs des autres étudiants. Dans la plupart des cours, seules les questions concernant le thème traité sont permises – même si changer la direction de la réflexion peut parfois faire ressortir une conséquence importante du problème. Inviter et approuver les questions des étudiants donne à l'enseignant un aperçu de l'avancement du processus d'apprentissage des étudiants.

- Quand les étudiants se remémorent leurs expériences d'apprentissage importantes, ils décrivent souvent des moments où il s'est passé quelque chose d'inattendu (Brookfield 2004). Les bons formateurs se réjouissent de ces « instants d'apprentissage ». Souvent, ces expériences d'apprentissage inattendues se produisent lorsqu'un membre du groupe soulève une question qui n'est pas directement à l'ordre du jour de l'enseignant, mais qui touche un nombre significatif d'autres membres. Lorsque les enseignants évitent ou évacuent ces questions inattendues, la discussion en cours peut facilement dégénérer en une expérience froide et sans vie, déconnectée du contexte de vie et de ministère des étudiants.

La discussion en petits groupes

Après le cours magistral et la discussion en classe entière, la méthode d'enseignement sans doute la plus couramment utilisée est de diviser la classe en petits groupes de discussion. Le principe le plus important pour une discussion en petit groupe efficace est la qualité des questions posées, thème qui sera traité au chapitre suivant. Dépassant l'art de concevoir des questions, et des principes de discussion en classe entière évoqués ci-dessus, il existe un certain nombre de principes importants et spécialement pertinents pour l'amélioration de la discussion en petits groupes :

- Veillez à ce que les groupes de discussions restent petits, se réduisant si possible de deux à quatre personnes. Dans les groupes les plus petits, chaque personne a l'occasion d'exprimer son opinion, et il est beaucoup plus difficile de garder le silence et de ne pas participer. Dans les groupes de plus de cinq personnes, certains ont tendance à monopoliser la parole, et il est possible d'observer sans s'impliquer. Rappelez-vous que les deux clés d'une méthodologie efficace sont la participation et l'application. Les étudiants ont plus de chance de participer oralement dans un petit groupe.

- La taille du groupe devrait varier suivant les objectifs d'apprentissage (Meyer et Jones 1993, p. 66). Si l'objectif est d'avoir beaucoup d'échanges qui débouchent sur une discussion en classe entière, mettre les étudiants par deux ou trois assure que le dialogue sera animé. Cependant, pour des tâches de résolution de problèmes, les groupes de quatre à six fonctionnent mieux. Dans les groupes de plus de six, les étudiants passifs restent silencieux plus facilement, et les groupes perdent les avantages du nombre réduit.

- Reconnaissez que la discussion prend du temps. Si vous divisez la classe en petits groupes, fixez une limite en temps et rappelez-la à mi-parcours, pour vous assurer que chacun a l'occasion de participer. Cela donne au groupe la permission de demander à quiconque monopolise la parole d'abréger, pour que d'autres puissent parler à leur tour. Un enseignant/facilitateur devrait circuler entre les groupes, pour s'assurer qu'ils ont compris les questions et avancent à un rythme adapté. Votre présence parmi eux communiquera votre intérêt, et motivera grandement les étudiants à rester focalisés sur la tâche et à dialoguer avec le contenu.

- Là où le contenu à traiter est abondant, une adaptation utile est de créer une approche de la discussion en « puzzle » (Barkley, Cross et Major 2005, p. 156-162). Chaque petit groupe examine une série de questions distinctes et précises, et au moment de rendre compte de leur discussion, leur morceau du « puzzle » est présenté comme une partie d'un ensemble plus grand. Le travail en petit groupe sur des morceaux du « puzzle » peut être un moyen très captivant et satisfaisant pour que les étudiants se plongent dans un sujet, mais cette technique requiert une importante préparation en amont. L'assemblage du puzzle nécessite également une gestion attentive, autrement les étudiants peuvent suivre uniquement leur propre « morceau » et ainsi perdre la vision d'ensemble.

- Les petits groupes fonctionneront plus ou moins bien suivant la clarté des objectifs donnés aux participants (« Pourquoi faisons-nous cet exercice ? »), ainsi que des paramètres de l'activité (« Que devons-nous faire exactement ? ») et des règles d'interaction (« Comment devrions-nous nous comporter ? »). La dynamique des petits groupes est grandement améliorée par une communication claire des objectifs, des paramètres et des règles (Meyer et Jones 1993, p. 69).

- L'importance de bien clore la discussion. Un temps de compte-rendu est utile, mais il requiert cinq à dix minutes suivant le travail en petit groupe, et la structure du cours doit être planifiée en conséquence. Il est généralement mieux de ne pas prendre de longues réponses de chaque groupe, celles-ci pouvant devenir ennuyeuses et contre-productives. Une mesure très efficace serait de demander à chaque groupe de contribuer son idée la plus importante, et, uniquement après que tous les groupes auront pu parler, de solliciter des réponses additionnelles. Des retours brefs et rapides peuvent donner un dynamisme presque électrique au processus. Le compte-rendu du groupe sert plusieurs objectifs. Au niveau cognitif, il renforce pour chaque groupe le contenu qu'il a travaillé. Il permet aussi aux différents groupes de bénéficier des idées des autres. Enfin, et peut-être le plus important, au niveau affectif, un temps de compte-rendu communique aux étudiants que le formateur apprécie leur travail et leurs idées, et considère qu'il est important que les autres les entendent. Les étudiants auront donc plus de chances d'être motivés pour participer activement à un travail futur de discussion en petits groupes.

Le brainstorming ou « remue-méninges »

Le « brainstorming » peut être un moyen efficace de lancer une discussion. Un problème est présenté aux étudiants, répartis habituellement en petits groupes, et il leur est demandé de proposer autant de solutions différentes que possible. L'accent est mis ici sur la quantité et non la qualité, mais en l'occurrence la quantité engendre souvent la qualité. Il est plus facile de modifier une idée créative que d'en développer une non-créative. Les participants suspendent leur jugement jusqu'à ce que toutes les suggestions aient été faites, ou jusqu'à ce qu'environ les deux-tiers du temps alloué à la séance de brainstorming soient écoulé. Après une courte pause, le groupe sélectionne les meilleures contributions parmi celles suggérées (ou, peut-être, combine plusieurs idées), affine les réponses et apporte les conclusions du groupe devant toute la classe. Chaque groupe de brainstorming présente sa solution lors d'une discussion en classe entière. Si une action par la classe tout entière est indiquée, les étudiants peuvent décider quelle idée ils souhaitent affiner, et mettre en action. En général, un exercice de brainstorming efficace ne dépassera pas cinq minutes au total.

Le brainstorming peut également constituer une méthode de travail en classe entière, pour présenter une nouvelle idée, ou un nouveau chapitre d'enseignement. Le professeur présente un enjeu fondamental sous la forme d'une question majeure, et demande aux étudiants de proposer des réponses. Celles-ci sont répertoriées au tableau, et (si c'est utile), organisées en catégories. L'enseignant présente ensuite un contenu déjà préparé sur le thème. En général, les étudiants auront déjà incorporé une bonne partie du contenu lors de leur séance de brainstorming, et se seront déjà lancés dans une forme d'« apprentissage par la découverte ». La présentation officielle qui suit le brainstorming sert à consolider le contenu.

La clé d'un brainstorming réussi est de concevoir une question concrète et importante pour les étudiants, à laquelle il n'y a pas de solution simple. Prenez les exemples suivants :

- Les Églises dans de nombreuses parties du monde ont tendance à adopter un style de direction dictatorial, en contraste avec le modèle de vie communautaire chrétienne décrit dans le Nouveau Testament. En petits groupes, faites une liste (a) des raisons principales pour cette pratique autoritaire répandue et (b) des mesures spécifiques que des responsables émergents pourraient prendre après avoir quitté la faculté de théologie pour résoudre cette divergence entre théologie et pratique.

- Dans le cadre d'une étude sur 1 et 2 Corinthiens, faites une liste de toutes les caractéristiques de l'Église de Corinthe – bonnes et mauvaises. Lesquelles de ces caractéristiques, selon vous, sont encore courantes dans l'Église dans votre contexte actuel ?

- Nos Églises locales aimeraient établir une meilleure communication avec . . . (d'autres Églises, des associations para-Église, des services de l'État, des ONG). Comment pourrions-nous nous y prendre ?

Le débat

De temps en temps, un thème de cours se prête à la technique du débat. Il y a de nombreuses manières d'organiser un débat, allant d'une organisation informelle durant deux minutes à un débat formel plus long préparé à l'avance. Une manière d'ouvrir une séance de cours qui a fait ses preuves serait de présenter une proposition à débattre, ensuite de diviser le groupe en deux et de désigner un camp qui soutient la proposition et un autre qui la réfute. Ce type de débat impromptu en classe entière est inévitablement dominé par les membres les plus loquaces, néanmoins ce peut être un moyen efficace d'intéresser les étudiants à un enjeu ou un thème important. Une adaptation du débat en classe entière est le brainstorming en petits groupes sur la proposition représentant de chaque groupe s'exprimant ensuite pour ou contre.

Des débats plus formels en général impliquent deux équipes de trois membres qui reçoivent la proposition à débattre une semaine à l'avance, et qui travaillent ensemble pour préparer leur dossier. Dans les débats classiques, c'est au camp du « oui » de prouver que la proposition est juste, le camp du « non » devant démontrer qu'elle ne l'est pas. Bien entendu, le camp du « non » peut vouloir présenter une proposition alternative après sa réfutation.

Les participants au débat font souvent leurs interventions dans l'ordre suivant :

1. Première intervention pour

2. Première intervention contre

3. Deuxième intervention pour

4. Deuxième intervention contre

5. Troisième intervention contre

6. Troisième intervention pour

Puisque la charge de la preuve incombe à l'équipe du « pour », celle-ci a l'avantage d'ouvrir et de clore le débat. Les gagnants du débat sont décidés en fonction de leur capacité à présenter leur position. Dans un débat en classe, il est souvent bon de laisser la parole au public pour des commentaires et des questions à la fin de la dernière réfutation, sous la direction du modérateur du débat.

Un moyen très efficace de développer les capacités à changer de point de vue est d'utiliser l'approche du « débat critique » (Barkley, Cross et Major 2005, p. 126-131), dans lequel des étudiants se mettent du côté de la question qui est contraire à leurs propres croyances. En se confrontant à des points de vue alternatifs, les étudiants sont incités à examiner en profondeur leurs présupposés fondamentaux et leurs loyautés sur le sujet, et à reconnaître la possibilité de changer de point de vue sur des questions complexes.

La clé d'un bon débat est la proposition de résolution du problème. De bonnes résolutions à débattre seront claires, relativement précises et (surtout) équilibrées entre les côtés pour et contre. Trop de débats échouent parce que seulement un côté est défendable et/ou la résolution est trop vague pour bien développer des arguments. Prenez les exemples suivants :

- « L'hindouisme est une entreprise humaine malavisée et non fondamentalement mauvaise. »
- « Paul avait tort de refuser de prendre Marc avec lui pour son deuxième voyage missionnaire. »
- « La législation civile dans la loi mosaïque n'est pas pertinente pour l'Église aujourd'hui. »

Les débats ont un grand potentiel pour développer la capacité manière de réflexion critique chez les étudiants, et souligner la complexité de questions sensibles.

Le forum ou la table ronde

Dans les forums ou tables rondes, deux ou trois experts sont sollicités pour préparer de courtes présentations, suivies par des questions et des réponses du public. Les tables rondes sont particulièrement utiles lorsque :

- Le sujet est difficile et les étudiants ne pourraient pas participer à une discussion significative sans une bonne maîtrise du sujet.

- Les personnes possédant une formation ou une expérience spécialisée ont des éclairages qui ne sont pas normalement à la portée des étudiants. Suivant le sujet, il n'est pas toujours nécessaire que les participants à une table ronde soient chrétiens.

La procédure pour développer une discussion en table ronde est la suivante :

- Les intervenants sont choisis à l'avance et reçoivent non seulement l'énoncé du sujet mais également les éléments précis du sujet pour lesquels ils sont priés d'apporter leur expertise. Il est important que chaque intervenant soit personnellement convaincu de la position qu'il doit défendre lors de la table ronde. Plus les directives données aux intervenants sont claires, plus il y a de chances que la table ronde soit un succès.
- Les intervenants sont assis face au public, à côté du modérateur.
- Le modérateur présente le sujet et les intervenants.
- Chaque intervenant doit préparer un discours de trois à dix minutes et avoir le temps de le faire sans interruption.
- Suivent des questions du public et une discussion entre les intervenants. Le modérateur doit guider la discussion habilement, pour assurer l'équité et pour éviter les heurts. En général, il est préférable de faire soumettre les questions du public sous forme écrite. Exiger une soumission écrite rend les questions claires et précises, et réduit le risque d'attaques verbales en provenance du public. Un écueil notoire lors de tables rondes est que certains membres du public se sentent le droit et l'obligation de paraître comme « un autre expert » et de présenter un cours magistral indigeste, plutôt que de poser des questions pour dialoguer davantage avec les intervenants invités. Une soumission par écrit élimine ce risque.
- Le modérateur remercie chacun des participants et clôt la réunion.

Réfléchissez aux exemples suivants :

- Intervenants lors d'une table ronde sur le ministère féminin : une femme investie dans un ministère à plein temps (de préférence avec le titre de pasteur) ; un prêtre ou pasteur opposé au ministère pastoral féminin ; un sociologue chrétien ou une femme occupant des responsabilités dans le monde des affaires.
- Intervenants lors d'une table ronde sur la mondialisation : un homme ou une femme d'affaires ; un informaticien ; un théologien très compétent sur l'éclairage biblique quant aux questions clés.
- Intervenants lors d'un forum sur « Qu'est-ce que l'Église ? » : un dirigeant d'une union d'Églises avec une structure classique ; un implanteur d'Églises

engagé dans un contexte de ministère créatif ; un missiologue ou un théologien ayant une expertise particulière en ecclésiologie.

Vous souhaiterez probablement des thèmes de table ronde plus précis que ceux proposés ci-dessus. Orientez-les de telle sorte que les intervenants ne traitent pas simplement de leurs « dadas » mais abordent des questions que posent les étudiants.

Court forum ou table ronde

En réalité, il est extrêmement difficile d'organiser des tables-rondes professionnelles dans le contexte d'un cours. Les orateurs de qualité qui enrichissent une table-ronde sont souvent très pris, et il est difficile sinon impossible de trouver un horaire qui soit compatible avec le cours pour tous les intervenants potentiels.

Cependant, le procédé peut être adapté de manière bien plus simple dans le cadre d'une séance de cours habituelle. Parfois, un sujet se présente, sur lequel pratiquement chaque personne dans la salle aurait quelque chose à dire – comme, par exemple, le mariage, l'amour, le travail, s'entendre avec autrui. Avec des sujets de ce genre, il est possible de stimuler la pensée et la discussion à travers une table ronde étudiante. Trois ou quatre personnes dont les noms ont été choisis au hasard (tirés d'un chapeau, peut-être) deviennent des « experts » pendant un court instant. Ils disposent de quelques minutes pour réfléchir à la question et ensuite deviennent des intervenants lors d'une courte table ronde telle que celle décrite ci-dessus.

L'entretien

Les entretiens peuvent être un outil très utile pour collecter des données sur le terrain, pour apprendre de quelqu'un qui a un éclairage unique à partager avec le groupe. Voici des raisons qui font qu'un entretien peut être plus efficace qu'un cours magistral donné par un expert de passage. Pour commencer, l'expert est souvent peu informé des besoins et des centres d'intérêt des étudiants, et le formateur ou l'étudiant qui mène l'entretien peut servir de passerelle entre le visiteur et les besoins en apprentissage du groupe. De plus, de nombreux professionnels de haut niveau n'ont pas de grandes qualités d'orateur, et les entretiens peuvent aider l'expert de passage à mieux « accrocher » avec les étudiants. L'impression de mouvement entre le modérateur et le visiteur réduit aussi la probabilité d'un désintérêt des membres du groupe.

Une seule personne pourrait se charger de tout l'entretien, structurant et posant des questions, mais il est préférable, autant que possible, que la classe entière y prenne part. Comme dans le cas de la table ronde, il est préférable que les étudiants soumettent leurs questions par écrit. Demander une soumission par écrit devrait permettre plus de clarté et de précision, réduira le risque d'une attaque verbale contre l'orateur, et limitera les chances de voir un seul étudiant dominer la discussion à travers des questions mal construites et/ou des interventions interminables. Des questions écrites de la part des étudiants pousseront également l'orateur à parler plus en profondeur de son sujet et à l'aborder dans ses spécificités plutôt que d'en rester aux généralités. Par un maniement sage de l'entretien, le modérateur, connaissant le groupe mieux que le visiteur, peut le guider à la fois concernant le contenu et le style.

Voici quelques suggestions pour que l'entretien se déroule efficacement :

- Ayez un but ou un angle précis dans votre préparation et pour formuler vos questions. Demandez-vous : « Quel est l'objectif de cet entretien ? Qu'est-ce que je cherche à accomplir ? » Les visiteurs ont moins de chances de « radoter » s'ils savent exactement ce que l'on attend d'eux, et quelle sorte d'apprentissage étudiant est désiré.

- Établissez de bonnes relations avec le visiteur interviewé. Renseignez-vous autant que possible avant l'entretien sur son arrière-plan. Rappelez-vous que, dans la plupart des cas, un visiteur se sent un peu mal à l'aise dans un environnement peu familier. L'interview a plus de chances de réussir si le visiteur se sent à l'aise dans le contexte. Il peut être bénéfique de prendre deux minutes pour lui présenter les étudiants.

- Avant l'entretien, ayez une liste de quatre à six questions fondamentales à poser pour guider la phase initiale. Le mieux est généralement de fournir les questions fondamentales aux visiteurs au préalable, de s'assurer qu'ils les comprennent, et de leur donner l'occasion de préparer des réponses initiales à l'avance. Les meilleures questions commencent avec les mots « qui », « quand », « où », « quoi », « pourquoi » ou « comment », car elles nécessitent des réponses précises. Évitez les questions qui appellent une réponse par oui ou par non, car elles ne sont pas intéressantes à écouter.

- Alors que l'entretien progresse, soyez prêts avec des questions de suite, qui sondent plus en profondeur le sujet en question. Par exemple, si une « difficulté » a été mentionnée, discernez la nature ou les causes de cette difficulté. Gardez toujours en tête l'objectif ou l'angle de l'interview, et n'hésitez-pas à interrompre doucement la personne lorsqu'elle s'est trop éloignée du sujet. Cependant, ne commentez pas le flot des idées du visiteur avec des interjections comme « oui », « je vois », « naturellement » et « bien sûr ». Vous souhaitez ainsi l'encourager, mais ces interjections ont tendance à déconcentrer à la fois l'orateur et les auditeurs.

- Posez le genre de questions qu'un auditeur moyen poserait. Ne soyez pas trop technique et n'allez pas trop dans les détails. Par-dessus tout, ne cédez pas à la tentation de poser des questions reflétant *vos* intérêts, ou qui mettent en valeur vos connaissances.

- L'entretien est un art qui demande beaucoup de pratique, car vous devez accomplir deux choses en même temps : être pleinement attentif aux paroles du visiteur et aussi avoir préparé la question suivante. Vous devez donc à la fois écouter et réfléchir pendant que le visiteur parle.

La « classe inversée[2] »

Avec l'accessibilité croissante des nouvelles technologies, une variété d'approches pédagogiques créatives a émergé. Un des concepts les plus fructueux est celui de la « classe inversée », initialement popularisée par le fondateur de l'Académie Khan, Salman Khan. Dans la salle de classe inversée, ce qui aurait eu lieu traditionnellement dans la salle de cours (le cours magistral) se produit en dehors des cours, par vidéo en streaming, et le temps en classe est consacré aux tâches traditionnellement effectuées hors cours, comme la réflexion, la recherche et la rédaction.

La salle de classe inversée présente de nombreux avantages (Hill 2013 ; Kachka 2012) :

- Puisque les cours en vidéos peuvent être édités, améliorés et réenregistrés, ils sont en général de bien meilleure qualité que ceux qui sont présentés dans la salle de cours.
- Les étudiants peuvent mettre en pause, revenir en arrière et regarder plusieurs fois les cours filmés, à leur convenance.
- Par le passé, les professeurs consciencieux consacraient de nombreuses heures à travailler en particulier avec les étudiants pour les « coacher » dans du contenu complexe. Dans la classe inversée, plus de temps sera disponible pour ce processus de tutorat.
- Plus de temps sera disponible en cours pour explorer collectivement la frontière entre la théorie et la pratique, et mener une réflexion de synthèse et d'évaluation.

Faire basculer simplement le cours magistral vers la vidéo ne garantira pas un apprentissage amélioré. Une planification et une préparation de qualité feront la différence entre le succès et l'échec dans une classe inversée. Pour optimiser le profit à tirer de cette approche, considérez les suggestions suivantes (Kachka 2012) :

- Demandez aux étudiants de soumettre avant le cours une liste de questions tirées de leur visionnage de la vidéo en ligne. Ce procédé assure que les étudiants ont effectivement vu et ont réfléchi au contenu du cours, et fournit ainsi une direction claire pour la séance de cours. Avec l'habitude, les praticiens expérimentés de la classe inversée sont capables de rassembler un dossier de questions clés liées au contenu précis du cours.

---

2. A. Taurisson et C. Herviou, *Pédagogie de l'activité : pour une nouvelle classe inversée - Théorie et pratique du « travail d'apprentissage »*, Issy-les-Moulineaux : ESF, 2015.

- Il est préférable que le formateur comprenne bien les questions clés soulevées par les étudiants et propose des scénarios appropriés faisant le lien entre le contenu théorique du cours magistral et les exercices pratiques. Le formateur devrait à tout prix éviter d'enseigner ce que les étudiants ont déjà compris.
- S'il est juste qu'une partie du temps de cours soit utilisé pour clarifier certains éléments du cours magistral n'ayant pas été pleinement compris, il est préférable que la majeure partie du temps soit consacrée à inciter les étudiants à dialoguer dans une réflexion d'analyse, de synthèse et d'évaluation.

Le langage des images et de la littérature

L'effet de l'image sur une personne est marquante. Pour les formateurs qui vivent au XXIe siècle, la technologie a ouvert l'accès à une large variété de clips vidéo, de photographies, d'images et de dessins. Par son effet évocateur et suggestif, l'iconographie permet de cristalliser un problème et de le dramatiser devant un groupe. De la même manière, la grande littérature peut susciter des émotions et des idées qu'une simple discussion ne peut éveiller. Les images sont un moyen particulièrement puissant de faire le lien entre les dimensions cognitive et affective de l'apprentissage.

Il existe de nombreuses manières d'utiliser les images et la littérature. Voici quelques possibilités :

- *Discussion du symbolisme.* Le groupe étudie une image ou un poème en silence pendant deux à trois minutes. Les membres partagent leur compréhension de son symbolisme.
- *Comparer des interprétations.* Deux ou trois tableaux différents de la même histoire sont comparés. Il est demandé aux membres du groupe lequel des tableaux, selon eux, saisit le mieux l'histoire, et pourquoi. Une compréhension plus profonde de l'histoire en résultera inévitablement.
- *Discussion d'un thème.* Plusieurs images sont montrées, ou encore un ou deux textes à l'écriture puissante, mais controversée, et sont distribués pour être étudiés par le groupe pendant deux à trois minutes. Chaque membre sélectionne ensuite l'image ou le texte qui exprime le mieux son propre point de vue sur le thème, puis il partage avec le groupe les raisons de son choix, et répond aux questions des autres concernant ce choix.
- *Découvrir les réactions intérieures.* Des photos en gros plan de personnes sont exposées. Le groupe étudie les photographies en silence pendant un temps, et ensuite discute des sentiments intérieurs évoqués en regardant le visage de chaque personne photographiée. Des questions additionnelles peuvent être

développées, telles que : « Quelles seraient certaines des causes possibles pour expliquer le type de sentiment dépeint dans cette photographie ? »

Regardez les exemples des figures 11.3 et 11.4.

Ce tableau par le Titien est une des représentations les plus célèbres de la Pentecôte. De quelle manière est-ce une représentation conforme au texte ? De quelles manières cette représentation n'y est-elle pas conforme? Si vous en aviez la capacité artistique, comment représenteriez-vous la Pentecôte ?

Figure 11.3 Comparer les interprétations : un tableau interprétant une histoire

12 ans et 11 mois **14 ans et 8 mois**

L'adolescence est un temps de changements saisissants. Quels sont les changements les plus importants qui ont lieu à l'adolescence – physiquement, mentalement, socialement, émotionnellement, spirituellement ?

Figure 11.4 Observer le changement : étudier des photographies

Quelques remarques supplémentaires sur l'utilisation des images et de la littérature :

- Si vous avez accès à un vidéoprojecteur, il vaut la peine de suivre une formation de base sur le maniement de logiciels de présentation et d'autres programmes informatiques utiles. Cependant, veillez bien à ce que les images restent au service du processus d'apprentissage et ne consomment pas un temps de préparation exorbitant.

- Familiarisez-vous avec les moteurs de recherche. De nombreux moteurs de recherches généralistes ou thématiques, donnent aujourd'hui accès autant aux données textuelles, qu'iconographie et vidéo qui peuvent être utilisées en cours. Cependant, leur utilisation efficace nécessite un entraînement.

- Pour un enseignement biblique, des bases de données et sites Internet spécialisés sont disponibles. Un site très facile à utiliser est Biblical Art (www.biblical-art.com), qui fournit des liens par sujet et par passage à des représentations artistiques de la plupart des récits bibliques. Les liens incluent des beaux-arts classiques, de l'art contemporain populaire, et des images de Bibles illustrées. Un des grands défis pour l'enseignement de contenu biblique est de motiver les étudiants à entreprendre une lecture fouillée du texte. Fournir une image et demander aux étudiants ce qui est conforme ou non au texte peut les conduire presque immédiatement à se plonger avec enthousiasme dans un texte biblique. Cependant, il faut rester vigilant : étant donné la force de l'image, il est possible que la représentation imagée reste plus vivace dans la mémoire des étudiants que le texte.

- Soyez conscients des droits d'auteur. Les lois varient selon les pays et ne sont pas toujours cohérentes. Dans la plus grande partie du monde, une image disponible en ligne peut être utilisée dans une diapositive PowerPoint, mais vous devez faire très attention à avoir une autorisation couvrant le « domaine public » pour tout ce que vous imprimez et distribuez. Dans de nombreux pays, les pénalités sont sévères pour toute violation du droit d'auteur.

Conclusion

> J'en suis venu à croire qu'un grand enseignant est un grand artiste, et qu'il y en a aussi peu que tous les autres grands artistes. L'enseignement pourrait même être le plus grand des arts puisque son média est l'esprit humain. (John Steinbeck)

Les générations d'étudiants grandissent, entourées d'images et de sons multiples. Un bon enseignement pour le XXIe siècle doit aller au-delà d'une méthodologie développée avant l'invention de l'imprimerie, où les livres étaient rares et le moyen principal de communiquer la connaissance était la transmission orale. Dans ce chapitre, vous ont été présentés à la fois des moyens d'améliorer des méthodes de pédagogie traditionnelles telles que le cours magistral et la discussion, et des méthodes plus créatives telles que le brainstorming, le débat, la table-ronde, les entretiens, et l'utilisation des images et de la littérature.

Celles-ci ne sont qu'un échantillon des méthodes pédagogiques créatives disponibles au formateur qui veut optimiser l'apprentissage. Nous vous incitons fortement à apprendre de l'exemple d'excellents enseignants, et à partager vos idées avec les autres formateurs de votre programme de formation. Dans les chapitres suivants, deux méthodes particulièrement utiles seront examinées plus en détails : la formulation de questions-problèmes pour un apprentissage en profondeur, et la méthode passionnante de l'étude de cas, ainsi que les simulations et jeux de rôle.

La fonction de l'éducation théologique a grand besoin d'enseignants qui sont de grands artistes. La créativité dans l'éducation est toujours un risque, mais dans la mesure où nous engageons un esprit de créativité en nous-même et en nos étudiants, nous reflétons le caractère de notre Dieu créatif et montrons le potentiel d'un apprentissage holistique basé sur une vision transformatrice.

Exercices

1. Faites une liste des méthodes qui ont été utilisées lors de certaines des expériences d'apprentissage les plus mémorables que vous ayez vécues. Suggérez certains des facteurs clés qui ont aidé à les rendre si mémorables.

2. Donnez au moins un moyen spécifique par lequel vous pourriez incorporer un ou plusieurs principes du cours magistral efficace dans un cours que vous prévoyez de donner dans un futur proche.

3. Suggérez au moins un élément d'une discussion de qualité en classe proposé dans ce chapitre que vous pourriez intégrer à votre enseignement.

4. Pour des cours précis d'un module que vous allez probablement enseigner dans un futur proche, essayez de développer les éléments suivants : (a) une question de brainstorming pertinente ; (b) un sujet de table-ronde pertinent, ainsi que des participants possibles à une telle table ronde ; (c) un thème de débat qui pourrait être défendu également du point de vue pour et contre ; (d) une série de questions d'entretien ; (e) un dialogue entre une image et du contenu que vous cherchez à présenter.

5. Les fondements d'un bon enseignement se trouvent dans l'intégrité de l'enseignant. Faites au moins deux suggestions concernant la manière dont vous pourriez développer des méthodes d'enseignement plus créatives tout en respectant votre propre intégrité en tant que personne.

12

Concevoir des questions pour un apprentissage en profondeur

[Un professeur] est quelqu'un qui professe quelque chose, particulièrement quelqu'un qui déclare ouvertement ses sentiments, sa croyance religieuse, son sujet, et ainsi de suite. Par conséquent, un professeur-formateur est quelqu'un qui conduit vers la vérité, d'une manière qui encourage le dialogue avec l'autorité intérieure émergente de l'étudiant. (Parks 2000, p. 167)

Ce livre soutient la thèse d'une formation au ministère comme un processus « intégré et holistique ». Le chapitre 4 présente les domaines cognitif, affectif et comportemental de l'apprentissage et d'autres chapitres montrent l'importance de trouver un équilibre entre ces éléments dans toutes les facettes d'études en théologie. En pratique, cependant, de nombreux formateurs ont du mal à promouvoir au mieux cette sorte d'apprentissage intégrateur holistique dans la salle de cours. Voici un outil majeur pour votre « boîte à outils » qui peut aider vos étudiants dans leur cheminement de formation de responsable : la formulation de bonnes questions.

La recherche de ces quarante dernières années a démontré que la pensée, les émotions et les comportements sont inextricablement liés (Goleman 1995, p. 18-25 ; LeDoux 2000), et que toute tentative de séparer ces différents aspects de la personnalité humaine est malvenue et incomplète (Damasio 2005). Par conséquent, précisons dès le début que les frontières entre les domaines cognitif, affectif et comportemental sont assez artificielles, ainsi que les niveaux supposés à l'intérieur de ces domaines d'apprentissage. L'apprentissage est un phénomène complexe à multiples facettes, dans lequel chaque élément affecte les autres. Néanmoins, se servir des cadres présentés au chapitre 4 peut être une discipline et un guide utile, tandis que nous cherchons, dans la salle de cours, à respecter nos étudiants comme des personnes entières.

Les questions cognitives

Comme nous l'avons vu précédemment, on a pris l'habitude dans la plupart des cours traditionnels de se focaliser exclusivement sur le domaine cognitif. Un certain nombre de raisons peuvent expliquer cette préférence : des voix plutôt cyniques montrent du doigt l'inadaptation sociale de nombreux universitaires et la nature potentiellement isolante de la recherche livresque nécessaire pour réussir dans l'enseignement supérieur (Drane 2008, p. 132). D'autres, plus modérées, mettent en valeur la plus grande facilité de conception et d'évaluation de l'apprentissage cognitif, comparativement aux apprentissages affectif et comportemental. Cependant, même à l'intérieur du domaine cognitif, un désir de bien maîtriser la conception et l'évaluation peut conduire les formateurs à se concentrer sur les niveaux plus élémentaires de la pensée (connaissance et compréhension), avec une attention réduite donnée à l'apprentissage de niveau plus élevé associé aux raisonnements portant sur l'analyse, la synthèse, l'évaluation, et la créativité. Nous ne devrions donc pas être surpris que la majorité des questions posées en cours portent plutôt sur le niveau de base de l'apprentissage, à savoir la connaissance et la compréhension (Cotton 2010 ; Fredericks 2010) et que la réflexion des étudiants soit assez peu sollicitée.

Notre fixation sur l'apprentissage cognitif du niveau élémentaire nous empêche de proposer un apprentissage en profondeur et le genre de compétences en réflexion intégrée nécessaires pour un ministère significatif dans un monde complexe. Les fondements de base de la connaissance et la compréhension possèdent une valeur essentielle, mais c'est uniquement quand nous atteignons les niveaux de l'analyse, de la synthèse et de l'évaluation que nous pouvons affirmer qu'un apprentissage de qualité a eu lieu. Concevoir diverses questions de qualité aux niveaux de l'analyse, de la synthèse et de l'évaluation, permettra de stimuler ce genre de réflexion de niveau élevé.

Avant de commencer notre examen sur la manière de concevoir des questions, notons que les frontières sont plutôt artificielles entre ces niveaux d'analyse, de synthèse et d'évaluation, tout comme elles le sont entre les niveaux cognitif, affectif et comportemental. Gardons à l'esprit que notre objectif n'est pas tant de développer ces questions particulières d'analyse, de synthèse ou d'évaluation, que de concevoir des questions ouvertes importantes incitant les étudiants à réfléchir. Notre enquête sur la nature des questions d'analyse, de synthèse et d'évaluation est simplement un guide sur ce chemin.

Vous découvrirez également qu'une conception rigoureuse de questions exige du temps. Il est très simple de livrer des questions de connaissance et de compréhension fermées lorsque vous enseignez, mais rares sont les enseignants parvenant à élaborer une bonne question ouverte en plein milieu d'un cours. Les bons enseignants consacrent autant de temps (sinon plus), à préparer la méthodologie du cours que son contenu. En effet, un bon contenu associé à une méthodologie médiocre ne conduira pas à un apprentissage de qualité. Une bonne préparation de questions doit être comprise comme faisant partie intégrante de cette phase de préparation du cours.

Si les questions d'analyse, de synthèse et d'évaluation sont habituellement réservées aux travaux de recherche, je suggère qu'elles peuvent et doivent faire partie de la trame de tout ce que nous enseignons. Les questions complexes ouvertes ne sont pas difficiles à concevoir, mais elles requièrent une préparation rigoureuse. Pour débuter, un moyen simple de développer des questions cognitives plus complexes est proposé ci-dessous.

Les questions d'analyse

Une approche clé pour développer des questions d'analyse est de comparer deux idées ou deux passages, et ainsi de suite, ayant des similitudes. Prenez, par exemple, Philippiens 2.6-11. Voici quelques questions d'analyse possibles :

- En une ou deux phrases, expliquez la relation entre l'exemple de Christ dans 2.6-11 et l'enseignement de Paul sur l'unité chrétienne dans 2.1-4.
- De quelles manières les étapes de l'abaissement de Christ rapportées en 2.6-8 sont-elles reflétées dans les étapes de sa glorification en 2.9-11 ?
- Comparez Philippiens 2.6-11 avec Marc 10.42-45. Sur la base de ces passages, donnez au moins deux manières par laquelle le modèle d'humilité de Christ devrait s'exprimer dans la vie des croyants.

Prenez également les exemples suivants :

- Faites une liste de chacune des caractéristiques de l'idéal de vie d'Église rapporté en Actes 2.42-47. Prenez chacune de ces caractéristiques à tour de rôle et donnez une ou deux manières dont votre Église locale reflète, ou ne reflète pas, cet idéal.
- Donnez au moins un point commun entre les termes suivants : (a) « commun », (b) « communion » ; (c) « communauté ».
- Faites un graphique montrant les similitudes et les différences entre les appels d'Abram (Gn 12.1-9), de Paul (Ac 9.1-18) et des disciples (Mt 28.16-20 ; Ac 1.8) par rapport à : (a) l'action de Dieu ; (b) le contenu de l'appel ; (c) la réaction des appelés.
- Donnez au moins une similitude et deux différences majeures, entre 1 Pierre 2.9-12 et le concept islamique de l'*umma*.
- Donnez au moins quatre similitudes entre les facteurs qui ont conduit aux Croisades et ceux qui ont contribué aux guerres de religion du XVIe siècle.
- Donnez au moins deux similitudes et au moins deux différences majeures entre les visions chrétienne et musulmane de la souveraineté de Dieu.

Dans chaque cas, la forme comparative de la question demande à l'étudiant d'en analyser les parties et d'y trouver des principes communs. Ces principes peuvent ensuite servir de base pour une application dans le contexte de vie contemporain de l'étudiant.

Remarquez les différentes formes utilisées pour encourager les étudiants à lire et à se confronter au texte biblique. La première question sur le passage de Philippiens incite les étudiants à regarder le contexte littéraire. La deuxième question les pousse à étudier la structure interne du passage. Dans de nombreux cours, l'enseignant répond à ces questions à la place des étudiants, surtout là où prédomine le cours magistral, et il perd ainsi l'occasion de former les étudiants à lire attentivement les textes. La troisième question sur Philippiens reflète une forme générale qui va au-delà du passage examiné pour aborder des thèmes bibliques plus larges, par une comparaison judicieuse avec des passages comparables. Cependant, même ce genre de question incitera souvent les étudiants à une lecture plus attentive qu'ils ne le feraient autrement. Une Bible contenant un bon appareil de références peut simplifier la conception de telles questions.

En ce qui concerne le second ensemble de questions présenté ci-dessus, les étudiants peuvent répondre aux trois premières sans grandes connaissances préalables, cependant les trois dernières exigent une connaissance et une compréhension préalables importantes.

Nous demandons souvent aux étudiants de répondre, dans des devoirs de recherche, à des questions analytiques profondes comme celles proposées dans les trois derniers exemples, sans les y avoir formés ni préparés en classe. D'après mon expérience, un niveau de réflexion analytique très élevé a lieu lorsque, face à de telles questions analytiques complexes, nous prenons le temps d'engager une discussion initiale en petits groupes (trois à cinq étudiants), puis en séance plénière, et ensuite nous demandons aux étudiants de compléter leurs réflexions par écrit en dehors du cours. Les étudiants ayant déjà fait quelques pas sur ce chemin sont souvent enthousiastes à l'idée de poursuivre en bibliothèque la recherche d'idées qu'ils avaient commencé à étudier avec leurs collègues lors des cours.

D'autres types de questions d'analyse

Les formes que j'ai proposées ne sont pas exhaustives, et il existe bien d'autres variétés de questions d'analyse. Cunningham (2005, p. 314) en propose les suivantes :

- *Les questions hypothétiques*, employées pour encourager l'examen d'enjeux et de conséquences au-delà de ce qui est habituellement attendu ou constaté :
  a. Et si la résurrection n'était pas vraie ?
  b. Et si les Dix Commandements n'avaient pas été donnés ?
  c. Et s'il n'y avait pas de bâtiments d'église ?
  d. Et si Jésus était intervenu dans le jardin d'Eden pour empêcher Adam de manger le fruit (après qu'Ève l'eût goûté) ? (Heaton 2013)
  e. Et si Moïse s'était joint à son frère Aaron pour fabriquer le veau d'or ?

- *Les questions d'inversion*, explorant les implications d'un événement en considérant quelles auraient pu être les conséquences si les détails des événements avaient été inversés ou changés :
  a. Et si Adam avait goûté au fruit défendu et l'avait proposé à Ève ? (Et si nous inversions x et y ?)
  b. Et si Jésus avait été enlevé au ciel avant la crucifixion ? (Et si x s'était passé en premier ?)

c. Et si Pierre avait gardé les yeux sur Jésus plutôt que sur les vagues ? (Et si . . . avait fait x au lieu de . . . ?)

- *Les questions d'analyse en « toile d'araignée »*, qui étudient la toile des conséquences à long terme d'un événement particulier. En posant des questions d'analyse en toile d'araignée, les formateurs devraient stimuler les étudiants à réfléchir davantage : « Mais encore ? . . . Mais encore ? »
   a. Quelle a été la portée de la décision du roi Josias de faire lire la Loi de Dieu ?
   b. Combien d'effets collatéraux pouvez-vous imaginer à la suite de la lapidation d'Étienne ?

Les questions de qualité prennent du temps à concevoir. Elles doivent comporter une clarté et une orientation permettant aux étudiants de se sentir à l'aise pour y répondre. Des chiffres peuvent rendre les questions moins impressionnantes : « Donnez au moins trois aspects de . . . », « Citez au moins quatre similitudes », « Décrivez au moins une chose précise que vous pourriez faire . . . ». Bien qu'il y ait des dizaines de réponses possibles, les étudiants auront plus confiance pour trouver une poignée de possibilités justes. Lorsque les réponses sont recueillies devant l'ensemble du groupe, une palette plus large de réponses potentielles en ressortira naturellement.

De nombreux formateurs formulent leurs questions de manière trop vague et générale. Prenez les exemples suivants :

- « Comparez les attitudes d'Augustin et de Calvin envers l'Église. » Ici les étudiants se demanderont probablement : « Par où commencer ? De quel aspect de l'Église parle-t-il ? Sur quels points dois-je les comparer ? » Une meilleure formulation comprendrait des chiffres et serait plus précise, par exemple : « Donnez au moins deux similitudes et deux différences entre les visions d'Augustin et de Calvin de la relation entre l'Église et l'État. »

- « Expliquez l'importance de la théorie du développement cognitif de Piaget pour l'enseignement chrétien. » Là encore, la question est trop vaste. « Citez au moins trois manières importantes par lesquelles la théorie de Piaget du développement cognitif pourrait avoir un impact sur l'enseignement de pré-adolescents dans un groupe de jeunes d'Église. » Demander « au moins trois » rend la question gérable sans être trop limitant. « L'enseignement chrétien » a été explicité par « l'enseignement de pré-adolescents d'un groupe de jeunes d'Église. »

- « Étudiez les attitudes des croyants envers leurs Églises locales. » Le but de la question n'est pas clair, elle a besoin d'être sérieusement clarifiée et réorientée. Par exemple : « Dans trois Églises différentes, demandez à au moins un responsable laïc (responsable de groupe de jeunes, monitrice d'école du dimanche, responsable de groupe de maison, etc.), et un membre d'assemblée laïc de vous indiquer deux des choses qu'ils préfèrent dans leur

Église et la chose qu'ils y aiment le moins. Faites une liste de ces éléments, et faites au moins deux observations de fond quant aux attitudes que reflètent ces réponses. » Veuillez noter la longueur de la question ainsi révisée, et sa décomposition en étapes. En général, plus la question est vague, plus les réponses le seront également.

Les questions de synthèse

L'approche clé dans le développement des questions de synthèse est de comparer deux idées, deux passages, et ainsi de suite, qui sont différents, contradictoires, sans lien apparent, ou devant être conciliés. Une forme utile est la suivante : « Cet auteur (ou ce passage)-ci dit . . ., mais, cet auteur (ou ce passage)-là dit . . . Lequel des deux est meilleur / (ou) comment les deux peuvent-ils être vrais ? Pourquoi ? » Voici des questions de synthèse possibles pour Philippiens 2.6-11 :

- Nous avons tendance à voir en la vie de l'Église primitive un idéal. Et pourtant, dans Actes 6.1-4 (et ailleurs), les apôtres semblent avoir considéré que « servir aux tables » était indigne d'eux. Pensez-vous que dans leur exemple initial de la direction chrétienne de l'Église, les apôtres n'avaient pas compris l'exemple d'humilité de Christ ? Donnez deux ou trois raisons clés pour justifier votre réponse.
- Comment conciliez-vous la nécessité de chefs actifs, prenant des initiatives, dont l'Église a besoin pour avancer, et le modèle d'humilité du chef qu'a donné Christ ?

Prenez en compte également :

- La phrase « Le sang des martyrs est la semence de l'Église » a été vraie pour l'Église primitive, mais pas pour celle du Japon, où l'Église fut détruite par la persécution, plutôt que construite. Comment cela a-t-il pu être le cas ? Citez deux ou trois facteurs permettant de considérer la persécution comme une contribution positive à la croissance de l'Église. Quels facteurs pourraient œuvrer en sens inverse ?
- Quelles sont certaines des forces et faiblesses des visions respectives d'Augustin et de Luther de la relation entre Église et État ? En vous basant sur les idées de ces deux grands théologiens, développez votre propre vision théologique de la relation entre Église et État.

Dans chaque cas, les étudiants doivent peser le pour et le contre de perspectives différentes pour atteindre une position synthétique personnelle. Ce faisant, l'enseignant s'attendra à ce que les étudiants comprennent et adoptent une vision plus large. Une comparaison entre deux bonnes choses permet des questions de synthèse particulièrement fortes : en voulant soutenir les deux choses, sans y parvenir, les étudiants seront forcés à réfléchir aux enjeux fondamentaux et à formuler une position personnelle.

Incorporer de courtes lectures dans la conception des questions de synthèse (Weimer 2013b) peut également s'avérer très bénéfique. Par exemple :

- Donnez un court passage à lire dans lequel un expert contredit la sagesse conventionnelle. Par exemple, faites lire à vos étudiants un court extrait d'un auteur contemporain qui soutient la priorité chronologique de Matthieu (plutôt que celle de Marc ou de « Q »), et demandez aux étudiants de défendre ou de contredire la position de l'expert.

- Partagez des citations contrastées, et demandez aux étudiants de réagir – en se situant pour, contre ou entre les deux positions. Par exemple, comparez un extrait de texte d'une personne adepte de l'approche de la « guerre juste » et celui d'une personne qui présente un point de vue « pacifiste » ou d'« ouvrier de paix ». Il existe de nombreuses publications présentant des points de vue chrétiens multiples sur des thèmes comme la guerre, le millénium, le sens de la spiritualité chrétienne, le divorce et le remariage, le salut, la providence divine, etc.

Questions d'évaluation

L'approche clé pour développer des questions d'évaluation est de poser une partie ou la totalité des questions suivantes : « Pouvons-nous croire ceci ? Pouvons-nous l'accepter ? Est-ce réaliste ? Pouvons-nous sérieusement envisager de mettre ceci en pratique aujourd'hui ? Si oui, quels problèmes et/ou bienfaits pourraient en résulter ? » Voici quelques questions d'évaluation possibles pour Philippiens 2.6-11 :

- Est-ce réaliste de demander à quelqu'un de s'humilier jusqu'au point rapporté dans Philippiens 2 ? Les autres ne vont-ils pas en abuser ? Justifiez votre réponse.

- Quels sont les facteurs principaux qui nous empêchent de suivre l'exemple d'humilité de Christ ? Ne trouvez-vous pas ces raisons bonnes et saines ? N'existe-t-il pas un danger de devenir un « paillasson » que tout le monde piétine si nous ne nous imposons pas ? Développez.

- Si chacun faisait passer les autres avant lui, qui serait le chef ? Y a-t-il des limites à l'humilité ? Donnez quelques raisons.

Considérez également les questions suivantes :

- Examinez la manière dont Hudson Taylor a compris la contextualisation. Dans quelle mesure l'a-t-il bien comprise ? En prenant cette position, il s'est opposé à ses autorités et a suivi sa propre voie ; n'était-ce pas la mauvaise chose à faire ? Le fait qu'il était régulièrement battu par les

Chinois locaux n'indiquait-il pas des problèmes dans son approche de la contextualisation ? Développez.

- De nombreuses personnes ont un fort amour pour leur pays et s'y identifient fortement. Pourtant, Paul (Ph 3.20) et Pierre (1 P 1.17 ; 2.11) nous décrivent comme des étrangers et voyageurs dans ce monde. Ont-ils mal compris notre relation avec notre patrie ? Qu'est-ce que ce statut d'étrangers et de voyageurs implique pour nous ?
- Les événements d'évangélisation (cultes d'évangélisation, rencontres de Réveil, concerts d'évangélisation, etc.) sont très prisés dans les Églises évangéliques. De quelles manières le fait que la communication ne consiste pas en un seul événement ponctuel remet-il en cause la pertinence et l'efficacité de ces manifestations ?

Une formation solide cherche à conduire les étudiants de leur état actuel vers une position de plus grande maturité. Même si de nombreux étudiants parviennent à formuler le changement désiré, l'adoption véritable d'une nouvelle perspective est souvent gênée par leurs doutes et questions. Les questions d'évaluation cherchent à mettre des mots sur les doutes des étudiants, afin que ces doutes et difficultés puissent être traités honnêtement et que des obstacles à un apprentissage véritable puissent être levés. Un enseignant habile sera suffisamment conscient des préoccupations des étudiants pour formuler des questions d'évaluation pertinentes.

Autres formes de questions ouvertes

Les modèles des questions d'analyse, de synthèse et d'évaluation donnés ci-dessus sont de bons outils pour formuler des questions ouvertes de qualité, mais ils ne sont pas exhaustifs. Il existe de nombreuses autres formes de questions ouvertes pouvant également contribuer à une discussion en cours de qualité. Shulman (2006) suggère les suivants :

- Les questions de *déduction*, dans lesquelles des conclusions précises sont tirées de principes généraux :
  a. D'après notre discussion de la souveraineté de Dieu, quelles sont certaines de ses implications pour les chrétiens du Moyen-Orient devant faire face à la discrimination et à la persécution ?
  b. L'Incarnation étant le fondement de la mission contextualisée, quelles conséquences en découlent pour la formation de chrétiens du Sud de l'Inde cherchant à servir dans le Nord de l'Inde hindoue ?
  - Les questions *inductives* fonctionnent en sens inverse, tirant des généralisations et des principes à partir d'exemples spécifiques :

a. Quelles sont deux ou trois conséquences plus générales possibles des schémas d'institutionnalisation observés dans l'histoire de l'Église catholique romaine, et des Églises protestantes luthérienne et réformée ?
b. Quels sont trois ou quatre des schémas ou thèmes les plus courants que vous avez remarqués dans notre discussion des premières pratiques missionnaires en Afrique ?

- Les questions de *confirmation* cherchent des éléments de preuve appuyant un raisonnement ou une prise de position :
  a. Quelles données de recherche appuient la notion d'un programme implicite dans l'enseignement des facultés de théologie ?
  b. Quelles preuves existent pour établir un lien entre l'hégémonie d'une idéologie et la censure ?

- Les questions de *réfutation* cherchent des données allant à l'encontre d'un raisonnement ou d'une position :
  a. Quels sont les arguments bibliques et théologiques principaux allant à l'encontre de la compréhension arienne de la christologie ?
  b. Quelles données de recherche pourraient remettre en cause la conception commune selon laquelle « le sang des martyrs est la semence de l'Église ? »

- Les questions de *changement de perspective* poussent les étudiants à sortir de leur propre monde religieux, socio-économique, ou de celui de leur sexe, pour voir une question du point de vue de l'autre :
  a. À la lumière de la valeur asiatique du paradoxe (ying/yang), comment un chrétien chinois pourrait-il concevoir le débat calviniste-arminien classique ?
  b. Pourquoi de nombreux chrétiens arabes pourraient-ils nourrir des sentiments particulièrement négatifs à l'égard de la théologie dispensationnaliste ?

- Les questions au sujet d'une *personnalité-dans-son-contexte*, qui sont employées pour inciter les étudiants à une lecture attentive des textes, et ainsi à mieux relier texte et contexte. Dans ces questions, une personne du passé est amenée dans le présent, et il est demandé aux étudiants de suggérer ce qui pourrait se passer dans ces circonstances :
  a. Si Paul venait à Beyrouth aujourd'hui, comment pensez-vous qu'il lancerait son ministère ? Sur quelle base faites-vous cette appréciation ? Comment les récits du livre des Actes et/ou l'enseignement de Paul dans ses lettres façonnent-ils votre réponse ?

b. Si Augustin était l'évêque du Colombo (Sri Lanka) du XXIe siècle (plutôt que d'Hippone au Ve siècle), comment (donnez une ou deux manières) aurait-il abordé différemment sa *Cité de Dieu* ? Justifiez votre réponse.
c. Si Dietrich Bonhoeffer rencontrait des dirigeants de l'Église presbytérienne d'Égypte, quels seraient ses deux ou trois conseils les plus importants concernant la nature de l'Église dans un environnement de discrimination et de persécution ? Justifiez votre réponse.

Un excellent moyen d'encourager les étudiants à réfléchir en profondeur aux lectures accompagnant le cours est de leur demander d'adresser une question à l'auteur étudié. Ces questions permettent à la fois de savoir si les étudiants ont réellement achevé leurs lectures et de les mettre dans une posture d'évaluation de ces lectures, remettant ainsi en question leur contenu et s'y plonger à un niveau plus profond :

- Si le professeur Christopher Wright devait visiter notre établissement, quelle question lui poseriez-vous concernant les lectures pour aujourd'hui tirées de son ouvrage *La mission de Dieu* ?
- Si vous deviez interviewer Augustin au sujet de ses *Confessions*, quelles sont les deux ou trois questions les plus importantes qui, selon vous, aideraient au mieux les étudiants de votre groupe à comprendre ce qu'Augustin cherchait à accomplir dans ce texte ?
- Si Paulo Freire était amené à visiter votre institution de formation, quelle question pourriez-vous lui poser qui remettrait en question la pertinence de sa *Pédagogie des opprimés* dans votre propre contexte local ?

D'un questionnement fermé à un questionnement ouvert

Une des plus grandes difficultés dans la préparation de questions est de fournir ce que Palmer (1983, p. 69-75) a décrit comme un espace délimité mais ouvert : c'est-à-dire que les questions doivent être suffisamment étoffées et orientées pour que des réponses significatives puissent en résulter, mais également assez ouvertes pour que les étudiants puissent en explorer les enjeux. Il existe trois catégories de questions en particulier pouvant tuer une discussion, et ainsi éviter ce résultat (adapté de Goodman 2011) :

Les questions oui/non

Les questions auxquelles on peut répondre par un simple « oui » ou « non » peuvent tuer une discussion. Puisque l'enseignant désire une réponse particulière, la plupart des gens considèrent cette question comme une perte de temps ou qu'elle remet en cause leur intelligence. Si l'enseignant a une information particulière ou un point de vue qu'il souhaite présenter, qu'il le dise tout simplement afin de passer directement à une discussion approfondie ! C'est là qu'une préparation soignée des questions est importante. Des enseignants vigilants restructureront les questions oui/non pour qu'elles passent d'une forme fermée à une forme ouverte.

Les questions orientées

Une question orientée contient la réponse dans la question. Dit autrement, l'enseignant a déjà une réponse en tête et essaie de contraindre les étudiants à être d'accord avec cette réponse. Les questions orientées commencent avec des propositions comme : « Ne pensez-vous pas que . . . ? » ou « N'est-il pas vrai que . . . ? » En voici quelques exemples :

- Ne pensez-vous pas qu'une rencontre personnelle avec Christ est nécessaire pour qu'une personne devienne chrétienne ?
- N'est-ce pas le cas que toutes les bonnes Églises ont un ministère de petits groupes important ?
- N'est-il pas vrai que le plus grand défi auquel l'Église doive faire face est la laïcisation postmoderne ?

L'objectif inconscient d'un bon nombre de ces questions est d'endoctriner les étudiants dans le point de vue de l'enseignant à travers une certaine pression émotionnelle. Les questions orientées agacent généralement les étudiants, car elles ne donnent de poids qu'à la voix de l'enseignant et laissent peu de champ pour un désaccord ou un dialogue.

Les questions limitatives

Les questions limitatives cherchent une réponse très précise. Plutôt que de consacrer leur attention aux questions importantes en jeu, très souvent les étudiants dépensent leur énergie créative à essayer de découvrir la réponse précise enfouie dans les plis du cerveau de l'enseignant. Comme exemples de questions limitatives, on peut mentionner :

- Quelles étaient les trois manières dont la femme samaritaine a cherché à détourner l'attention de Jésus de son passé (Jn 4.1-30) ?
- Dans Matthieu 19, quelle était la raison donnée par Jésus pour laquelle les Pharisiens auraient du mal à aller au ciel ?

Ces questions sont limitatives parce qu'elles disent aux étudiants de proposer une réponse particulière. La première question demande trois éléments. Chaque personne présente dans le groupe essaie de deviner quels sont les trois éléments que l'enseignant attend. Ils pourraient en trouver quatre, mais tout aussi bien deux, ou cinq. La personne qui pense à trois éléments peut avoir autant raison que celle qui en a trouvé deux ; la seule différence est la manière dont ils classent l'information et les réponses. La deuxième question est limitative parce qu'elle demande *la raison unique* pour laquelle les Pharisiens auraient du mal à arriver au ciel.

Les enseignants rigoureux se demanderont : « Ai-je une réponse particulière en vue ? ». Si oui, il n'y a pas besoin de perdre du temps en posant la question. Il vaut bien mieux donner l'information aux étudiants et passer avec eux à des niveaux de réflexion plus élevés. Là où le problème réside uniquement dans la conception de la question, il est possible de transformer une question fermée en question ouverte en ajoutant en début de phrase une des propositions suivantes : « Dans quelle mesure . . . ? », « Donnez au moins trois manières par lesquelles . . . ? » ; « Pourquoi pensez-vous que . . . ? » Par ailleurs, des questions fermées peuvent être ouvertes en ajoutant à la fin une des propositions suivantes : « Justifiez votre réponse » ; « Expliquez pourquoi vous avez répondu ainsi » ; « Décrivez comment et pourquoi d'autres pourraient donner une réponse différente de la vôtre. »

Les questions affectives

Si la préparation de questions ouvertes comme celles ci-dessus prend du temps, elles nous sont en général familières et relativement non menaçantes. L'influence généralisée du rationalisme des Lumières sur l'enseignement – même sur l'enseignement théologique – nous met à l'aise avec des questions qui s'adressent à l'esprit, mais moins à l'aise avec celles qui sondent les émotions, les attitudes, les valeurs et les motivations plus profondes du cœur. Des recherches récentes ont démontré non seulement que la cognition et les émotions sont imbriquées (Caine et Caine 1990), mais aussi que les parties de notre cerveau qui réfléchissent ne sont enclenchées effectivement que si l'affect positif est en place (Sousa 2006, p. 84). Bref, nous négligerons la dimension affective de l'apprentissage à nos risques et périls.

Pensons également à un impératif théologique. Comme mentionné au chapitre 4, le « cœur » joue un rôle central tout au long de la Bible dans le processus de connaissance, ainsi que le montre le plus grand commandement d'« [aimer] le Seigneur ton Dieu de tout ton cœur » (Mt 22.37), et les caractéristiques en termes d'attitude des chrétiens spirituels matures – « l'amour, la joie, la paix, la patience, la bonté, la bienveillance, la foi, la douceur, la maîtrise de soi » (Ga 5.22-23, Segond 21).

Au chapitre 4 nous avons observé que la qualité de la relation enseignant-étudiant est au cœur de l'apprentissage affectif (Brookfield 1986, p. 62-64 ; Cranton 2006, p. 112-115). Cependant, les composantes affectives de l'apprentissage peuvent également être abordées à travers des questions soigneusement conçues. Prenez les exemples suivants :

- « Quelle est la chose la plus importante/enthousiasmante que vous ayez lue/entendue dans vos lectures/cours cette semaine ? Expliquez pourquoi vous avez trouvé cela si important. » Comme nous l'avons vu au chapitre 8 sur l'apprentissage en profondeur, les étudiants retiendront et appliqueront ce à quoi ils accordent de la valeur. J'ai trouvé extrêmement utile de poser cette question régulièrement – parfois à l'oral, parfois à l'écrit – en fin de cours ou dans le cadre du journal qu'ils doivent tenir chaque semaine. À travers cette question, nous obtenons un aperçu de l'œuvre opérée par le plus grand Enseignant dans les vies de nos étudiants.

- « De quelles manières le cours/les lectures ont-ils eu un impact sur votre relation avec Dieu ? Avec les autres ? » Une partie de notre but dans la formation théologique devrait être une relation grandissante avec Dieu. Le simple fait de poser la question communique aux étudiants notre désir de voir le contenu qu'ils étudient améliorer cette relation. Poser la question nous rend aussi responsables en tant que formateurs du fait que notre formation doive être véritablement « théo-logos » (une parole de ou au sujet de Dieu).

- « Y a-t-il quoi que ce soit que vous ayez trouvé difficile ou qui vous ait mis mal à l'aise ? Pourquoi ? Dans quelle mesure pensez-vous pouvoir faire confiance à la source de cette information ? ». Poser de telles questions nous permet d'accompagner les étudiants dans leurs efforts pour comprendre, appliquer et grandir.

- « Quels ont été vos sentiments par rapport à telle affirmation/idée/théorie particulière ? Pourquoi ? ». Ted Ward (2001, p. 23) nous rappelle que : « les personnes réelles ont des sentiments réels, et non seulement des systèmes d'information désincarnés appelés des cerveaux ». Découvrir de nouveaux points de vue et développer de nouvelles compétences pour réfléchir et agir sont des activités qui suscitent des réactions fortes. Questionner les étudiants au sujet de leurs sentiments est un exercice d'apprentissage valable nous permettant de comprendre leurs attitudes et leur ouverture potentielle au changement. De nombreux étudiants ont du mal à verbaliser leurs sentiments, et il est souvent utile de proposer une liste d'exemples de sentiments – à la fois positifs et négatifs – comme tremplin pour que les étudiants articulent leurs propres réactions affectives.

- « Décrivez comment x pourrait changer votre attitude envers y ». Une telle question aiguillonne les étudiants vers un apprentissage qui dépasse l'acquisition de connaissances pour servir de pont vers une réponse possible en actes.

- « Quelles attitudes, ou quels sentiments, voyez-vous dans ce passage ? Avez-vous jamais vécu ou éprouvé des luttes/joies/réponses semblables dans votre propre vie ? Comment la dimension affective du texte se rapporte-t-elle à vos propres expériences affectives ? ». Nous oublions facilement que les textes sont écrits par des êtres humains, dans des états affectifs particuliers, indépendamment d'une « objectivité » apparente recherchée par l'auteur. Se confronter à ces attitudes et ces émotions peut nous conduire à une compréhension plus profonde du texte, de l'auteur et de nous-mêmes. Dans la formation théologique, ce peut être un élément particulièrement significatif (bien que souvent négligé) de l'étude des textes bibliques.

Les questions affectives de ce genre transforment le contexte d'apprentissage d'un formateur qui dispense de manière unidirectionnelle sa maîtrise de la matière en un cheminement en tandem des étudiants et du formateur, tous à la découverte de l'action de Dieu dans leur vie.

Questions comportementales

Trop souvent, dans notre désir de voir les étudiants maîtriser le corpus exigeant de la connaissance théologique, nous oublions que l'ordre missionnaire de Jésus de Matthieu 28 n'était pas de faire des disciples « en leur enseignant . . . tout » (un message à orientation cognitive) mais en leur « enseignant à obéir à tout . . . » (un message orienté vers l'obéissance). Durant mes propres années d'études et d'enseignement de la théologie, je me suis souvent identifié à la petite fille qui, en rentrant de l'école du dimanche, expliqua à ses parents combien elle était déçue par la leçon : « On nous a appris à aller dans le monde entier pour faire des disciples de toutes les nations . . . mais on n'a fait que rester assis là. »

L'obéissance ne peut être réellement élucidée que dans la pratique, et l'apprentissage comportemental est particulièrement fort lorsque nous impliquons les étudiants dans le « faire » de la foi, par une forme de discipulat ou d'apprentissage actif. Cependant, même pendant les cours, l'apprentissage comportemental peut être encouragé par les questions que nous posons. Regardez les questions-types ci-dessous touchant à des éléments du domaine comportemental, et les exemples de questions comportementales qui suivent :

- Avez-vous vu . . . à l'œuvre dans votre vie/Église/communauté locale ? Racontez.
- Quel genre de questions aviez-vous alors que cela se déroulait ?
- Qu'auriez-vous fait à leur place ? Pourquoi pensez-vous que ce serait une meilleure option ?
- Imaginez en quoi votre famille/Église/communauté locale seraient différents si . . . ne s'était pas passé.
- Imaginez en quoi votre famille/Église/communauté seraient différents si chacun d'entre nous dans ce groupe/votre Église/votre communauté locale . . . [mettait en pratique l'idée principale].
- Citez une chose précise que vous pourriez faire au moins une fois durant la semaine/le mois à venir en réponse à . . .

Exemples de questions comportementales

- Avez-vous jamais été la cible d'un traitement dictatorial de la part d'un responsable chrétien ? (prière de ne *pas* donner de noms !) Décrivez ce que vous avez ressenti à l'époque. Quelles raisons positives vous permettent d'expliquer pourquoi ce responsable-là faisait preuve de fonctionnement dictatorial ? Comment ce responsable aurait-il pu vous traiter de manière plus créative et rédemptrice ? Quels éclairages l'ouvrage *X* apporte-t-il sur cette expérience ?

- Imaginez en quoi l'Église dans votre région pourrait être différente si chaque responsable adoptait une direction collégiale à la fois aux niveaux de l'Église locale et de la coopération régionale. Donnez deux ou trois résultats positifs qui pourraient en ressortir.

- Quelle différence y a-t-il entre la transmission et la communication ? Donnez un exemple tiré de votre expérience du ministère où une « transmission » a eu lieu, sans qu'il y ait eu une « communication ».

- Un élément central d'un ministère fructueux est le développement de la patience et de la persévérance. Décrivez une situation où vous avez éprouvé des difficultés à rester patient et persévérant. Si une situation semblable se reproduisait, donnez au moins un moyen qui serait plus efficace pour que vous restiez patient et persévérant.

- Donnez une ou deux notions erronées courantes au temps des Croisades, que vous voyez également à l'œuvre dans les Églises évangéliques du Moyen-Orient aujourd'hui. Donnez au moins une leçon à tirer des erreurs des Croisades que votre propre Église locale aurait besoin d'apprendre, selon vous. Décrivez au moins une chose que vous pourriez faire cette semaine pour aider votre Église à progresser dans ce domaine.

- Imaginez comment le monde serait différent si les Croisades n'avaient jamais eu lieu. En quoi l'Église occidentale serait-elle renforcée ou affaiblie ? En quoi le témoignage envers les musulmans serait-il différent ?

- « Si la révélation divine est pleinement affective, nous qui cherchons à communiquer son message devrions avoir recours à des styles de communication pleinement affectifs ». Décrivez au moins une manière concrète par laquelle cette affirmation pourrait avoir un impact sur (a) l'évangélisation ; (b) l'enseignement dans l'Église locale ; (c) la prédication.

En demandant aux étudiants de relier leurs expériences à la substance du contenu du cours, nous les encourageons à prolonger le dialogue entre théorie et pratique. Les questions d'expérience n'ont pas besoin d'être limitées aux cours fondés sur les compétences. L'enseignement de l'histoire devrait laisser une place pour relier les événements du passé avec l'expérience du présent, et un appel à agir dans le futur. L'enseignement théologique devrait évoluer de la théologie vers la doxologie, et ensuite vers une vie qui est une réponse d'adoration du Tout-Puissant. La finalité d'une exégèse solide n'est pas simplement le glanage de principes éternels trouvés dans le texte, mais bien la nécessité de faire le lien entre ces principes et les vies des étudiants ; il en était ainsi de l'enseignement de Jésus et de Paul, et nous ferions bien de suivre leur exemple.

Un des « moments d'apprentissage » le plus souvent perdu dans notre formation en faculté de théologie est notre manière de conclure nos cours. Très souvent, nous avons passé environ une heure à construire une séance autour de l'idée principale – l'enseignement de Jésus sur l'amour, la division que causent les guerres de religion, l'appel de Paul à vivre par l'Esprit, le modèle de conducteur-serviteur, la nécessité d'écouter avant de parler, etc. Malheureusement, nos étudiants mettent rarement ces principes en pratique parce qu'ils n'ont pas eu l'occasion de réfléchir au pourquoi et au comment de l'idée principale. Si nous sommes sincères dans notre désir de voir les étudiants « allier les actes à la parole », un processus analogue aux quatre étapes proposées dans la section « rapporter » du chapitre 10 met en valeur le caractère impératif de l'application pratique, et guide l'étudiant quant à la manière de la réaliser. Des questions comportementales adaptées peuvent jouer un rôle important dans ce processus.

Prendre du temps dans les cours suivants pour demander aux étudiants s'ils ont tenu leurs engagements permet d'en renforcer l'efficacité. Selon mon expérience, lorsque je pose la question, je ne récolte qu'un taux de réponse de 10 à 20 pourcent, mais même cela a un impact considérable : pour l'étudiant qui l'a mis en application, le message du cours a pénétré son expérience ; quant aux autres étudiants, ils ont maintenant un exemple à suivre parmi leurs pairs, plutôt que des simples exhortations provenant de l'enseignant.

Conclusion

Dans la plupart des institutions théologiques, nous essayons de vouloir toucher à trop de domaines de connaissances ou de viser l'exhaustivité. Comme ce livre l'a indiqué à plusieurs reprises, la recherche en sciences de l'éducation tend à montrer que « moins, c'est plus ». À long terme, lorsque l'enseignant présente une quantité moindre d'informations, mais plus en profondeur, les étudiants retiennent, apprécient et mettent en pratique bien plus que lorsqu'il leur est seulement demandé d'écouter, de lire et de digérer de grandes quantités de contenu. Poser des questions de qualité qui poussent à une réflexion cognitive plus profonde, touchant aux émotions, attitudes et motivations des étudiants, et les guidant pour mettre en pratique ce qui a été vu – tout ceci prend du temps. Cependant, le niveau d'apprentissage holistique en profondeur a bien plus de chances d'aboutir à la transformation des vies des responsables chrétiens émergents que tous les formateurs sérieux en théologie appellent de leurs vœux.

Exercices

1. Examinez un cours que vous allez probablement enseigner dans un futur proche. En vous inspirant des principes et modèles présentés dans ce chapitre :
   - Rédigez une question cognitive adaptée, exigeant une analyse.
   - Rédigez une question cognitive adaptée, exigeant une synthèse.
   - Rédigez une question cognitive adaptée, exigeant une évaluation.
   - Proposez deux ou trois bonnes questions affectives.
   - Formulez deux ou trois questions comportementales permettant aux étudiants de relier le contenu à leurs propres contextes.

2. En vous inspirant des questions comportementales suggérées dans ce chapitre, ainsi que du processus en quatre étapes de la composante « rapporter » du cours présenté au chapitre 10, rédigez une série de questions comportementales mettant au défi les étudiants d'appliquer de manière concrète le contenu présenté en cours.

13

Études de cas pour la formation théologique

Car Dieu a tant aimé les histoires qu'il a créé l'Homme. (Rabbin Nachmann)

Nous devons prendre conscience du fait qu'en fin de compte, nous trouvons du sens dans nos vies non par la compréhension de nos structures humaines, mais grâce à nos histoires humaines.
(Paul Hiebert 2008, p. 31)

Au chapitre 11, le « cône d'expérience » d'Edgar Dale vous a été présenté. Selon Dale, les méthodes d'apprentissage avec le plus fort potentiel pour un apprentissage actif sont les expériences immédiates, personnelles, et qui comportent une finalité. Une bonne chose en théorie, mais dans la pratique, les expériences personnelles, immédiates, ne sont pas prévisibles – surtout dans des contextes de cours formels. Nous pouvons, cependant, avoir recours à une bonne solution de rechange : simuler la réalité par une utilisation prudente des jeux, des jeux de rôle et des études de cas. Les méthodes pédagogiques qui simulent la réalité sont puissantes car elles adoptent deux clés d'une méthodologie d'apprentissage efficace : demander aux étudiants de s'y investir, et d'appliquer leur connaissance dans des situations pratiques même fictives. Ce faisant, les étudiants apprennent activement.

De toutes ces formes d'apprentissage actif, les études de cas sont peut-être les plus faciles à concevoir et à utiliser. De plus, puisque les jeux de rôle sont des études de cas théâtralisées, développer des compétences dans leur écriture facilite la création de jeux de rôle, et à partir de ces derniers, de jeux de simulation, et de sketchs élaborés. Dans ces chapitres, vous serez guidés dans la création et la conception d'études de cas.

Jésus a employé des histoires dans son enseignement. Pratique naturelle dans une société principalement orale, Jésus avait recours à cette méthode car il voyait ses « étudiants » dans la totalité de leur personne. Pour Jésus, il était impératif de relier le texte au contexte, et les histoires étaient une méthode idéale pour pousser ses étudiants à faire de même. Paul n'a pas eu autant recours aux histoires que Jésus, mais nous voyons dans ses lettres une fidélité profonde à l'égard d'une foi incarnée, compatible avec une approche narrative de la formation théologique.

Les méthodes d'enseignement de Jésus et de Paul sont enracinées dans des convictions théologiques fondamentales : notre création en l'image de Dieu en tant que personnes complètes ; le grand message réconciliateur des Écritures où les relations sont centrales ; la merveilleuse incarnation de Christ invitant son peuple à rendre le message de la rédemption pertinent pour chaque époque et chaque contexte où il se trouve. Le recours aux histoires est un des moyens les plus efficaces et les plus adaptés pour montrer la pertinence du message éternel de la mission de Dieu dans le monde.

Corcoran (2007) estime que, puisque l'expérience humaine se manifeste sous forme narrative, ou prenant la forme d'une histoire, enseigner uniquement la doctrine et la théologie n'apportera pas le même degré de croissance dans la foi et la vie qu'un récit. Si nous prenons les Écritures comme repère, le récit est un meilleur moyen que la théologie et la doctrine de communiquer comment Dieu entre en relation avec les croyants. Trop longtemps, nous avons considéré qu'un texte digne d'être étudié se limite aux ouvrages d'universitaires. Tout en développant une approche intégrale de la formation théologique basée sur la mission du Christ, il est indispensable d'envisager les réalités contextuelles comme des « ouvrages culturels » (Vanhoozer 2007), en dialogue avec des textes érudits traditionnels. Les études de cas peuvent constituer un élément important de ce processus d'une pratique réfléchie.

L'efficacité des études de cas

Lisez attentivement les études de cas suivantes ainsi que les questions qui les accompagnent :

Lucie

Lucie est une croyante sur qui on peut compter pour s'acquitter de ses devoirs. C'est une épouse et une mère fidèle. Sa maison est bien rangée et joliment décorée, sa cuisine est délicieuse et équilibrée, et elle s'occupe beaucoup de ses enfants : elle les aide avec leurs devoirs, leur lit des histoires, les amène au square, etc.

Lucie est engagée dans son Église : assidue et serviable, elle visite les malades de son quartier et prie avec eux, et elle partage l'Évangile avec eux quand elle le peut. Elle lit sa Bible et prie chaque jour pour une longue liste de personnes. Les gens ont une bonne opinion d'elle et lui sont reconnaissants.

Mais Lucie n'est pas vraiment heureuse. Elle soupçonne que Dieu non plus n'est pas vraiment satisfait d'elle. Il n'y a pas de grand problème dans sa vie – cependant, elle ressent un vide dans ses prières, elle est irritable face aux gamineries des enfants, et elle est agacée par les gens de l'Église qui ne sont pas assidus, laissent tout le travail aux autres, ou s'habillent ou se comportent de manière osée. Lucie n'aurait pas l'idée d'en faire des histoires, mais, dans son for intérieur, elle éprouve du ressentiment, et les gens, même s'ils la respectent, ont parfois l'impression qu'elle est mécontente d'eux, qu'ils ne sont jamais à la hauteur de ses attentes.

- D'après vous, quels sont les facteurs principaux qui motivent les décisions de vie de Lucie ?

- Croyez-vous que Lucie « vit par la grâce » ? Justifiez votre réponse.

Le pasteur Paul

Paul est le pasteur d'une Église dans un pays qui connaît une instabilité politique. Peu après avoir pris la direction de l'Église, une guerre civile a éclaté et plusieurs milices sont apparues dans le pays. Chacune prétend se limiter à la défense des droits d'un groupe particulier dans le pays. Parmi elles, il existe trois milices « chrétiennes », financées en grande partie par des puissances occidentales préoccupées par l'influence d'« États terroristes » tels que l'Iran et la Corée du Nord, qui, eux, financent des milices islamistes et communistes dans le pays. Les chefs des milices chrétiennes recrutent activement parmi les jeunes hommes de la communauté chrétienne, y compris des membres de l'Église de Paul.

- **Donnez quelques facteurs majeurs qui pourraient influencer la réponse de Paul à cette situation.**

- Quelles considérations théologiques se rapportent à cette situation ? Vous pourrez prendre en compte le contenu vu en cours concernant l'Histoire du salut, le royaume de Dieu, l'Église en tant que communauté missionnaire, l'amour rédempteur, les questions de justice et vérité.

- En vue de ces considérations théologiques et pastorales, comment pensez-vous que Paul devrait réagir :

    a. Si certains jeunes décident de rejoindre les milices chrétiennes ?

    b. Si une milice islamiste ou communiste pénétrait dans le district de l'Église de Paul, et commençait à menacer ses membres et/ou ses biens ?

    c. Si les milices chrétiennes commencent à se battre entre elles alors que des jeunes gens de l'Église sont partisans de milices rivales ?

Sarah et Lydie

Il y a environ un an, Lydie a commencé à enseigner les enfants à l'école du dimanche. Ceci est arrivé parce que Sarah, une monitrice dynamique et douée, qui s'occupait du groupe auparavant, n'était plus assez fiable ; il lui arrivait de ne pas venir, sans prévenir. Lydie a commencé à y enseigner en remplacement, pour « boucher les trous ». Sarah passe quand même de temps en temps, selon son humeur – à peu près une fois toutes les six semaines – sans prévenir personne. Lors de ces « visites à l'improviste », elle s'attend à ce que Lydie abandonne tout ce qu'elle avait prévu, et qu'elle suive son programme à elle. Lydie sait que Sarah est une enseignante beaucoup plus douée qu'elle, mais Lydie a beaucoup travaillé pour améliorer ses compétences pédagogiques, et ses leçons sont toujours bien mieux préparées et structurées que celles de Sarah – souvent présentées sans aucune préparation. Comme si cela n'était pas suffisant, Sarah est mariée avec un des anciens de l'Église, et celui-ci n'arrête pas de dire à tout le monde que Sarah fait un travail formidable comme directrice de l'école du dimanche. À chaque événement d'Église, Sarah est abondamment remerciée publiquement par le pasteur et les anciens pour « tout son travail auprès des enfants de l'école du dimanche », alors que le nom de Lydie n'est jamais mentionné.

- Quels pourraient être les sentiments de Lydie dans cette situation ?

- Si vous étiez ami(e) avec les deux, quelles pourraient être deux ou trois initiatives constructives que vous pourriez prendre pour permettre aux contributions précieuses des deux de bénéficier aux enfants de l'école du dimanche ?

- Si vous étiez le pasteur de cette Église, comment pourriez-vous gérer cette situation de façon positive et rédemptrice, particulièrement par rapport au mari de Sarah, qui est un ancien apprécié et engagé dans l'Église ?

Lequel de ces trois cas a le plus capté votre attention ? Pour quelles raisons pensez-vous que ce cas vous ait particulièrement intéressé ? Quels sentiments cette histoire a-t-elle suscités en vous ? Pourquoi ? En général, une étude de cas capte notre attention et éveille nos sentiments de manière directement proportionnelle au lien que nous établissons avec notre propre expérience. Une étude de cas a plus de chances d'aboutir à une croissance transformatrice si elle traite d'un thème ou d'une expérience qui a, dans le passé, suscité des émotions fortes ou nécessité une prise de décision difficile.

Les études de cas constituent une méthode pédagogique puissante et efficace :

- L'apprentissage le plus efficace procède du connu vers l'inconnu, de telle sorte que les nouveaux concepts et connaissances soient présentées à l'étudiant en partant de son expérience antérieure. Les études de cas donnent des points de contact qui font que les étudiants retiennent mieux et comprennent les détails du contenu nouveau. De cette manière, (en revenant à la taxonomie de Bloom), les composantes de connaissance et de compréhension du cognitif sont améliorées.

- Les études de cas de qualité poussent les étudiants à penser aux enjeux contextuels à travers l'optique des principes qui se trouvent dans les textes. Ce travail comparatif induit en général une réflexion analytique, synthétique et/ou évaluatrice.

- Lorsque la situation décrite dans l'étude de cas se rapproche du parcours des étudiants, elle les captive, et suscite souvent une réaction affective forte.

- Les études de cas aident à développer des compétences en résolution de problèmes, des compétences qui sont précieuses lorsqu'elles sont mises en pratique, mais qui le sont rarement. L'occasion est ainsi donnée de s'entraîner (ce qui n'est peut-être pas possible ailleurs) à utiliser des compétences essentielles pour la vie et le ministère.

- Des études de cas réalistes aident à rendre plus réel un contenu théorique, et donc à encourager une pratique réfléchie et une action délibérée. (Merseth 1991)
- Tout particulièrement dans le domaine de la formation théologique, les études de cas sont idéales dans le cadre de séminaires ou de dissertations intégrés. Elles forment les étudiants à avoir recours à différents points de vue bibliques, théologiques, historiques et pastoraux pour aborder une situation concrète.
- Les études de cas peuvent développer l'esprit d'équipe. Quand une équipe se réunit pour résoudre un cas, différentes opinions, méthodes et perspectives doivent être entendues. Des réponses utiles au cas étudié émergeront dans la mesure où le groupe arrive à travailler ensemble vers un objectif commun. Le programme « implicite » du travail en groupe qui accompagne en général l'approche de l'étude de cas est de favoriser la coopération en équipe, élément essentiel d'un ministère chrétien fructueux.
- Le plus important : les études de cas aident les étudiants à s'auto-évaluer, mais en maintenant une distance de sécurité permettant de séparer les questions en jeu des personnes.

Caractérisation, cadre, intrigue

Les études de cas sont des histoires et, comme avec les autres histoires, plus elles se rapprocheront des expériences du lecteur, plus elles seront captivantes, plus elles susciteront d'émotions, et plus elles auront de chances de produire une réponse active. Par conséquent, le secret d'une étude de cas efficace est de refléter une situation de la vie réelle connue des étudiants.

Nombre d'enseignants, lorsqu'ils découvrent la méthode de l'étude de cas, ont tendance à présenter des histoires extrêmes ou dramatiques. Cependant, celles-ci ne sont généralement pas très efficaces, sur le plan pédagogique, car elles ne touchent pas les vies des étudiants qui auront par conséquent du mal à s'identifier au récit. Les histoires fortes sont des histoires ordinaires, banales, qui racontent le genre d'événement qui se passe régulièrement dans la vie. Les éléments de ces histoires « courantes » se retrouveront plus probablement dans l'expérience des étudiants, les faisant ainsi « entrer » dans le récit de manière plus personnelle, et se confronter avec plus de passion et de réalisme aux questions en jeu.

Comme pour toute histoire, les études de cas comportent trois éléments importants : la caractérisation, le cadre, et l'intrigue.

Caractérisation

Le premier élément important est la caractérisation. La réussite d'une histoire repose en grande partie sur sa capacité à développer des personnages intéressants, réels, auxquels les lecteurs peuvent s'identifier. Pour faire simple, les personnages peuvent avoir une, deux ou trois dimensions. Les personnages ayant une seule dimension sont là essentiellement pour le décor. Leur présence est très passagère, et ils ne jouent pas un grand rôle pour faire avancer l'action. Ils sont cependant indispensables car ils créent une ambiance et une impression de réalisme – surtout dans les histoires plus longues.

Prenez par exemple, l'histoire bien connue de David et de Bath-Schéba en 2 Samuel 11-12, qui comporte de nombreux personnages unidimensionnels, dont « ses serviteurs » (11.1), « tout Israël » (11.1), « des gens » (11.4), « des serviteurs » (11.9, 13), « les hommes de la ville » (11.17), « le messager » (11.19), et ainsi de suite. Dans chaque cas, nous ne savons pratiquement rien de ces personnages, mais sans eux, l'histoire ne serait pas « vivante ». Les personnages unidimensionnels donnent de la profondeur et de l'envergure à un récit.

Dans l'étude de cas sur Lucie, parmi les personnages unidimensionnels on trouve ses enfants et « les gens » de l'Église et dans son quartier. Dans l'histoire du pasteur Paul, comme personnages unidimensionnels on trouve « l'Église », « les milices », et « les jeunes hommes ». Dans l'histoire de Lydie, nous voyons les enfants de l'école du dimanche, « un des anciens », et le pasteur. Dans chaque cas, nous ne savons quasiment rien de ces personnages, mais l'histoire ne fonctionnerait pas sans leur existence.

Les personnages bidimensionnels ont plus de substance, mais sont généralement (quoique pas toujours) dépeints avec un trait de caractère prédominant. Les personnages bidimensionnels interagissent avec les personnages clés et ajoutent de la substance à l'histoire, mais ils jouent les seconds rôles au lieu d'avoir un rôle central. De nouveau, dans l'histoire de David et Bath-Schéba, nous voyons une variété de personnages bidimensionnels, comme Urie, Bath-Schéba, Joab, et peut-être Nathan (quoique l'on puisse soutenir qu'il est tridimensionnel). Dans chaque cas, nous apprenons plusieurs particularités de leur personnage, mais le tableau général comporte un trait dominant, par exemple : bon, mauvais, fort, faible. Il nous est difficile, à nous lecteurs, de nous identifier profondément au personnage. Le seul personnage bidimensionnel notable des trois études de cas mentionnées précédemment est Sarah. Même si nous savons que Sarah a un don, son portrait demeure globalement négatif. Nous ne partageons pas ses sentiments, comme nous avons tendance à partager ceux de Lydie.

Les personnages les plus importants de toute histoire ont trois dimensions. Ce sont les personnages principaux de l'histoire, autour desquels est bâtie l'action. Les histoires puissantes donnent suffisamment d'informations sur eux pour qu'ils paraissent réels aux lecteurs. L'objectif étant que les lecteurs s'identifient personnellement à eux, ou au moins les identifient à des personnes qu'ils connaissent intimement. C'est par ce processus d'identification que le narrateur cherche à captiver les lecteurs, communiquer le message de l'histoire, et à susciter une réaction. Dans les bonnes histoires, les personnages tridimensionnels montreront une palette de caractéristiques, d'humeurs et d'actions, qui contribuent toutes à la sensation de réalité. Dans l'histoire de David et Bath-Schéba, le personnage tridimensionnel clé est David.

Bien que l'histoire de David et Bath-Schéba joue clairement un rôle important dans l'explication de la lignée de David, à un niveau plus local, le narrateur veut clairement que le lecteur s'identifie au péché de David et à la repentance qui s'ensuit. Ce qui est vrai de David le sera aussi pour le lecteur : le péché secret est endémique et destructeur, mais par le biais de la repentance nous pouvons expérimenter le pardon de Dieu.

Dans les trois histoires citées plus haut, Lucie, Paul et Lydie sont tous trois des personnages tridimensionnels. Ils ont une palette de caractéristiques personnelles, et les conflits de chaque récit s'articulent autour d'eux. Le lecteur sera pris par l'histoire en proportion de son degré d'identification au personnage tridimensionnel.

Cadre

Le deuxième élément important d'une histoire pertinente est son cadre. Celui-ci peut être géographique, temporel, social ou historique. Le lecteur prête généralement peu d'attention au cadre, c'est pourtant lui qui donne le contexte de base à l'intérieur duquel l'intrigue et les personnages se développent. Le cadre a de nombreuses fonctions : créer une ambiance, déterminer le conflit, révéler des traits de caractère des personnages qui doivent faire face à des problèmes ou menaces dus au cadre, et évoquer des associations avec la situation actuelle des lecteurs.

L'action de l'histoire de David et Bath-Schéba se situe lors d'une période de guerre contre les Ammonites (un élément central de l'histoire), avec un mouvement de va-et-vient entre le palais et le front. Les trois histoires décrites plus tôt dans ce chapitre ont toutes pour cadre le présent. Le cadre géographique des histoires de Lucie et de Lydie pourrait se situer quasiment n'importe où, bien qu'elles comportent des éléments particulièrement parlants dans des cultures de l'honneur-honte. Le cadre de l'histoire du pasteur Paul est plus précis : il sous-entend un contexte conflictuel comportant des religions multiples, tel que le Liban, le Nigéria ou le Soudan. Les histoires passionnent les lecteurs dans la mesure où le cadre ressemble à leur propre cadre de vie.

Le secret de l'impression de réalité dans la caractérisation et le cadre d'une histoire réside dans l'inclusion d'un nombre limité de détails apparemment inutiles à première vue.

Par exemple, dans l'histoire de Lydie et Sarah, les détails suivants semblent non-pertinents pour l'histoire :

- Pourquoi les appeler Lydie et Sarah ? Pourquoi pas Cathy et Jannick ? Ou bien Manu et Fred ?
- Lydie a commencé à enseigner il y a environ un an. Pourquoi pas six mois ? Pourquoi pas trois mois ?

- Sarah vient une fois toutes les six semaines à peu près. Pourquoi pas une fois par mois ? pourquoi pas tous les quinze jours ?
- Sarah est mariée avec un ancien. Pourquoi ne pas en faire la fille d'un ancien ? Ou la femme du pasteur ? Pourquoi lui attribuer une relation avec un dirigeant ?

Dans chaque situation, le choix est en réalité assez arbitraire, et d'autres choix auraient été tout aussi acceptables. L'important était la fourniture de détails, car le détail crée dans l'esprit du lecteur l'image d'une personne réelle – très souvent, une personne connue du lecteur, parfois même lui-même. Plus l'image est nette et connue, plus l'histoire a de chances de toucher les lecteurs et d'influencer leur apprentissage.

Les détails sont essentiels pour rendre les histoires réalistes, mais il est important (surtout dans les études de cas), que les lecteurs ne soient pas submergés par une avalanche d'informations. La longueur doit être ajustée au temps disponible, et la complexité des cas au niveau d'apprentissage atteint par les étudiants. Les cas pour des étudiants débutants doivent bien mettre en évidence les faits et les enjeux les plus importants. Vous pouvez faire passer à du contenu plus complexe les étudiants qui progressent en termes de connaissances et dans leur analyse d'un exercice d'étude de cas. Les détails apportent du réalisme, mais ne doivent pas détourner l'attention des enjeux principaux traités. Vous remarquerez, par exemple, que dans l'histoire de Lucie, aucune précision n'a été apportée concernant son mari et ses enfants, et que son contexte d'Église n'a pas été abordé en détail non plus. Les informations qui auraient pu entraîner les lecteurs sur des tangentes – les relations au sein de son couple, les difficultés scolaires de ses enfants, ou un conflit au sein de son Église – ont été écartées délibérément.

L'intrigue

Le dernier élément important d'une bonne histoire est *l'intrigue*. L'intrigue se réfère à une suite d'événements, suivant en général un enchaînement de cause à effet, aboutissant à un *nœud*, et entraînant le lecteur dans le monde du récit, qui donnent finalement lieu à un *dénouement*, et aboutissent à une conclusion. L'élément de base de l'intrigue est le *conflit*. Bien que le conflit puisse être interpersonnel, il est, plus profondément, intra-personnel – des luttes intérieures que vivent les personnages tridimensionnels émergeant des choix qui leur sont présentés. Dans des histoires plus longues, il y aura une série de choix décisifs qui nourrissent l'intérêt et le suspense, conduisant au choix ultime, suivant en gros le schéma présenté dans la figure 13.1.

Par exemple, dans l'histoire de David et Bath-Schéba, l'on discerne les choix suivants :

- David devrait-il mener son peuple au combat, ou rester en arrière (11.1) ?
- David devrait-il faire venir Bath-Schéba ou non (11.2-4) ?

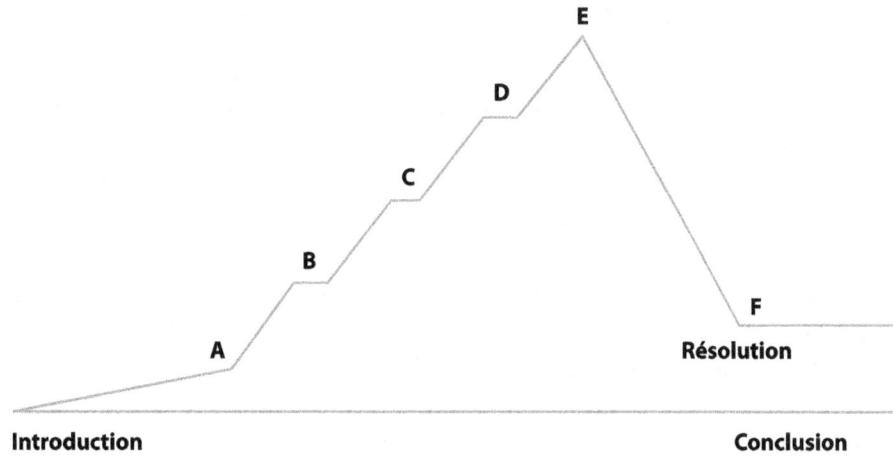

Figure 13.1 La séquence d'événements dans l'intrigue d'une histoire

- Bath-Schéba devrait-elle venir en réponse à la convocation de David (11.4) ?
- Que devrait faire David lorsqu'il apprend la nouvelle de la grossesse de Bath-Schéba (11.5) ?
- Urie devrait-il coucher avec sa femme (11.8-9) ?
- Que devrait faire David lorsqu'Urie refuse de coucher avec sa femme (11.10-11) ?
- Joab devrait-il obéir à l'ordre de David (11.14-15) ?

Chacun de ces choix marque une étape vers le conflit interne majeur se trouvant en 12.1-12, lorsque Nathan met David face à son péché, et que David doit faire un choix : se repentir, nier, ou même faire mettre à mort Nathan. Heureusement, David choisit la repentance, et ainsi l'histoire connaît un dénouement satisfaisant (12.13-25).

Lorsque le conflit intra-personnel reflète une situation de choix connue du lecteur, celui-ci est immédiatement amené à s'identifier à l'histoire, et à s'interroger quant aux choix que lui-même pourrait faire dans cette situation. Les études de cas bien écrites tirent leur force du fait qu'elles suscitent ce genre de réaction de la part du lecteur.

Si nous revenons à l'histoire de Lydie et Sarah, nous voyons une série de choix qui créent un conflit intérieur chez Lydie :

- Lydie aurait-elle dû réagir au manque de fiabilité de Sarah en commençant à enseigner à l'école du dimanche ?
- Lydie aurait-elle dû garder le silence alors que Sarah continuait à passer à l'école du dimanche ?
- Lors de ces « visites », Lydie aurait-elle dû laisser Sarah reprendre les commandes ?

- À qui Lydie aurait-elle pu parler du comportement de Sarah ?

La force de votre identification à cette histoire sera proportionnelle à la mesure dans laquelle vous avez vécu un conflit intra-personnel semblable, à cause de choix comparables à ceux qu'a connus Lydie.

C'est au moment où la crise et le dénouement sont atteints que les études de cas divergent des histoires classiques. En général, en ce qui concerne les histoires classiques, l'auteur fournit au lecteur le dénouement. Dans une étude de cas, c'est au lecteur de le fournir. En effet, l'intérêt et l'investissement personnel que de bonnes études de cas suscitent est due en grande partie aux différentes manières par lesquelles un dénouement peut être atteint, à partir de la large palette d'expériences et de points de vue que les personnes amènent à ces histoires.

Dans le cas de l'histoire de Lydie et de Sarah, l'histoire laisse Lydie face à un choix important. Devrait-elle abandonner l'enseignement ? Si oui, quel effet cela pourrait-t-il avoir sur les enfants ? Quel impact cela pourrait-il avoir sur sa relation aux autres membres de l'Église ? Lydie devrait-elle parler à quelqu'un ? Si oui, à qui ?

Les études de cas ayant un dénouement évident ne sont pas particulièrement utiles, les étudiants manquant en général de motivation pour affronter la tension entre idéal et réalité. Les études de cas ayant de multiples issues possibles sont bien plus puissantes, puisqu'elles exigent des étudiants qu'ils sondent profondément les enjeux.

Écrire une étude de cas

C'est maintenant à votre tour de concevoir une étude de cas. Attention, il faut savoir que la première fois que vous écrirez une étude de cas, cela demandera beaucoup de travail et d'imagination, afin d'éviter d'oublier certains détails cruciaux, ou de rajouter des informations qui égareront le lecteur. Apprendre à écrire de bonnes études de cas demande beaucoup d'entraînement. Cependant, cela en vaut la peine, car les études de cas font partie des meilleurs instruments dans la boîte à outils méthodologiques du bon enseignant. En effet, les études de cas incitent les étudiants à apprendre activement et favorisent une réflexion théologique de qualité sur la pratique.

Premièrement, pour acquérir une expérience du processus de rédaction d'une étude de cas, complétez le court exercice suivant :

Pour chacune des situations ci-dessous, citez un livre de l'Ancien Testament qui traite d'une situation semblable. Dans chaque cas, décrivez la question centrale qui crée le lien entre contexte et texte. Veuillez noter que dans la majorité des cas, il existe plus d'une réponse possible ; vous êtes invité à proposer une variété d'alternatives.

1. Le gouvernement iranien a ordonné la fermeture des Églises de langue perse, et a menacé les responsables de ces Églises de les mettre en prison ou même de les éliminer.

2. Un homme qui approche de la cinquantaine commence à se demander si sa vie a un sens. Tout n'est que routine et la vie semble tellement vide.

3. Les membres d'une assemblée du Soudan du Sud, tous forcés de quitter Khartoum après la division du Nord et du Sud, demandent à leur pasteur comment Dieu a pu laisser son peuple souffrir ainsi aux mains du gouvernement soudanais. Pourquoi Dieu ne fait-il pas quelque chose ?

4. Le responsable des jeunes adultes de l'Église vient d'apporter une série de prédications sur la grâce. Du coup, les jeunes ont commencé à se révolter contre le légalisme de l'Église. Les filles viennent court vêtues au culte et certains garçons ont commencé à fumer. Puisque l'Évangile est une question de grâce, chacun devrait pouvoir faire ce qu'il veut.

5. Un drame terrible s'est abattu sur votre ville : un minibus scolaire est tombé dans un ravin. Plusieurs enfants ont été tués et d'autres grièvement blessés.

Il est probable que vous n'ayez pas eu trop de difficultés à établir des liens entre ces situations contemporaines et les différents passages bibliques. Maintenant, essayez de voir si vous pouvez faire le chemin inverse : pour les récits ou passages de l'Ancien Testament suivants, proposez une situation parallèle que vous avez vécue personnellement.

1. David et Bath-Schéba
2. Jonas
3. La tour de Babel
4. La défaite d'Aï
5. Psaume 137 : "Sur les bords des fleuves de Babylone…"

Il vous faudra tout d'abord décrire l'enjeu central du passage, afin de pouvoir relier le texte à votre contexte personnel. Pour certains textes, une variété de questions et/ou différents niveaux de la question sont en jeu. Par exemple, l'histoire de David et Bath-Schéba concerne de prime abord l'immoralité sexuelle, cependant, plus profondément, elle nous parle de la tendance humaine naturelle à chercher à cacher le péché, et du fait qu'un péché conduit à une succession d'autres péchés.

En proposant des exemples contemporains, vous devriez essayer de présenter des situations « courantes » dont vous avez été témoin, ou qui sont habituelles dans votre propre Église, faculté ou ville, de préférence des situations dans lesquelles vous avez été personnellement impliqué. Alors que nous avançons dans la conception de l'étude de cas, le résultat final sera plus pertinent si la situation dont elle est tirée est « ordinaire ».

L'étape suivante sera l'élaboration d'une étude de cas complète, basée sur une des situations « courantes » que vous avez proposées lors de l'exercice précédent. Les bonnes études de cas nécessitent anticipation et organisation. D'après moi, un des meilleurs moyens d'élaborer un cas est de suivre les cinq étapes suivantes :

1. *Pensez à une question controversée clé* que vous cherchez à traiter dans le cadre de votre cours.

2. *Réfléchissez à une situation réelle que vous avez connue*, qui soit en lien avec cette question ou ce dilemme. Un apprentissage formateur commence à partir de ce qui a été désigné sous le nom de « dissonance cognitive » (Festinger 1957 ; Gwronski et Srack 2012), « désorientation » (Mezirow 1991 ; Cranton 2006) et « conflit intra-personnel » (Loder 1982), faisant qu'un dilemme sert de catalyseur pour ouvrir de nouvelles perspectives. Les études de cas bien conçues sont capables de découvrir et de présenter les dilemmes essentiels sous-jacents aux questions clés. Le secret est de présenter l'information de telle sorte qu'une « bonne réponse » ne soit pas trop évidente. Il vaut généralement mieux, (si possible), utiliser deux ou trois situations, et agréger certains aspects de chacune. Par exemple, en écrivant le scénario de Lydie, j'avais à l'esprit trois femmes différentes de trois pays différents. En agrégeant leurs trois histoires, vous ne pouvez être accusé de « viser » un individu en particulier par votre récit.

3. *Changez tous les noms de personnes et de lieux*, et éventuellement tous les incidents. Si vous préparez votre étude de cas pour un groupe d'étudiants particulier, éviter d'inclure les noms de membres du groupe, ou de lieux dont ils sont originaires, car ces détails pourraient détourner les étudiants des questions en jeu.

4. *Donnez suffisamment de détails apparemment « non pertinents »*, pour rendre la situation vraisemblable, mais pas trop pour que la question ne soit pas « noyée » dans les détails. En particulier, il vaut généralement mieux donner des noms aux personnages et, si besoin, des détails personnels tels que leur âge, situation conjugale, nombre et âge des enfants, etc. Les lecteurs ont plus de chance de s'intéresser à l'histoire si elle semble « réelle », et les détails sont cruciaux pour créer une impression de réalité.

5. *Proposez des questions de discussion adaptées*. Plus le cas est complexe, plus les questions devraient l'être également. Dans certains cours, un cas bien écrit peut servir d'axe autour duquel tout le cours tourne. Vous trouverez ci-dessous des questions possibles qui pourraient être utilisées ou adaptées :

- Quels facteurs principaux ont contribué à la crise décrite dans cette histoire ?
- Quels sont selon vous les enjeux principaux de cette étude de cas ?
- Si vous étiez ami avec ... comment pourriez-vous le/la conseiller/aider/aimer ?
- Si vous étiez le pasteur de ... comment pourriez-vous le/la conseiller/ aider/aimer ?
- Quels éléments de ce cas ressortent comme des questions clés ?
- Quelles questions vous sont connues de par votre propre expérience ?
- Lesquelles de ces questions avez-vous traitées avec un certain succès ?
- Lesquelles de ces questions suscitent en vous une appréhension ? Pourquoi ?

Le nombre de questions proposées dépendra du temps disponible. Par exemple, j'utilise souvent une étude de cas comme « accroche » pour entrer dans le cours, en quel cas je ne souhaite généralement pas lui consacrer plus de dix à quinze minutes. Quand ceci est le cas, je ne donne en général que trois ou quatre questions, je demande aux petits groupes de discuter des questions, et ensuite je donne à chaque groupe l'occasion de partager au maximum une ou deux réponses clés. Dans d'autres situations, l'étude de cas suit un contenu théorique et sert à relier la théorie à la pratique ; dans cette situation, une série de questions plus étoffées est alors adaptée. Lors d'études de cas plus longues, il vaut la peine de proposer quelques questions de bilan telles que :

- Quelles nouvelles perspectives avez-vous découvert au travers de cette étude de cas et de la discussion qui a suivi ?
- Quelles questions vous reste-t-il ?
- Quelles nouvelles idées voulez-vous tester ?

Les études de cas sont au cœur de l'apprentissage par la résolution de problèmes (ARP) abordé au chapitre 6. L'ARP renverse le schéma traditionnel allant de la théorie à la pratique : un problème de la vie réelle est présenté aux étudiants, ils sont mis au défi de passer le problème au crible de différents éléments de théorie, et enfin proposent des solutions. Ce processus a été largement employé dans l'étude de la médecine et du droit, mais rarement dans la formation théologique, alors même que la nature du ministère chrétien demande le genre d'intégration de l'apprentissage que favorise l'ARP.

Conclusion

Partout dans le monde, les gens aiment les histoires. Particulièrement dans les sociétés orales, les histoires constituent une stratégie culturelle clé dans la communication de la vérité. Même dans les contextes occidentaux, la puissance des histoires pour un bon apprentissage se manifeste dans le recours croissant à l'ARP en tant que stratégie didactique.

Nous devenons facilement trop préoccupés par le contenu précis de notre cours, et en oublions les réalités complexes guettant les étudiants dans leur ministère présent ou futur. Les formateurs engagés dans la préparation de responsables à des contextes de vie réelle aideront les étudiants à relier texte et contexte dans leur enseignement. Les études de cas sont un des moyens les plus efficaces d'accomplir cela.

Exercices

1. À partir de votre propre expérience et du contenu de ce chapitre, faites une liste des avantages majeurs du recours aux études de cas dans la formation théologique. Faites une ou deux mises en gardes concernant l'emploi des études de cas.

2. En ayant recours aux cinq étapes de la conception d'une étude de cas présentées ci-dessus, rédigez une étude de cas basée sur l'un des passages de l'Ancien Testament présentés dans ce chapitre.

3. Réfléchissez à un cours que vous allez probablement donner dans un avenir proche. Quelle question clé souhaitez-vous traiter dans ce cours ? En passant par toutes les étapes de l'élaboration décrites dans ce chapitre, rédigez une étude de cas mettant en évidence cette question clé.

4. À la lumière du contenu de ce chapitre ainsi que de la description de l'apprentissage basé sur la résolution de problèmes (ARP) présenté au chapitre 6, quel est, selon vous, l'atout principal du PBL ? Pourquoi ? Quels sont certains des obstacles principaux à l'adoption de l'ARP dans votre propre contexte d'enseignement ? Proposez au moins une mesure spécifique que vous pourriez prendre pour vaincre ces obstacles et favoriser un niveau plus profond d'apprentissage du contexte au texte dans le cadre de votre programme de formation.

5. En prenant comme point de départ l'exemple de Projet Intégré de l'ABTS donné dans l'annexe 6.1, concevez un projet intégré comparable ou plus développé pour votre propre programme pédagogique, en ayant recours à une version adaptée de l'ARP, dans le but de promouvoir les compétences en réflexion théologique sur la pratique.

14

Enseignement, styles d'apprentissage et contexte culturel

La recherche des quarante dernières années tend à soutenir de plus en plus la thèse selon laquelle les personnes ont des manières d'apprendre fondamentalement différentes, car différentes les unes des autres. Différents modèles et taxonomies ont été proposés pour décrire la diversité des schémas et préférences d'apprentissage. Aucun de ces modèles ne restitue pleinement la nature complexe de l'apprentissage, mais un examen des grandes théories au sujet des différences d'apprentissage permettra d'établir des paradigmes différents pour aider les enseignants à se repérer et à adopter des modèles de façon consciente. Au cours de ce chapitre, plusieurs modèles influents des styles d'apprentissage vous seront présentés, ainsi que le concept d'« intelligences multiples » du psychologue américain Howard Earl Gardner (1943-) et certains résultats concernant l'apprentissage issus des études interculturelles et de genre.

Le modèle de Kolb des styles d'apprentissage

La théorie du pédagogue américain David Kolb (1939-) des styles d'apprentissage « Experiential Learning » (1984) est l'un des modèles les plus influents traitant des différents styles d'enseignement et d'apprentissage. Son modèle est basé sur des recherches indiquant que les individus perçoivent et traitent l'information différemment, comme suit :

- *Conceptualisation concrète et abstraite.* Les personnes qualifiées de « percepteurs concrets » absorbent l'information par l'expérience directe, en agissant, en mimant, en percevant des sensations et en éprouvant des sentiments. Les « percepteurs abstraits », en revanche, assimilent l'information par l'analyse, l'observation et la réflexion.
- *Application active et réfléchie.* Les personnes qualifiées de « processeurs actifs » comprennent une expérience en utilisant l'information nouvelle immédiatement. Les « processeurs réfléchis » comprennent une expérience, en la méditant, et en y réfléchissant.

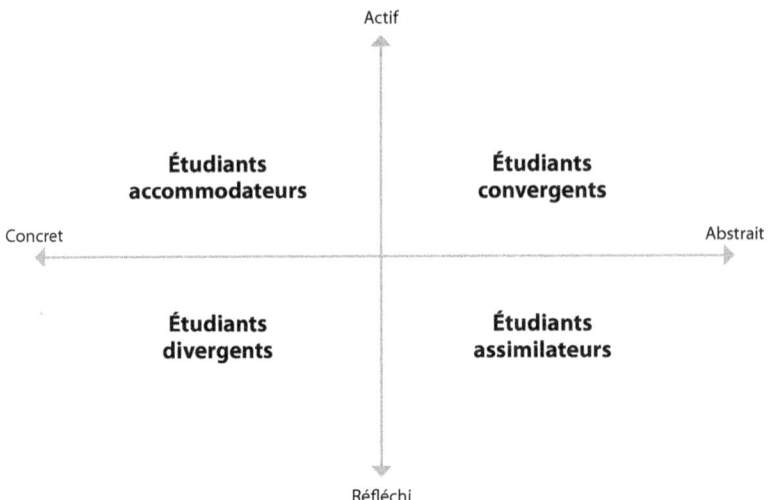

Figure 14.1 Les styles d'apprentissage de Kolb

La théorie de Kolb sur l'apprentissage peut être représentée par deux axes perpendiculaires allant en continu de l'expérimentation active à l'observation réfléchie, et de l'expérience concrète à la conceptualisation abstraite (fig. 14.1).

Une personne dont le style d'apprentissage se situe à proximité de l'intersection des deux axes aura une approche de l'apprentissage plus équilibrée et saura mieux s'adapter aux différentes situations d'apprentissage. Au contraire, une personne dont le style est éloigné de l'intersection sera dominé par un seul style d'apprentissage :

- Les étudiants de type *divergents* préfèrent l'expérience concrète et l'observation réfléchie durant les expériences d'apprentissage. Les *divergents* ont tendance à compter sur leurs sentiments, imagination et intuition. Ils sont ouverts d'esprit et typiquement font preuve d'une compréhension réfléchie. Cependant, ils tendront à révéler certaines faiblesses dans les domaines de la prise de décision, des compétences de la pensée, de l'utilisation de théories et de processus de pensée systématiques. Des chercheurs ont déterminé que les divergents excelleront dans des situations d'apprentissage comportant un apprentissage individualisé, des consignes assez flexibles, et une sensibilité à l'expression des sentiments. Les stratégies d'apprentissage devraient inclure l'évaluation de connaissances actuelles, l'élaboration d'exemples, le recours aux illustrations et l'évaluation des conséquences. Les étudiants divergents ont tendance à avoir du mal dans les situations d'apprentissage qui mettent l'accent sur un arrière-plan ou des modèles théoriques.

- Les étudiants *assimilateurs* préfèrent la conceptualisation abstraite et l'observation réfléchie. Les assimilateurs s'appuient sur une logique solide, la rigueur, le raisonnement inductif et leur capacité à assimiler un vaste éventail d'idées. Ils ont la capacité à créer des points de vue multiples dans l'apprentissage, à avoir recours à une approche systématique, à structurer l'information et à analyser des concepts abstraits. Les faiblesses de ce type d'apprentissage comprennent la tendance à être moins attentifs aux personnes ou aux sentiments, à minimiser leur implication personnelle dans l'apprentissage et à exercer peu d'influence sur les autres. Les assimilateurs ne font pas souvent preuve d'une orientation vers l'action, d'un sens artistique ou d'un esprit de décision. Des chercheurs ont démontré que les assimilateurs excelleront dans des situations d'apprentissage proposant une information structurée, des modèles conceptuels, des théories à tester, et l'analyse de données. En conséquence, les stratégies d'apprentissage devraient inclure la validation de sources, l'analyse prévisionnelle et l'évaluation de conséquences. Les assimilateurs sont mis en difficulté par les expériences d'apprentissage incluant la simulation ou l'application de situations du monde réel.

- Les étudiants *convergents* préfèrent la conceptualisation abstraite et l'expérimentation active. Leurs points forts se situent dans les domaines de la résolution de problèmes et de la prise de décision. Les convergents ont tendance à être peu émotifs, concentrés et pragmatiques. Ils sont capables d'appliquer les idées de manière pratique, d'employer une approche systématique et analytique, d'influencer les autres et de faire avancer les choses. Parmi leurs faiblesses, l'on peut trouver des centres d'intérêt restreints, une tendance à être relativement froids, une certaine fermeture d'esprit, et un manque d'imagination. Les convergents ont tendance à se focaliser moins sur les personnes ou les sentiments que sur les tâches concrètes. Les chercheurs postulent que les convergents excelleront dans des occasions d'apprentissage qui comprennent l'élaboration de nouvelles manières de penser et de tester de nouvelles idées. Ils aiment fixer des objectifs et prendre des décisions. Les stratégies d'apprentissage devraient inclure la fixation d'objectifs, la répétition d'informations importantes, la structuration d'informations et la prévision de résultats.

- Les étudiants *accommodateurs* préfèrent l'expérience concrète et l'expérimentation active. Leurs forces résident dans ce qu'ils sont tournés vers l'action et les résultats, recherchent de nouvelles expériences, et aiment prendre des risques. Les accommodateurs ont la capacité à mener à bien des projets, à s'adapter aux situations nouvelles, à influencer et à diriger les autres, et à obtenir des résultats. Ils font souvent preuve d'intuition, de sens artistique et sont tournés vers les relations humaines. Leurs points faibles potentiels comprennent une tendance à trop compter sur les autres pour obtenir des informations, un manque de confiance en leurs propres capacités d'analyse, une tendance à ne pas tenir compte de la théorie, ainsi qu'à être perçus comme cherchant à contrôler les autres. Les chercheurs ont découvert que les accommodateurs excellent lorsque l'apprentissage crée des occasions de fixer des objectifs, de chercher des opportunités, et d'influencer les autres. Ils ont plaisir à utiliser des exemples concrets et à appliquer leurs connaissances, et préfèrent une participation active à une réflexion individuelle ou en groupe.

Bien que le modèle de Kolb simplifie trop ce qui est en réalité un schéma d'apprentissage complexe (M. Smith 2001 ; Tennant 1997), les preuves de l'existence d'une variété de styles d'apprentissage sont nombreuses. Néanmoins, l'enseignement traditionnel continue à préférer la perception abstraite et le traitement réfléchi, surtout dans l'enseignement supérieur. Si nous voulons soutenir les différentes capacités que les personnes apportent au contexte d'apprentissage, et en bénéficier, nous devons laisser une place à l'intuition, au sentiment, à la sensation et à l'imagination, sans négliger les compétences traditionnelles en analyse, en raisonnement, et en résolution séquentielle de problèmes. Les enseignants feraient bien de concevoir leurs méthodes didactiques pour toucher les quatre styles d'apprentissage, en ayant recours à différentes combinaisons de vécu, de réflexion, de conceptualisation et d'expérimentation, en élargissant l'éventail des types d'expérience qui se déroulent dans la salle de cours. Ils peuvent incorporer du son, de la musique, des éléments visuels, du mouvement, du vécu et de la parole. Ils doivent également utiliser une variété de techniques d'évaluation – dépassant la méthode traditionnelle de la dissertation et de l'examen – pour développer l'intégralité des fonctions cérébrales tout en veillant à respecter le profil d'apprentissage selon le type spécifique de chacun.

D'autres approches des styles d'apprentissage

Le modèle de Kolb est utile, mais n'explique pas comment les différentes personnes apprennent. D'autres approches existent encore.

Neil Fleming (2012), par exemple, divise les étudiants selon leurs préférences sensorielles – visuelle, auditive, au travers de la lecture/écriture ou kinesthésique/tactile. Dans le modèle de Fleming, la méthode d'apprentissage préférée des étudiants visuels est naturellement l'image. Par conséquent, les étudiants visuels tirent profit de tableaux, de graphiques, d'illustrations, de polycopiés et de vidéos (Cherry 2012). Les étudiants auditifs préfèrent écouter, et ont tendance à faire partie de la minorité qui tire profit des cours magistraux, bien qu'ils apprécient la discussion et l'interaction verbale. Les étudiants privilégiant la lecture/l'écriture préfèrent absorber l'information par le texte. Les étudiants kinesthésiques/tactiles ont besoin de l'expérience – bouger, toucher, faire – et par conséquent ils apprécient les activités en laboratoire, les sorties sur le terrain, les jeux de rôle, ainsi que d'autres formes d'apprentissage actif.

	Sensoriels/ kinesthésiques	Visuels	Auditifs
Préférences :	Tactile	Image	Voix
Pédagogie la plus adaptée :	activités en laboratoire, sorties sur le terrain, jeux de rôle, formes d'apprentissage actif	tableaux, graphiques, illustrations, polycopiés, vidéos	cours magistraux, bien qu'ils apprécient la discussion et l'interaction verbale

Un inventaire de styles d'apprentissage complètement différent a été élaboré par Felder et Silverman (1988). Dans ce modèle, les styles se tiennent en équilibre entre quatre paires d'extrêmes : Actif/ Réfléchi, Sensoriel/Intuitif, Visuel/Verbal et Séquentiel/ Global, la position des étudiants étant déterminée sur chacune de ces dimensions (voir fig. 14.2).

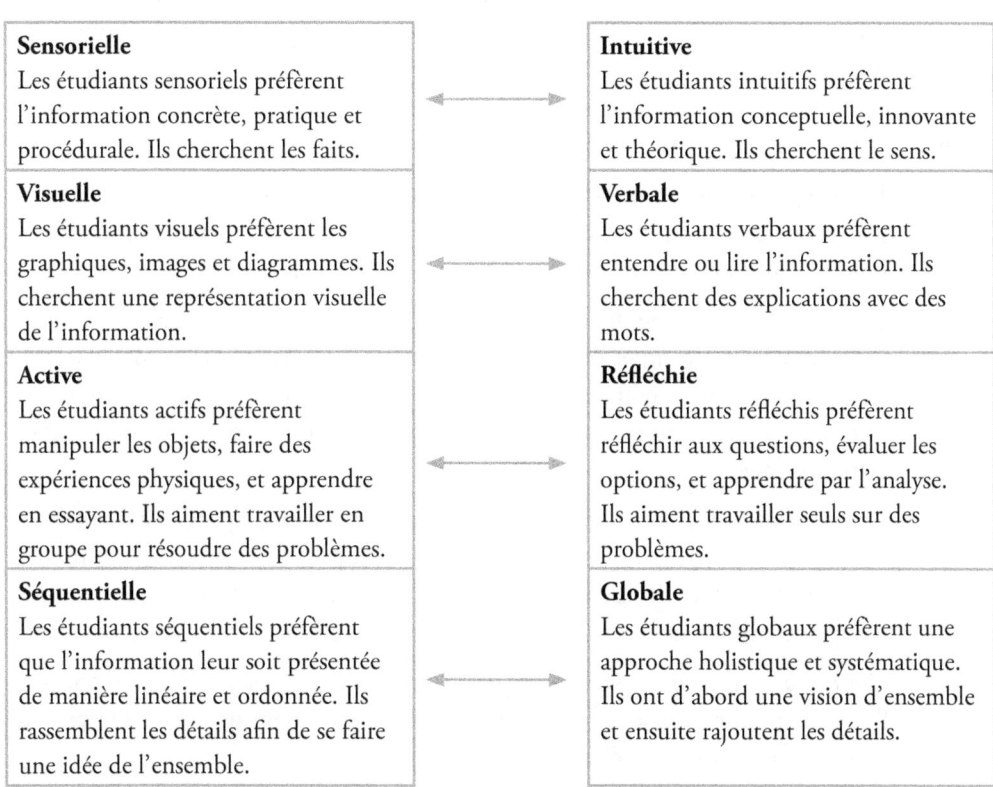

Figure 14.2 l'inventaire des styles d'apprentissage de Felder et Silverman

L'apprentissage est un phénomène complexe à multiples facettes, et aucun modèle ne peut à lui seul capturer la manière dont les personnes s'approprient et traitent l'information. Chacun de ces modèles contribue à notre compréhension globale de l'apprentissage et devrait nous sensibiliser à la nécessité de stratégies didactiques diversifiées pour répondre à la diversité des besoins des étudiants.

Les intelligences multiples

Une approche totalement différente pour comprendre la diversité dans l'apprentissage a été le modèle des « intelligences multiples » (IM). Dans les années 1970, Howard Gardner, professeur en sciences de l'éducation à l'université d'Harvard, a commencé à remettre en question l'approche traditionnelle des tests de QI. Gardner travaillait avec des enfants et des adultes dont les dons et capacités n'étaient pas nécessairement reflétés par les notions traditionnelles de l'intelligence. Ses observations et réflexions ont culminé dans son ouvrage très influent, *Les formes de l'intelligence,* détaillant sept types différents d'intelligence. Dix ans plus tard, Gardner (1993) a ajouté un huitième type. Selon Gardner, tous les humains possèdent chacune de ces huit formes d'intelligence, mais dans une plus ou moins grande mesure, et par conséquent nous avons tous un profil d'intelligence différent. Une compréhension et une reconnaissance de ces profils différents peuvent alors mieux guider les formateurs pour stimuler les différentes capacités latentes des étudiants. Les huit intelligences de Gardner sont les suivantes :

- *L'intelligence linguistique* – la capacité à employer à bon escient la langue parlée et écrite pour s'exprimer. Les avocats, écrivains et orateurs ont tendance à avoir une intelligence linguistique élevée.
- *L'intelligence logico-mathématique* – la capacité à analyser les problèmes logiquement, à travailler efficacement avec des opérations mathématiques, et à employer le raisonnement déductif. Les personnes travaillant dans le milieu scientifique et mathématique ont tendance à avoir un niveau élevé de ce type d'intelligence.
- *L'intelligence musicale* – La capacité à jouer, composer et apprécier les motifs musicaux, y compris les changements de hauteur, de tonalité et de rythme. Les musiciens accomplis, les compositeurs et les personnes impliquées dans la production musicale ont un niveau élevé d'intelligence musicale.
- *L'intelligence corporelle-kinesthésique* – la capacité à utiliser son corps pour l'expression. Les danseurs et athlètes professionnels sont de bons exemples de ceux qui ont un niveau élevé de cette sorte d'intelligence.
- *L'intelligence spatiale* – la capacité à reconnaître, utiliser et interpréter les images et les motifs, et à reproduire les objets en trois dimensions. Les architectes, sculpteurs et designers accomplis ont généralement une intelligence spatiale élevée.
- *L'intelligence interpersonnelle* – la capacité à comprendre les intentions, les motivations et les désirs des personnes. Les professions telles que la thérapie,

l'enseignement et la vente attirent des individus possédant une intelligence interpersonnelle élevée.

- *L'intelligence intra-personnelle* – la capacité à se comprendre soi-même, et à interpréter et apprécier ses propres sentiments et motivations. Les thérapeutes, acteurs, soignants et écrivains sont des personnes qui peuvent apporter un niveau élevé de conscience de soi à leur travail.

- *L'intelligence naturaliste* – la capacité à reconnaître et à apprécier notre rapport au monde naturel. Les astronomes, biologistes et zoologistes sont des exemples de professions comportant un niveau élevé d'intelligence naturaliste.

L'idée des intelligences multiples est intuitivement séduisante, cependant une critique fondamentale à leur encontre concerne l'absence d'un instrument de mesure valable. Ce manque a rendu l'intelligence multiple difficile à prouver. Elle est donc accusée d'être ambiguë et subjective. Cependant, le modèle de Gardner a contribué grandement à une appréciation plus vaste de la diversité des capacités, et, quand il est utilisé précautionneusement, peut nous aider à mieux répondre aux capacités diverses de nos étudiants.

Culture et apprentissage

Un corpus de recherches impressionnant a établi ce dont les ethnologues avaient l'intuition depuis plusieurs décennies : les personnes issues de cultures différentes pensent de manières fondamentalement différentes. Même si ces différences ne sont pas absolues, et si l'on constate une grande diversité ainsi qu'une variabilité individuelle, de fortes différences statistiquement significatives existent dans le mode de traitement de l'information de personnes d'arrière-plans culturels différents. Ces différences ont un impact considérable sur la manière dont l'apprentissage se produit d'une culture à l'autre.

L'une des séries d'études les plus influentes et approfondies dans ce domaine, menée par Richard Nisbett (2001, 2003) avec ses collègues de l'université du Michigan, s'est portée sur les différents schémas de pensée et d'apprentissage des Asiatiques de l'Est comparés aux Américains d'origine européenne. L'équipe de Nisbett a indiqué que les traditions éducatives régionales permettent globalement de dégager ces tendances :

- *Attention et contrôle.* En général, les Asiatiques de l'Est ont tendance à aborder le domaine d'apprentissage de manière générale, voyant des ensembles et observant des co-variations. Les Occidentaux ont tendance à porter leur attention sur les détails, et à isoler et à analyser ces éléments en tant qu'étape nécessaire vers la généralisation.

- *Relations et ressemblances versus règles et catégories.* Les étudiants d'Asie de l'Est tendront davantage à regrouper les mots et les idées en se basant sur un type de relation, alors que les étudiants américains d'origine européenne auront tendance à les regrouper sur la base d'une catégorie partagée. Ces résultats différents sont cohérents avec la nature communautaire de la société Est-asiatique, par opposition à la nature analytique-individualiste de la plupart des sociétés occidentales.

- *Connaissance basée sur l'expérience versus logique rationnelle.* Lorsqu'ils mènent un raisonnement déductif, les étudiants d'Asie de l'Est ont tendance à préférer partir d'une connaissance basée sur l'expérience qui s'appuie sur une compréhension intuitive issue d'une perception directe, ce qui reflète une vision générale de la vérité et de la réalité comme étant relationnelles et changeantes. En revanche, les étudiants occidentaux ont tendance à s'appuyer sur la logique et les principes abstraits, reflétant une vision générale de la vérité et de la réalité comme étant cohérentes et logiques.

- *Dialectique versus principe de non-contradiction.* Les Asiatiques de l'Est et les Américains d'origine européenne ont des manières divergentes de gérer les contradictions apparentes dans un raisonnement déductif. Par exemple, dans la logique occidentale, les règles suivantes ont joué un rôle central :
  - Le principe de l'identité : A = A. Une chose est identique à elle-même.
  - Le principe de non-contradiction : A ≠ non-A. Aucune proposition ne peut être à la fois vraie et fausse.
  - Le principe du tiers exclu : une proposition est soit vraie, soit fausse.

À l'inverse, la logique Est-asiatique est basée sur la dialectique chinoise, qui obéit aux principes suivants :

- le principe du changement : la réalité est un processus qui n'est pas statique, mais au contraire dynamique et changeant. Une chose n'a pas besoin d'être identique à elle-même, étant donné la nature fluide de la réalité.
- le principe de contradiction : c'est en partie parce que le changement est constant que la contradiction est constante. Le vieux et le neuf, le bien et le mal, existent dans le même objet ou événement, et même dépendent l'un de l'autre pour leur existence.
- le principe de relation ou holisme : étant donné le changement constant et la contradiction, rien dans la vie humaine ou la nature n'est isolé et indépendant, mais au contraire tout est lié. Il s'ensuit que les tentatives d'isoler les éléments d'un tout plus vaste ne peuvent qu'induire en erreur.

En résumé, l'équipe de Nisbett a suggéré que les étudiants occidentaux tendent à traiter l'information de manière linéaire, spécifique, analytique, théorique et individualiste (en compétition), alors que les étudiants Est-asiatiques ont tendance à penser en schémas circulaires, interconnectés, basés sur l'expérience, et communautaires. Si Nisbett s'est intéressé à l'Asie de l'Est en particulier, le même genre de recherche interculturelle en provenance d'autres régions du monde indique que la pensée linéaire-analytique de la philosophie grecque et des Lumières, qui a tant influencé les systèmes d'enseignement occidentaux, est atypique à l'échelle mondiale. Même si les détails changent, le schéma général de traitement de l'information dans la plus grande partie du monde non-occidental tend vers le holisme et la pensée en réseau, par opposition à la spécificité étroite si typique de l'université occidentale (voir, par exemple, Bauman et Skitka 2006 ; Merriam, Caffarella et Baumgartner 2007, p. 238-239 ; Schwartz 1992 ; Triandis 1989).

Le genre et l'apprentissage

Le rapport récent de l'« Enquête globale sur la formation théologique » (Esterline *et al.* 2013) a indiqué que le nombre d'étudiantes engagées dans une formation théologique va croissant dans chaque union d'Églises et dans chaque région du monde. Pourtant, la forme et la focalisation de la majorité des programmes de formation au ministère restent biaisées en faveur des modes d'appropriation et de traitement de l'information typiquement masculins.

La prédominance d'approches favorisant les étudiants masculins ne devrait pas nous surprendre. Notre modèle traditionnel de formation théologique a été développé en Occident, et les étudiants masculins en avaient le monopole au cours des précédentes générations. Encore aujourd'hui, les institutions académiques les plus admirées au monde se situent en Occident, et sont dominées par un corps enseignant et dirigeant blanc et masculin. Ces institutions exercent une influence déterminante sur l'accréditation internationale, qui à son tour domine dans les décisions de l'enseignement supérieur. Cette approche est rarement remise en question. Ceci est dû en partie au fait que la majorité des hommes occidentaux de type caucasien ne parviennent pas à comprendre comment l'on pourrait apprendre autrement ; plus d'une fois, des collègues masculins occidentaux m'ont demandé : « Mais tout le monde n'apprend-il pas ainsi ? »

La recherche sur les différences de styles d'apprentissage indique plusieurs modes d'apprentissage préférés statistiquement significatifs pour les hommes et les femmes. Bien qu'il y ait toujours des exceptions, et qu'il s'agisse de tendances plutôt qu'un absolu, le cerveau masculin typique a tendance à être sensible aux spécificités des tâches, préfère cloisonner et simplifier les tâches autant que possible : il est construit pour comprendre et bâtir des systèmes autour d'un contenu précis (Baron-Cohen 2003). Au contraire, le cerveau féminin typique a tendance à être calibré pour voir des implications multiples du plan d'ensemble dans l'accomplissement des tâches (Goleman 2006, p. 139 ; Gurian et Henley 2001, p. 41-42). Par conséquent, les hommes ont tendance à aimer l'argumentation abstraite, les problèmes philosophiques et les débats moraux concernant les principes abstraits, et à faire de la philosophie ou de la théologie théorique sur l'ensemble, coupée de la vie de tous les jours. En général, selon ces auteurs, les femmes saisissent mal l'intérêt d'une théorie si elle n'est pas accompagnée d'exemples précis et concrets, et elles ont tendance à obtenir leurs meilleurs résultats lorsque les occasions d'apprentissage comprennent des expériences pratiques, d'où le contenu théorique peut être déduit (Philbin *et al.* 1995 ; Williamson et Watson 2006, p. 348). Dit simplement, les hommes préfèrent aller de la théorie à la pratique, tandis que les femmes préfèrent aller de la pratique à la théorie.

De plus, les parties du cerveau qui concernent le langage, le raisonnement et l'émotion du cerveau sont davantage interconnectées chez les femmes, et par conséquent elles préfèrent apprendre en communauté, en parlant des questions et idées présentées (Belensky et Stanton 2000, p. 82 ; Stonehouse 1993, p. 117). Au contraire, les hommes préfèrent traiter les idées et enjeux sans avoir à utiliser les parties langagières de leur cerveau ; ou, s'ils ont recours au discours en étudiant, cela se fait au travers de débats et d'argumentation sur des points très précis.

Ces différences ont été remises en question, particulièrement par les auteurs féministes qui craignent qu'une vision fortement dichotomique ne renforce les stéréotypes de genre. Néanmoins, une sensibilisation à la différence de genre peut habiliter les formateurs consciencieux à prévoir des contextes d'apprentissage adaptés à tous. J'ai observé que lorsque l'on donne aux femmes l'occasion et le temps pour mener leur réflexion en groupes séparés hommes-femmes, elles apportent souvent une inter-connectivité d'une envergure qui a échappé aux hommes. Par ailleurs, les groupes d'hommes arrivent parfois mieux à simplifier les processus en étapes successives, facilitant grandement la compréhension.

Conclusion

Ce chapitre vous a présenté différentes tentatives d'expliquer la diversité des modes d'apprentissage des personnes. Malgré un débat substantiel concernant les détails, et l'absence de modèle traitant de manière adéquate chaque élément de l'apprentissage, les formateurs expérimentés reconnaîtront le besoin de contextes d'apprentissage et de modes d'évaluation diversifiés, afin que la dynamique enseignant-étudiant puisse devenir plus inclusive.

15

La notation et l'évaluation des étudiants

Dans le domaine de l'enseignement théologique, plus il est facile d'évaluer un élément, moins cet élément a de chances d'être important. (Graham Cheesman)

Parmi les éléments les plus envahissants et les moins remis en question l'on trouve la notation et l'évaluation des étudiants. Toutefois, l'attribution d'un chiffre ou d'une lettre au travail d'un étudiant est un phénomène relativement récent dans l'histoire de l'enseignement, ne se généralisant qu'au XIXe siècle (Pierson 1983, p. 310 ; Stray 2005, p. 94-95). Néanmoins, il est tellement perçu comme étant la norme que peu de professeurs dans l'enseignement supérieur sont conscients des problèmes philosophiques et pratiques inhérents à nos procédés de notation. Dans ce chapitre, nous allons examiner la raison d'être de la notation, les inconvénients liés aux notes, ainsi que quelques moyens de progresser qui respectent la vision d'une formation théologique basée sur la mission du Christ à son Église.

Quel est le but de l'évaluation ?

Le point de départ de toute discussion à propos des notes[1] et de l'évaluation est de déterminer le but du processus d'évaluation. La réponse la plus simple est que le but de l'évaluation est *l'apprentissage* – aussi bien en tant que moyen permettant aux étudiants d'évaluer le degré de réalisation de l'apprentissage désiré, qu'en tant que façon dont les enseignants peuvent évaluer jusqu'à quel point ils ont permis à l'apprentissage désiré de se produire.

Suskie (2009, p. 4-5) décrit l'évaluation idéale comme un cycle continu de quatre phases :

- L'enseignant fixe des résultats d'apprentissage clairs et mesurables.
- Sont proposées aux étudiants des occasions d'exercices d'apprentissage adéquates et adaptées qui leur permettront de mesurer ces résultats.

---

1. « Par note, on entend une appréciation synthétique traduisant l'évaluation d'une performance dans le domaine de l'éducation ». (de Landsheere 1979).

- L'enseignant réunit, analyse et interprète les preuves de façon systématique, afin de déterminer dans quelle mesure l'apprentissage des étudiants correspond aux résultats désirés.
- L'enseignant utilise cette information pour aider les étudiants à ajuster et à améliorer leur apprentissage afin d'atteindre les résultats désirés.

Ce processus peut être représenté par le schéma de la figure 15.1 ci-dessous.

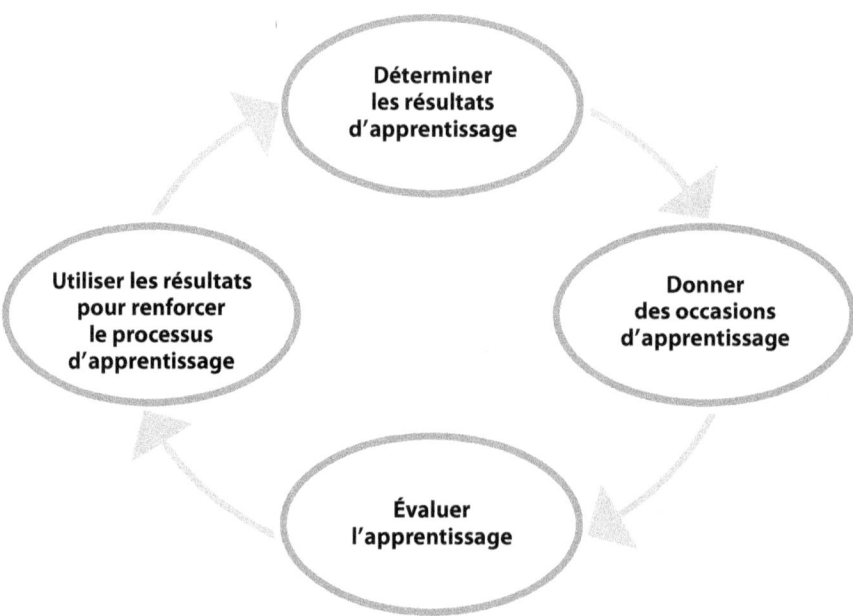

Figure 15.1 Le cycle d'évaluation en quatre phases (adapté de Suskie 2009, p. 4)

Fink (2003, p. 83-84) établit un contraste entre ce qu'il appelle l'évaluation « auditive » et l'évaluation éducative. L'évaluation « auditive » regarde en arrière en se focalisant sur « l'audit », en fin de parcours, de ce que l'étudiant a appris. Une évaluation éducative est tournée vers l'avenir, en premier lieu en fixant des objectifs d'apprentissage – de préférence des objectifs que partagent les étudiants – puis en travaillant avec eux pour atteindre ces objectifs par l'utilisation d'un processus de retours multiples, variés et fréquents[2].

---

2. Le vocabulaire courant en France par exemple distingue trois types d'évaluation : 1. L'évaluation sommative ou normative, à la fin de la formation, pour certifier. Mais l'évaluation certifiant peut aussi être morcelée : contrôles continus qui s'additionnent et se compensent. 2. L'évaluation informative ou formative ou auto-

On distingue souvent l'évaluation « formatrice » de l'évaluation « globale ». L'évaluation formatrice se rapporte à des phases d'évaluation qui se passent en cours de programme, et qui permettent à l'enseignant de voir dans quelle mesure les étudiants sont sur la bonne voie et, si nécessaire, de rediriger[3] et de « réformer » leur processus d'apprentissage dans le sens des résultats désirés. L'évaluation sommative a lieu à la fin du programme et cherche à évaluer la somme totale de ce qui a été appris[4]. Bien qu'il s'agisse d'une pratique courante, l'inclusion de l'évaluation formatrice dans l'attribution de la note finale est discutable : s'il faut attribuer une note, elle devrait être donnée au niveau final atteint et ne devrait pas inclure les erreurs et les mauvaises orientations commises en chemin.

Les problèmes liés aux notes dans l'enseignement théologique

Si une certaine forme d'évaluation est bien un élément essentiel pour favoriser l'apprentissage, l'attribution de notes est un exercice plus douteux. Un véritable apprentissage implique un investissement dans les domaines cognitif, affectif et comportemental, et dans chacun de ces domaines le but doit être que l'étudiant atteigne des niveaux d'apprentissage de plus en plus élevés. L'attribution d'une lettre ou d'un chiffre n'a généralement de sens qu'aux niveaux les plus bas de l'apprentissage cognitif ; l'évaluation d'un apprentissage plus avancé se fait mieux par le dialogue, au travers du commentaire et de la réflexion.

Wlodkowski et Ginsberg (1995, p. 275) remarquent que l'attribution de notes est « une appréciation qui dépend du contexte et qui est donnée et enregistrée comme le symbole unidimensionnel d'un conglomérat multidimensionnel d'informations, d'attitudes, de préjugés et d'erreurs de la part de l'enseignant ».

Lorsque nous attribuons de façon subjective une lettre ou un chiffre unique à un processus complexe d'apprentissage multidimensionnel, nous encourageons l'illusion d'une objectivité qui existe rarement, tout en apportant peu d'information utile qui puisse encourager les étudiants à apprendre. Comme les étudiants sentent inconsciemment la nature hautement subjective des notes, ils ont tendance à recevoir ces notes davantage au niveau émotionnel qu'au niveau informationnel : la note est vue en premier lieu comme indiquant à quel point l'enseignant apprécie l'étudiant en tant que personne. La réaction émotionnelle est justifiée : de nombreuses études au cours des quarante dernières années (Dennis 2007 ; Kahneman 2011, p. 83 ; Landy et Sigall 1974) apportent des preuves documentées de la puissance de « l'effet de halo », où l'on voyait des enseignants donner à des

---

évaluation, en cours de formation. Elle permet de situer l'évolution de la compréhension et de l'assimilation de l'étudiant pour adapter la pédagogie. 3. La formation diagnostique, avant la formation, tient du pronostic pour orienter.

3. On parle également de « remédiation ».

4. C'est-à-dire, la performance de l'étudiant à un temps « t ».

étudiants qu'ils considéraient attirants ou sympathiques des notes supérieures à ce qu'ils méritaient, et l'inverse à des étudiants qu'ils aimaient moins.

La subjectivité des notes, appelée docimologie[5], est également manifestée par un certain nombre d'erreurs de notation[6], particulièrement dans l'évaluation de travaux écrits (Suskie 2009, p. 44) :

- L'enseignant donne une note plus élevée que ne le feraient d'autres (biais causé par l'excès d'indulgence), ou bien n'utilise que le haut, le milieu ou le bas de l'échelle des notes (les biais causé par les excès de générosité, de sévérité, ou par la tendance à donner une note moyenne).

- L'enseignant permet à des attributs externes de l'étudiant (l'apparence physique, la façon de s'habiller, la loquacité, le sexe, la race, l'âge, etc.) d'influencer la note qu'il donne, soit de façon positive (préférence causée par « l'effet de halo » mentionné ci-dessus), soit de façon négative (préjugé dû à l'effet de « contamination »).

- Les enseignants donnent des notes plus élevées à des étudiants qui ont des intérêts et des personnalités semblables aux leurs (préférence causée par l'effet « il-est-semblable-à-moi »).

- Les enseignants donnent des notes élevées à des étudiants qui ont rendu un travail de meilleure qualité dans le passé, quelle que soit la qualité du travail concerné, et inversement (« le préjugé dû aux impressions préalables »).

- En particulier lorsque l'administration s'attend à une diversité des notes, les enseignants peuvent faire leur évaluation sur la base de comparaisons entre les étudiants, plutôt que de se fonder sur les normes établies (« préjugé dû à l'effet de contraste »). Par exemple, un enseignant estimera « inacceptable » le devoir le plus mauvais rendu, même si ce devoir satisfait aux normes minimales fixées dans le programme d'études.

- En particulier lorsqu'il y a un grand nombre de copies à corriger, il est courant que les bases d'attribution des notes dérivent pendant la procédure de correction (« dérive du correcteur ») : au fur et à mesure que les enseignants se fatiguent en évaluant le travail des étudiants, certains deviennent irritables et de plus en plus sévères dans leurs notes, tandis

---

5. Les fondateurs de la docimologie sont : Henri Piéron (1881-1964) + Mathilde Piéron Angenout : Henri Laugier (1888-1973).

6. Les biais ont leur source chez l'enseignant, l'étudiant, et dans l'examen lui-même. Ces biais sont identifiés. Pour l'enseignant en voici sept : 1) effet d'ennui ou de lassitude (Mottier 2014) – fatigue correcteur ; 2) effet d'ordre et de contraste (Bonniol 1972) – les copies ; 3) effet de contagion et de stéréotype (Vavernie 1975) – l'histoire de l'élève ; 4) effet de halo (Thorndike 1920) – l'apparence qui éblouit ; 5) effet Pygmalion ou prophétie auto-réalisatrice (Rosenthal et Jacobson 1968 [1992]) – présupposé positif ; 6) effet de non-utilisation de l'échelle des notes et l'effet centripète (Quinton 2005) – crainte du correcteur ; 7) effet Posthumus ou la « constante macabre » (Posthumus 1947 ; Antibi 1988).

que d'autres survolent les copies plus rapidement et donnent des notes plus indulgentes.

Les notes sont conçues sur le présupposé que certains étudiants doivent réussir et d'autres non. Cannell (2006, p. 314) raconte comment elle a essayé d'élaborer un programme et son évaluation de telle façon que les étudiants soient formés à se créer des stratégies d'apprentissage en autodidacte et d'auto-évaluation, outils essentiels pour un apprentissage à vie. Étant donné la nature de ce programme, il était logique que la plupart des étudiants atteignent des résultats d'apprentissage de niveau très élevé et de ce fait méritent un A. Le directeur de sa faculté de théologie lui a demandé d'arrêter cette pratique parce que cela perturbait le système de récompenses de l'institution ![7] Je reconnais que l'inflation des notes est un défi croissant dans l'enseignement supérieur, mais les inquiétudes exprimées à propos de l'inflation des notes existent justement parce que les notes existent. Si l'on passait à un processus d'évaluation qui réduisait l'importance accordée aux notes, il serait peu probable que l'on rencontre les mêmes problèmes.

Les notes évaluent la performance plus qu'ils n'évaluent les progrès d'apprentissage. Par exemple, j'ai enseigné dans un petit établissement qui proposait un Master en éducation chrétienne. J'ai eu une étudiante qui a suivi huit cours avec moi, et, une fois arrivée au huitième, ce qu'elle avait appris de nouveau était minime. Mais étant donné qu'elle connaissait le sujet si bien, je n'avais pas d'autre choix que de lui donner un A pour ce programme. Dans ce même huitième cours, il y avait une autre étudiante pour laquelle il s'agissait du premier qu'elle suivait dans le domaine de l'éducation chrétienne. Elle l'a commencé sans aucune connaissance de base dans ce domaine, et a appris énormément de choses, mais son travail final n'était pas du même calibre que celui de l'étudiante qui savait plus de choses au départ ; en conséquence, elle a obtenu un B+ pour son devoir final. La première étudiante, bien qu'elle n'ait appris que peu de choses nouvelles, a été davantage récompensée que celle qui avait manifesté une croissance et un apprentissage remarquables. Si l'évaluation avait été basée sur la quantité de choses apprises, j'aurais donné un C à la première étudiante et un A à la seconde, mais dans le système actuel de notation, cela aurait paru injuste. Si l'objectif de l'éducation est l'apprentissage, la focalisation sur la notation du produit plutôt que de l'apprentissage doit être considérée problématique[8].

Un des arguments principaux en faveur des notes est qu'elles sont perçues comme efficaces pour la motivation. Sans les notes (selon ce raisonnement), les étudiants ne feraient pas l'effort d'apprendre ; ils font des efforts afin d'obtenir la note désirée, obtenue en satisfaisant aux exigences d'apprentissage. Même s'il y a là un élément de vérité, il est

---

7. Les Jésuites ont fait de l'émulation la pierre de touche de leur modèle. C'est logique si l'on suit les Jésuites, il faut des tableaux d'honneur, des médailles, des prix avec cérémonies publiques pour les décerner et mettre en valeur les personnes.

8. Les prérequis sont à considérer d'un point de vue didactique. La finalité de l'évaluation doit être claire : évalue-t-on les progrès ou une performance pour certifier ? L'un n'exclut pas l'autre, il faut juste préciser de quoi l'on parle, et ce que l'on cherche à faire pour choisir les outils appropriés.

probable que les notes ne soient qu'une forme très temporaire de motivation. Comme nous l'avons vu au chapitre 8, la base d'un apprentissage en profondeur sera la valeur que l'étudiant accordera à l'apprentissage ; si la seule valeur est l'obtention d'une note, dès que cette note sera obtenue, peu des résultats d'apprentissage désirés persisteront de façon substantielle après la fin du programme. Là où ce sont les notes qui sont perçues comme étant l'objectif, les étudiants feront ce qui sera nécessaire pour obtenir cette note, même tricher[9].

Wlodkowski et Ginsberg avancent l'idée que les notes sont plus coercitives qu'éducatives : « Un bien plus grand nombre d'étudiants serait insatisfait et protesterait contre un enseignement médiocre, un contenu sans pertinence, le harcèlement sexuel, des évaluations injustes et des commentaires et des pratiques empreints de préjugés s'ils n'étaient pas intimidés par le risque que les enseignants baissent leurs notes » (Wlodkowski et Ginsberg 1995, p. 276).

Le problème de l'argument basé sur la motivation est qu'il suppose (bien que de façon subconsciente) que la nature motivationnelle extrinsèque des notes se transformera naturellement en une motivation à long terme intrinsèque : si nous obligeons les étudiants à apprendre, ils en viendront naturellement à accorder de la valeur à l'apprentissage. Des recherches fouillées menées sur quatre décennies (Deci, Koestner et Ryan 2001) ont montré que c'est le contraire qui est vrai : des récompenses externes telles que les notes, quand elles sont utilisées pour motiver ou forcer les gens, sapent considérablement la curiosité, l'intérêt, l'auto-motivation et la persévérance. En termes simples, plus nous comptons sur des motivateurs extrinsèques, plus nous sapons la motivation intrinsèque. Dans le monde de l'enseignement en particulier, on a constaté que la focalisation sur les récompenses et les punitions sape considérablement le désir des étudiants d'apprendre pour apprendre (Dobrow, Smith et Posner 2011 ; mai 2003).

Kohn (1999, p. 76-92) propose un certain nombre de facteurs clé qui contribuent à la nature destructrice de motivateurs extrinsèques tels que les notes :

- Tout ce qui est présenté comme une condition préalable pour quelque chose d'autre – c'est-à-dire comme un moyen pour atteindre un but autre – finit par être vu comme quelque chose de moins désirable. « Fais ceci et tu auras cela » va automatiquement dévaluer le « ceci ». Promettre une récompense pour une activité équivaut à déclarer que l'activité ne vaut pas la peine d'être entreprise pour elle-même.

- Les récompenses sont habituellement vécues comme des moyens de contrôle, et nous avons tendance à nous détourner de situations dans lesquelles notre autonomie est réduite.

---

9. La triche est un fait quel que soit l'objectif, et cela relève de l'éthique et non des critères d'évaluation. Mais cela veut dire que l'étudiant s'adapte pour atteindre son but. Il convient de distinguer plus nettement en matière d'évaluation ce qui relève de l'enseignant, de l'étudiant et de l'examen.

- Plus nous désirons ce que l'on nous fait miroiter, plus nous serons susceptibles de ne pas aimer ce que nous devons faire pour l'obtenir.

Le processus de notation présente un défi particulier dans les cultures collectivistes[10]. Particulièrement dans les petites institutions (les plus nombreuses dans l'enseignement de la théologie), une note est perçue par ceux qui viennent de sociétés collectivistes comme une mesure de l'affection qu'un enseignant porte à l'étudiant. Dans ces sociétés-là, la composante relationnelle de l'enseignement est particulièrement influente, et il est très tentant pour les enseignants de vouloir donner un A à chaque étudiant comme un élément renforçant la relation enseignant-étudiant. La plupart des cultures collectivistes accordent aussi une grande valeur à l'honneur personnel et communautaire. Avoir un A est honorable ; avoir un B l'est moins ; avoir un C est un grand déshonneur ; et avoir un F est une honte extrême. Dans ce genre de contexte, il est pratiquement impossible de promouvoir la moindre objectivité dans l'attribution et l'obtention de notes, sauf dans les cas où la note est basée sur la répétition de faits. Je me demande parfois si cette réalité ne contribue pas à l'accent mis partout sur l'apprentissage par cœur dans les sociétés collectivistes.

Les problèmes avec les notes cités ci-dessus s'appliquent à l'enseignement supérieur en général. Mais d'autres questions se posent du fait de l'objectif de la formation théologique qui s'articule autour de la notion de mission.

Bien que toute idée de notation soit totalement absente des Écritures, nous voyons un processus d'évaluation évident dans l'histoire du pharisien et du publicain (Lc 18.9-14) : le pharisien fait la liste de tout ce qui fait qu'il mérite un « A », et il est condamné ; tandis que le publicain reconnaît ses défaillances, et se trouve honoré. Ce que cela implique pour la formation théologique semble être que l'évaluation doit être basée sur l'indice d'éducabilité des étudiants. Quel que soit le stade où ils en sont arrivés actuellement dans leur développement, s'ils sont prêts à reconnaître leurs insuffisances et à se laisser former, ils seront encouragés. Ce sont ceux qui croient déjà « tout savoir » qui seront jugés. Or les notes évaluent rarement l'éducabilité ; elles se focalisent sur le produit. Trop souvent, j'ai rencontré des étudiants qui viennent à l'institut avec de grandes connaissances préalables et dont l'objectif premier est le « parchemin » qu'on leur donne à la remise des diplômes. Ils apprennent peu ; ils grandissent peu ; et pourtant, à cause de notre focalisation sur le produit, ils obtiennent souvent des notes élevées – et même des distinctions universitaires. J'ai aussi rencontré des étudiants qui viennent avec beaucoup moins de connaissances préalables, qui sont comme des « éponges », qui absorbent chaque occasion d'apprendre, et qui pourtant n'obtiennent pas les notes les plus élevées en raison de leurs connaissances moindres au départ. Alors que notre système de notation tend à honorer les premiers, je soupçonne que la didactique du Christ honorerait les derniers !

Pendant quelques années, conformément à ce qui est pratiqué communément en Amérique du Nord, l'ABTS a tenu un registre de la moyenne des notes des étudiants (le

---

10. Par opposition à des cultures de type individualiste.

GPA *Grade Point Average*) et diverses mentions étaient accordées à ceux qui obtenaient des moyennes élevées. Mais nous avons remarqué que bon nombre des étudiants ayant des moyennes élevées les obtenaient parce qu'ils étaient plus à l'aise avec les livres qu'avec les gens. Dans certains cas, ils étaient régulièrement en conflit avec les autres étudiants. Nous honorions des étudiants compétents sur le plan académique mais peu doués socialement, tandis que l'on n'accordait pas de reconnaissance à des étudiants moins capables sur le plan académique mais qui étaient moteurs sur le plan de la conciliation et du ministère relationnel – et qui, inévitablement, réussissaient mieux après leur diplôme. Ce schéma n'est pas réservé à l'enseignement théologique : des problèmes semblables se posent dans beaucoup de professions ayant trait à l'humain – l'enseignement, le travail social, la médecine et même le droit et l'ingénierie. Les bonnes notes ne font pas toujours de bons enseignants, de bons travailleurs sociaux ou de bons médecins. Dans les professions touchant à l'humain, il a été constaté que la compétence sociale et émotionnelle joue un plus grand rôle dans l'excellence professionnelle que les capacités purement académiques (Goleman 2006, p. 88).

À l'ABTS, nous nous efforçons de reconnaître les étudiants sur des critères autres que la seule base de l'évaluation académique. Par exemple, être choisi comme l'orateur représentant les étudiants lors la cérémonie de remise de diplômes, est maintenant attribué sur la base d'une évaluation globale faite à la fois par les étudiants et par les professeurs, et non simplement sur celle des résultats académiques. Cependant, notre expérience à l'ABTS met en évidence un certain nombre de questions et de problèmes plus généraux liés aux notes dans l'enseignement théologique :

- Ce qui est récompensé est aussi reconnu. Les notes sont une forme perceptible de récompense, et, en général, nous n'attribuons de notes qu'aux résultats académiques. Certes, l'apprentissage académique de nos étudiants est important, mais ce n'est qu'un des domaines cruciaux pour une formation de responsables basée sur la mission du Christ à son Église. Il est déjà difficile de mettre des notes qui ont un sens dans le domaine cognitif ; cela peut l'être encore plus d'évaluer les progrès dans le domaine comportemental, et il est quasiment impossible de savoir ce qui se passe dans le domaine affectif. Il n'est donc pas étonnant que la plupart de nos évaluations par les notes soient faites dans le domaine cognitif. Cependant, en accordant, par le moyen des notes, une « valeur » au seul domaine cognitif, nous dévaluons en fait, dans le programme implicite, ce qui est nécessaire dans les domaines affectif et comportemental de l'apprentissage.

- Les notes encouragent la conformité à la norme. Cano-Garcia et Hughes (2000) ont constaté que les étudiants qui ont les meilleures notes sur le plan académique sont en fait ceux qui préfèrent travailler seuls et qui se montrent disposés à se conformer aux règles et procédures existantes. L'objectif des notes étant de satisfaire les désirs de l'enseignant, un accent mis sur les notes décourage fréquemment le genre de créativité si nécessaire pour de bons responsables d'Église au XXIe siècle.

- Plus une institution insiste sur les notes, moins il est probable qu'il encourage l'apprentissage en groupe. Lorsque l'on met l'accent sur les notes, les étudiants vont s'opposer au travail en groupe, craignant que ceux qui sont moins compétents ou investis ne fassent baisser leurs notes. Les enseignants, de leur côté, éviteront le travail en groupes, car il est bien connu qu'il est difficile d'être « juste » envers tous les étudiants dans un groupe. En bref, les notes encouragent la compétition entre individus et écrasent l'apprentissage coopératif. À la lumière de cette vision de l'enseignement théologique basée sur la mission du Christ présentée tout au long de cet ouvrage, les leçons implicites sous-jacentes de cette approche sont désastreuses : du fait de cette insistance sur ce qui est hautement individuel et compétitif, les étudiants se trouvent formés de manière très efficace à voir le ministère comme une activité individuelle et compétitive, plutôt que comme un service en équipe, à l'image de notre Dieu trinitaire.

Des pistes pour progresser

Malgré les critiques vigoureuses et répétées de la part des spécialistes de l'éducation, la notation est encore très répandue dans l'enseignement – dans tous les pays du monde et dans tous les domaines d'étude. De plus, beaucoup des décideurs clé – agences d'accréditation, comités d'admission pour des études avancées, employeurs, responsables de dénominations et même des conseils d'administration d'établissements d'enseignement – sont persuadés que les « bonnes notes » sont synonymes de compétence et de connaissance du domaine (Cannell 2006, p. 312), bien que cette affirmation soit extrêmement discutable. Même si un nombre restreint, mais croissant, d'institutions a tourné le dos aux notes, pour adopter une évaluation basée uniquement sur les rapports d'apprentissage, je doute que beaucoup de nos institutions théologiques soient prêtes à un changement aussi radical. En conséquence, dans le restant de ce chapitre, je vais suggérer certaines façons possibles de fonctionner dans le monde des notes, tout en minimisant leur impact négatif et en insistant le plus possible sur l'évaluation de l'apprentissage.

Le premier pas vers la diminution des effets négatifs des notes est de réduire l'éventail des notes possibles. Dans des domaines tels que l'enseignement théologique, l'attribution d'une note chiffrée est extrêmement arbitraire dans toutes les matières, à l'exception de celles qui sont basées sur les connaissances, telles que les langues. Il y a en général un haut niveau d'incohérence entre professeurs, et, en conséquence, les étudiants ressentent souvent une certaine injustice dans le système. L'attribution d'une lettre modulée par un « + » ou un « - » vaut à peine mieux. Un système simple de A, B, C pourrait avoir plus de chances d'aboutir à l'attribution de notes qui ont un sens.

L'utilisation de grilles d'évaluation plutôt que de notes est l'un des moyens les plus simples de se focaliser sur l'évaluation plutôt que sur l'apprentissage. Le terme « grille » se réfère à un ensemble de normes. Dans la formation, les normes devraient être directement liées aux résultats d'apprentissage souhaités, et données avant que les étudiants n'entreprennent la ou les tâches d'apprentissage. Il y a deux façons possibles d'aborder une « grille éducative » : par des éléments narratifs ou des éléments spécifiques. L'annexe 15.1 présente une grille narrative typique qui explique la signification générale des notes A, B et C pour un travail écrit dans un programme d'études. L'annexe 15.2 présente une grille qui permet d'évaluer un travail oral par le moyen de l'évaluation d'éléments spécifiques. L'annexe 15.3 donne une grille détaillée pour le projet global montré dans l'annexe 6.1, dans laquelle l'évaluateur cochera simplement les cases pertinentes, en concluant avec quelques commentaires résumés mais substantiels. Vous remarquerez que les deuxième et troisième grilles évitent des mots tels que « excellent », « bien », « passable » et « insuffisant », utilisant plutôt les expressions traitement « approfondi », « moyen » ou « léger » (Annexe 15.3) ou bien une terminologie différente pour chaque paramètre (Annexe 15.2). Les étudiants exceptionnels sauront à quoi accorder plus ou moins d'importance, et il faudra s'attendre à une dispersion des résultats dans une évaluation par grilles d'un bon devoir. Lorsqu'on utilise des mots plus évaluateurs comme « excellent », « bien », etc., l'enseignant a tendance à avoir une impression générale du devoir et à noter les éléments séparés sur la base de l'évaluation générale, plutôt qu'à traiter chaque élément selon son mérite propre. Des grilles détaillées pourraient apporter à l'étudiant bien plus d'information qu'une simple lettre ou un simple chiffre, et seront plus susceptibles d'encourager l'apprentissage[11].

Dans la plupart des établissements, la seule note exigée en fait est celle qui est donnée en fin de programme. Dans ces circonstances-là, il vaut mieux ne pas noter les devoirs, mais plutôt donner aux étudiants des commentaires approfondis et abondants, ainsi qu'une forme de grille comme celle donnée dans l'annexe 15.2. Dans mon expérience, dès que vous mettez une note à un devoir, les regards de l'étudiant se portent sur la note et ne prêtent guère d'attention à la plupart de vos commentaires. Lorsque vous ne mettez pas de note, l'étudiant lit réellement les commentaires, ce qui offre un plus grand potentiel d'apprentissage. Cela a été confirmé par des études qui ont découvert que l'impact destructeur des notes n'était pas substantiellement réduit par l'ajout de commentaires ; des résultats positifs ne sont apparus que lorsque les commentaires ont été faits sans qu'une note soit attribuée au travail de l'étudiant (Kohn 1999, p. 202). Bien sûr, certains étudiants sont tellement habitués à se définir eux-mêmes selon leurs notes qu'il peut être important pour l'enseignant (au moins initialement) de prendre le temps

---

11. Le Groupe de Recherche de Montauban dirigé par Cransac et Dauvisis (1975) affine les barèmes. Après 15 heures de discussions, un barème très précis était fixé (sur 120 points). Malgré cet effort, pour une copie dont la note varie de 4 à 13 sur 20, chaque correcteur concerné a justifié sa notation et il a été impossible de donner raison plutôt à l'un qu'à l'autre. Le barème devient illusoire quand dans une réponse peu claire, l'un voit un bon raisonnement, l'autre un raisonnement faux (Ronceray, *De l'influence du barème*, I.R.E.M. Rennes).

de parler avec les étudiants des notes qu'ils obtiendraient si elles étaient mises (Kohn 1999, p. 209). Ce qui serait encore mieux, ce serait de demander aux étudiants comment ils s'évalueraient eux-mêmes sur la base des commentaires et de la grille. Si leur auto-évaluation est inexacte, on aura là l'occasion de discuter de leurs processus d'apprentissage en plus grand détail.

Le fait d'anonymiser les copies des étudiants (Suskie 2009, p. 45) et/ou d'avoir plus d'un professeur qui corrige leurs copies peut aider à réduire le niveau de subjectivité dans la notation. Mais dans de nombreux écoles de théologie, les professeurs sont déjà surchargés de travail, et comme peu d'entre eux ont du plaisir à évaluer le travail des étudiants, il peut même être difficile d'avoir ne serait-ce qu'une seule évaluation par les professeurs ! Dans ce genre de contexte, une deuxième notation d'un échantillon représentatif – disons 20 pour cent des devoirs – permettra au moins un certain niveau de cohérence et de justice.

Le but de l'évaluation est en partie de former les étudiants à suivre eux-mêmes leur progression. Il peut donc être bénéfique pour les étudiants d'élaborer des contrats pédagogiques où ils définissent eux-mêmes quels sont les devoirs qu'ils auront à faire et quand ils devront les rendre. L'enseignant leur dira à l'avance quelle note sera attribuée selon l'approche du cours qui sera choisie. Cette façon d'aborder la question donne à l'étudiant une grande partie de la responsabilité et rend le processus clair dès le départ.

Parmi les caractéristiques les plus importantes de bons conducteurs compétents, solides et fidèles, il y a la capacité à s'auto-évaluer et à élaborer de nouvelles stratégies sur la base de leur propre auto-évaluation. En conséquence, une approche utile pourra être d'incorporer au processus l'auto-évaluation des étudiants : ceux-ci décriront les points forts et les points faibles de leur travail (peut-être en utilisant une grille comme point de départ), puis la note sera élaborée dans le dialogue. Une certaine mesure d'évaluation par les pairs pourra renforcer ce processus. Dans des sociétés plus relationnelles, cette approche d'auto-évaluation et d'évaluation par les pairs devra être conçue et expliquée avec beaucoup de soin pour réussir ; les étudiants sont enclins à donner les réponses dont ils pensent qu'elles plairont au professeur et à leurs pairs, et passeront à côté de l'occasion de grandir dans leurs compétences d'auto-évaluation.

Tout au long de ce livre, nous nous sommes centrés sur un apprentissage multidimensionnel – cognitif, affectif, et comportemental. Il faut que d'une manière ou d'une autre cette approche complète ait un impact sur nos processus d'évaluation – mais ce n'est pas toujours simple. Qui saura déterminer combien un étudiant aura grandi dans le fruit de l'Esprit ? Comment faire pour évaluer la spiritualité de quelqu'un ? Les schémas de croissance de la vie intérieure sont subtils et souvent ne se discernent que sur la durée. Cependant, ne pas tenir compte des dimensions affective et comportementale, c'est renier une partie de notre raison d'être institutionnelle En conséquence, une partie de notre processus d'évaluation devra inclure un point périodique sur le progrès global des étudiants.

À l'ABTS, nous avons fait une liste de certains éléments clé que nous recherchons chez les étudiants se rapprochant de la fin de leurs études :

- Un esprit ouvert à l'enseignement – pas seulement dans les cours académiques, mais aussi dans la formation personnelle et écclésiale. Ce qui est particulièrement important, c'est d'avoir un esprit prêt à apprendre même là où l'ABTS ne donne ni limites ni direction.

- Réduire les niveaux de la « maintenance » initiée par l'ABTS. Il est vrai que certains étudiants pourront avoir un grand besoin de « maintenance » au début de leur séjour chez nous, peut-être avec des avertissements officiels et des mesures disciplinaires, mais si cela persiste dans les deuxième et troisième années il faudra remettre en question leur aptitude à long terme à exercer des responsabilités.

- Une influence de plus en plus positive sur les autres étudiants. En particulier, il faudrait que nous puissions voir les étudiants de deuxième et de troisième année exercer une influence positive sur les étudiants de première année. Nous sommes convaincus qu'une relation de plus en plus intime avec Dieu devrait se refléter dans une influence positive croissante sur les autres étudiants.

- Des disciplines de croissance initiées par eux-mêmes, où les étudiants reconnaissent leurs points faibles et prennent des mesures positives pour les traiter.

Afin d'évaluer les progrès des étudiants dans ces domaines, nous avons des réunions de professeurs au cours desquelles nous partageons les soucis majeurs que nous pouvons avoir à propos des étudiants. Dans le cas de ceux à propos desquels les professeurs expriment de sérieuses inquiétudes, l'aumônier et le doyen académique élaborent une série d'objectifs écrits pour le restant de l'année. Environ six semaines avant la fin de l'année universitaire, les étudiants qui n'auraient pas convenablement atteint ces objectifs seront assujettis à une discipline adaptée, ou bien il leur sera conseillé d'interrompre leur programme de formation.

Bien que cette approche présente des faiblesses, elle va tout de même au-delà de la simple évaluation de l'apprentissage académique pour atteindre des préoccupations holistiques plus vastes. Lorsque vous considérerez la façon dont votre établissement aborde l'évaluation, il vous serait profitable d'examiner des approches holistiques pertinentes dans votre contexte, et qui garantissent que votre institution est en train de former de futurs responsables dont les compétences s'accroissent dans tous les aspects de leur personne.

Conclusion

La raison d'être de l'évaluation est l'apprentissage en progression. Une évaluation de qualité recherchera les moyens de minimiser l'impact négatif des notes et de valoriser les commentaires substantiels et les grilles descriptives. En ce qui concerne l'enseignement théologique en particulier, il nous faut faire tout ce que nous pouvons pour mettre à l'honneur l'éducabilité et la croissance holistique, et faire attention à ne pas mettre

---

Exercices

1. Pourquoi met-on des notes dans votre établissement ? Quelle est la forme de votre système de notation ? En quoi trouvez-vous les notes utiles ou non ?

2. En quoi l'attribution de notes pourrait-elle produire des conséquences spirituelles négatives particulièrement problématiques dans les facultés de théologie ? Notre vision à long terme est de former des hommes et des femmes qui soient des agents d'autonomisation dans l'Église pour la mission de Dieu dans notre région. À la lumière de cette vision, dans quelle mesure croyez-vous que les notes sont une aide/un frein ? Pourquoi ?

3. Quels sont certains des obstacles principaux au changement du système des notes ? Pouvez-vous suggérer des moyens de surmonter ces obstacles ?

4. Comment décidez-vous de la façon dont vous mettez des notes dans vos cours ? Qu'évaluez-vous et comment faites-vous ces évaluations ?

5. Réfléchissez à une tâche d'apprentissage que vous allez probablement donner à vos étudiants dans un programme à venir. Essayez de concevoir une grille d'évaluation sur le modèle de celles qui sont données dans les annexes 15.1, 15.2 et 15.3.

6. En vous servant de l'approche de l'ABTS comme point de départ, essayez d'élaborer (a) une série d'affirmations descriptives pour la croissance globale de vos étudiants ; (b) un processus pour évaluer et suivre vos étudiants qui encouragera non seulement la capacité académique, mais aussi une croissance affective et comportementale.

---

un accent excessif sur les simples capacités académiques. La façon dont nous notons et évaluons communique de façon très forte au moyen du programme implicite quelles sont réellement nos valeurs éducatives. En ceci, et en tout ce que nous faisons, notre objectif devra être de développer des personnes complètes qui sauront aider l'Église à accomplir sa raison d'être.

Annexe 15.1

Licence de théologie de l'ABTS Descriptif des notes

En général, les étudiants du niveau de la licence doivent être capables de :

- Faire preuve d'un sens accru de leur vision et de leurs objectifs par rapport à leur appel au ministère et avoir une idée plus claire de la façon dont ils pourront mettre en œuvre cette vision.

- Utiliser des compétences nouvellement acquises et des expériences variées dans une gamme de situations dans le ministère.

- Manifester une croissance dans les valeurs et la pratique d'une louange authentique ; un ministère basé sur la mission de l'Église ; un exercice des responsabilités conforme à Christ ; une mentalité tournée vers le Royaume de Dieu et l'autonomisation de soi ; un discernement et une pratique réfléchies ; un ministère incarné ; une progression personnelle et spirituelle.

- Manifester une connaissance et une compréhension dans le domaine d'étude qui s'appuie sur leur culture générale, sur des manuels avancés ainsi que les connaissances et la pratique actuelles dans le domaine d'étude.

- Mettre en pratique leurs connaissances et leur compréhension dans le cadre d'une approche professionnelle de leur travail ou de leur appel, y compris la capacité de développer et de soutenir des argumentations, de résoudre des problèmes et de transférer les compétences et la compréhension d'un contexte différent à leur contexte présent.

- Rassembler et interpréter des données pertinentes qui leur permettront de porter des jugements, et qui incluront une réflexion sur des problèmes théologiques, sociaux et éthiques pertinents.

- Communiquer des informations, des idées, des problèmes et des solutions à des auditoires spécialisés [comme par exemple dans le cadre de sessions de formation] tout comme à des auditoires composés de non-spécialistes [comme une assemblée d'Église].

- Utiliser les savoir-faire d'apprentissage qu'ils ont acquis pour entreprendre de poursuivre leurs études à un niveau plus élevé avec un degré élevé d'autonomie.

Note	Description
A	Globalement, le travail de l'étudiant est d'un excellent niveau, et reflète une compréhension large et profonde de la matière. La capacité d'analyser des perspectives variées de façon raisonnable et logique est prouvée. L'étudiant a utilisé la documentation dont il dispose (textes, articles de journaux, etc.) de façon appropriée, avec un système de références et de notes d'un niveau élevé. Un bon effort pour intégrer d'autres disciplines appropriées. Il est tout à fait conscient des implications pratiques, après une sérieuse réflexion personnelle, sociale et théologique. L'étudiant a fait d'excellents progrès pour atteindre les résultats d'apprentissage du cours.
B	On constate un bon niveau dans tout le travail de l'étudiant, qui reflète une véritable sensibilisation aux problèmes soulevés par la matière. Tout son travail est présenté clairement et avec exactitude/précision. L'étudiant a fait un bon effort pour relier la théorie à la pratique, avec une certaine mesure de sérieuse réflexion théologique, sociale et personnelle. La documentation disponible (textes, articles de journaux, etc.) a été utilisée de façon sérieuse. En général, le travail fourni par l'étudiant est clair et bien présenté, mais il pourrait être amélioré. Globalement, l'étudiant a bien progressé pour atteindre les résultats d'apprentissage du cours.
C	L'étudiant a fait des efforts satisfaisants pour s'investir dans la matière, mais il reste des lacunes sérieuses dans ses connaissances et sa compréhension. Il a eu tendance à être descriptif, avec peu d'efforts d'analyse critique ou de réflexion personnelle, théologique ou sociale. L'utilisation de la documentation et des notes est incohérente ou inadaptée. Globalement, l'étudiant a montré des progrès satisfaisants pour atteindre les résultats d'apprentissage du cours, mais il reste une marge d'amélioration.
I (Incomplet)	L'étudiant a fourni un travail insatisfaisant ou incomplet, ou bien il a été présent de façon trop irrégulière pour mériter une note de passage. Il manifeste peu d'investissement dans la matière. Son travail écrit est mal présenté et manque de clarté. Pour obtenir une note de passage, il lui faudra présenter un travail de rattrapage.

Annexe 15.2

Grille d'évaluation d'un exposé oral

Nom de l'étudiant : _____
Programme/Projet : _____

Contenu

1. Clarté de l'objectif ou de la réponse à la question
– de clairement énoncé et compris (6) à pas exprimé du tout (1)

| 6 | 5 | 4 | 3 | 2 | 1 |

2. Compréhension large et profonde de la matière
– de bien tout au long de l'exposé (6) à rarement (1)

| 6 | 5 | 4 | 3 | 2 | 1 |

3. Traite des enjeux
– de tout à fait (6) à jamais (1)

| 6 | 5 | 4 | 3 | 2 | 1 |

4. Développement de l'exposé par rapport à l'objectif déclaré
– de clair et logique (6) à vague et illogique (1)

| 6 | 5 | 4 | 3 | 2 | 1 |

5. Lien avec la pratique
– de très significatif et utile (6) à vague et inutile (1)

| 6 | 5 | 4 | 3 | 2 | 1 |

6. La conclusion
– amenée de façon logique et exposée clairement (6) à vague, sans rapport (1)

| 6 | 5 | 4 | 3 | 2 | 1 |

7. Manifeste une progression dans les résultats d'apprentissage
– de exemplaire (6) à presque totalement absente (1)

```
6        5        4        3        2        1
|_____|_____|_____|_____|_____|
```

Méthode

8. Une méthodologie créative/intéressante
– de exposé varié et intéressant (6) à ennuyeux d'un bout à l'autre (1)

```
6        5        4        3        2        1
|_____|_____|_____|_____|_____|
```

9. Méthodologie appropriée pour l'auditoire
– de appropriée (6) à inappropriée (1)

```
6        5        4        3        2        1
|_____|_____|_____|_____|_____|
```

10. Respect du temps imparti
– de absolument conforme à l'horaire (6) à temps imparti largement dépassé ou incomplètement utilisé (1)

```
6        5        4        3        2        1
|_____|_____|_____|_____|_____|
```

11. Compétences verbales
– de débit cohérent et fluide (6) à incohérent et qui empêche de se concentrer (1)

```
6        5        4        3        2        1
|_____|_____|_____|_____|_____|
```

12. Impression globale de l'exposé
– de exemplaire (6) à ayant besoin d'être amélioré (1)

```
6        5        4        3        2        1
|_____|_____|_____|_____|_____|
```

13. _____(critères spécifiques à l'exercice)_____
– de toujours (6) à jamais (1)

```
6        5        4        3        2        1
|_____|_____|_____|_____|_____|
```

Exemplaire (A) - Compétent (B) – En progrès (C) – A besoin d'être amélioré (I)

Évaluation globale : _____

Commentaires :

Annexe 15.3

Grille d'évaluation du projet global intégré (Annexe 6.1)

Composante	Traitement approfondi	Traitement moyen	Traitement léger	N'apparaît pas
Groupe témoin				
Description				
Combien de responsables ? Quelles sont leurs caractéristiques principales ?				
Comment sont les relations entre responsables ?				
Comment se fait la prise de décision ?				
Comment les nouvelles personnes sont-elles intégrées dans leurs fonctions de responsable ?				
Autres informations pertinentes à propos du groupe témoin				
Groupe au Liban				
Rapports d'observation				
Rapports d'entretiens				
Analyse des schémas de leadership dans le groupe au Liban				
Comparaison entre les points forts et faibles du groupe du Liban par rapport aux schémas qui apparaissent dans le groupe témoin				
Optique biblico-théologique				
Exégèse attentive de textes spécifiques :				
a) Contexte littéraire				
(b) Contexte historico-culturel				
(c) Le genre littéraire et son importance				
d) Les renvois				
e) L'utilisation de traductions multiples				
Thèmes biblico-théologiques plus vastes				

Composante	Traitement approfondi	Traitement moyen	Traitement léger	N'apparaît pas
Appropriation des points enseignés dans le cours sur les Conseils pour les responsables				
Rapports avec l'étude de cas				
Références appropriées				
Optique historico-théologique				
Situations comparables dans l'histoire et pertinence pour l'étude de cas				
Qualité des conclusions tirées des situations historiques				
Compréhension de l'importance du contexte historique				
Oeuvres théologiques				
Rapport entre les réflexions théologiques et le contexte historique				
Rapport avec l'étude de cas				
Références appropriées				
Optique socio-contextuelle				
Impact de la culture sur la situation				
Dynamique psychologique				
Dynamique sociale				
Rapports de pouvoir				
Programme implicite				
Processus d'institutionnalisation				
Autres éléments de sciences sociales				
Références appropriées				
Optique personnelle-écclésiale				
Comment voyez-vous votre propre rôle d'agent de transformation dans cette situation ?				
Référence à des éléments du cours Parcours personnel				
À la lumière des indications données dans le cours « Parcours personnels dans l'exercice des responsabilités », que devriez-vous être et faire en tant que responsable dans ce contexte ?				

Composante	Traitement approfondi	Traitement moyen	Traitement léger	N'apparaît pas
Références appropriées				
Intégration				
Comment ces optiques se rejoignent-elles ? Quels principes partagés voyez-vous ici ?				
Comment pouvez-vous encourager l'utilisation d'optiques multiples pour considérer des situations comme celle-ci ?				
Recommandations				
Comment le groupe témoin pourrait-il mieux refléter le visage de Christ pour sa communauté ?				
Comment pourrait-on encourager un véritable impact sur le monde?				
Fondées sur l'Écriture et une saine théologie				
Spécifiques, atteignables et mesurables				
Globales – qui considèrent les membres du groupe comme des personnes à part entière				
Une démarche qui englobe les aspects multiples de la situation				
Une démarche personnelle, qui explique comment vous personnellement allez penser, établir des rapports avec les gens et agir de façon différente, de sorte à faciliter le changement qui sera approprié.				
Références appropriées				
Éléments du processus				
Participation à un atelier de 3 heures				
Rapport d'avancement de 300 à 500 mots (le 18 novembre)				
Exposé de 20 à 30 minutes des conclusions du projet				
Participation de chaque membre du groupe				

Composante	Traitement approfondi	Traitement moyen	Traitement léger	N'apparaît pas
Projet terminé à temps et présenté dans un format approprié				
Détail de la contribution de chaque membre du groupe				
Équilibre de vie				

Commentaires :

16

Du bon enseignant et du bon enseignement

Un bon enseignant change l'éternité. Il ne saura jamais où s'arrête son influence (Henry Adams)

L'excellence, c'est faire une chose ordinaire de façon extraordinaire (Booker T. Washington)

Dans la deuxième moitié de ce livre, notre but a été d'améliorer vos compétences dans l'art de l'enseignement, en vous donnant des outils pour être intentionnels et investis. Robert Ferris (2006) affirme que : « Le corps enseignant EST le programme d'études », et ce chapitre final est une parole d'encouragement mais aussi un défi pour vous qui vous efforcez d'atteindre l'excellence dans l'enseignement.

Qu'est-ce qui fait un bon enseignant ? Pour vous engager sur la voie d'une plus grande découverte de vous-même, faites cet exercice de réflexion. Prenez une feuille de papier et tracez trois colonnes intitulées respectivement « Professeurs », « Qualités d'enseignant » et « Réactions ».

- Dans la première colonne, notez les noms des trois professeurs qui ont eu le plus grand impact positif sur votre vie *et aussi* ceux des trois qui ont eu le plus grand impact négatif sur elle. Faire la liste des mauvais est souvent aussi révélateur que celle des bons.

- Dans la deuxième colonne, notez les caractéristiques personnelles qui ont fait que leur influence est mémorable ou importante, qu'elle soit positive ou négative.

- Dans la troisième colonne, notez votre réaction personnelle à leur présence dans votre vie, aussi bien du point de vue de l'apprentissage que du comportement.

Prenez un moment pour réfléchir à vos listes. Le but, bien sûr, est d'imiter dans votre enseignement les bons comportements et d'en éliminer les mauvais. Si doués qu'ils soient – car certains ont des dons naturels pour l'enseignement – tous les enseignants peuvent tirer profit d'un examen de leurs compétences.

- Sur la base de ce que vous avez observé dans le tableau, quelles sont celles qui vous semblent faire partie des caractéristiques principales d'un enseignant efficace ?
- Parmi ces caractéristiques, quelles sont celles que vous voyez en vous-même et dans votre façon d'enseigner ? Quelles sont celles que vous désirez développer encore plus ?

Malgré un certain niveau d'ambiguïté, la recherche a permis de constater que certaines caractéristiques générales se retrouvent communément chez les excellents enseignants. Bien que peu d'entre eux manifestent toutes ces caractéristiques, plus on en voit chez un enseignant, plus il est probable que celui-ci excellera dans son enseignement.

Une relation accueillante avec les étudiants

Il est maintenant admis que la qualité de la relation éducative qui existe entre professeur et étudiants est une des principales caractéristiques de l'excellence dans l'enseignement. Des études officielles nombreuses et variées (voir par exemple Cervantes 2007 ; Cranton 2006, 112-115 ; Harvie 2004 ; Murdock et Miller 2003 ; Pianta 1999 ; Taylor 2000 ; Teven 2007 ; Webb et Blond 1995), ont constaté que même si des qualités telles que l'amour passionné de la matière, la maîtrise du contenu et un style créatif d'enseignement sont courantes chez les enseignants exceptionnels, être chaleureux, avoir un véritable intérêt pour l'apprentissage des étudiants et le sentiment qu'ils se préoccupent de ceux qu'ils enseignent et ont de l'affection pour eux le sont encore plus.

Malheureusement, une des réalités de la formation est qu'il s'agit d'une « entreprise redoutable » (Palmer 1998, p. 36). Les professeurs comme les étudiants arrivent en cours avec une variété de préoccupations, qui sont souvent résolues par la création d'une distance émotionnelle limitant la qualité de l'apprentissage. La salle de cours est pétrie de relations de pouvoir entre professeur et étudiants (Vella 2002, p. 11), et l'exercice inapproprié du pouvoir peut exacerber la crainte et l'incertitude endémiques dans la formation.

La seule façon dont la crainte et l'hostilité liées à la formation peuvent se transformer en confiance est par la relation – une forme d'accueil dans le cours par laquelle les enseignants reconnaissent (au moins en privé) leurs propres craintes et celles de leurs étudiants et cherchent à diminuer l'hostilité qui existe naturellement en étant ouverts et en accueillant les idées, les défis et, par-dessus tout, les personnalités de leurs étudiants (P. Shaw 2011). Lorsque les enseignants encouragent leurs étudiants les plus réticents à parler, et se retiennent délibérément d'user de leur autorité par leurs affirmations afin de laisser de la place aux autres, il se crée un environnement accueillant dans lequel une véritable éducation peut avoir lieu (Thompson 1995, p. 131). Des activités comme faire voir et corriger l'ignorance en nous-mêmes aussi bien que chez nos étudiants, l'expérimentation avec les idées et la critique mutuelle des pensées et des actions ne peuvent se faire librement et honnêtement que dans un contexte d'ouverture et d'accueil (Palmer 1983, p. 74).

Le fait d'offrir un espace accueillant est un acte théologique par lequel nous pouvons refléter le caractère de Dieu – Dieu qui créa dès le début un espace délimité et ordonné dans lequel la voix de chacun est encouragée. L'action de séparer la lumière des ténèbres (Gn 1.4-5) et les eaux d'en haut de celles d'en bas (1.6-7) reflète la valeur que Dieu accorde aussi bien à l'ordre qu'à l'espace. Lorsqu'il crée Adam, Dieu voit qu'il est nécessaire que le jardin soit un espace délimité et ordonné, un espace dans lequel la première tâche confiée à Adam sera d'utiliser sa voix pour nommer les animaux (2.19-20), une tâche pour laquelle il lui faudra une partenaire, afin qu'ils puissent ensemble accomplir la tâche de gérant-administrateur que Dieu leur confiera (2.20-22). Lorsque nous créons un espace ordonné et délimité où les autres peuvent s'exprimer, nous réalisons notre identité telle qu'elle a été créée, à l'image de Dieu.

Un élément important de cette relation d'accueil est que l'enseignant soit digne de confiance, de telle sorte que les étudiants ressentent qu'ils peuvent compter sur lui pour rechercher ce qui est le mieux pour eux (Fink 2003, p. 249). La confiance se mérite. Elle naîtra si l'on tient ses promesses jusqu'au bout, si l'on a des bases d'évaluation rationnelles et compréhensibles, et si l'on traite tous les étudiants équitablement. Donner des retours immédiats et utiles, éviter de mettre les étudiants dans l'embarras et exiger le respect réciproque dans la classe, tout cela est important pour gagner la confiance. Un autre élément important pour construire la confiance est ce que Rodgers et Raider-Roth (2006) appellent être « présent » auprès des étudiants, c'est-à-dire leur accorder suffisamment de valeur pour les écouter attentivement en paroles, en gestes et en actes.

L'intégrité et l'authenticité communiqueront tout naturellement la consécration et l'enthousiasme. Il est toujours tentant (particulièrement pour les enseignants plus jeunes) de se cacher derrière l'image et le rôle de l'« expert » et du « professeur », et il y a en nous tous la tentation de chercher à être aimé de nos étudiants plus qu'à les voir réellement mis au défi d'être de bons responsables. Il peut être plus facile pour nos fragiles égos de jouer le rôle de l'érudit expert plutôt que celui du frère aîné (ou de la sœur) qui guide les futurs responsables dans leur cheminement. Cependant, ce n'est que grâce à notre transparence et notre honnêteté que les étudiants nous feront confiance et apprendront à se faire confiance à eux-mêmes.

Une démarche pratique pour diminuer la crainte et construire la relation est de réduire l'importance accordée aux notes, et de mettre plutôt l'accent sur des approches de l'évaluation dont le but premier est d'aider les étudiants à apprendre et à grandir plutôt que de simplement s'efforcer de faire ce qui doit être fait pour obtenir telle note (Kohn 1999, p. 206-210). Une formation accueillante qui réduit les craintes répondra aussi aux différences de style d'apprentissage (Gardner 1983 ; Kolb 1983 ; LeFever 1995 ; McCarthy 1996), en manifestant que l'on a le souci et la compréhension des besoins d'apprentissage de l'étudiant, et en encourageant un apprentissage coopératif en cours (Siew 2006). Surtout, de même que tout accueil authentique signifie que l'on est disposé à « supporter » ses invités, de même une formation accueillante sera caractérisée par la patience, tandis qu'enseignants et étudiants ensemble cherchent par la foi, à tâtons, à comprendre les plans et les voies de Dieu (Newman 2003). Comme le dit Daniel Willingham (2009, p. 50), les enseignants qui réussissent sont des gens sympathiques.

Une autre facette de la formation accueillante est le fait d'autonomiser les étudiants. Les bons enseignants reconnaissent qu'un élément essentiel de la motivation est le sentiment d'avoir le contrôle et de pouvoir se déterminer soi-même. Les étudiants seront plus susceptibles de se consacrer à leur apprentissage lorsqu'ils discerneront que la qualité unique de leur potentiel est reconnue et utilisée. Cette sorte d'autonomisation demande que les enseignants aient des présuppositions essentiellement positives au sujet de leurs étudiants, et qu'ils leur fassent confiance pour répondre à leurs attentes et à la responsabilité qui leur est déléguée (Knowles, Holton and Swanson 2005, p. 256). Un bon enseignant se réjouit, non lorsque les étudiants reproduisent ce qui leur a été enseigné, mais lorsqu'ils sont capables de prendre à leur compte l'enthousiasme de l'enseignant pour la matière et qu'ils vont plus loin et produisent des idées auxquelles il n'avait jamais pensé (Smail 2005, p. 176). La joie de l'enseignant est de se tenir aux pieds de l'étudiant et d'apprendre de lui (Fernando 2002, p. 170).

Une condition préalable essentielle pour une formation relationnelle est que l'enseignant ait une bonne estime de lui-même. Une faible estime de soi aboutit à des priorités cachées. Lorsque mon estime de moi-même en tant qu'enseignant est en jeu, je chercherai ma valeur dans mon statut par rapport aux étudiants. Les enseignants qui ont une piètre estime d'eux-mêmes vont soit se distancer de leurs étudiants, en jouant le rôle du professeur qui a l'autorité, soit faire tout ce qu'ils pourront pour s'attirer les bonnes grâces des étudiants, souvent en compromettant la qualité, en donnant moins de devoirs et en gonflant les notes. Les enseignants qui ont une bonne estime d'eux-mêmes se sentent à l'aise pour partager ce qu'ils sont réellement (dans les limites appropriées) et n'ont pas de problèmes avec les faiblesses des autres, corrigeant leurs erreurs avec grâce, et reconnaissant honnêtement leurs propres erreurs (Bosniak 1998). Lorsque les enseignants n'ont pas besoin de trouver leur propre valeur chez les étudiants, ils transmettent une joie d'apprendre qui est communicative.

Pour des formateurs chrétiens, la source de l'estime de soi dans l'enseignement, comme dans la vie dans son ensemble, n'a pas à provenir de leur relation avec les étudiants ou avec la direction de l'établissement, mais de leur identité de bien-aimé de Dieu. À cet égard, le modèle de Jésus peut nous inspirer : tout au long de sa vie terrestre, nous voyons la source de sa seigneurie dans sa relation avec le Père, et non dans l'étendue de son pouvoir et de son influence sur ceux qui le suivent. C'est peut-être lors de son baptême que cela apparaît le plus clairement. Quand Jésus vient à Jean, il n'a même pas encore commencé son ministère public. Personne ne le suit. Il n'a pas encore manifesté publiquement son autorité sur les puissances. Peu nombreux sont ceux, s'il y en a, qui ont la moindre idée de son identité. Et pourtant c'est précisément dans ce contexte que la voix venue du ciel déclare : « Celui-ci est mon Fils bien-aimé, en qui j'ai mis toute mon affection » (Mt 3.17). Jésus n'a pas besoin de nous pour être Seigneur, et c'est parce que son statut ne dépend pas de nous qu'il peut nous servir pleinement (P. Shaw 2006b). Le point de départ d'une formation théologique féconde est la qualité de la relation de l'enseignant lui-même avec Dieu.

La compétence

Les bons professeurs possèdent bien leur matière. Ils ont une connaissance étendue de leur domaine et sont en mesure de faire référence de manière critique aux travaux importants des autres. S'ils n'ont pas une connaissance solide de leur sujet, les enseignants sont incapables de réagir sur le vif et de s'adapter à leurs élèves. Surtout, ils seront incapables de se focaliser sur les idées principales de la matière. Un enseignant qui est dans le brouillard par rapport à sa matière se focalisera probablement sur des faits très spécifiques ou bien fera de vastes généralisations qui n'auront pas de sens pour les étudiants.

Brookfield (2006, p. 59-63) remarque que l'expertise et l'expérience sont deux qualités hautement appréciées par les étudiants. Il est important pour les enseignants de manifester les compétences et les connaissances nécessaires qu'ils souhaitent voir les étudiants reproduire. Les étudiants doivent être assurés que leurs enseignants savent de quoi ils parlent. Dans les professions où les contacts humains sont essentiels, telles que l'enseignement, la médecine, le droit ou le ministère chrétien, les bons formateurs non seulement connaissent la théorie de leur discipline mais en ont aussi une grande expérience pratique, et sont capables de montrer l'exemple d'une pratique profondément réfléchie. Les étudiants apprécient les enseignants qui ont une large expérience de terrain dans le domaine qu'ils enseignent et de l'enseignement lui-même. Les étudiants comprennent très rapidement qu'un enseignant non seulement connaît son sujet de fond en comble mais a également l'habitude d'entendre et de traiter les questions difficiles liées au sujet.

Wlodkowski (1999, p. 28-29) propose six questions auxquelles un bon enseignant devrait pouvoir répondre avec assurance par l'affirmative :

- Est-ce que moi-même je comprends ce que je vais enseigner ? M'est-il facile de l'exprimer avec mes propres mots, ou bien est-ce que je suis dépendant de ceux des autres ?
- Suis-je capable d'illustrer ce que je veux enseigner par de nombreux exemples et par différents moyens ?
- Est-ce que je peux démontrer personnellement la compétence que je veux voir acquérir par les étudiants ? Si je veux que mes étudiants soient de bons exégètes de l'Écriture, ils ont besoin d'un modèle. Si je veux que mes étudiants évoluent vers des méthodes d'enseignement dans l'Église qui soient orientées vers les paroissiens, il faut qu'ils en fassent l'expérience dans mes cours à la faculté de théologie.

- Est-ce que je connais les limites et les conséquences de ce que j'enseigne ? Les enseignants compétents sont suffisamment familiarisés avec la matière non seulement pour être à l'aise pour la transmettre mais aussi pour être capables d'évaluer ce qu'ils transmettent.

- Est-ce que je sais établir des liens entre ce que j'enseigne et le monde des étudiants ? Est-ce que je sais faire le lien entre le texte et le contexte ?

- Est-ce que je sais ce que je ne sais pas ? Les professeurs compétents sont conscients de leurs propres limites et sont à l'aise pour en faire part aux étudiants.

La plupart des professeurs d'institutions théologiques arrivent avec un niveau élevé de qualification dans leur domaine, et la connaissance du sujet, bien que nécessaire, peut primer sur tout le reste, au détriment d'autres aspects d'un enseignement de qualité. Tout en cherchant continuellement à mettre à jour leurs connaissances dans leur domaine, les bons professeurs seront également conscients du fait que ces connaissances en elles-mêmes ne suffisent pas à créer un bon enseignement. Il est tout aussi important de savoir expliquer clairement un contenu complexe et de répondre aux questions des étudiants de façon respectueuse et claire (Fink 2003, p. 249).

Une année d'enseignement n'équivaut pas à une année d'expérience. Trop souvent, après quelques années d'enseignement, les professeurs stagnent, et vingt ans de cours peuvent trop facilement être une année d'expérience répétée vingt fois, plutôt que vingt années de véritable expérience. Les bons enseignants cherchent toujours à évoluer et à grandir.

Une difficulté pour des institutions plus petites peut être l'inclusion dans le cursus de certaines matières pour lesquelles il n'y a pas d'enseignant qualifié. Dans de telles circonstances, il peut être préférable de changer les exigences du programme d'études plutôt que d'infliger aux étudiants un enseignant avec une connaissance insuffisante du domaine. Le programme doit toujours être le serviteur d'un apprentissage intégré et axé sur la mission de l'institution et non sur le maître qui contrôle notre prise de décision.

La clarté de la communication

Des formateurs efficaces enseignent de telle façon que leurs étudiants trouvent les moyens de comprendre le sujet. Mais ici encore il y a une vérité qui a besoin d'être nuancée : bien enseigner est bien plus qu'expliquer clairement, et d'ailleurs, quand l'enseignant explique les choses trop bien, les étudiants peuvent devenir des étudiants passifs. Et pourtant, si la communication n'est pas assez claire, l'enseignant n'apportera que peu.

Les enseignants doivent communiquer de façon claire aussi bien en termes de contenu que de procédure. La clarté en ce qui concerne le contenu veut dire qu'il faut avoir des concepts centraux clairs (les points principaux), ne pas sortir du sujet, faire suffisamment de répétitions pour permettre la rétention, poursuivre un déroulement logique et donner des explications claires. La clarté de procédure veut dire qu'il faut expliciter les objectifs du cours et dire aux étudiants comment ils sont censés atteindre ces objectifs.

Un enseignement clair a six caractéristiques principales :

- Il commence par une introduction qui donne aux étudiants un cadre où ils pourront situer le contenu du cours.
- Il montre comment les parties sont reliées à l'ensemble, par des marqueurs verbaux tels que des points de transition, ou bien en récapitulant régulièrement ce qui a été traité.
- Il limite la quantité de contenu. Il est typique pour les enseignants novices de tenter de couvrir un contenu beaucoup trop vaste. En général, pour bien apprendre il faut moins de contenu et plus de possibilités de réflexion, afin d'encourager l'apprentissage en profondeur.
- Il se focalise sur ce qui est significatif. Les étudiants ont tendance à se souvenir de choses qui ont du sens pour eux bien plus que de la présentation d'un contenu qu'ils estiment sans pertinence.
- Il varie le niveau du discours. Par discours nous entendons le niveau d'abstraction dans le contenu présenté – partant de simples faits et explications, en passant par l'analyse critique et la synthèse, par des jugements de valeur et des possibilités abstraites, pour arriver à des réalités concrètes et à l'application pratique. Passer dans les deux sens d'un niveau de discours à l'autre aide à acquérir une compréhension plus profonde, à relier ce que l'on apprend avec la vie et à explorer de façon créative de nouvelles possibilités avec les étudiants.
- Il se soucie plus de ce que les étudiants apprennent que de ce qu'il dit. Les bons enseignants sont sensibles à la disposition à apprendre de leurs étudiants à un moment donné et adaptent leur façon d'enseigner en conséquence.

Sans clarté, il est impossible pour un enseignement d'atteindre son but ; avec elle, le fondement est posé pour un enseignement productif. La meilleure façon de s'assurer que l'enseignement est clair est peut-être de garder à l'esprit un tableau des différences principales entre l'enseignement clair et celui qui ne l'est pas, comme présenté dans le tableau 16.1 ci-après.

La créativité

Il faut que les étudiants soient « accrochés » par l'apprentissage intellectuellement, psychologiquement et, si c'est adapté, physiquement, et un bon enseignant aura à sa disposition tout un répertoire de méthodes à utiliser. Les bons enseignants sauront choisir dans ce répertoire les méthodes adaptées à une tâche d'apprentissage et à un groupe particuliers, qui impliqueront le mieux les étudiants et faciliteront le plus le processus d'apprentissage.

Caractéristiques d'un enseignement clair	*Caractéristiques d'un enseignement confus*
L'objectif du cours leçon est clair depuis le début de la séance	Les étudiants ne savent pas exactement quel est l'objet du cours
Les étudiants arrivent à suivre le flux et la logique du contenu	Les étudiants sont dans la confusion et ne savent où le professeur veut en venir.
Les transitions d'un thème majeur à un autre sont clairement indiquées.	Les étudiants ne savent pas exactement quand l'enseignement est passé d'un thème au suivant.
Présentation fluide	Logique éparpillée et expression confuse dans la présentation
Suivi attentif de l'apprentissage par les étudiants	Inconscience ou mauvaise interprétation des signaux donnés par les étudiants.
Utilisation de démonstrations, d'exemples et d'illustrations	Expression vague et générale
La langue et le vocabulaire sont clairs ; le jargon professionnel est expliqué ou évité totalement	Utilisation excessive de jargon professionnel et d'un vocabulaire complexe
Suffisamment de redondances : les idées et les thèmes clé sont répétés pour assurer la rétention	Tente de couvrir un contenu trop important, trop vite
Organisation adaptée	Manque d'organisation

Tableau 16.1 Un enseignement clair ou confus

En outre, les enseignants créatifs stimulent et récompensent la créativité, reconnaissant qu'elle est de plus en plus un atout nécessaire pour prospérer dans un monde où le changement s'accélère. Par l'exemple de leur propre créativité, ces enseignants créent un environnement qui encourage et récompense les étudiants pour leurs propres expressions de créativité. La créativité, dans les cours, légitime l'expérimentation et traite l'échec comme une occasion d'apprentissage plutôt que comme un acte qui doit être puni (Knowles, Holton and Swanson 2005, p. 259).

L'enthousiasme

L'enthousiasme et la passion sont des éléments importants d'un bon cours. Cela ne devrait pas nous surprendre ; presque tout le monde préférerait une présentation animée, colorée et passionnante à une présentation morne et sans vie. Wilhoit fait les observations suivantes :

> Les professeurs enthousiastes sont plus efficaces car ils retiennent l'attention de leurs étudiants, et les étudiants ont tendance à projeter sur le contenu les sentiments positifs qu'ils éprouvent à l'égard de professeurs charismatiques. Ce que tous les grands enseignants semblent avoir en commun, c'est l'amour

de leur matière, une satisfaction évidente lorsqu'ils éveillent ce même amour chez leurs étudiants, et la capacité de les convaincre que ce qui leur est enseigné est d'une importance vitale. L'apprentissage est proportionnel à la motivation des étudiants, et l'enthousiasme sert à les motiver . . . L'enthousiasme est clairement plus qu'un trait de caractère naturel. En fait, il est possible de former les enseignants à être plus enthousiastes. Il vaut la peine de noter que notre mot enthousiasme vient d'un mot grec qui signifie « inspiré par un dieu », ce qui suggère qu'un enseignant enthousiaste est quelqu'un qui est inspiré par une force autre. Pour la plupart des enseignants, cette force est un amour du sujet, de l'enseignement en lui-même, ou des étudiants. Cependant, dans un sens très réel, l'enthousiasme de l'enseignant chrétien devrait venir de Dieu le Saint-Esprit. Être inspiré par Dieu (l'enthousiasme) est particulièrement important pour des éducateurs chrétiens, car une part essentielle de leur responsabilité envers les étudiants est de servir de modèles de la vie chrétienne (Wilhoit 1991, p. 149-151)

Des enseignants dynamiques transmettent un enthousiasme communicatif pour leur matière. Quand les étudiants voient un professeur passionné par son sujet, il est naturel que leur curiosité soit provoquée pour savoir exactement ce qui l'a passionné. Une grande énergie, une réactivité par rapport à l'ambiance en cours et un certain degré d'imprévisibilité sont des éléments généraux d'attractivité de l'enseignement (Fink 2003, p. 249). Un bon enseignement est jusqu'à un certain point l'expression de la vérité par la personnalité, et la consécration évidente d'un professeur permet aux étudiants de voir à la fois la personne même de l'enseignant et l'importance de ce qui est enseigné. Les meilleurs professeurs enseignent ce qu'ils ont dans le cœur, pas ce qui est dans le manuel. Les professeurs dynamiques savent faire voir l'apprentissage comme une expérience merveilleuse, qui permet d'appréhender de nouvelles perspectives de vie et de sens, plutôt que comme une série sans fin de tâches qui en général ne signifient rien (Fried 2005, p. 171).

Brookfield (2006, p. 64) fait une distinction importante entre une conviction et une passion charismatique. Il ne suffit pas de faire des déclarations ardentes et exagérées sur la puissance de transformation d'un savoir-faire ou d'une idée. Une conviction authentique apparaîtra plutôt lorsqu'un professeur communiquera à ses étudiants l'importance cruciale du contenu en explorant toutes les facettes du sujet et toutes les voies vers le savoir.

Un cours bien ordonné

Les professeurs efficaces savent maintenir l'attention des étudiants sur les tâches d'apprentissage. Il peut être convenable pour les étudiants de se divertir de bien des façons, et une certaine mesure d'échanges sociaux est appropriée, mais le travail d'apprentissage doit être entrepris avec le plus d'effort possible, d'énergie et de concentration. Pour cela, les bons professeurs font preuve d'une préparation soignée et d'une présentation systématique, avec un bon équilibre entre contenu et processus. Les concepts principaux sont clairement articulés et de nouveaux éléments importants sont manifestement acquis à chaque cours.

Les étudiants ont tendance aussi à apprécier la détermination et la productivité manifestées pendant le temps de cours. En conséquence, les bons professeurs font clairement savoir où ils veulent en venir, guident les étudiants vers ce but et leur apprennent comment démarrer rapidement et rester concentrés lorsqu'ils font leurs devoirs (Brophy 1999).

Des éléments simples et mesurables peuvent être importants. Les étudiants se sentent respectés lorsque les professeurs arrivent et terminent à l'heure, et lorsqu'ils lisent, commentent et rendent les travaux des étudiants dans un délai raisonnable. Les bons professeurs disent clairement ce qu'ils attendent de leurs étudiants et leurs donnent des occasions variées de montrer ce qu'ils ont appris.

L'utilisation appropriée des compliments et de la critique

Les professeurs doivent critiquer une performance médiocre tout en encourageant l'étudiant en tant que personne. Il est efficace et utile de faire des compliments de manière raisonnable et adaptée, et cela encouragera l'étudiant à persévérer. Toutefois, des compliments exagérés et immérités favoriseront un manque de confiance entre l'étudiant et le professeur. Un des plus grands défis pour un enseignement de qualité est de trouver le bon équilibre entre le soutien apporté aux étudiants dans leur lutte pour apprendre et une critique pleine d'amour qui les poussera à aller plus loin (Brookfield 2006, p. 274-75).

La source d'un apprentissage transformateur est le genre de déséquilibre qui se produit lorsque l'on est bousculé dans ses habitudes. Cela n'arrivera jamais dans une atmosphère en cours purement sympathique et détendue. D'un autre côté, quand les étudiants se sentent continuellement critiqués et rabaissés, ils perçoivent le cours comme un environnement hostile et ils auront des réactions émotionnelles qui les conduiront au découragement ou à une résistance passive. Le meilleur moyen pour qu'un équilibre s'établisse est que les étudiants se sentent encouragés personnellement même si leur travail est mis en question et critiqué. Cela peut être un processus particulièrement délicat dans des sociétés de culture de honte-honneur, où l'on ne comprend pas complètement la distinction entre la personne et ce qu'elle produit. Dans le contexte que j'ai moi-même connu au Moyen-Orient, j'ai fréquemment eu affaire à des étudiants qui se sentaient personnellement offensés lorsqu'on leur mettait B à un devoir, sans parler d'une note éliminatoire : ils percevaient l'évaluation comme une attaque personnelle et non comme se rapportant à leur travail. Dans ces contextes-là, il faut guider les étudiants pas à pas dans le processus d'évaluation et les amener à comprendre qu'un équilibre entre compliments et critiques est plus utile pour eux dans leur croissance de responsables émergents.

De nombreux professeurs ont trouvé utile d'adopter une approche « en sandwich ». L'évaluation commence par la reconnaissance de tous les efforts faits par l'étudiant, accompagnée par le détail des qualités positives que manifeste le travail de l'étudiant.

Puis vient la critique – de préférence aussi brève, spécifique et stimulante que possible. Pour finir, une parole d'encouragement pourra fournir aux étudiants une incitation à apprendre de leurs erreurs.

De grandes attentes

Les bons professeurs s'attendent à ce que de bonnes choses arrivent, puis ils font en sorte qu'elles se produisent. Si les enseignants s'attendent à ce que peu de choses soient apprises, en général il en sera ainsi. Cependant, ces attentes ne doivent pas être si élevées et irréalistes que les étudiants seront incapables de les atteindre. Le but devra être de développer et de communiquer des attentes aussi positives que possible tout en demeurant réaliste. Ces attentes doivent représenter des certitudes authentiques sur ce qui pourra être accompli, et pourront donc être prises au sérieux en tant qu'objectifs à atteindre en travaillant avec les étudiants (Brophy 1999, p. 31).

Un élément clé pour promouvoir la passion et l'investissement dans l'apprentissage est de trouver l'équilibre entre les attentes du professeur et les préoccupations et capacités des étudiants. Csikszentmihalyi (1997) a remarqué que lorsqu'il y a une harmonie entre ce que nous ressentons (nos émotions), ce que nous désirons (nos objectifs ou nos intentions) et ce que nous pensons (nos processus opératoires mentaux), et qu'il y a des défis qui correspondent à nos compétences, il y a un potentiel pour une expérience de « flux ». Quand les gens vivent ce « flux », ils s'absorbent totalement dans ce qu'ils font : toute leur énergie personnelle et psychique est en harmonie et coule dans une même direction. Quand les enseignants proposent aux étudiants des défis et des attentes appropriées qui poussent leurs compétences dans des domaines de préoccupations et de besoins ressentis, il y a un potentiel élevé pour que se produisent des expériences d'apprentissage profondément significatives.

Les bons enseignants non seulement attendent beaucoup de leurs étudiants, mais aussi sont conscients de « l'effet des attentes basées sur les résultats antérieurs » et l'évitent (Arends 2007, p. 46). Il s'agit ici de la tendance des professeurs à s'attendre à ce que le comportement préalable des étudiants soit conservé et reproduit dans le temps. Ils s'attendent à ce que les étudiants qui ont fait un travail de grande qualité dans le passé maintiennent un niveau élevé, si bien que même quand ceux-ci produisent un travail médiocre, ils leur mettent une note généreuse. De même, quand des étudiants, qui sont régulièrement en retard ou qui rendent habituellement un travail bâclé, décident de modifier leurs façons d'étudier, la plupart des professeurs continueront d'avoir des attentes, et de donner des évaluations, basées sur leur comportement médiocre précédent. Les enseignants de qualité ne se laisseront pas perturber par leur expérience préalable, mais continueront d'avoir des attentes élevées et seront justes en évaluant la façon dont les étudiants auront répondu à ces attentes.

La capacité de s'auto-évaluer et de progresser

De nombreuses données indiquent que les enseignants ont tendance à s'améliorer pendant leurs cinq premières années sur le terrain, puis stagnent et se reposent sur leur expérience passée (Willingham 2009, p. 149). En général, un professeur qui a vingt années d'expérience ne manifeste pas beaucoup plus de compétence en enseignement qu'un professeur qui en a cinq. Il semble que les enseignants travaillent beaucoup à améliorer leurs compétences dans leurs premières années d'activité, puis tendent à se reposer sur leurs lauriers.

Mais les professeurs efficaces sont des étudiants. Continuellement, ils analysent et ajustent leur méthodes afin que leurs compétences puissent s'améliorer au fil du temps. Ils sont ouverts et capables de recevoir une critique constructive de la part des collègues, et ils savent évaluer cette critique de façon honnête et juste. Les formateurs de qualité continuent d'évoluer en tant qu'enseignants en participant à des séminaires de formation et/ou en lisant des ouvrages de sciences de l'éducation.

Conclusion

Aucun professeur ne possède toutes ces qualités décrites dans ce chapitre. Cependant, plus nous progressons dans chacun de ces domaines et plus nous les laissons façonner notre vie d'enseignant, mieux nous serons placés pour rendre possible un apprentissage intentionnel et intégré. En faisant quelques pas simples sur cette voie nous pouvons opérer en nous-mêmes et chez nos étudiants des différences qui changent la vie.

Exercices

1. Comment votre institution recrute-t-elle ses professeurs ? Dans quelle mesure les éléments d'excellence mentionnés dans ce chapitre sont-ils pris en compte dans la procédure de recrutement ? Comment pourriez-vous évaluer si un professeur éventuel a une attitude enseignable, une profondeur spirituelle et de bonnes compétences en matière d'enseignement ? Quelles autres caractéristiques verriez-vous comme importantes pour votre programme d'études ?

2. Notez chacune des caractéristiques de l'excellence chez un enseignant, et pour chaque caractéristique donnez-vous une note sur 10 – en allant de 0 (« Je suis très faible dans ce domaine ») jusqu'à 10 (« Je suis remarquable dans ce domaine »). Quelles sont les caractéristiques pour lesquelles vous vous êtes donné la note la plus basse ? Citez un moyen spécifique par lequel vous pourriez améliorer vos compétences dans ce domaine.

Épilogue

Des pas sur le chemin

Un trajet de cent kilomètres commence par un simple pas. (Proverbe arabe)

J'ai proposé tant d'idées et de suggestions dans ce livre que vous vous sentez peut-être submergé, ne sachant pas par où commencer. Si c'est le cas, vous n'êtes pas le seul ! Je suis moi-même conscient en permanence du gouffre entre ma propre pratique de l'enseignement et des responsabilités éducatives, et l'idéal. Ceci ne doit pas nous surprendre : en tant que peuple déchu et racheté, nous vivons entre le « déjà » et le « pas encore » : nous avons goûté aux prémices de la puissance et de la grâce de Dieu, et attendons maintenant leur plein accomplissement. C'est pourquoi nous devons chaque jour nous appuyer sur la puissance du Saint-Esprit alors que nous tendons vers l'idéal.

Je ne m'attends pas à ce que le lecteur mette en pratique chaque suggestion de cet ouvrage : je ne le fais pas moi-même. J'espère cependant que vous aurez découvert des domaines spécifiques où vous pourrez croître individuellement en tant qu'enseignant, et ensemble comme corps enseignant.

C'est pourquoi, je vous demanderai pour conclure de vous arrêter et de réfléchir à chacune des questions suivantes :

- Pour vous, à titre personnel, quelles sont les trois ou quatre idées, affirmations, principes etc. que vous avez lus dans ce livre qui ont eu le plus d'impact sur la manière dont vous concevez votre vie et votre ministère en tant qu'enseignant théologique ? Qu'avez-vous retenu le plus distinctement ? Pourquoi pensez-vous que ces choses ont été importantes pour vous ?

- En prenant en compte tout le contenu présenté dans le livre, notez au moins trois moyens précis et concrets que vous pourriez employer dans les mois à venir pour mettre en œuvre les principes et pratiques qui y figurent. Partagez ces suggestions avec un ami, et demandez-lui de signer votre liste comme témoignage de votre engagement à faire des pas vers l'avant en tant qu'enseignant et exemple de ce qu'est un conducteur chrétien.

- Ce n'est pas par la perfection, mais par l'obéissance fidèle et un mouvement régulier vers l'avant que nous honorons le Christ (ou Jésus-Christ) et que nous soutenons au mieux la mission de Dieu. Notre vocation sainte de former et de développer des responsables qui puissent aider l'Église à faire face à ses enjeux contextuels est cruciale et exigeante, cependant elle peut nous apporter des joies et des satisfactions profondes. Je prie que le contenu de ce livre vous aura aidé à faire quelques pas de plus sur le chemin de l'excellence dans la formation théologique.

Références citées

Abrami, P., L. Levanthal, et R. Perry, 1982, « Educational Seduction », *Review of Educational Research* 52, p. 446-464.

Anderson, L., et D. Krathwohl, sous dir., 2001, *A Taxonomy for Learning, Teaching and Assessing: A Revision of Bloom's Taxonomy of Educational Objectives*, New York, Longman.

Antibi, A., 1988, *Étude sur l'enseignement de méthodes de démonstration. Enseignement de la notion de limite : réflexions, propositions*, Thèse sous la direction de Pierre Ettinger, Toulouse. Publié Antibi, A., 2003, *La constante macabre ou comment a-t-on découragé des générations d'élèves ?*, Paris, Math'Adore.

Arends, R., 2007, *Learning to Teach*, 7e éd., Boston, McGraw-Hill.

Argyris, C., et D. Schön, 1974, *Theory in Practice: Increasing Professional Effectiveness*, San Francisco, Jossey-Bass.

Atkinson, R., et R. Shiffrin, 1968, « Human Memory: A Proposed System and Its Control Processes », in K. W. Spence et J. T. Spence, sous dir., *The Psychology of Learning and Motivation (Vol. 2)*, New York, Academic Press, p. 89-195.

Avolio, B., K. Mhatre, S. Norman et P. Lester, 2009, « The Moderating Effect of Gender on Leadership Intervention Impact: An Exploratory Review », *Journal of Leadership & Organizational Studies* 15 (4), p. 325-341.

Baddeley, A., 2000, « Short-Term and Working Memory », in E. Tulving et F. Craik, sous dir., *The Oxford Handbook of Memory*, New York, Oxford University Press, p. 77-92.

Baddeley, A., 2003, « Working Memory: Looking Back and Looking Forward », *Nature Reviews Neuroscience* 4 (10), p. 829-839.

Bailey, J., 2001, « Technology and Change in Education », en ligne sur http://bbh.usd451.k12.ks.us/staff/faculty/chgtech/change.html. Consulté le 11 Mai 2003.

Banks, R., 1999, *Reenvisioning Theological Education: Exploring a Missional Alternative to Current Models*, Grand Rapids, MI, Eerdmans.

Banks, R., et B. Ledbetter, 2004, *Reviewing Leadership: A Christian Evaluation of Current Approaches*, Grand Rapids, MI, Baker.

Barkley, E., K. Cross et C. Major, 2005, *Collaborative Learning Techniques: A Handbook for College Faculty*, San Francisco, Jossey-Bass.

Barna Group, 2004, « Born Again Christians Just As Likely To Divorce As Are Non-Christians », Posté le 8 septembre 2004 sur http://www.barna.org/barna-update/article/5-barna-update/194-born-again-christians-just-as-likely-to-divorce-as-are-non-christians. Consulté le 20 février 2012.

Baron-Cohen, S., 2003, *The Essential Difference: Men, Women and the Extreme Male Brain*, New York, Basic.

Barrows, H., 1996, « Problem-Based Learning in Medicine and Beyond: A Brief Overview », in L. Wilkerson et W. Gijselaers, sous dir., *Bringing Problem-Based Learning to Higher Education: Theory and Practice. New Directions for Teaching and Learning Series, No. 68*, San Francisco, Jossey-Bass, p. 3-11.

Barth, R., 2001, *Learning By Heart*, San Francisco, Jossey-Bass.

Bauman, C., et L. Skitka, 2006, « Ethnic Group Differences in Lay Philosophies of Behaviour in the United States », *Journal of Cross-Cultural Psychology* 37 (4), p. 438-445.

Beauvois, J.-L., et R.-V. Joule, 1981, *Soumission et idéologie : Psychosociologie de la rationalization*, Paris, Presses Universitaires de France.

Belenky, M., et A. Stanton, 2000, « Inequality, Development and Connected Knowing », in J. Mezirow, sous dir., *Learning As Transformation: Critical Perspectives on a Theory in Progress*, San Francisco, Jossey-Bass, p. 71-102.

Benson, W., 1993, « Setting and Achieving Objectives for Adult Learning », in K. Gangel et J. Wilhoit, sous dir., *The Christian Educator's Handbook on Adult Education*, Wheaton, IL, Victor, p. 158-177.

Bevans, S., 2002, *Models of Contextual Theology*, Maryknoll, NY, Orbis.

Bloom, B., M. Engelhart, E. Furst, W. Hill et D. Krathwohl, 1956, *Taxonomy of Educational Objectives. Handbook I: Cognitive Domain*, Londres, Longmans.

Bonk, J., 2008, Entretien personnel avec Perry et Karen Shaw, Overseas Ministries Studies Center, New Haven CT, August 2008.

Bonniol, Jean-Jacques, 1972, « Les Comportements d'estimation dans une tâche d'évaluation d'épreuves scolaires : études de quelques-uns de leurs déterminants », Thèse de 3e cycle en Psycholologie, Aix-en-Provence, Université de Provence.

Bosniak, M., 1998, « Relational Teaching for 'Teacher 2000' », *The Education Digest* 63, p. 8-11.

Bowles, S., et H. Gintis, 1976, *Schooling in Capitalist America: Educational Reform and the Contradictions of Economic Life*, New York, Basic.

Brookfield, S., 1986, *Understanding and Facilitating Adult Learning: A Comprehensive Analysis of Principles and Effective Practices*, Milton Keynes, Open University.

Brookfield, S., 1987, *Developing Critical Thinkers: Challenging Adults to Explore Alternate Ways of Thinking and Acting*, San Francisco, Jossey-Bass.

Brookfield, S., 2004, « Discussion », Chapitre 11, in M. Galbraith, sous dir., *Adult Learning Methods: A Guide for Effective Instruction*, 3e éd., Malabar, FL, Krieger, p. 209-226.

Brookfield, S., 2006, *The Skillful Teacher: On Technique, Trust, and Responsiveness in the Classroom*, 2e éd., San Francisco, Jossey-Bass.

Brophy, J., 1999, *Teaching*, Brussels, International Academy of Education.

Burke, D., 2010, « Time to Leave the Wilderness? The Teaching of Pastoral Theology in South East Asia », in A. Harkness, sous dir., *Tending the Seedbeds: Educational Perspectives on Theological Education in Asia*, Quezon City, Asia Theological Association, p. 263-284.

Bushnell, H., (1861) 1979, *Christian Nurture*, Grand Rapids, Baker.

Caine, G., et R. Caine, 1994, *Making Connections: Teaching and the Human Brain*, New York, Addison-Wesley.

Caine, R., et G. Caine, 1990, « Understanding a Brain Based Approach to Learning and Teaching », *Educational Leadership* 48 (2), p. 66-70.

Cannell, L., 2005, « Opportunities for 21st Century Theological Education », in P. Penner, sous dir., *Theological Education as Mission*, Prague, IBTS, p. 153-170.

Cannell, L., 2006, *Theological Education Matters: Leadership Education for the Church*, Newburgh, IN, EDCOT.

Cano-Garcia F., et E. Hughes, 2000, « Learning and Thinking Styles: An Analysis of Their Interrelationship and Influence on Academic Achievement », *Educational Psychology* 20 (4), p. 413-427.

Carr, W., 1997, *Handbook of Pastoral Studies: Learning and Practising Christian Ministry*, Londres, SPCK.

CEDEFOP[1], 2014, *Terminologie de la politique européenne d'enseignement et de formation*, une sélection de 130 termes clés, luxembourg: Publications office of the european union 2014 ; [en sept langues]. http://www.cedefop.europa.eu/files/4117_en.pdf. Consulté le 7 août 2015.

Cervantes, J., 2007, « Student-Teacher Relationship Important Factor in Learning », *Learning Power News* (Janvier/Février 2007). En ligne sur http://learningpower.gseis.ucla.edu/aspirations/articles/story3.html. Consulté le 29 septembre 2009.

Chang, T. M., H. F. M. Crombag, K. D. J. M. van der Drift et J. F. Moonen, 1983, *Distance Learning: On the Design of an Open University*, Boston, Kluwer Nijhoff.

Cherry, K., 2012, « VARK Learning Styles: Visual, Aural, Reading, and Kinesthetic Learning », About.com Guide. En ligne sur http://psychology.about.com/od/educationalpsychology/a/vark-learning-styles.htm. Consulté le 27 mai 2013.

Costello, C., 2001, « Schooled by the Classroom: The (Re) Production of Social Stratification in Professional School Settings », in E. Margolis, sous dir., *The Hidden Curriculum in Higher Education*, New York, Routledge, p. 43-60.

Cotton, K., 2010, « Classroom Questioning », *School Improvement Research Series, Close-Up #5*. En ligne sur http://educationnorthwest.org/webfm_send/569. Consulté le 6 novembre 2010.

Corcoran, H., 2007, « Biblical Narratives and Life Transformation: An Apology for the Narrative Teaching of Bible Stories », *Christian Education Journal* Series 3, 4 (1), p. 34-48.

Craik, F., et E. Tulving, 1975, « Depth of Processing and Retention of Words », *Journal of Experimental Psychology: General* 104, p. 268-294.

Cransac, J., et M. C. Dauvisis, 1975, « La rigueur des professeurs de mathématiques et la notation », *Bulletin Association des professeurs de Mathématiques de l'Enseignement Public (A.P.M.E.P.)*, septembre 1975.

Cranton, P., 2006, *Understanding and Promoting Transformative Learning: A Guide for Educators of Adults*, 2ᵉ éd., San Francisco, Jossey-Bass.

Cronshaw, D., 2012, « Reenvisioning Theological Education and Missional Spirituality », *Journal of Adult Theological Education* 9 (1), p. 9-27.

Csikszentmihalyi, M., 1997, *Finding Flow: The Psychology of Engagement with Everyday Life*, New York, HarperCollins.

Cunningham, S., 2005, « Who Gets to Chew the Cracker? Engaging the Student in Learning in Higher Education », *Christian Education Journal*, Series 3, 2 (2), p. 302-318.

Dale, E., 1946, *Audio-Visual Methods in Teaching*, New York, Dryden.

Damasio, A., 2005, *Descartes' Error: Emotion, Reason, and the Human Brain*, New York, Penguin.

Dearborn, T., 1995, « Preparing New Leaders for the Church of the Future: Transforming Theological Education Through Multi-Institutional Partnerships », *Transformation* 12 (4), p. 7-12.

---

1. Centre européen pour le développement de la formation professionnelle.

Deci, E., R. Koestner et R. Ryan, 2001, « Extrinsic Rewards and Intrinsic Motivation in Education: Reconsidered Once Again », *Review of Educational Research* 71 (1), p. 1-27.

De Gruchy, S., 2010, « Theological Education and Missional Practice: A Vital Dialogue », in D. Werner, D. Esterline, N. King et J. Raja, sous dir., *Handbook of Theological Education: Theological Perspectives – Regional Surveys – Ecumenical Trends*, Eugene, OR, Wipf and Stock, p. 42-50.

Dennis, I., 2007, « Halo Effects in Grading Student Projects », *Journal of Applied Psychology* 92 (4), p. 1169-1176.

Dewey, J., 1938, *Experience and Education*, New York, Macmillan.

Dobrow, S., W. Smith et M. Posner, 2011, « Managing the Grading Paradox: Leveraging the Power of Choice in the Classroom », *Academy of Management Learning & Education* 10 (2), p. 261-276.

Drane, D., 2008, *After Macdonaldization: Mission, Ministry, and Christian Discipleship in an Age of Uncertainty*, Grand Rapids, MI, Baker.

Durkheim, E., (1922) 1956, *Education and Sociology*, Glencoe, IL, Free Press.

Durkheim, E., (1925) 1961, *Moral Education*, New York, Free Press.

Edwards, D., 1988, « Designing Biblical Instruction », in K. Gangel et H. Hendricks, sous dir., *The Christian Educator's Handbook on Teaching*, Wheaton, IL, Victor, 45-60.

Eisner, E. W., 1994, *The Educational Imagination: On Design and Evaluation of School Programs*, 3ᵉ éd., New York, Macmillan.

Éla, J-M., 1988, *My Faith as an African*, Maryknoll, NY, Orbis.

Elmer, D., 1993, « Inductive Teaching: Strategy for the Adult Educator », in K. Gangel et J. Wilhoit, sous dir., *The Christian Educator's Handbook on Adult Education*, Wheaton, IL, Victor, 135-147.

ENQA, 2009, *Standards and Guidelines for Quality Assurance in the European Higher Education Area*, 3ᵉ éd., Helsinki, European Association for Quality Assurance in Higher Education.

Escobar, S., 2004, « What Is the Ministry? », The Lexington Seminar. En ligne sur http://www.lexingtonseminar.org/stuff/contentmgr/files/97a7fb6dc4048b98b5a4634b94c8d193/doc/escobar_ministry.pdf. Consulté le 13 août 2012.

Esterline, D., D. Werner, T. Johnson et T. Crossing, 2013, « Global Survey on Theological Education 2011–2013: A Summary of Main Findings », Prepared for the WCC 10th Assembly, Busan, 30 October–8 November 2013. En ligne sur http://www.globethics.net/web/gtl/research/global-survey. Consulté le 7 octobre 2013.

Etherington, M., 2011, « The Pygmalion Principle: The Practicum Expectations and Experiences of Mature Aged Student Teachers », *Issues in Educational Research* 21 (3), p. 259-280.

Farley, E., 1983, *Theologia: The Fragmentation and Unity of Theological Education*, Philadelphia, Fortress Press.

Farley, E., 1997, « Why Seminaries Don't Change: A Reflection on Faculty Specialization », *The Christian Century*, February 5-12, p. 133-143.

Farrah, S., 2004, « Lecture », chapitre 12, in M. Galbraith, sous dir., *Adult Learning Methods: A Guide for Effective Instruction*, 3ᵉ éd., Malabar, FL, Krieger, p. 227-252.

Felder, R. M., et L. K. Silverman, 1988, « Learning and Teaching Styles in Engineering Education », *Engineering Education* 78 (7), p. 674-681.

Fernández, E., 2012, « Engaging Contextual Realities in Theological Education: Systems and Strategies », Article présenté à l'ICETE International Consultation for Theological Educators. Nairobi, Kenya, 17 octobre 2012.

Fernando, A., 2002, *Jesus Driven Ministry*, Wheaton, IL, Crossway.

Ferris, R., 2006, « The Transforming Power of a Learning Orientation », Présentation plénière donnée à l'Overseas Council Institute for Excellence in Christian Leadership Development, Osijek, Croatie, 3-7 avril 2006.

Festinger, L., 1957, *A Theory of Cognitive Dissonance*, Stanford, Stanford University Press.

Festinger, L., 1964, *When Prophecy Fails: A Social and Psychological Study*, New York, HarperCollins.

Fink, L., 2003, *Creating Significant Learning Experiences: An Integrated Approach to Designing College Courses*, San Francisco, Jossey-Bass.

Fisher, R., 2008, *Teaching Thinking: Philosophical Enquiry in the Classroom*, 3ᵉ éd., Londres, Continuum.

Fleming, N., 2012, « A Guide to Learning Styles », En ligne sur http://www.vark-learn.com/english/index.asp. Consulté le 27 mai 2013.

Foucault, M., 1977, *Discipline and Punish: The Birth of the Prison*, New York, Vintage.

Fredericks, D., 2010, « Levels of Questions in Bloom's Taxonomy », *TeacherVision*, En ligne sur http://www.teachervision.fen.com/teaching-methods/new-teacher/48445.html?page=1&detoured=1. Consulté le 6 novembre 2010.

Freire, P., 1970, *Pedagogy of the Oppressed*, traduit par M. Ramos, Londres: Penguin.

Fried, R., 2005, *The Game of School*, San Francisco, Jossey-Bass.

Furedi, F., 2012, « The Unhappiness Principle », *Times Higher Education Supplement*, 29 novembre 2012. En ligne sur http://www.timeshighereducation.co.uk/story.asp?sectioncode=26&storyco de=421958&c=2. Consulté le 29 novembre 2012.

Gajardo, Marcela, 1993, « Ivan Illich », *Perspectives : revue trimestrielle d'éducation comparée* (Paris, UNESCO : Bureau international d'éducation), vol. XXIII, n° 3-4, p. 733-743.

Gardner, H., 1983, *Frames of Mind: The Theory of Multiple Intelligences*, New York, Basic Books.

Gardner, H., 1993, *Multiple Intelligences: The Theory in Practice*, New York, Basic Books.

Gawronski, B., et F. Strack, sous dir., 2012, *Cognitive Consistency: A Fundamental Principle in Social Cognition*, New York, Guilford.

Gibson, D., 2012, « Being Trinity », Teaching Theology: A Blog for Theological Educators by Graham Cheesman. En ligne sur http://teachingtheology.org/2012/08/01/being-trinity/. Consulté le 14 août 2012.

Gillespie, T., 1993, « What Is 'Theological' about Theological Education? », *Princeton Seminary Bulletin* 14 (1), p. 55-63.

Goffman, E., 1959, *The Presentation of Self in Everyday Life*, New York, Bantam.

Goleman, D., 1995, *Emotional Intelligence: Why It Can Matter More Than IQ*, New York, Bantam.

Goleman, D., 2006, *Social Intelligence*, New York, Bantam.

Goodman, D., 2011, « Posing Good Questions », Tiré d'un atelier présenté à Church Based Training Symposium, à Vienne-Mödling, 16-19 mai 2011.

Gorman, J., 2001, « 'There's Got to Be More!': Transformational Learning », *Christian Education Journal* 5NS (1), p. 23-51.

Guder, D., 2010, « Theological Formation for Missional Faithfulness after Christendom: A Response to Steve de Gruchy », in D. Werner, D. Esterline, N. Kang et J. Raja, sous dir., *Handbook of Theological Education in World Christianity: Theological Perspectives – Regional Surveys – Ecumenical Trends*, Eugene, OR, Wipf and Stock, p. 51-55.

Gurian, M., et P. Henley, 2001, *Boys and Girls Learn Differently! A Guide for Teachers and Parents*, San Francisco, Jossey-Bass.

Habermas, R., 1995, « The Developmental Use of Lecturing », in J. Wilhoit et J. Dettoni, sous dir., *Nurture That Is Christian: Developmental Perspectives on Christian Education*, Grand Rapids, MI, Baker, p. 215-223.

Haddad, E., et R. Das, 2012, « Assessing Outcomes: Does Seminary Training Make a Difference in the Community? », Article non publié, Arab Baptist Theological Seminary.

Hameline, D., 1979, *Les objectifs pédagogiques en formation initiale et en formation continue : suivi de L'éducateur et l'action sensée*, Paris, ESF. Disponible sur http://www.cafepedagogique.net/lesdossiers/Documents/esf/les_objectifs_pedagogiques.pdf. Consulté le 7 août 2015.

Hardy, S., 2007, *Excellence in Theological Education: Effective Training for Church Leaders*, Peradeniya, Lanka Bible College and Seminary.

Hardy, S., 2012, « Discipleship By Community: The Powerful Impact of 'The Invisible Curriculum' », Présentation donnée au Seminario Teológico Centroamericano, Guatemala City, Guatemala, janvier 2012.

Harkness, A., 2010, « De-Schooling the Theological Seminary: An Appropriate Paradigm for Effective Pastoral Formation », in A. Harkness, sous dir., *Tending the Seedbeds: Educational Perspectives on Theological Education in Asia*, Quezon City, Asia Theological Association, p. 103-128.

Harkness, A., 2013, « Seminary to Pew to Home, Workplace and Community – And Back Again: The Role of Theological Education in Asian Church Growth », Article non publié, OMF Mission Research Consultation, avril 2013, Singapore.

Harrow, A., 1972, *A Taxonomy of the Psychomotor Domain*, New York, McKay.

Harvie, P., 2004, « Transformative Learning in Undergraduate Education », PhD diss., University of Toronto.

Heaton, R., 2013, Correspondance personnelle, 30 décembre 2013.

Hewlett, D., 2010, « Theological Education in England Since 1987 », in D. Werner, D. Esterline, N. Kang et J. Raja, sous dir., *Handbook of Theological Education in World Christianity: Theological Perspectives – Regional Surveys – Ecumenical Trends*, Eugene, OR, Wipf and Stock, p. 563-568.

Hiebert, P., 1994, *Anthropological Reflections on Missiological Issues*, Grand Rapids, MI, Baker.

Hiebert, P., 2008, *Transforming Worldviews: An Anthropological Understanding of How People Change*, Grand Rapids, MI, Baker.

Hill, C., 2013, « The Benefits Of Flipping Your Classroom », Faculty Focus: Higher Ed Teaching Strategies from Magna Publications. 26 août 2013. En ligne sur www.facultyfocus.com/articles/instructional-design/the-benefits-of-flipping-your-classroom/?utm_source=cheetah&utm_medium=email&utm_campaign=2013.08.26. Consulté le 27 août 2013.

Hoeckman, R., 1994, « Ecclesiological Fidelity and Ecumenical Theological Education », *Ministerial Formation* 67, p. 8-14.
Hough, J., 1984, « The Education of Practical Theologians », *Theological Education* 20, p. 55-84.
Hough, J., et B. Wheeler, sous dir., 1988, *Beyond Clericalism: The Congregation as a Focus for Theological Education*, Cambridge, Scholars Press.
Houssaye, J., 1988, *Le triangle pédagogique*, Paris, P. Lang.
Huemer, M., n.d., « Student Evaluations: A Critical Review », En ligne sur http://spot.colorado.edu/~huemer/sef.htm. Consulté le 10 janvier 2010.
Hunter, G., 2004, « Examining the 'Natural Church Development' Project », in G. Hunter, sous dir., *The Pastor's Guide to Growing a Christlike Church*, Kansas City, MO, Beacon Hill, p. 105-114.
Illich, I., 1970, *Deschooling Society*, New York, Harper & Row.
Issler, K., et R. Habermas, 1994, *How We Learn: A Christian Teacher's Guide to Educational Psychology*, Grand Rapids, MI, Baker.
Jackson, P., 1968, *Life in Classrooms*, New York, Holt, Rinehart & Winston.
Jensen, E., 2008, *Super Teaching: Over 1000 Practical Strategies*, 4ᵉ éd., Thousand Oaks, CA, Corwin.
Juengst, S., 1998, *Equipping the Saints: Teacher Training in the Church*, Louisville, KY, Westminster John Knox.
Kachka, P., 2012, « Understanding the Flipped Classroom: Part 1 », Faculty Focus: Higher Ed Teaching Strategies from Magna Publications. 23 octobre 2012. En ligne sur. www.facultyfocus.com/articles/teaching-with-technology-articles/understanding-the-flipped-classroom-part-1. Consulté le 28 octobre 2012.
Kahneman, D., 2011, *Thinking, Fast and Slow*, New York, Farrar, Straus & Giroux.
Kang, N., 2010, « Envisioning Postcolonial Theological Education: Dilemmas and Possibilities », in D. Werner, D. Esterline, N. Kang et J. Raja, sous dir., *Handbook of Theological Education in World Christianity: Theological Perspectives – Regional Surveys – Ecumenical Trends*, Eugene, OR, Wipf and Stock, p. 30-41.
Kelsey, D., 1993, *Between Athens and Berlin: The Theological Debate*, Grand Rapids, MI, Eerdmans.
Kennedy, D., Á. Hyland et N. Ryan, 2007, *Writing and Using Learning Outcomes: A Practical Guide*, Cork, University College. Disponible sur http://theologicaleducation.net/articles/view.htm?id=39.
Kherfi, S., 2011, « Whose Opinion Is It Anyway? Determinants of Participation in Student Evaluation of Teaching », *Journal of Economic Education* 42 (1), p. 19-30.
Kirk, J. A., 2005, « Re-Envisioning the Theological Curriculum As If the *Missio Dei* Mattered », *Common Ground Journal* 3 (1), p. 23-40.
Knowles, M., E. Holton et R. Swanson, 2005, *The Adult Learner: The Definitive Classic in Adult Education and Human Resource Development*, 6ᵉ éd., Amsterdam, Elsevier.
Kohl, M., 2010, « Curriculum Development: An Overview », Présentation plénière faite à Overseas Council Institute for Excellence in Christian Leadership Development, Taipei, Taiwan, 6-9 avril 2010.
Kohn, A., 1999, *Punished By Rewards: The Trouble with Gold Stars, Incentive Plans, A's, Praise, and Other Bribes*, Boston, Houghton Mifflin.

Kolb, D., 1983, *Experiential Learning: Experience as the Source of Learning and Development*, Upper Saddle River, NJ, Prentice Hall.

Kramlich, D., 2013, Correspondance personnelle, 1er décembre 2013.

Krathwohl, D., B. Bloom et B. Masia, 1964, *Taxonomy of Educational Objectives: The Classification of Educational Goals. Handbook II: Affective Domain*, New York, David McKay.

Landsheere, Gilbert (de), *Dictionnaire de l'évaluation et de la recherche en éducation*, Paris, PUF, 1979.

Landy, D., et H. Sigall, 1974, « Task Evaluation as a Function of the Performers' Physical Attractiveness », *Journal of Personality and Social Psychology* 29 (3), p. 299-304.

Lane, J., n.d., « Sample Verbs for Learning Objectives », Schreyer Institute for Teaching Excellence, Penn State University, En ligne sur http://www.schreyerinstitute.psu.edu/pdf/SampleVerbs_for_LearningObjectives.pdf. Consulté le 27 février 2012.

Lawson, M., 1988, « Biblical Foundations for a Philosophy of Teaching », in K. Gangel et H. Hendricks, sous dir., *The Christian Educator's Handbook on Teaching*, Grand Rapids, MI, Baker, p. 61-73.

LeDoux, J., 2000, « Emotion Circuits in the Brain », *Annual Review of Neuroscience* 23 (1), p. 155-184.

LeFever, M., 1995, *Learning Styles: Reaching Everyone God Gave You to Teach*, Colorado Springs, Cook.

Leyda, R., 2009, « Models of Ministry Internship for Colleges and Seminaries », *Christian Education Journal* Series 3, 6 (1), p. 24-37.

Lindeman, E., 1926, *The Meaning of Adult Education*, New York, New Republic.

Loder, J., 1982, *The Transforming Moment: Understanding Convictional Experiences*, San Francisco, Harper & Row.

Loder, J., 1998, *The Logic of the Spirit: Human Development in Theological Perspective*, San Francisco, Jossey-Bass.

Madueme, H., et L. Cannell, 2006, « Problem Based Learning and TEDS' MDiv program », Article non publié.

Madueme, H., et L. Cannell, 2007, « Problem Based Learning and the Master of Divinity Program », *Theological Education* 43 (1), p. 47-59.

Marsh, H. et L. Roche, 1997, « Making Students' Evaluations of Teaching Effectiveness Effective », *American Psychologist* 52, p. 1187-1197.

Marshall, T., 1991, *Understanding Leadership: Fresh Perspectives on the Essentials of New Testament Leadership*, Tonbridge, Sovereign World.

Martin, D., 2006, « Verbs to Consider When Writing Aims », Document non publié.

Marzano, R., et J. Kendall, sous dir., 2006, *The New Taxonomy of Educational Objectives*, 2e éd., Thousand Oaks, CA, Corwin.

May, S., 2003, « A Look at the Effects of Extrinsic Motivation on the Internalization of Biblical Truth », *Christian Education Journal* 7NS (1), p. 47-65.

McCarthy, B., 1996, *About Learning*, Barrington, IL, Excel.

McGrath, A., 2002, *The Future of Christianity*, Malden, MA, Blackwell.

McKeachie, W., 1999, *McKeachie's Teaching Tips: Strategies, Research, and Theory for College and University Teachers*, 10e éd., Boston, Houghton Mifflin.

McLaughlin, V., 2003, « Wizard of Odds: Interview with Bishop Vaughn McLaughlin », *Leadership* 24 (2), p. 24-29.

McNabb, B., et S. Mabry, 1990, *Teaching the Bible Creatively: How to Awaken Your Kids to Scripture*, Grand Rapids, MI, Zondervan.

Meirieu, P., 2010, *Apprendre... oui, mais comment*, Paris, ESF.

Merriam, S., R. Caffarella et L. Baumgartner, 2007, *Learning in Adulthood: A Comprehensive Guide*, San Francisco, Jossey-Bass.

Merseth. K., 1991, *A Case for Cases in Teacher Education*, Washington: American Association of Colleges for Teacher Education.

Meyer, J., et M. Shanahan, 2004, « Developing Metalearning Capacity in Students: Actionable Theory and Practical Lessons Learned in First-Year Economics », *Innovations in Education and Teaching International* 41 (4), p. 443-458.

Meyers, C., et T. Jones, 1993, *Promoting Active Learning: Strategies for the College Classroom*, San Francisco, Jossey-Bass.

Mezirow, J., 1991, *Transformative Dimensions of Adult Learning*, San Francisco, Jossey-Bass.

Mezirow, J., 2000, *Learning As Transformation: Critical Perspectives on a Theory in Progress*, San Francisco, Jossey Bass.

Miller, D., 1987, *Story and Context: An Introduction to Christian Education*, Nashville, Abingdon.

Miller, G., 1956, « The Magical Number Seven, Plus or Minus Two: Some Limits on Our Capacity for Information Processing », *Psychological Review* 63, p. 81-97.

Moreland, J., et K. Issler, 2006, *The Lost Virtue of Happiness: Discovering the Disciplines of the Good Life*, Colorado Springs, NavPress.

Mottier Lopez, Lucie, 2014, « Évaluation, orientation, sélection, cours F422014 », disponible sur http://www.unige.ch/fapse/ered/enseignements/mottier/EtudesdocimologiquesA2014.pdf. Consulté le 5 avril 2015.

Le Mouvement de Lausanne, 2011, « L'Engagement du Cap », En ligne sur http://www.lausanne.org/fr/mediatheque/lengagement-du-cap/engagement-du-cap. Consulté le 12 août 2013.

Murdock, T., et A. Miller, 2003, « Teachers As Sources of Middle School Students' Motivational Identity: Variable-Centered and Person-Centered Analytic Approaches », *Elementary School Journal* 103, p. 383-399.

Murphy, A., 1999, « Enhancing the Motivation for Good Teaching with An Improved System of Evaluation », *Financial Practice and Education* 9, p. 100-104.

Myers, D., 1978, *The Human Puzzle*, New York, Harper & Row.

Naftulin, D., J. Ware et F. Donnelly, 1973, « The Doctor Fox Lecture: A Paradigm of Educational Seduction », *Journal of Medical Education* 48, p. 630-635.

Newman, E., 2003, « Hospitality and Christian Higher Education », *Christian Scholar's Review* 33 (1), p. 75-93.

Nisbett, R., 2003, *The Geography of Thought: How Asians and Westerners Think Differently... And Why*, New York, Free Press.

Nisbett, R., I. Choi, K. Peng et A. Norenzayan, 2001, « Culture and Systems of Thought: Holistic Versus Analytic Cognition », *Psychological Review* 108 (2), p. 291-310.

Novak, J., et B. Gowin, 1984, *Learning How To Learn*, Cambridge, Cambridge University Press.

O'Brien, J., B. Millis et M. Cohen, 2008, *The Course Syllabus: A Learning-Centered Approach*, 2ᵉ éd., San Francisco, Jossey-Bass.

Ott, B., 2011, *Beyond Fragmentation: Integrating Mission and Theological Education: A Critical Assessment of Some Recent Developments in Evangelical Theological Education*, Eugene, OR, Wipf & Stock.

Palmer, P., 1983, *To Know As We Are Known: A Spirituality of Education*, San Francisco, Harper & Row.

Palmer, P., 1998, *The Courage to Teach: Exploring the Inner Landscape of a Teacher's Life*, San Francisco, Jossey-Bass.

Parks, S., 2000, *Big Questions, Worthy Dreams: Mentoring Young Adults in Their Search for Meaning, Purpose, and Faith*, San Francisco, Jossey Bass.

Penner, P., sous dir., 2009, *Theological Education as Mission*, 2e éd., Prague, IBTS.

Philbin, M., E. Meier, S. Huffman et P. Boverie, 1995, « A Survey of Gender and Learning Styles », *Sex Roles* 32 (7–8), p. 485-494.

Piaget, J., 1964, *Six études de psychologie*, Paris, Éditions Gonthier.

Piaget, J., 1970, *Structuralism*, New York, Harper & Row.

Piaget, J., 1975, *L'équilibration des structures cognitives: problème central du développement*, Paris, PUF.

Pianta, R., 1999, *Enhancing Relationships between Children and Teachers*, Washington, American Psychological Association.

Piéron, H., 1957, *Vocabulaire de la psychologie*, Paris, Presses Universitaires de France.

Pierson, G., 1983, *A Yale Book of Numbers*, New Haven, Yale Office of Institutional Research.

Pike, K. L., 1971, *Language in Relation to a Unified Theory of the Structure of Human Behavior*, The Hague & Paris, Mouton.

Pilli, T., 2007, « Spiritual Development and Mentoring », *The Theological Educator* 2 (1), p. 3.

Polanyi, M., 1958, *Personal Knowledge: Towards a Post-Critical Philosophy*, Chicago, University of Chicago Press.

Polanyi, M., 1966, *The Tacit Dimension*, Garden City, NY, Doubleday.

Posthumus, K., 1947, *Levensgehell en school*. La Haye, s. éd.

Priest, R., 2000, « Christian Theology, Sin, and Anthropology », in W. Adams et F. Salomone, sous dir., *Anthropology and Theology: God, Icons, and God-Talk*, Lanham, MD, University Press of America, p. 59-75.

Quinton, A., 2005, « Odyssée des Épreuves Classantes Nationales (ECN) », *Centre de recherches appliquées aux méthodes éducatives*, Université de Bordeaux 2. Disponible sur http://www.crame.u-bordeaux2.fr/pdf/rapport_odyssee.pdf. Consulté le 16 septembre 2015.

Raynal, F., et A. Rieunier, *Pédagogie dictionnaire des concepts clés. Apprentissage, formation, psychologie cognitive*, Issy-les-Moulineaux, ESF, 1997/2005.

Reboul, O., 2010, *La philosophie de l'éducation*, Paris, PUF, Coll. Que sais-je ?, n° 2441.

Rhem, J., 1995, « Deep/Surface Approaches to Learning: An Introduction », *The National Teaching and Learning Forum* 5 (1), p. 1-2.

Rice, L., 1988, « Student Evaluation of Teaching: Problems and Prospects », *Teaching Philosophy* 11, p. 329-344.

Richards, L., 1970, *Creative Bible Teaching*, Chicago, Moody.

Richards, L., 1975, *A Theology of Christian Education*, Grand Rapids, MI, Zondervan.

Richards, L., et G. Bredfeldt, 1998, *Creative Bible Teaching*, éd. revue, Chicago, Moody.

Riebe-Estrella, G., 2009, « Engaging Borders: Lifting Up Difference and Unmasking Division », *Theological Education* 45 (1), p. 19-26.

Rodgers, C., et M. Raider-Roth, 2006, « Presence in Teaching », *Teachers and Teaching: Theory and Practice* 12 (3), p. 265-287.

Rogers, A., 2004, « Looking Again at Non-Formal and Informal Education: Towards a New Paradigm », The Encyclopaedia of Informal Education. En ligne sur www.infed.org/biblio/non_formal_paradigm.htm. Consulté le 18 octobre 2012.

Rogers, S., et L. Renard, 1999, « Relationship-Driven Teaching », *Educational Leadership* 57 (1), p. 34-37.

Rosenthal, R., et L. Jacobson, 1992, *Pygmalion in the Classroom*, New York, Irvington.

Salovey, P., et J. D. Mayer, 1990, « Emotional Intelligence », *Imagination, Cognition, and Personality* 9, p. 185-211.

Sanders, P., 2009, « Evangelical Theological Education in a Globalised World », Présentation donnée au Centre for Theological Education, Belfast, Irlande du Nord, 17 novembre 2009.

Schön, D., 1991, *The Reflective Practitioner: How Professionals Think in Action*, Aldershot, Ashgate.

Schultz, T. et J. Schultz, 1999, *The Dirt On Learning*, Loveland, CO, Group.

Schwartz, S., 1992, « Universals in the Content and Structure of Values: Theoretical Advances and Empirical Tests in 20 Countries », in M. Zanna, sous dir., *Advances in Experimental Social Psychology*, Orlando, FL, Academic Press, p. 1-65.

Schwarz, C., 2000, *Natural Church Development: A Guide to Eight Essential Qualities of Healthy Churches*, 4ᵉ éd., St Charles, ChurchSmart.

Seymour, S., 1993, *The Predictable Failure of Educational Reform: Can We Change Course Before It's Too Late?*, San Francisco, Jossey-Bass.

Shaw, K., 2008, « Affective Barriers and Bridges to the Communication of the Gospel with Special Attention to Religious Affectivity among Arab Beiruti Sunni Muslim Women », DMin diss., Gordon Conwell Theological Seminary.

Shaw, P., 2006a, « Multi-Dimensional Learning in Ministerial Training », *International Congregational Journal* 6 (1), p. 53-63.

Shaw, P., 2006b, « Vulnerable Authority: A Theological Approach to Leadership and Teamwork », *Christian Education Journal* Series 3, 3 (1), p. 119-133.

Shaw, P., 2010, « 'New Treasures with the Old': Addressing Culture and Gender Imperialism in Higher Level Theological Education », in A. Harkness, sous dir., *Tending the Seedbeds: Educational Perspectives on Theological Education in Asia*, Quezon City, Asia Theological Association, p. 47-74.

Shaw, P., 2011, « A Welcome Guest: Ministerial Training as an Act of Hospitality », *Christian Education Journal*, Series 3, 7 (1), p. 8-26.

Shaw, P., 2013a, « Integrated Theological Education: A Practical Model », *The Theological Educator* 5 (2), En ligne sur http://thetheologicaleducator.net/2013/01/16/integrated-theological-education-a-practical-model/#more-720. Posté le 16 janvier 2013.

Shaw, P., 2013b, « Patronage, Exemption, and Institutional Policy », *Evangelical Missions Quarterly* 49 (1), p. 8-13.

Shulman, Laura, 2006, « Deep Thinking Skills », En ligne sur www.nvcc.edu/home/lshulman/learning/deepthinking.htm. Posté le 16 juillet 2006. Consulté le 6 septembre 2013.

Shulman, Lee, 2002, « Making Differences: A Table of Learning. The Carnegie Foundation for the Advancement of Teaching », En ligne sur www.carnegiefoundation.org/elibrary/making-differences-table-learning. Posté le 1ᵉʳ janvier 2002. Consulté le 6 septembre 2013.

Siew, Y.-M., 2006, « Fostering Community and a Culture of Learning in Seminary Classes », *Christian Education Journal* Series 3, 3 (1), p. 79-91.

Simpson, E., 1972, *The Classification of Educational Objectives in the Psychomotor Domain*, Washington, Gryphon.

Smail, T., 2005, *Like Father, Like Son: The Trinity Imaged in Our Humanity*, Grand Rapids, MI, Eerdmans.

Smith, F., 1986, *Insult To Intelligence: The Bureaucratic Invasion of Our Classroom*, Westminster, MD, Arbor House.

Smith, G., 2004, « Faculties That Listen, Schools That Learn: Assessment in Theological Education », En ligne sur http://www.lexingtonseminar.org/stuff/contentmgr/files/92fa8d21 8574e393eb9a40a65fc4fc7f/doc/smith_assessment.pdf. Consulté le 20 avril 2012.

Smith, M., 2001, « David A. Kolb on Experiential Learning », *The Encyclopaedia of Informal Education*, En ligne sur http://infed.org/mobi/david-a-kolb-on-experiential-learning. Consulté le 27 mai 2013.

Smith, M., 2011, « Donald Schön: Learning, Reflection and Change », *The Encyclopaedia of Informal Education*. En ligne sur http://www.infed.org/thinkers/et-schon.htm. Consulté le 18 octobre 2012.

Smith, M., 2012, « Non-Formal Education », *The Encyclopaedia of Informal Education*, En ligne sur http://www.infed.org/biblio/b-nonfor.htm. Consulté le 18 octobre 2012.

Sousa, D., 2006, *How the Brain Learns*, 3ᵉ éd., Thousand Oaks, CA, Corwin.

Standish, N., 2005, *Becoming a Blessed Church: Forming a Church of Spiritual Purpose, Presence, and Power*, Herndon, VA, Alban Institute.

Stonehouse, C., 1993, « Learning from Gender Differences », in K. Gangel and J. Wilhoit, sous dir., *The Christian Educator's Handbook on Adult Education*, Wheaton, IL, Victor, p. 104-120.

Stray, C., 2005, « From Oral to Written Examinations: Cambridge, Oxford and Dublin 1700–1914 », *History of Universities* 20 (2), p. 76-130.

Suskie, L., 2009, *Assessing Student Learning: A Common Sense Guide*, 2ᵉ éd., San Francisco, Jossey-Bass.

Taylor, E., 2000, « Analyzing Research on Transformative Learning Theory », in J. Mezirow and Associates, sous dir., *Learning As Transformation: Critical Perspectives on a Theory in Progress*, San Francisco: Jossey-Bass, p. 285-328.

Tennant, M., 1997, *Psychology and Adult Learning*, 2ᵉ éd., Londres, Routledge.

Teven, J., 2007, « Teacher Caring and Classroom Behaviour: Relationships with Student Affect and Perceptions of Teacher Competence and Trustworthiness », *Communication Quarterly* 55 (4), p. 433-450.

Thomas à Kempis, 2003, *The Imitation of Christ*, traduit par A. Croft et H. Bolton, Mineola, NY, Dover.

Thompson, M., 1995, *Soul Feast: An Invitation to the Christian Spiritual Life*, Louisville, KY, Westminster John Knox.

Thorndike, E., 1920, « A Constant Error In Psychological Ratings », *Journal of Applied Psychology* 4 (1), p. 25-29.

Torres, S., et V. Fabella, sous dir., 1978, *The Emergent Gospel: Theology from the Underside of History*, Maryknoll, NY, Orbis.

Triandis, H., 1989, « The Self and Social Behaviour in Differing Cultural Contexts », *Psychological Review*, 96, p. 506-520.

Tufts University, n.d., « Verb Worksheet for Preparing Learning Objectives: Behavioural Verbs for Writing Objectives in the Cognitive, Affective and Psychomotor Domains », En ligne sur www.tufts.edu/med/docs/about/offices/oce/Verb%20Worksheet%20for%20Preparing%20Learning%20Objectives.doc. Consulté le 27 février 2012.

Tulving, E., 2000, « Concepts of Memory », in E. Tulving et F. Craik, sous dir., *The Oxford Handbook of Memory*, New York, OUP, p. 33-43.

Van Engen, C., 2004, « Centrist View: Church Growth Is Based on an Evangelistically Focused and a Missiologically Applied Theology », in E. Towns, C. Van Gelder, C. Van Engen, G. Van Rheenen et H. Snyder, sous dir., *Evaluating the Church Growth Movement: 5 Views*, Grand Rapids, MI, Zondervan, 123-147.

Vanhoozer, K., 2007, *Everyday Theology: How to Read Cultural Texts and Interpret Trends*, Grand Rapids, MI, Baker Academic.

Vavernie, A., 1975, cité par Jacques Nimier sur http://pedagopsy.eu/docittierlogie.htm, Consulté le 5 avril 2013.

Vella, J., 2002, *Learning to Listen, Learning to Teach: The Power of Dialogue in Educating Adults*, San Francisco, Jossey-Bass.

Vella, J., 2008, *On Teaching and Learning: Putting the Principles and Practices of Dialogue Education into Action*, San Francisco, Jossey-Bass.

VerBerkmoes, J., J. Bonnell, D. Lenear et K. Vanderwest, 2011, *Research Report: Transformation Theological Education 1.0.*, Grand Rapids, MI, Grand Rapids Theological Seminary, Cornerstone University.

Vygotsky, L., (1934) 1962, *Thought and Language*, Cambridge, MA, MIT Press.

Vygotsky, L., 1978, *Mind in Society: The Development of Higher Psychological Processes*, Cambridge, MA, Harvard University Press.

Ward, T., 2001, « The Teaching-Learning Process », in M. Anthony, sous dir., *Introducing Christian Education: Foundations for the Twenty-First Century*, Grand Rapids, MI, Baker, p. 117-124.

Wazir, R., 2013, « The Contribution of Curriculum Integration to Student Progress », MEdAdmin Sociology of Education paper, Haigazian University, Beirut, Lebanon.

Webb, K., et J. Blond, 1995, « Teacher Knowledge: The Relationship between Caring and Knowing », *Teaching and Teacher Education* 11 (6), p. 611-625.

Weimer, M., 2013a, « Encouraging Student Participation: Why It Pays to Sweat the Small Stuff », Faculty Focus: Higher Ed Teaching Strategies from Magna Publications. 18 septembre 2013. En ligne sur www.facultyfocus.com/articles/teaching-professor-blog/encouraging-student-participation-why-it-pays-to-sweat-the-small-stuff. Consulté le 18 septembre 2013.

Weimer, M., 2013b, « Structuring Discussions: Online and Face-To-Face », Faculty Focus: Higher Ed Teaching Strategies from Magna Publications. 25 septembre 2013. En ligne sur http://www.facultyfocus.com/articles/teaching-professor-blog/structuring-discussions-online-and-face-to-face/. Consulté le 25 septembre 2013.

Wiggins, G., 1998, *Educative Assessment: Designing Assessments to Inform and Improve Student Performance*, San Francisco, Jossey-Bass.

Wilhoit, J., 1991, *Christian Education: The Search For Meaning*, 2ᵉ éd., Grand Rapids, MI, Baker.

Williams, W., et S. Ceci, 1997, « 'How'm I doing?' Problems with Student Ratings of Instructors and Courses », *Change: The Magazine of Higher Learning* 29, p. 12-23.

Bibliographie et webographie indicative, non exhaustive, en langue française

Théories pédagogiques : pédagogues et textes

Bandura, Albert, *Auto-efficacité : Le sentiment d'efficacité personnelle*, Bruxelles, De Boeck, 2007.
Bernié, Jean-Paul, et Michel Brossard, *Vygotski et l'école : Apports et limites d'un modèle pour penser l'éducation et la formation*, Bordeaux, Presses Universitaires de Bordeaux, 2014.
Bideaud, Jacqueline, Olivier Houdé, et Jean-Louis Pedinielli, *L'homme en développement*, Paris, PUF, 2002.
Bloom, Benjamin Samuel, 1979, *Caractéristiques individuelles et apprentissages scolaires*, traduit par Viviane de Landsheere, Paris, Nathan.
Bloom Benjamin Samuel, *Taxonomie des objectifs pédagogiques / T. 1, Domaine cognitif*, Montréal, Education Nouvelle, 1956/1969 version française.
Brossars, Michel, et Jacques Fijalkov, *Apprendre à l'école: perspectives piagétiennes et vygotskiennes*, Bordeaux, Presses universitaires de Bordeaux, coll. Études sur l'éducation, 2002.
Bruner, Jérôme S., *Logique et perception*, Paris, PUF, 1958.
Bruner, Jérôme S., *Le développement de l'enfant. Savoir faire, savoir dire*, traduit par Michel Deleau, Paris, PUF, 1970/1983 version française.
Carré, Philippe, « Bandura : une psychologie pour le XXIe siècle ? », *Savoirs, Revue internationale de recherche en éducation et formation des adultes*, hors-série, 2004, p. 9-50.
Dewey, John, *L'école et l'enfant*, traduit par L. S. Pidoux, Paris, Fabert, Coll. Pédagogues du monde, 1913/2004 version française.
Dewey, John, *Démocratie et Éducation suivi de Expérience et éducation*, introduit par Denis Meuret et Joëlle Zask, Paris, Armand Colin, 1975/2011 version française.
Eisner, Elliot W., « Benjamin Bloom 1913-1999 », *Perspectives*, vol. XXX, n° 3, septembre 2000, Paris, UNESCO, Bureau international d'éducation, p. 437-446. http://www.ibe.unesco.org/publications/ThinkersPdf/bloomf.pdf. Consulté le 27 juillet 2015.
Fondation Jean Piaget, en ligne sur http://www.fondationjeanpiaget.ch/fjp/site/textes/index_livres_alpha.php. Consulté le 27 juillet 2015.

Gajard, Marcela, « Ivan Illich (1926-) », *Perspectives*, vol. XXIII, n° 3-4, Paris, UNESCO, Bureau international d'éducation, 1993, p. 733-743. http://www.ibe.unesco.org/publications/ThinkersPdf/illichf.PDF. Consulté le 27 juillet 2015.

Garnier, Catherine, Nadine Bednarz, et Irina Ulanovskaya, *Après Vygotski et Piaget : Perspectives sociales et constructiviste – Écoles russe et occidentale*, Bruxelles, De Boeck, Coll. Pédagogies en développement, 2009.

Gardner, Howard, *Les intelligences multiples*, Paris, Retz, 2008. Version originale : *Multiple Intelligences: The Theory in Practice*, New York, Basic Books, 1993.

Go, Henri-Louis, sous dir., *Dewey, penseur de l'éducation*, Nancy, Presses Universitaires de Nancy, 2013.

Houssaye, Jean, sous dir., *Quinze pédagogues*, Paris, Fabert, Coll. Pédagogues du monde entier, 1993/2003.

Houssaye, Jean, sous dir., *Premiers pédagogues : de l'Antiquité à la Renaissance*, Issy-les-Moulineaux, ESF, 2002.

Houssaye, Jean, sous dir., *Nouveaux pédagogues : T. 1, Pédagogues de la modernité ; T. 2, Pédagogues de demain ?*, Paris, Fabert, Coll. Pédagogues du monde entier, 2007.

Houssaye, Jean, sous dir., *Femmes pédagogues : Du XXe au XXIe siècle*, Paris, Fabert, Coll. Pédagogues du monde entier, 2009.

Houssaye, Jean, sous dir., *Pédagogues contemporains : Idées principales et textes choisis : Fernand Oury, Fernand Deligny, Paulo Freire, László Gáspár*, Paris, Fabert, Coll. Pédagogues du monde entier, 2013.

Illich, Yvan, « L'école… une religion », *Cahiers de Villemétrie* 83, janvier/février 1971.

Illich, Yvan, *Une société sans école*, traduit par Gérard Durand, Paris, Seuil, 1971.

Illich, Yvan, « Une société sans école », *Oeuvres complètes*. T.1 « Deschooling society », traduit par Jean Robert, Paris, Fayard, 2003.

Illich, Yvan, *Oeuvres complètes*. T.2. Préface Thierry Paquot. Paris, Fayard, 2005.

Ivic, Ivan, « Lev S. Vygotsky (1896-1934) », *Perspectives* XXIV (3/4), Paris, UNESCO, Bureau international d'éducation, (91/92), 1994, p. 793-820. http://www.ibe.unesco.org/publications/ThinkersPdf/vygotskf.pdf. Consulté le 27 juillet 2015.

Kerzil, Jennifer, « Constructivisme », *L'ABC de la VAE*, Toulouse, ERES. Coll. Éducation – Formation, 2009.

Kozulin, Alex, *et al.*, sous dir., *Vygotski et l'éducation : Apprentissages, développement et contextes culturels*, Paris, Retz, 2009.

Matlin, Margaret, « le modèle Atkinson-Shiffrin », La cognition: Une introduction à la psychologie cognitive, Bruxelles, de Boeck supérieur, 2001, p. 103-126.

Matlin, Margaret, « Le modèle de Tulving : mémoire épisodique, sémantique et procédurale », La cognition: Une introduction à la psychologie cognitive, Bruxelles, de Boeck supérieur, 2001, p. 127-134.

Munari, Alberto, « Jean Piaget (1896-1980) », *Perspectives* XXIV (1-2), Paris, UNESCO, Bureau international d'éducation, 1994, p. 321-337. http://www.ibe.unesco.org/publications/ThinkersPdf/piagetf.pdf. Consulté le 27 juillet 2015.

Piaget, Jean, *Psychologie et pédagogie*, Paris, Denoël, coll. Folio, 1988.

Piaget, Jean, et Bärbel Inhelder, *La psychologie de l'enfant*, Paris, PUF, 1966.

Rivière, Angel, *La psychologie de Vygotsky*, Liège, Mardaga, 1990, p. 17-26.

Tulving, Endel, et Stéphane Ehrlich, *La Mémoire sémantique* [textes choisis et présentés], Paris, Bulletin de psychologie, 1976.

Vergnaud, Gérard, Lev Vygotski. *Pédagogue et penseur de notre temps*, Paris, Hachette, 2000.

Vygotski, Lev-Sémionovitch, Jean Piaget, et Lucien Sève, *Pensée et langage*, Paris, La Dispute, 2013.

Westbrook, Robert B., « John Dewey (1859-1952) », *Perspectives* XXIII (1-2), Paris, UNESCO, Bureau international d'éducation, 1993, p. 277–293. http://www.ibe.unesco.org/publications/ThinkersPdf/deweyf.PDF. Consulté le 27 juillet 2015.

Didactique, réforme LMD, processus de Bologne

Agulhon, Catherine, et Bernard Convert, « La professionnalisation : l'un des vecteurs du processus de Bologne ? », *Cahiers de la recherche sur l'éducation et les savoirs*, hors série ISSN 2011, n° 3. Paris, ARES, 2011.

Astolfi, Jean-Pierre, *L'erreur, un outil pour enseigner*, Issy-Les-Moulineaux, ESF, 1997.

Astolfi, Jean-Pierre, *La saveur des savoirs*, Issy-Les-Moulineaux, ESF, 2008.

Barbier, Jean-Marie, et Olga Galatanu, *Les savoirs d'action : une mise en mot des compétences ?*, Paris, L'Harmattan, Coll. Action et Savoir, 2004.

Bourdoncle, Raymond, « La professionnalisation des enseignants : analyses sociologiques anglaises et américaines : 1. La fascination des professions », *Revue française de pédagogie*, n° 94, 1991, p. 73-88.

Bourdoncle, Raymond, « La professionnalisation des enseignants : les limites d'un mythe », *Revue française de pédagogie*, n° 105, 1993, p. 83-119.

Charlier, Jean-Émile, Sarah Croché, et Abdou Karim Ndoye, « Les universités africaines francophones face au LMD : les effets du processus de Bologne sur l'enseignement supérieur au-delà des frontières de l'Europe, Louvain-la-Neuve, Academia-Bruylant, 2009.

Chevaillier, Thierry, et Christine Musselin, sous dir., *Réformes d'hier et réformes d'aujourd'hui : l'enseignement supérieur recomposé*, Rennes, Presses universitaires de Rennes, 2014.

Deruet, Jean-Louis, « Dossier : Le processus de Bologne et ses effets », *Education et sociétés*, 2009, n°24, Revue internationale de sociologie de l'éducation, Bruxelles, De Boeck supérieur, 2009.

Duru-Bellat, Marie, « Connaissances ou compétences : que transmettre ? », *Sciences Humaines*, grands dossiers n°27. Juin-juillet-août 2012. http://www.scienceshumaines.com/connaissances-ou-competences-que-transmettre_fr_28987.html. Consulté le 15 juillet 2013.

Houssaye, Jean, *Le triangle pédagogique*, Issy-Les-Moulineaux, ESF, 1988.

Meirieu, Philippe, « Du bon usage des *innovations* », Express, *Le café pédagogique*, vendredi 19 septembre 2014. http://www.cafepedagogique.net/lexpresso/Pages/2014/09/19092014Article635467071520753195.aspx. Consulté le 27 juillet 2015.

Mosconi Nicole, Jacky Beillerot, et Claudine Blanchard-Laville, *Formes et formations du rapport au savoir*, Paris, L'Harmattan, 2000.

Perrenoud, Philippe, « Curriculum : le formel, le réel, le caché », in J. Houssaye, sous dir., *La pédagogie: une encyclopédie pour aujourd'hui*, Paris, ESF, 1993, p. 61-76.

Perrenoud, Philippe, *Métier d'élève et sens du travail scolaire*, Paris, ESF, 1994.

Rey, Bernard, « "Compétence" et "compétence professionnelle" », *Recherche et formation* 60, 2009, p. 103-116.
Scallon, Gérard, *L'évaluation des apprentissages dans une approche par compétences*, Paris/Bruxelles, De Boeck supérieur, 2004.
Taurisson, Alain, et Claire Herviou, *Pédagogie de l'activité : Pour une nouvelle classe inversée*. Issy-les-Moulineaux, ESF, 2015.
Toussaint Rodolphe, et Constantin Xypas, sous dir., *La notion de compétence en éducation et en formation, fonctions et enjeux*, Paris, L'Harmattan, 2004. (postface de Michel Fabre).

Manuels et Réflexions philosophico-pédagogiques

Arendt, Hannah, *La crise de la culture*, Paris, Gallimard, Coll. Folio/Essais, 1972.
Canivez, Patrice, *Éduquer le citoyen ?*, Paris, Hatier, Coll. Optiques philosophie, 1995.
Chartier, Daniel, « Les styles d'apprentissage entre flou conceptuel et intérêt pratique », *Savoirs*, n°2, 2003, p. 9-28.
Chartier, Emile dit Alain, *Propos sur l'éducation*, Paris, PUF, 1986.
Drouin-Hans, Anne-Marie, *L'éducation, une question philosophique*, Paris, Anthropos, 1998.
Bideaud, Jacqueline, Olivier Houdé, et Jean-Louis Pedinielli, *L'homme en développement*, Paris, PUF, 1993.
Bru, Marc, *Les méthodes en pédagogie*, Paris, PUF, Coll. Que sais-je ? n° 572, 2015.
Cordier, Françoise, et Daniel Gaonac'H, *Apprentissage et mémoire*, Paris, Armand Colin, Coll. 128 Psychologie, n° 296, 2004.
Deleau, Michel, sous dir., *Psychologie du développement*, Rosny, Bréal, Coll. Grand Amphi Psychologie, 2006.
Delforge, Frédéric, *Pour une éducation chrétienne active*, Neuchâtel, Delachaux et Niestlé, 1958.
Fabre, Michel, *Penser la Formation*, Paris, PUF, 1994.
Fabre, Michel, et Christiane Gohier, sous dir., *Les valeurs éducatives au risque du néo-libéralisme. Penser l'éducation*, Rouen, Presses universitaires de Rouen et du Havre, 2014.
Flavell, J. H., « Metacognitive aspects of problem-solving », in Lauren B. Resnick *et al.*, sous dir., *The Nature of Intelligence*, Hillsdale, Lawrence Erlbaum Associates, 1976. Cité par Noël Bernadette, *La métacognition*, Bruxelles, De Boeck Supérieur, 1997.
Foucault, Michel, « L'œil du pouvoir », in *Dits et Écrits*, n° 195, Paris, Galimard, 1977/1994.
Foulin, Jean-Noël, et Marie-Christine Toczek, *Psychologie de l'enseignement*, Paris, Armand Colin, Coll. Education 128, n° 318, 2006.
Foulin, Jean-Noël, et Serge Mouchon, *Psychologie de l'éducation*, Paris, Nathan, Coll. Education en poche n° 10, 2005.
Foulquié, Paul, *Dictionnaire de la langue pédagogique*, Paris, PUF, Coll. Quadriage, 1971.
Hameline, Daniel, *Les objectifs pédagogiques en formation initiale et en formation continue : suivi de L'éducateur et l'action sensée*, Issy-les-Moulinaux, ESF, 2015. Disponible sur http://www.cafepedagogique.net/lesdossiers/Documents/esf/les_objectifs_pedagogiques.pdf. Consulté le 7 août 2015.
Houdé, Olivier, et Gaëlle Lerouc, *Psychologie du développement cognitif*, Paris, PUF, 2009.
Houssaye, Jean, *et al.*, *Manifeste pour les pédagogues*, Issy-les-Moulineaux, ESF, 2002.

Houssaye, Jean, *La pédagogie traditionnelle : une histoire de la pédagogie ; suivi de Petite histoire des savoirs sur l'éducation*, Paris, Fabert, Coll. Pédagogues du monde entier, 2014.

Houssaye, Jean, sous dir., *Éducation et philosophie, Approches contemporaines*, Issy-les-Moulineaux, ESF, 1999.

Houssaye, Jean, « Pédagogie, le constat : le changement ne se fait pas », *Carrefours de l'éducation*, Hors-série n°2, 2011, p. 109-121.

Kant, Emmanuel, *Réflexions sur l'éducation*, Paris, Vrin, 1966.

Lieury, Alain, sous dir., *Manuel de psychologie de l'éducation et de la formation*, Paris, Dunod, 1996.

Landsheere, Gilbert (de), et Viviane de Landsheere, *Définir les objectifs de l'éducation*, Paris, Presses universitaires de France, 1989.

Matlin, Margaret, *La cognition: Une introduction à la psychologie cognitive*, Bruxelles, De Boeck supérieur, 2001.

Meirieu, Philippe, *Apprendre... oui, mais comment ?*, Paris, ESF, 2010.

Meirieu, Philippe, *Enseigner, scénario pour un métier nouveau*, Paris, ESF, 1990.

Meirieu, Philippe, sous dir., *Différencier la pédagogie : Pourquoi ? Comment ?* Lyon, CRDP, 1986.

Meirieu, Philippe, sous dir., *Différencier la pédagogie : Des objectifs à l'aide individualisée*, Paris, Cahiers pédagogiques, 1989.

Meirieu, Philippe, « Enseignement, apprentissage et développement mental selon Vygotsky », *AREN 26*, brochure n° 12, p. 29-44. Disponible sur http://www.meirieu.com/COURS/texte16.pdf. Consulté le 15 septembre 2013.

Meirieu, Philippe, (s.d.), « Petit dictionnaire de pédagogie », disponible sur http://www.meirieu.com/DICTIONNAIRE/dictionnaireliste.htm. Consulté le 7 août 2015.

Mialaret, Gaston, *Les sciences de l'Éducation*, Paris, PUF, Coll. Que Sais-je, n° 1645, 2011.

Morandi, Franc, *Modèles pédagogiques*, Paris, Nathan, Coll. 128, 2001.

Morandi, Franc, *Introduction à la pédagogie*, Paris, Armand Colin, Coll. Education 128, n° 326, 2006.

Mougniotte, Alain, *Éduquer à la démocratie*, Paris, Cerf, 1994.

Raynal, Françoise, et Alain Rieunier, *Pédagogie : Dictionnaire des concepts clés : Apprentissage, formation, psychologie cognitive*, Issy-les-Moulineaux, ESF, 2009.

Plaisance, Éric, et Gérard Vergnaud, *Les sciences de l'éducation*, Paris, La Découverte, Coll. Repères n°129, 2012.

Reboul, Olivier, *Qu'est-ce qu'apprendre ?* Paris, PUF, 1980.

Reboul, Olivier, *Les valeurs de l'éducation*, Paris, PUF, 1992.

Reboul, Olivier, *La philosophie de l'éducation*, Paris, PUF, Coll. Que sais-je ? n° 2441, 2010.

Resweber, Jean-Paul, *Les pédagogies nouvelles*, Paris, PUF. Coll. Que sais-je ? n° 2277, 2015.

Rivière, Angel, *La psychologie de Vygotsky*, Liège, Pierre Mardaga, 1990.

Robinault, Karine, « Différentes approches de l'enseignement et de l'apprentissage », Université de Lyon, Octobre 2006, disponible sur http://icar.univ-lyon2.fr/Equipe2/master/data/cours_A3E/Enseignement_et_apprentissage.pdf. Consulté le 27 juillet 2015.

Rosenthal, Robert, et Lenore Jacobson, *Pygmalion à l'école l'attente du maître et le developpement intellectuel des élèves*, traduit par Suzanne Audebert et Yvette Rickards, Paris, Casterman, 1971.

Schön, Donald, *Le praticien réflexif. À la recherche du savoir caché dans l'agir professionnel*, Montréal, Éditions Logiques, 1994.

Skinner, B. F. *Pour une science du comportement : Le behaviorisme*, Paris, Delachaux et Niestlé, 1979.

Soëtard, Michel, *Qu'est-ce que la pédagogie ? Le pédagogue au risque de la philosophie*, Paris, ESF, 2001.

Thomas, R. Murray, et Claudine Michel, « La théorie du développement cognitif de Piaget », « Vygotsky et la tradition soviétique », in *Théorie du développement de l'enfant : Études comparatives*, Bruxelles, De Boeck, 1994, p. 265-350.

Troaec, Bertrand, et Clara Maetiniot, *Le développement cognitif : Théories actuelles de la pensée en contextes*, Paris, Belin, 2003.

Socio-Histoire de la pédagogie : Pédagogues et textes classiques

Aristote, *De l'âme*, Texte établi par A. Jannone et Edmond Barbotin (traduction et notes), Paris, Les Belles lettres, 1966.

Buissière, Luc, *Les pierres crieront ! : Sur les traces de Dieu dans l'histoire de l'éducation*, Mâcon, Oberlin, 1998.

Cabanel, Patrick, et André Encrevé, sous dir., « Les protestants, l'école et la laïcité XVIIIe-XXe siècles », *Histoire de l'éducation*, n° 110, Lyon, INRP, mai 2006.

Carré, Irénée, *Les pédagogues de Port-Royal*, Paris, Delagrave, 1887.

Comagnie de Jésus, *Ratio Studiorum : Plan raisonné et institution des études dans la Compagnie de Jésus*, Paris, Belin, 1997.

Coménius, J. A., *La grande didactique ou l'art universel de tout enseigner à tous*, traduit par Marie-Françoise Bosquet-Frigout, Dominique Saget et Bernard Jolibert, Paris, Klincksieck, Coll. Philosophie de l'éducation, 1992.

Durkheim, Émile, *L'évolution pédagogique en France*, 3e éd., Paris, PUF, Coll. Quadrige, 2014.

Durkheim, Émile, *Éducation et sociologie*, 10e éd., Paris, PUF, 2013.

Gauthey, Louis-Frédéric François, *De l'éducation ou principes de pédagogue chrétienne*, T.1. Paris, Meyrueis, 1854.

Gauthey, Louis-Frédéric François, *De l'éducation ou principes de pédagogue chrétienne*, T.2. Paris, Meyrueis, 1856.

Hannoun, Hubert, *L'éducation aux temps bibliques*, Paris, Honoré Champion, 2008.

Lesage, Pierre, « La pédagogie dans les écoles mutuelles au XIXe siècle », *Revue française de pédagogie*, Volume 31, 1975, p. 62-70. Disponible sur http://www.persee.fr/web/revues/home/prescript/article/rfp_0556-7807_1975_num_31_1_1592. Consulté le 27 juillet 2015.

Marrou, Henri-Irénée, *Histoire de l'éducation dans l'Antiquité, Tome I, Le monde grec*, Paris, Seuil, Coll. Points/Histoire, 1981.

Mialaret, Gaston, et Jean Vial, sous dir., *Histoire mondiale de l'éducation*, Vol. 1-4, Paris, PUF, 1981.

Müzenberg, Gabriel, *Les grands pédagogues de Suisse Romande*, Lausanne, L'Age d'Homme, 1997.

Pestalozzi, Jean-Henri, *Léonard et Gertrude*, traduit de l'allemand par Mme la Baronne de Guimps, Genève, J.-J. Paschoud, 1827.

Platon, *Théétète*, traduction et notes par Michel Narcy, Paris, Flammarion, 1994.
Platon, *La République*, traduction et notes par Georges Leroux, Paris, Flammarion, 2002.
Locke, John, *Essai sur l'entendement humain*, Paris, Vrin, 2001.
Pohor, Rubin, École et développement : Constitution de l'Église protestante de Côte d'Ivoire, Paris, L'Harmatan, 2009.
Rousseau, Jean-Jacques, *L'Émile*, Paris, Garnier-Flammarion, Coll. Poche, 1762.
Saint-Augustin, *De Magistro* « Le Maître », traduit par Bernard Jolibert, Paris, Klincksieck, 1993.
Upton, Dell, « Écoles lancastériennes, citoyenneté républicaine et imagination spatiale en Amérique au début du XIXe siècle », *Histoire de l'éducation*, 102, 2004. Disponible sur http://histoire-education.revues.org/702. Consulté le 27 juillet 2015.

Revues des sciences de l'éducation, publiant en langue française

https://www.cairn.info/disc-sciences-de-l-education.htm
https://rse.erudit.org/
http://dse.revues.org/

Pour les thèses en ligne :
https://tel.archives-ouvertes.fr/

Pour des thèses et les ouvrages existants dans les bibliothèques universitaires françaises :
http://www.sudoc.abes.fr/DB=2.1/ADVANCED_SEARCHFILTER

Glossaire

Glossaire des principaux concepts et notions pédagogiques préconisés par l'auteur, organisé par ordre alphabétique des entrées.

Activités d'apprentissage	Désignent à la fois le contenu et la méthodologie choisis par l'enseignant pour scénariser son cours afin de faciliter l'apprentissage et atteindre les objectifs spécifiques.
Agencement psychologique d'un cours	Pour Lawrence Richards (1970) la préparation d'un cours efficace suit ces quatre étapes : 1. *Accrocher* : Formulation d'une accroche ; 2. *Chercher* : Explication de la matière autour du fil d'Ariane ; 3. *Regarder* : Applications contemporaines ; 4. *Rapprocher* : Transposition pratique des enseignements par l'étudiant à son contexte.
Andragogie	Désigne la science qui s'intéresse à l'enseignement des adultes.
Apprentissage non-formel	Ce modèle est désigné pour la première fois à l'UNESCO en 1947. L'apprentissage non-formel est intégré dans des activités planifiées qui ne sont pas explicitement désignées comme activités d'apprentissage (en termes d'objectifs, de temps ou de ressources). L'apprentissage non-formel est intentionnel de la part de l'étudiant (CEDEFOP 2008/2014, p. 184). Exemple : l'accompagnement scolaire.
Apprentissage « transformationnel »	Est présenté par Brookfield (1987) sous la forme d'une succession de cinq étapes forgées à partir de quatre stades de développement de l'enfant mis en évidence par Piaget (1975). Il s'agit des étapes : 1. de Conflit-cognitif, 2. d'Équilibration, 3. d'Assimilation, 4. d'Accommodation, 5. d'Adaptation.
Apprentissage affectif	Désigne la place de l'affectif dans les apprentissages forgeant les valeurs, les attitudes, et moteur des émotions et de la motivation de l'étudiant.
Apprentissage cognitif	Désigne la place de l'intellectuel dans l'acquisition des connaissances et les processus de maîtrise d'outils de réflexion complexes.
Apprentissage comportemental (psychomoteur)	Désigne à la fois la place de l'activité pratique et de l'expérience dans le processus de formation.

Apprentissage formel	L'apprentissage formel est dispensé dans un contexte organisé et structuré et est explicitement désigné comme apprentissage (en termes d'objectifs, de temps ou de ressources (CEDEFOP 2008/2014, p. 99) Exemple : l'apprentissage d'une langue étrangère à l'école.
Apprentissage informel	L'apprentissage informel est l'apprentissage découlant des activités de la vie quotidienne liées au travail, à la famille ou aux loisirs. Il possède la plupart du temps un caractère non intentionnel de la part de l'étudiant (CEDEFOP 2008/2014, p. 112). Exemple : l'apprentissage de la langue maternelle et de la culture familiale.
Apprentissage multidimensionnel en théologie	Désigne chez Shaw l'apprentissage qui conjugue le cognitif, l'affectif et le comportemental (ou psychomoteur)
Approche des styles d'apprentissage par intelligences multiples (IM).	En 1970, Howard Gardner (1993) remet en question les tests de QI pour développer l'approche par intelligence multiples (1996 en français). Chaque personne possède selon lui huit formes d'intelligences. L'intelligence : 1. Linguistique, 2. Logico-mathématique, 3. Musicale, 4. Corporelle-kinesthésique, 5. Spaciale, 6. Interpersonnelle, 7. Intra-personnelle, 8. Naturaliste.
Approche des styles d'apprentissage par la découverte et l'expérience (*Experiential Learning*)	Théorisée par David Kolb (1983), selon cette approche l'homme apprend par la découverte et l'expérience, mais selon des cycles qui varient : Expérience concrète d'une action/idée ; observation de façon réfléchie et attentive ; Conceptualisation abstraite et théorique ; Mise en application de l'idée/action en fonction de l'expérience initiale. À chaque cycle correspond un style d'étudiant : le divergent, l'assimilateur, le convergent et l'accommodateur.
Approche des styles d'apprentissage selon la culture	Théorisée par Richard Nisbett (2003), cette approche compare les tendances privilégiées chez des étudiants d'Asie et d'Amérique du Nord dans les domaines suivants : Attention et contrôle ; Relations et ressemblances versus règles et catégories ; Connaissance basée sur l'expérience versus logique rationnelle ; Dialectique versus principe de non-contradiction. Nisbett conclut que « les étudiants occidentaux tendent à traiter l'information de manière linéaire, spécifique, analytique, théorique et individualiste (en compétition), alors que les étudiants este-asiatiques ont tendance à penser en schémas circulaires, interconnectés, basés sur l'expérience, et communautaires » (voir chapitre 14 de ce livre, dans « culture et apprentissage »).
Approche des styles d'apprentissage selon le profil sensoriel VALK / VARK	Théorisée par Neil Fleming (2012) en 1992. Selon cette approche l'homme apprend selon son profil sensoriel privilégié. Il est plutôt Visuel, Auditif, Lecteur ou Kinesthésique (VALK ; ou pour l'acronyme anglais VARK, Visual, Aural, Read/write, et Kinesthetic).

Approche des styles d'apprentissage selon quatre couples de profil en tension	Théorisé par Felder et Silverman (1988), cet inventaire de styles d'apprentissage présente quatre paires de couples de profil en tension : Actif/ Réfléchi, Sensoriel/Intuitif, Visuel/Verbal et Consécutif/Global.
Attitude *paraclétique*	Adossé par Shaw au modèle du compagnonnage, cette attitude désigne une forme de relation de type fraternelle au sein de l'école entre les différents personnels et étudiants reproduisant le modèle de l'église locale.
Auto-évaluation	Retours sur les pratiques suivantes : la ponctualité des cours, les types de méthodologie pédagogique utilisés, le nombre de thèmes clés traités dans le module, les méthodes utilisées pour chercher à évaluer l'apprentissage des étudiants, le nombre d'heures passées avec les étudiants en dehors des cours, le temps mis à rendre les devoirs, la manière de faire des retours sur les travaux des étudiants, ainsi que l'étendue et la profondeur de ces retours
Auto-observation	Analyse de sa pratique à partir d'enregistrements vidéo par exemple.
Béhaviorisme ou comportementalisme	Est une théorie de l'apprentissage à laquelle se rattache principalement les noms de John Broadus Waston (1878-1958) qui publie en 1913 un article considérée comme un « manifeste » du *Behaviorisme*, puis Burrhus F. Skinner (1904-1990) et Ivan Petrovitch Pavlov (1849-1936) (conditionnement répondant), issue de la pensée de philosophes empiristes comme Bacon (1561-1626), Hume (1711-1776) prend appui sur les travaux plus récents sur l'apprentissage par essai et erreur de Thorndike (1874-1949). Cette approche s'intéresse aux seuls comportements observables et pas au processus cognitif qui dans la *boîte noire*. La théorie privilégie les performances et le quantitatif au qualitatif et à l'assimilation en profondeur. Exemple : faire des exercices répétitifs jusqu'à ce que les tables de multiplication ou des références soient retenues.
Boîte noire	Désigne par convention la partie du cerveau qui entre en action dans une démarche d'apprentissage. Elle est assimilée à de la cire vierge ou à un vase vide à remplir chez les tenants d'une anthropologie pessimiste de l'homme comme saint Augustin. Le courant béhavioriste l'ignore pour ne s'intéresser qu'aux comportements. Le courant cognitivisme estime qu'elle est le siège du processus d'apprentissage et cherche à comprendre comment elle fonctionne pour favoriser « l'apprentissage en profondeur ».
Brainstorming ou « remue-méninges »	Est une technique de libre mise en commun de toutes les idées qui émergent d'un groupe à qui est soumis une question précise.

Classe inversée	Ce procédé consiste à donner des devoirs d'apprentissage à l'élève avant le cours. La leçon est préparée par l'élève en amont, à la maison. À l'école l'enseignant corrige et complète le travail de l'élève. C'est un principe redécouvert récemment popularisé par Salman Khan mais qui prévalait déjà dans le système du tutorat (*tutorial system*) des anciennes universités britanniques, comme au séminaire théologique de David Bogue, qui formait les missionnaire de la Mission de Londres, à Gosport au XIXe siècle.
Cognitivisme	Jérôme Bruner (1915-) et Jean Piaget (1896-1980) sont à citer parmi les théoriciens de cette approche du processus d'apprentissage qui s'oppose au béhaviorisme. Ce courant psychologique s'intéresse au fonctionnement de la *boîte noire* qui, dans le cerveau permet de traiter l'information pour forger, appliquer et développer de nouvelles compétences.
Cône d'expérience d'Edgar Dale	Présente sans prendre en compte les différents profils de personnes, ni d'objet d'études, le taux de rétention en fonction des différentes méthodes de transmission. Est retenu, pour la transmission verbale seule : 5 % d'un cours magistral ; 10 % de ce qui est dit ; pour les transmission verbales et visuelles : 20 % de l'audio-visuel ; 30 % d'une démonstration logiques ; pour la transmission participative directe : 50 % de ce qui est discuté en groupe ; 75 % de ce qui est fait pour s'entraîner ; 90 % de ce que l'on enseigne aux autres (Dale 1946).
Constructivisme	Est une théorie de l'apprentissage développée par le biologiste Jean Piaget en (1964) en réaction au béhaviorisme. Selon Piaget, le savoir est construit par la personne qui organise et réorganise les savoirs vers des degrés de complexité plus élevés. L'environnement impacte sur la personne, l'obligeant à continuellement s'adapter aux nouvelles situations. Sa part active est déterminante dans ce processus d'apprentissage. Ce modèle d'apprentissage s'élabore autour de situation-problème à résoudre. Exemple : Dieu dit à Adam de donner un nom aux animaux. L'homme doit observer, concevoir des critères de classement et de dénomination, sans recourir à un « manuel ».
Cours magistraux	Désignent un mode d'enseignement en amphithéâtre dans lequel un professeur du « haut de la chaire » face à ses étudiants, ou en visio-conférence expose son savoir de façon *ex cathedra*.
Crédits	Le système des crédits est un instrument conçu afin de permettre l'accumulation des résultats/acquis d'apprentissage obtenus dans des contextes formels, non-formels ou informels, et de faciliter leur transfert d'un contexte vers un autre en vue de leur validation (CEDEFOP, 2008/2014, p. 54-55).

Crédits	L'octroi de Crédits dans le système européen nécessite qu'une activité réponde à ces trois critères : que les résultats de l'apprentissage, les tâches et activités d'apprentissage et les moyens d'évaluation soient prédéfinis (Shaw).
Didactique	Axée sur les objets et non les personnes, la didactique est la science qui a pour objet les contenus et l'établissement des programmes. Au XVIIe siècle, chez Comenius, la didactique désignait : « l'effort rationnel de transmission des connaissances à tous les hommes » (Meirieu, Petit dictionnaire de pédagogie).
Discipulat	Désigne l'apprentissage d'un groupe d'élèves autour d'un mentor en vue de former des disciples afin qu'à leur tour ils forment des disciples à l'image de leur maître et dans la filiation de l'enseignement reçu.
Dissertation	Dans le modèle anglo-saxon, il s'agit d'un mémoire ou d'une thèse ou d'un devoir de synthèse des cours. Dans le modèle français, il s'agit d'une argumentation théorique (thèse, antithèse, synthèse) développée à partir d'une problématique pour ouvrir sur le réel.
Docimologie	Développée par Henri Piéron (1881-1964) et Henri Laugier (1888-1973), cette Science des examens et des notes vise : « l'étude systématique des examens (modes de notations, variabilité interindividuelle et intra-individuelle des examinateurs, facteurs subjectifs, etc.) » (Piéron 1957).
Éducabilité	Est un néologisme forgé au XXe siècle qui postule qu'indépendamment de ses dons toute personne est apte à être éduquée, pour peu que l'on applique les bonnes méthodes et créé un contexte favorable. Ce terme prolonge le concept de « perfectibilité » de Rousseau.
Éducation	Désigne l'action d'élever *e-ducare* et de conduire plus loin *e-ducere* avec l'idée du passage d'un état à un autre indissociable des valeurs qui s'y rattachent.
Effet de primauté	Cet effet fut mis en évidence en 1946 par le psychologue gestaltiste Solomon E. Asch. Selon l'effet de primauté, on se souvient plus des informations les plus anciennes, c'est la première impression qui est déterminante, plus que les démonstrations postérieures. L'accroche est un moment clé du processus de mémorisation comme, le dernier mot (l'effet de récence).
Effet de récence	Cet effet fut mis en évidence en 1946 par le psychologue gestaltiste Solomon E. Asch. Selon l'effet de récence, le dernier mot est aussi déterminant, plus que les démonstrations intermédiaires. C'est un moment clé de la mémoire. Le dernier mot est un moment clé du processus de mémorisation comme l'accroche (effet de primauté).

Effet Pygmalion ou prophétie auto-réalisatrice	Théorisé par Rosenthal et Jacobson (1968 [1992]), l'effet Pygmalion désigne le fait de croire au potentiel d'un enfant. Le regard favorable de l'enseignant produit un comportement et des performances supérieures chez l'élève. Cette attitude positive étant assimilée à une prophétie auto-réalisatrice. *« Pour des raisons d'éthique »*, Rosenthal n'a pas testé l'effet **Golem** qui désigne la malédiction auto-réalisatrice du jugement négatif d'un enseignant.
Éléments de programme hors cours ou de programme non traités en cours	Désignent chez Shaw l'activité des étudiants qui a pour cadre : les cultes, la vie communautaire dans sa faculté de théologie comme les stages.
Emic	L'approche emic désigne l'étude incarnée fondée sur « le sujet agissant » ou sur « l'intérieur ». Ce concept initialement linguistique a surtout été développé *pour désigner* l'approche d'une langue à partir de la pratique du locuteur, ce qu'il pense, l'usage qu'il fait des mots (Phonemic) et non à partir des sons et des lexiques « désincarnés » émis (Etic) cf. Kenneth Lee *Pike (1971)*.
Etic	L'approche etic désigne l'étude scientifique qui s'attache aux seuls faits « extérieurs ». Ce concept initialement linguistique *désigne* l'approche d'une langue à partir des sons émis (phonetic) sans prendre le locuteur en compte comme dans l'approche (emic). cf. Kenneth Lee *Pike (1971)*.
Évaluation par consultants	Analyse de la pratique d'un enseignant par un expert extérieur à l'institution.
Évaluation par les pairs	Analyse de la pratique par un collègue ou camarade de classe.
Évaluations, quatre domaines d'efficacité	L'activité d'apprentissage à la faculté, le produit académique des apprentissages, le résultat de l'apprentissage sur le terrain ecclésial, l'impact de la formation dans la société.
Retour	Consiste en des remarques commentées par le professeur sur un travail d'étudiant. Il vise à aider l'étudiant à se situer et à progresser vers la maîtrise des compétences visées par l'enseignement.
Fil conducteur ou d'Ariane	Un cours est bâti autour d'une question ou d'une idée principale qui sert de fil rouge. Elle est courte et se retient aisément, elle est positive et simple (non multiple).
Formation	Désigne généralement l'enseignement à caractère professionnel auprès d'adultes.

Formation « circonstancielle »	Se caractérise selon Shaw par la capacité des enseignants à anticiper les crises, à réagir rapidement en adoptant une attitude « paraclétique » envers les étudiants.
Holistique	Qui concerne toutes les dimensions de la personne. Le terme est emprunté à la langue anglaise *holism*, forgé en 1926 par le biologiste sud-africain Jan Christiaan Smuts (1870-1950) dans son ouvrage *Holism and Evolution* (Londres, Macmillan, 1926) et repris en langue française par le biologiste et académicien Jean Rostant en 1939 dans La *Vie et ses problèmes* (Paris, Flammarion). Les promoteurs de l'éducation nouvelle parlent « d'éducation intégrale ». On parle de pédagogie pananthropique chez Gauthey (1795-1864).
Instruction	Vient de *instruere*, et désigne l'action de construire, d'élever, de mettre en ordre, mais aussi d'outiller, d'équiper, d'instruire pour enrichir l'esprit. L'instruction est une « espèce d'éducation » mais ne se confond pas avec elle (Reboul 2010, p. 13).
Magistromorphisme	Désigne un modèle pédagogique expositif, permettant à un enseignant de transmettre un savoir structuré à un grand nombre d'étudiants qui prennent des notes, puis apprennent le cours magistral.
Mémoire à court terme ou de travail	Désigne la mémoire du présent qui traite l'information triée par la mémoire sensorielle. Elle est capable de retenir entre 5 et 9 choses jusqu'à une dizaine de secondes, d'où la désignation par Miller (1956) du chiffre 7 + ou - 2 comme « nombre magique » de la mémoire de travail.
Mémoire à long terme (M.L.T.)	Désigne la capacité illimitée de stockage des informations du cerveau. Elle inclut les mémoires déclarative et procédurale.
Mémoire déclarative ou explicite	Est la mémoire des faits et des événements. Elle permet de se souvenir : « de qui, quoi, où, quand, et pourquoi ». Elle se distingue de la mémoire procédurale qui est la mémoire des automatismes.
Mémoire épisodique	Est la mémoire autobiographique. Elle permet de raviver les souvenirs des moments passés. Avec le temps se transforme en mémoire sémantique. Ces deux mémoires forment la mémoire procédurale.
Mémoire perceptive	Désigne la mémoire des sens. Elle permet de retenir des images ou des bruits sans que la personne ne s'en rende compte, et de reconnaître le visage d'une personne, sa voix ou des lieux fréquentés.
Mémoire procédurale ou non-déclarative ou implicite	Est la mémoire des automatismes, comme celle de marcher, de faire du vélo, réciter un poème. Elle inclut la mémoire épisodique et la mémoire sémantique et se distingue de la mémoire déclarative, qui est la mémoire des faits et des événements.

Mémoire sémantique	Est la mémoire du savoir et de la connaissance sur soi et sur le monde. Avec la mémoire épisodique forme la mémoire procédurale.
Mémoire sensorielle (M.S.)	Dans le modèle d'Atkinson et Shiffrin (1968), la M.S. désigne la partie de notre cerveau qui capte, trie et retient en moyenne 1 à 2 secondes les informations perçues par les cinq sens.
Mentorat	Désigne un mode d'enseignement. Dans le cadre de l'enseignement théologique, il s'agit d'une relation individuelle entre l'étudiant et un responsable plus affermi. Le but de cette relation est que l'étudiant reçoive encouragement et direction personnalisée dans toutes les dimensions de sa formation : intellectuelle, comportementale et affective.
Métacognition ou méta-apprentissage	Forgé en 1976 par J. H. Flavell ce concept désigne la réflexion menée par l'étudiant sur ses propres stratégies du traitement de l'information et d'apprentissage, pour en contrôler, organiser et réguler le processus pour servir à un projet concret. Cette engagement réflexif est généralement provoqué par une situation de crise appelant à un changement. Par exemple face à un échec à un examen, s'engager à ne plus faire l'impasse sur les plans et les références bibliques, pour garantir une note satisfaisante aux prochains contrôles.
Mission de l'éducation	Est une description du rôle que joue cette institution de formation particulière dans l'œuvre plus vaste de Dieu – c'est-à-dire comment, précisément, le programme de l'institut cherche à contribuer à la *Missio Dei*.
Modèle d'apprentissage centré sur le traitement de l'information	A été théorisé en 1968 par Atkinson et Shiffrin. Selon eux, la mémoire humaine comprend trois parties : la mémoire sensorielle, la mémoire à court terme ou de travail, et la mémoire à long terme. L'apprentissage en profondeur vise à optimiser la rétention d'information dans la mémoire à long terme.
Note	Évaluation chiffrée qui s'est développé à la suite du concept d'émulation chez les jésuites puis généralisée pour valider des travaux, comparer et hiérarchiser les performances des étudiants.

Objectif général (O. G.) ou objectif pédagogique (O. P.)	Dans l'enseignement par objectifs, un objectif général est un énoncé précisant ce que l'étudiant devrait être capable de réaliser à l'issu du module. L'O. G. décrit cette capacité sous la forme d'un comportement observable afin de pouvoir évaluer avec précision l'efficacité de l'enseignement. La pertinence d'un O. P. se mesure aux qualités suivantes : il est suffisamment clair pour être compris ; suffisamment précis pour être atteint ; suffisamment personnel, calibré pour l'individu ; suffisamment pratique (Benson 1993, p. 168). Exemple : À la fin du module, l'élève saura lire et résumer un article de journal en français.
Objectif spécifique ou opérationnel	Dans l'enseignement par objectifs, un objectif spécifique ou opérationnel décrit les objectifs intermédiaires qui permettent d'atteindre l'objectif général. Il énonce de façon univoque le contenu de l'intention générale, décrit une activité de l'élève identifiable par un comportement observable, mentionne les conditions dans lesquelles le comportement souhaité doit se manifester, indique à quel niveau doit se situer l'activité finale et préciser quels critères servirons à évaluer le résultat (d'après Hameline 1979, p. 62). Pour l'apprentissage en profondeur, les capacités à maîtriser engagent le cognitif, l'affectif et le comportemental (Shaw).
Pédagogie	Désigne l'art d'enseigner, c'est-à-dire de conduire l'étudiant vers le développement de nouveaux savoirs et compétences. Dans le triangle pédagogique de Jean Houssaye (1988) l'espace pédagogique correspond à la relation de l'enseignant à l'étudiant, alors que l'espace didactique est borné par la relation de l'enseignant aux savoirs et l'apprentissage à la relation de l'étudiant aux savoirs.
Pédagogie traditionnelle	Consiste en cours magistraux structurés visant à transmettre à un grand nombre d'élèves le savoir détenu par l'enseignant. Ce modèle est fondé sur l'idée que l'élève est un vase à remplir ou une table de cire vierge (sur laquelle écrire les connaissances Tabula rasa : Platon, Théétète, Locke).
Praticien réflexif	Met en évidence la fonction productive de savoirs des situations-problèmes résolues par le praticien dans l'exercice de son métier contre l'effet routine (Schön, *Le praticien réflexif*, 1983).
Programme « modulaire-intégré »	Forme de programme structuré par thèmes abordés de façon pluridisciplinaires, à travers les optiques des différentes disciplines qui s'articulent.

Programme explicite	Désigne la dimension factuelle d'une formation qui figure sur la maquette du diplôme. Elle se résume aux contenus et objectifs des cours par discipline, aux types d'évaluation pour la validation de l'unité d'enseignement.
Programme implicite	Désigne la dimension psycho-sociologique d'une formation, transmets les valeurs institutionnelles reconnues. Elle est en général absorbée plutôt qu'enseignée délibérément.
Programme « non-retenu »	Désigne la dimension inconsciente de l'enseignement qui passe par le comportement et les relations interpersonnelles et affectent l'étudiant mais qui ne sera pas formalisée.
Programme par « briques »	Forme de programme d'étude centré sur le curriculum qui additionne progressivement le contenu des différentes disciplines. Le programme linéaire part de l'inconnu vers le connu. Le processus d'apprentissage de l'étudiant est implicite.
Programme par « noyau et spirale »	Forme de programme centré sur la transmission d'un noyau d'enseignements fondamentaux et sur un processus explicite d'assimilation et d'approfondissement par l'activité scénarisée des étudiants. Le dispositif multiplie les savoirs.
Programme par « strates »	Forme de programme centré sur le curriculum et les différentes formes de pratiques, où les contenus de toutes disciplines s'additionnent mais en distinguant un socle de base d'options. Le programme linéaire est divisé en options, il part de l'inconnu vers le connu. Le processus d'apprentissage de l'étudiant est implicite.
Questions	Sont de différents types selon leur fonction. Questions : de réflexion (cognitives) ; d'analyse ; de synthèse ; d'évaluations ; ouvertes ; fermées ; orientées ; limitatives ; affectives ; comportementales.
Sciences de l'éducation	Ce département de l'université créé en France en 1967, désigne délibérément LES sciences qui sont mobilisés dans cette discipline universitaire comme la psychologie, la philosophie, la sociologie, l'économie, la politique, l'histoire, etc. de l'éducation.
Services péri-universitaires	Désignent les activités de soutiens aux apprentissages.

Situation-problème	Désigne un scénario d'apprentissage suffisamment élaboré qui pousse l'étudiant dans un conflit cognitif pour le contraindre à construire de nouvelles connaissances en résolvant le problème. Si le terme remonte aux travaux de Piaget et est une des stratégies clé du constructivisme, le concept est plus ancien. Déjà Platon, Aristote et Augustin, cherchaient à apprendre en surmontant un paradoxe : « Comment apprendre à faire quelque chose qu'on ne sait pas faire si ce n'est en le faisant ? » (Meirieu 2010)
Socio-constructivisme	Développé dès 1926 par le psychologue Lev Semionovitch Vygotski (1896-1934), ce modèle d'apprentissage désigne l'idée selon laquelle le savoir se construit en interaction avec d'autres personnes. La zone proximale de développement (ZPD) est un concept central chez Vygostski. Elle correspond à l'espace qui sépare ce que l'enfant est et peut faire seul de ce que potentiellement il pourra résoudre comme problèmes avec d'autres. Ce modèle d'apprentissage s'élabore autour de situations-problèmes comme le constructivisme, mais engage à les résoudre avec d'autres pour atteindre un niveau de connaissance plus large et profond que seul.
Stage	Désigne une activité d'application des enseignements autour d'un projet ou de prospection pour l'orientation professionnelle. Le stage (obligatoire, optionnel ou facultatif) n'excède pas six mois. Il doit être validé par l'université et fait l'objet d'une convention tripartite : le stagiaire, l'organisme d'accueil et l'université. Il fait l'objet d'un rapport du stagiaire et de l'organisme d'accueil.
Système européen de transfert et d'accumulation de crédits, *European credit transfer and accumulation system* (ECTS)	Ce système consiste à décrire un programme d'études supérieures en attribuant des crédits à toutes ses composantes (modules, cours, stages, dissertations, thèse, etc.), afin de: faciliter la lisibilité des programmes d'études et d'établir des comparaisons entre étudiants nationaux et étrangers ; promouvoir la mobilité des étudiants et la validation des résultats/acquis d'apprentissage; aider les universités à organiser et réviser leurs programmes d'études. Le système ECTS est fondé sur la charge de travail à réaliser par l'étudiant afin d'atteindre les objectifs du programme qui se définissent en termes de résultats/d'acquis d'apprentissage à obtenir. La charge de travail d'un étudiant inscrit dans un programme d'études à plein temps en Europe étant, dans la plupart des cas, d'une durée d'environ 1500-1800 heures par an, la valeur d'un crédit représente dans ces cas environ 25 à 30 heures de travail. Les individus qui peuvent démontrer des résultats/acquis d'apprentissage similaires dans d'autres contextes d'apprentissage peuvent obtenir leur reconnaissance ou des crédits (dispenses) de la part des organismes certificateurs délivrant les diplômes. (CEDEFOP, 2008/2014, p. 87-88)

Taxonomie de Bloom	Hiérarchise le processus d'acquisition des savoirs ainsi : connaissance ; compréhension ; analyse ; synthèse ; évaluation (Bloom *et al.* 1956)
Travaux Dirigés	Désignent des enseignements d'application du cours magistral, donné en groupe de 42 étudiants au maximum dans un département des sciences de l'éducation d'une université. Les TD explique le cours magistral et mobilise l'activité des étudiants sous la forme de travaux tels que les exposés, dossiers, exercices, etc., individuels ou en groupes.
Vision de l'institution de formation	La « vision » est l'énoncé par une institution de formation de sa perception de ce que Dieu cherche à accomplir dans la région particulière sur laquelle se concentre son ministère (Shaw)

Index des auteurs

Abrami, P. 58
Anderson, L. 74
Antibi, A. 270
Arends, R. 107, 299
Argyris, C. 123
Atkinson, R. 141-142
Avolio, B. 164
Baddeley, A. 141
Bailey, J. 18
Banks, R. 17, 20, 77, 91, 96, 102, 104
Barkley, E. 213, 216
Baron-Cohen, S. 265
Barth, R. 151, 205
Bauman, C. 265
Baumgartner, L. 76, 265
Beauvois, J.-L. 211
Benson, W. 188
Bevans, S. 10
Blond, J. 290
Bloom, B. 5, 71, 74, 79-80, 162, 246
Bonk, J. 127
Bonniol, J.-J. 270
Bosniak, M. 292
Bowles, S. 87
Bredfeldt, G. 192
Brookfield, S. 76, 91, 127, 208, 212, 236, 293, 297-298
Brophy, J. 298-299
Burke, D. 96
Bushnell, H. 78
Caffarella, R. 76, 265
Caine, G. 77, 236
Caine, R. 77, 236
Cannell, L. 17, 20, 99-100, 271, 275
Cano-Garcia, F. 94, 274
Carr, W. 91

Ceci, S. 3-4, 18, 23, 25, 34, 42, 58, 65, 75, 77, 83, 85, 87, 93, 96, 105, 126, 160, 162-163, 175, 188, 193, 206, 208-209, 231, 240, 245, 255, 265, 272, 279, 301
Cervantes, J. 290
Chang, T. 207
Cheesman, G. 267
Cherry, K. 260
Cohen, M. 42, 207
Corcoran, H. 244
Costello, C. 89
Cotton, K. 226
Craik, F. 146
Cransac, J. 276
Cranton, P. 76, 109, 127, 187, 211, 236, 254, 290
Cronshaw, D. 20
Cross, K. 213, 216
Csikszentmihalyi, M. 299
Cunningham, S. 228
Dale, E. 204, 243
Damasio, A. 225
Das, R. 56
Dauvisis, M. C. 276
Dearborn, T. 96
Deci, E. 272
Dennis, I. 269
Dewey, J. 79
Dobrow, S. 272
Donnelly, F. 58
Drane, D. 226
Durkheim, E. 87
Edwards, D. 194
Eisner, E. 43, 63, 95
Éla, J-M. 91
Elmer, D. 203, 206
Escobar, S. 93

Esterline, D. 96, 102, 156, 265
Etherington, M. 164
Fabella, V. 196
Farley, E. 18
Farrah, S. 208
Felder, R. 261
Fernández, E. 21
Fernando, A. 292
Ferris, R. vi, 289
Festinger, L. 78, 211, 254
Fink, L. 74, 149, 172, 203-205, 268, 291, 294, 297
Fisher, R. 212
Fleming, N. 260
Foucault, M. 89
Fredericks, D. 226
Freire, P. 89, 101, 234
Fried, R. 297
Furedi, F. 161
Gardner, H. 257, 262-263, 291
Gibson, D. 20, 77
Gillespie, T. 73
Ginsberg, M. 93, 269, 272
Gintis, H. 87
Goffman, E. 91
Goleman, D. 94, 102, 225, 265, 274
Goodman, D. 234
Gorman, J. 73
Gowin, B. 43
Guder, D. 17
Gurian, M. 265
Habermas, R. 208, 212
Haddad, E. v, 56
Hameline, D. 333
Hardy, S. 39, 85, 94
Harkness, A. 20, 92
Harrow, A. 74

Harvie, P. 290
Henley, P. 265
Hewlett, D. 20
Hiebert, P. 4, 243
Hill, C. 220
Hoeckman, R. 126
Holton, E. 90, 292, 296
Hough, J. 91, 94
Huemer, M. 58
Hughes, E. 94, 274
Hunter, G. 17
Hyland, Á. 171
Illich, I. 88-89, 92
Issler, K. 75, 212
Jackson, P. 87
Jacobson, L. 163-164, 270
Jensen, E. 44
Jones, T. 204, 213
Joule, R.-V. 211
Juengst, S. 207
Kachka, P. 220
Kahneman, D. 269
Kang, N. 11
Kelsey, D. 20
Kendall, J. 74
Kennedy, D. 171
Kherfi, S. 59
Kirk, J. 20, 101
Knowles, M. 90, 292, 296
Koestner, R. 272
Kohl, M. vi, 90
Kohn, A. 272, 276-277, 291
Kolb, D. 257-258, 260, 291
Kramlich, D. vi, 128-129
Krathwohl, D. 74-75, 83, 162
Landsheere, G. (de) 267
Landy, D. 269
Lawson, M. 88
Ledbetter, B. 102
LeDoux, J. 225
LeFever, M. 291
Levanthal, L. 58
Lindeman, E. 89

Loder, J. 127, 254
Mabry, S. 78
Madueme, H. 100, 108
Major, C. 213, 216
Marsh, H. 60
Martin, D. v, 2, 182
Marzano, R. 74
Mayer, J. 102
McCarthy, B. 291
McGrath, A. 73, 178
McKeachie, W. 207
McLaughlin, V. 62
McNabb, B. 78
Meirieu, P. 329, 335
Merriam, S. 76, 265
Merseth, K. 247
Meyer, J. 43, 213
Meyers, C. 204
Mezirow, J. 127, 254
Miller, A. 290
Miller, D. 73
Miller, G. 143
Millis, B. 42, 207
Moreland, J. 75
Mottier Lopez, L. 270
Murdock, T. 290
Myers, D. 78
Naftulin, D. 58
Newman, E. 292
Nisbett, R. 263-264
Novak, J. 43
O'Brien, J. 42, 207
Ott, B. 20
Palmer, P. 72-73, 83, 187, 202, 234, 290-291
Parks, S. 225
Perry, R. 58
Philbin, M. 266
Piaget, J. 127-128, 229
Pianta, R. 290
Piéron, H. 270
Pierson, G. 267
Pilli, T. 104
Polanyi, M. 72

Posner, M. 272
Priest, R. 101
Quinton, A. 270
Raider-Roth, M. 291
Raynal, F. 127-128
Reboul, O. 331
Renard, L. 77
Rhem, J. 152
Rice, L. 58
Richards, L. 71, 88, 191, 195
Riebe-Estrella, G. 72, 83
Rieunier, A. 127
Roche, L. 60
Rodgers, C. 291
Rogers, A. 117
Rogers, S. 77
Rosenthal, R. 163-164, 270
Ryan, N. 171, 272
Ryan, R. 171, 272
Salovey, P. 102
Sanders, P. v, 1, 15
Schön, D. 91
Schultz, J. 76
Schultz, T. 76
Schwartz, S. 265
Schwarz, C. 17
Seymour, S. 44
Shanahan, M. 43
Shaw, K. 75, 83
Shaw, P. 72, 77, 95, 157, 290, 293
Shiffrin, R. 141-142
Shulman, Laura 232
Shulman, Lee 74
Siew, Y-M. 291
Sigall, H. 269
Silverman, L. 261
Simpson, E. 74
Skitka, L. 265
Smail, T. 292
Smith, F. 187
Smith, G. 63-64
Smith, M. 117, 260
Smith, W. 272

Sousa, D. 146, 148, 154, 191, 236
Standish, N. 90
Stanton, A. 266
Stonehouse, C. 266
Stray, C. 267
Suskie, L. 162, 165, 267, 270, 277
Swanson, R. 90, 292, 296
Taylor, E. 231, 290
Tennant, M. 260
Teven, J. 290
Thomas à Kempis, 75
Thompson, M. 88, 290
Torres, S. 196
Triandis, H. 265
Tulving, E. 141, 146
Van Engen, C. 17
Vanhoozer, K. 244
Vella, J. 18, 37, 191, 290
VerBerkmoes, J. 60, 151
Vygotsky, L. 90, 107
Ward, T. 237
Ware, J. 58
Watson, R. 266
Wazir, R. v, 61
Webb, K. 290
Weimer, M. 211, 231
Wiggins, G. 18, 160, 166
Wilhoit, J. 296-297
Williamson, M. 266
Williams, W. 58
Willingham, D. 148, 195, 292, 300
Wilson, R. 18, 58
Wlodkowski, R. 93, 269, 272, 293
Woodyard, J. 19
Wright, N.T. 73, 234
Ziolkowski, T. 100

Index des thèmes

Abraham 75
Absalom 75
Accréditation 13
Accueil / accueillant(e) 77, 161, 290, 291, 292
Activité(s) d'apprentissage 6, 7, 97, 117, 118, 119, 122, 126, 130, 155, 159, 160, 163, 164, 165, 166, 167, 174, 175, 176, 177, 200, 203, 325
Adams, Henry 289
Adéquation aux objectifs 20
Adéquation des objectifs 20
Adoration 10, 27, 34, 50, 239
Afrique 20, 23, 39, 233
Agencement psychologique d'un cours 191, 200, 209, 325
Agences d'accréditation 18, 19, 25, 48, 55, 64, 275
Aménagement de la salle de cours 209
Amérique du Nord 100, 196, 273
Amérique Latine 20
Analyse 4, 5, 7, 50, 60, 62, 67, 79, 80, 90, 91, 95, 108, 136, 137, 138, 164, 178, 182, 207, 221, 226, 227, 228, 229, 232, 250, 257, 259, 260, 261, 262, 268, 282, 285, 295
Anciens élèves 2, 61, 65
Andragogie 90, 325
Année de césure 110
Anthropologie 327
   biblique 101
   culturelle 10, 34, 114
   théologique 177, 180
Application 90, 91, 95, 99, 108, 121, 135, 150, 182, 187, 196, 197, 199, 200, 204, 213, 227, 240, 257, 259, 295, 325
Apprentis 78
Apprentissage
   affectif 4, 71, 75, 76, 162, 166, 236, 277, 325
   circonstanciel 127, 130

cognitif 1, 4, 71, 72, 79, 165, 166, 200, 226, 269, 277, 325
comportemental 4, 71, 166, 238, 277, 325
construction sociale de 90
coopératif 275, 291
en profondeur 16, 22, 42, 47, 104, 141, 142, 143, 144, 148, 149, 150, 151, 152, 153, 156, 159, 160, 188, 189, 194, 203, 207, 208, 209, 211, 224, 225, 226, 272, 295, 327, 332, 333
formateur 117, 166, 254
formel 326
holistique 156, 224, 240
hors salle de cours 49, 117
implicite 95
indépendant 127, 130, 139
informel 52, 326
intégral 117
intégré 294, 300
multidimensionnel 1, 4, 71, 159, 166, 187, 206, 269, 277, 326
non-formel 325
par cœur 38
par la découverte 215, 326
par la résolution de problèmes 107, 113, 255
par l'expérience 136, 165, 326
pluridimensionnel 13
significatif 90, 97, 149, 160, 194, 207, 211
tout au long de la vie 7, 22, 45, 94, 139, 162
transformateur 37, 129, 153, 196, 211, 298
Apprentissage et culture 263
Apprentissage et genre 265
Asie vi, 20, 23, 263, 264, 326
Astronomie 73
Athènes 20
Attentes élevées 163, 299
Attitude(s) 5, 12, 24, 30, 34, 43, 51, 58, 71, 74, 75, 77, 81, 93, 97, 102, 129, 134,

137, 138, 147, 155, 162, 164, 167, 173, 193, 205, 206, 229, 230, 236, 237, 240, 269, 325, 327, 330, 331
Augustin 175, 229, 230, 234, 327, 335
Aumônier 1, 2, 7
Auto-évaluation 25, 59, 60, 61, 133, 134, 135, 163, 268, 271, 277, 327
Autonomisation 281, 292
Bath-Schéba 248, 249, 250, 251, 254
Bayly, Joe 71
Berlin 20, 100
Bibliographie 164, 165, 208
Bolívar, Simón 74
Bon Samaritain 79, 80
Bouddhisme 38
Brainstorming 214, 215, 224, 327
Cadre vi, 12, 19, 27, 30, 34, 40, 41, 74
Calvin (Jean) 175, 229
Capacité 12, 15, 25, 32, 33, 34, 37, 39, 42, 44, 45, 48, 53, 60, 63, 64, 67, 79, 101, 102, 134, 143, 146, 147, 149, 162, 163, 164, 176, 188, 189, 195, 196, 205, 206, 212, 216, 248, 258, 259, 260, 262, 263, 274, 277, 279, 281, 282, 297, 299, 331, 333
Caractère 4, 10, 11, 12, 39, 46, 52, 77, 121, 122, 141, 161, 162, 173, 224, 240, 291, 326, 330
  trait(s) de 24, 45, 248, 249, 297
Catholique romaine 233
Conseil d'administration 13
Changement de perspective 233
Christologie 11, 177, 180, 233
Cinghalais 80
Classe inversée 220, 328
Clientélisme 95
Clips vidéo 208, 221
Collectiviste 52, 63, 273
Communauté d'apprentissage 85, 87
Communication 10, 14, 95, 134, 144, 167, 213, 215, 232, 239, 256, 294
  interculturelle 96
  interpersonnelle 133
  non-verbale 211
  verbale 68

Compétence 4, 11, 24, 25, 35, 38, 39, 45, 50, 51, 52, 60, 74, 89, 96, 102, 103, 107, 119, 125, 127, 133, 134, 136, 139, 141, 146, 147, 148, 151, 155, 159, 162, 163, 164, 173, 188, 226, 237, 239, 243, 245, 246, 258, 260, 274, 275, 277, 278, 281, 284, 289, 293, 299, 300, 328, 330, 333
Compétition 30, 60, 93, 264, 275, 326
Conception d'un cours 167, 187, 201
Conducteur-serviteur 240
Cône d'expérience d'Edgar Dale 204, 205, 243, 328
Confiance 27, 30, 111, 124, 152, 199, 209, 229, 237, 259, 290, 291, 292, 298
Conformité 274
Connaissance basée sur l'expérience 264, 326
Conseil d'administration 2, 15, 16, 19, 23, 64
Contexte vi, 3, 4, 17, 20, 22, 23, 24, 25, 28, 33, 34, 35, 38, 39, 40, 41, 45, 46, 48, 52, 53, 61, 65, 80, 86, 90, 101, 103, 104, 106, 108, 109, 111, 114, 117, 120, 121, 122, 123, 124, 125, 128, 133, 135, 136, 150, 156, 160, 175, 176, 189, 191, 195, 196, 206, 215, 218, 219, 227, 233, 234, 243, 244, 249, 250, 254, 256, 257, 269, 273, 277, 278, 281, 285, 286, 291, 292, 294, 298, 325, 326, 328, 329
Contexte d'apprentissage 39, 104, 238, 260, 266, 335
Contextualisation 4, 231, 232
Contrat(s) pédagogique(s) 126, 127, 139, 277
Corruption 23, 30, 50
Cours « accrocher » 191, 192, 325
Cours « chercher » 191, 192, 195, 325
Cours magistral 68, 89, 117, 118, 119, 120, 130, 156, 175, 195, 203, 204, 205, 206, 207, 208, 209, 211, 212, 217, 218, 220, 221, 224, 227, 260, 261, 328, 331, 333, 336
Cours « rapprocher » 191, 192, 325
Cours « regarder » 325
Crainte(s) 13, 27, 31, 41, 76, 120, 198, 208, 210, 270, 290, 291
Créativité 92, 155, 161, 164, 174, 195, 224, 226, 275, 295, 296

Crédit(s) 100, 110, 118, 119, 130, 135, 136, 137, 138, 139, 140, 165, 173, 180, 328
Croisades 227, 239
Croissance spirituelle 35, 75, 93, 96, 101, 177
Culte 6, 17, 32, 38, 56, 86, 104, 117, 125, 126, 130, 133, 134, 232, 330
Culture
  de l'institution / institutionnelle 15, 94
  d'un établissement 15
  « honneur-honte » 122, 124, 249, 298
Dallas 19, 100
Danse 165
David 248, 249, 250, 251, 254
Débat(s) 20, 193, 194, 195, 215, 216, 224, 233, 266
Descriptif de cours 133, 173, 349
Développement communautaire 41, 56
Dewey, John 79
Dialogue 4, 10, 11, 90, 103, 108, 120, 121, 122, 136, 161, 195, 204, 213, 224, 225, 235, 239, 244, 269, 277
Dirigeant 22, 24, 31, 42, 43, 45, 52, 61, 92, 94, 113, 114, 134, 160, 190, 217, 234, 250, 265, 349
Disciple(s) 9, 11, 80, 196
  formation de 34, 43, 50, 52, 97, 101
Discipulat 56, 71, 238, 329
Discussion(s) 2, 12, 20, 39, 62, 63, 68, 76, 97, 103, 104, 106, 108, 137, 138, 141, 147, 162, 166, 177, 178, 193, 194, 195, 199, 203, 205, 208, 209, 210, 211, 212, 213, 214, 216, 217, 218, 221, 224, 228, 232, 233, 234, 255, 260, 261, 267, 276
  en classe entière 207, 209, 211, 212, 213, 214
  en petits groupes 193, 199, 208, 210, 212, 214
Dissertation(s) 4, 5, 7, 105, 107, 108, 136, 138, 161, 164, 165, 175, 204, 247, 260, 335
Dissonance cognitive 211, 254
Dix Commandements 228
Dons du Saint-Esprit 93
Doyen v, 1, 13, 64, 278

Droit 255, 274, 293
Droits d'auteur 223
Du contexte au texte 111, 150, 151, 154, 256
DVD 6, 40
Dynamique(s) v, 27, 89, 203, 204, 213, 245, 264, 266
Ecclésiologie 11, 109, 122, 175, 177, 180, 218
Édimbourg 19
Éducation parentale 93
Effet de « contamination » 270
Effet de contraste 270
Effet de halo 269, 270
Effet de primauté-récence 146, 194, 201, 209, 329
Effet des attentes basées sur les résultats antérieurs 299
Église modèle 22, 23, 24, 25, 26, 27, 37, 52
Einstein, Albert 77
Elmer, Duane 203
Émotion(s) 71, 74, 75, 77, 81, 103, 120, 148, 169, 175, 194, 221, 225, 236, 237, 240, 246, 247, 266, 299, 325
Engagement 6, 13, 19, 30, 34, 55, 62, 111, 128, 135, 159, 173, 196, 199, 200, 301, 311, 332
Engagement du Cap du Mouvement de Lausanne 20
Enjeux contextuels 1, 24, 48, 52, 62, 111, 161, 169, 246
Énoncé de l'objectif 22, 154, 160, 161, 169, 201
Enseignements de spécialité 2, 3, 5, 6, 65
Enthousiasme 86, 192, 207, 223, 291, 292, 296, 297
Entretien(s) 61, 63, 123, 146, 169, 177, 218, 219, 224, 285
Environnement d'apprentissage 44, 53
Estime de soi 292
Étude(s) de cas 108, 114, 130, 147, 148, 156, 169, 177, 178, 193, 194, 195, 203, 204, 208, 224, 243, 244, 246, 247, 248, 250, 251, 252, 254, 255, 256, 286

Étudiant(s)
  accommodateurs 259, 260
  actifs 261
  assimilateurs 258, 259
  auditifs 260
  convergents 259
  divergents 258
  globaux 261
  intuitifs 261
  kinesthésiques/tactiles 260
  privilégiant la lecture/l'écriture 260
  réfléchis 261
  sensoriels 261
  séquentiel 261
  verbaux 261
  visuels 261
Europe 10, 20, 196
Évaluation 1, 7, 11, 24, 25, 39, 55, 56, 57, 58, 59, 60, 61, 62, 63, 64, 65, 66, 67, 68, 79, 80, 83, 89, 90, 94, 108, 119, 122, 123, 124, 125, 126, 128, 129, 133, 134, 135, 148, 152, 156, 162, 163, 164, 175, 176, 178, 208, 220, 221, 226, 231, 232, 234, 241, 258, 259, 260, 266, 267, 268, 269, 270, 271, 272, 273, 274, 276, 277, 279, 291, 298, 327, 329, 334, 336, 349, 350
  auditive 268
  auto-évaluation 7, 25, 59, 60, 61, 133, 134, 135, 163, 268, 271, 277
  éducative 101
  formatrice 269
  par la communauté/société 62
  par les diplômés 60
  par les pairs 60
  sommative 268, 269
Évaluations de l'enseignement des professeurs par les étudiants (EPE) 58
Évangélisation 10, 31, 32, 62, 100, 101, 113, 121, 190, 232, 239
Exégèse 60, 78, 90, 106, 114, 239
Exode 101
Expertise 65, 103, 206, 217, 218, 293
Facilitateur(s) d'apprentissage 44, 213
Fondamentalisme 23

Formation de professeurs vi, 86, 110
Formation de responsables vi, 4, 65, 67, 71, 123, 139, 150, 274
Formation holistique 6, 15, 49, 102, 160
Formulaire individuel de réponse 199
Forum(s) 203, 210, 216, 217, 218
Fragmentation du programme d'études 98, 100
France, Anatole 74
Fruit de l'Esprit 27, 34, 74, 277
Fuller 19, 100
Gestion du temps 127
Goethe, Johann Wolfgang von 77
Grâce v, 30, 75, 245, 292, 301
"Grade Point Average" (moyenne des notes) 274
Grille(s) d'évaluation 276, 283, 285
Groupe Barna 78
Guerre juste 231
Harcèlement sexuel 272
Hindouisme 38, 216
Histoire de l'Église 78, 100, 104, 114, 122, 151, 174, 175, 233
Histoire du salut 122, 147, 177, 180, 245
Histoire(s) 75, 86, 87, 246, 248, 249, 250, 251, 252, 254, 273
Holistique 15, 16, 18, 28, 35, 71, 93, 101, 114, 159, 161, 163, 189, 200, 203, 225, 261, 278, 279, 331
Homilétique 60, 78, 103
Idée principale / maîtresse 189, 190, 191, 193, 195, 198, 199, 201, 238, 240, 330
Image de Dieu 34, 92, 122, 291
Image(s) 24, 25, 30, 31, 72, 73, 124, 193, 203, 221, 223, 224, 250, 260, 261, 262, 275, 329, 331
Imagination 92, 252, 258, 259, 260
Impact (sur la société) vi, 21, 28, 56, 57, 62, 65, 86, 287
Implantation d'Églises 5, 34, 41
Incarnation 232
Individualiste 93, 264, 273, 326
Inflation des notes 58, 271
Ingénieur 1, 40

Institutionnalisation 233, 286
Intégration 5, 13, 14, 15, 65, 99, 101, 102, 103, 104, 105, 108, 109, 110, 111, 112, 121, 123, 128, 155, 255
Intégrité 35, 60, 167, 187, 224, 291
Intelligence émotionnelle 102
Intelligences multiples 257, 262, 263, 326
Intelligence sociale 102
Intentionnel(le) 43, 85, 97, 98, 127, 163, 171, 190, 300, 326
Intrigue 247, 249, 250
Iran 245
Islam 8, 33, 38, 136
Japon 230
Jargon 149, 296
Jésus-Christ 16, 34, 35, 78, 301
Jeu(x) de rôle(s) 147, 178, 193, 203
Journal / tenue d'un journal 122, 125, 126, 138, 140, 165, 169, 174, 194, 195, 200, 236, 333
Khan, Salman 220, 328
Koinonia 93
Laïque / laïcité 18, 23, 38
Langues bibliques 6, 11, 60
    grec 6, 11, 73, 110, 129, 297
    hébreu 6, 11, 73, 110
Légalisme 30
Le plus grand commandement 75, 236
Lessinger, Leon 74
Littérature 58, 73, 203, 221, 223, 224
Littérature prophétique 100
Logique 26, 156, 191, 192, 200, 207, 208, 258, 264, 271, 282, 283, 294, 296, 326
Loi 118, 187, 198, 216, 229
Louange 6, 281
Lumières 15, 17, 72, 99, 101, 102, 236, 265
Luthérien(ne) 233
Luther [Martin] 230
Manuel d'étudiant 7
Maturation 34, 187, 197
Médecine / études médicales 55, 56, 107, 255, 274, 293
Mémoire
    à court terme / de travail 142, 143, 144, 146, 147, 148, 149, 331, 332
    à long terme 142, 147, 148, 190, 332
    explicite 147
    implicite 147, 148
    sensorielle 142, 143, 144, 147, 331, 332
Mémoire (travail écrit) 122, 136
Mémorisation 11, 143, 191, 208, 329
Mentor 7, 50, 124, 329
Mentorat 8, 9, 25, 31, 43, 50, 51, 52, 56, 62, 77, 117, 123, 124, 125, 130, 165, 169
Méta-apprentissage / métacognition 43, 162, 332
Méthodes 59, 85, 92, 152, 155, 166, 193, 195, 201, 203, 206, 223, 224, 243, 244, 247, 260, 293, 295, 300, 303, 312, 327, 328, 329, 350
Méthode scientifique 99
Méthodologie(s) 10, 16, 17, 58, 59, 68, 70, 93, 107, 125, 133, 153, 156, 161, 166, 170, 171, 178, 191, 196, 204, 213, 223, 226, 243, 284, 325, 327
Ministère pastoral 5, 41, 217
Ministère sur les campus universitaires 41
Ministère sur le terrain 109, 110
Missio Dei 4, 20, 21, 22, 332
Missiologie 96
Mission de Dieu 17, 20, 24, 25, 34, 42, 52, 56, 234, 244, 279, 301
Mission de l'Église 17, 20, 22, 28, 35, 155, 281
Modèle universitaire 71
Modérateur(s) 216, 217, 218, 219
Modernisme / moderniste 82, 99, 101
Moins, c'est plus 42, 188, 207, 240
Moment(s) d'apprentissage 127, 240
Mondialisation 217
Motivation
    extrinsèque 272
    intrinsèque 152, 156, 272
Motivation(s) 76, 90, 92, 152, 156, 160, 205, 252, 272, 292, 297, 325
Mouvement de Lausanne 20

Moyen-Orient 20, 23, 33, 41, 86, 150, 232, 239, 298
Musique 165, 169, 260
Nachmann, Rabbin 243
Natural Church Development 17
Notation
   biais causé par la tendance à donner une note moyenne 270
   biais causé par l'excès de générosité 270
   biais causé par l'excès de sévérité 270
   biais causé par l'excès d'indulgence 270
Note(s) 58, 60, 86, 89, 93, 94, 110, 131, 152, 156, 163, 175, 200, 206, 207, 267, 269, 270, 271, 272, 273, 274, 276, 277, 279, 281, 282, 291, 292, 298, 299, 300, 329, 331, 332, 350
Notre Père 147
Obéissance 31, 73, 78, 196, 238, 301
Objectif(s) comportement(al/aux) 161, 189
Objectivisme / objectiviste 72, 73, 82
One-man-show 124
Optique(s) 2, 4, 12, 33, 34, 48, 102, 105, 108, 114, 137, 138, 150, 287, 333
   biblico-théologique 3, 114, 285
   historico-théologique 3, 114, 286
   personnelle-écclésiale 3, 114, 137, 286
   socio-culturelle 3, 4
Ordre missionnaire 77, 196, 238
Ouvrier de paix 231
Paradigme pédagogique orienté vers le professeur 152
Para-Église 215
Paraklesis 129
Partie(s) prenante(s) [de l'école] 2, 25, 64, 65, 96, 119
Paul, l'apôtre 75, 102, 216, 227, 232, 233, 240, 243, 244
Pauvreté 23, 94, 111
Pays de Morija 75
Pensée en réseau 265
Pentateuque 100
Percepteur(s)
   abstrait(s) 257
   concret(s) 257

Persécution 80, 230, 232, 234
Petits groupes 7, 50, 125, 130, 132, 193, 199, 208, 210, 212, 213, 214, 215, 228, 235, 255
Philosophie grecque 10, 15, 72, 265
Planification à rebours 155, 159, 160, 168, 171, 172
Plan(s) de cours 92, 140, 159
Plutarque 88
Poésie 165, 169
Politique(s) 28, 32, 50, 95, 97, 98, 128, 129, 136, 167, 170, 245, 334
Postmodernité 38, 73, 190
PowerPoint 139, 223
Praticien réflexif 101, 107, 333
Pratique réfléchie 33, 102, 134, 148, 244, 247
Praxis 196
Prédication(s) 27, 31, 34, 62, 121, 125, 169, 175, 176, 239, 252, 351
Préférence causée par l'effet « il-est-semblable-à-moi » 270
Préjugé dû aux impressions préalables 270
Préparation de questions 209, 226, 234, 236
Presbytérien(ne) 234
Prêtrise de tous les croyants 28
Prière 27, 30, 96, 104, 169, 238
Princeton 18, 19, 100
Prise de parole en public 125, 133, 349
Processeur(s)
   actifs 257
   réfléchis 257
Processus d'admission 39, 40
Processus de Bologne pour l'enseignement supérieur en Europe 20
Profil du diplômé 1, 13, 25, 26, 52, 60, 62, 119, 120
Programme
   centré sur la mission du Christ à toute l'Église 10
   d'études par strates 46
   explicite 85, 87, 88, 95
   implicite 85, 86, 87, 88, 90, 91, 92, 93, 94, 95, 97, 98, 100, 110, 171, 206, 233, 274, 279

modèle cloisonné 3, 107, 150
non-retenu 16, 43, 52, 64, 97, 98, 334
Prophétie auto-réalisatrice 163, 270, 330
Psychologie 34, 110, 114, 121, 127, 156, 162, 204, 334
  sociale 114, 131
Puissance 22, 190, 199, 256, 269, 297, 301
Puzzle 4, 33, 101, 213
Question(s)
  affectives 196, 236, 238, 241
  comportementales 111, 198, 238, 240, 241
  d'analyse 178, 226, 227, 228, 229, 232
  d'analyse en « toile d'araignée » 229
  de confirmation 233
  de déduction 232
  de réfutation 233
  de synthèse 230, 231
  d'évaluation 66, 231, 232
  d'inversion 228
  fermées 236
  hypothétiques 228
  inductives 232
  orientées 235
  ouvertes 226, 232, 236
Rationalisme / rationaliste 73, 77, 83, 236
Recherche en neurologie 77
Récit 20, 26, 75, 86, 99, 148, 244, 247, 248, 249, 250, 254
Réconciliation 34, 94, 102
Réflexion critique 38, 91, 103, 196, 216
Réflexion théologique 5, 12, 33, 34, 48, 55, 96, 99, 100, 102, 104, 109, 110, 126, 130, 135, 137, 138, 176, 178, 252, 256, 282
Relation accueillante 290
Relation d'aide 34, 41, 78, 96, 101, 103, 121
Relation enseignant-étudiant 76, 153, 236, 273
Relationnel(le) 73, 77, 96, 134, 273, 274, 292
Relations interpersonnelles 96, 334
Répétition 143, 144, 189, 259, 273
Ressources d'apprentissage 159, 167, 170
Ressources humaines 44, 53, 167, 170

Résultat(s) 1, 14, 17, 22, 24, 39, 42, 48, 55, 57, 58, 59, 60, 63, 64, 76, 88, 92, 93, 101, 108, 112, 119, 124, 125, 126, 135, 139, 149, 159, 160, 161, 163, 164, 165, 167, 168, 169, 170, 171, 172, 174, 189, 191, 202, 205, 210, 234, 239, 254, 257, 259, 264, 265, 268, 269, 271, 272, 274, 276, 282, 284, 299, 329, 330, 333, 335
  d'apprentissage 14, 119, 125, 126, 159, 160, 161, 163, 165, 167, 169, 171, 174, 267, 268, 271, 272, 276, 282, 284
Retour(s) 12, 13, 59, 60, 62, 63, 64, 69, 133, 134, 156, 167, 178, 179, 182, 208, 214, 268, 291, 327
Révolution industrielle 99
Rodríguez, Simón 74
Roi Josias 229
Royaume de Dieu 4, 20, 21, 120, 147, 245
Saïd et Mariam 39, 50, 349
Saint-Esprit 12, 22, 27, 93, 96, 104, 190, 297, 301
S'approprier / appropriation 13, 64, 74, 76, 83, 160, 174, 265
Sciences politiques 73, 114
Sciences sociales 34, 102, 103, 111, 286
Scolaire 38, 40, 48, 52, 88, 90, 98, 164, 252, 325
Scolarité / scolarisation 38, 79, 88, 164, 206
Séminaire baptiste arabe (ABTS) v, 1, 3, 33, 133, 135, 349
SIDA 23, 32
Simulation 243, 259
Socio-constructivisme 107
Sociologie 34, 110, 114, 121, 334
Soudan 249, 252
Spirale d'apprentissage 47
Stage(s) 43, 52, 109, 117, 119, 120, 121, 122, 123, 130, 330, 335
Steinbeck, John 223
Stratégie pédagogique 203, 204
Style(s) d'apprentissage 93, 174, 179, 257, 258, 260, 261, 265, 291, 326, 350
Synthèse 7, 79, 80, 105, 178, 220, 221, 226, 230, 231, 232, 241, 295, 329, 334, 336

Système « bancaire » de la formation 89
Système Carnegie de comptage de crédits 6, 100, 118, 165
Système européen de transfert et d'accumulation de crédits (ECTS) 6, 118, 335
Tableau(x) 39, 49, 146, 175, 194, 214, 221, 222, 248, 260, 261, 271, 290, 295
Table ronde 147, 175, 216, 217, 218, 224
Tâches administratives 194, 195
Tâches d'apprentissage 37, 276, 297
Tamouls 80
Taxonomie de Bloom 5, 80, 81, 246, 336
Taxonomie de Krathwohl 75
Taylor, Hudson 231
Théologie v, 1, 3, 8, 10, 11, 12, 13, 17, 18, 19, 23, 25, 33, 34, 39, 55, 65, 71, 73, 77, 78, 81, 83, 85, 86, 87, 88, 90, 91, 92, 93, 96, 98, 99, 100, 101, 102, 103, 104, 109, 110, 111, 112, 114, 118, 119, 120, 121, 123, 128, 135, 136, 138, 143, 150, 151, 154, 156, 165, 173, 174, 175, 180, 187, 196, 198, 215, 225, 233, 238, 240, 244, 265, 271, 273, 275, 277, 279, 281, 287, 293, 326, 330, 349, 350, 351
  historique 8
  pratique 17, 100, 109
  systématique 10, 86, 173, 180, 350
Thomas d'Aquin 99
Tour d'ivoire 102
Traditionalisme 24
Trafic d'êtres humains 23
Traitement de l'information 141, 263, 265, 332
Travaux de recherche 226
Trinité [Dieu] 75
Trinity, faculté de théologie évangélique [Evangelical Divinity School] 19
Tubingue 19
Urbanisation 23
Valeur(s) 1, 2, 3, 4, 5, 9, 13, 16, 27, 41, 43, 51, 60, 71, 73, 74, 75, 76, 78, 79, 80, 87, 88, 90, 92, 93, 95, 97, 101, 118, 119, 125, 129, 134, 135, 139, 148, 149, 150, 153, 160, 162, 193, 200, 207, 219, 226, 233, 236, 240, 271, 272, 273, 274, 279, 281, 291, 292, 295, 325, 329, 334, 335
Vidéoprojecteur 223
Violence 23
Vision et mission 1, 2, 4, 5, 7, 9, 13, 21, 26, 45, 48, 108, 124, 161
Washington, Booker T. 289
Wilson, Woodrow 18
Wright, Chris 234

Table des matières

Préface v

Introduction: Le cheminement du Séminaire baptiste arabe. 1

Première partie
Une intention délibérée dans la langue et la culture institutionnelles 15

1 Poser les bonnes questions (1) 17
  Annexe 1.1 Caractéristiques de l'Église modèle 27
  Annexe 1.2 Défis internes et externes auxquels fait face l'Église 30
  Annexe 1.3 Profil du diplômé de l'ABTS 33

2 Poser les bonnes questions (2) 37
  Annexe 2.1 Saïd et Mariam 50
  Annexe 2.2 Les bonnes questions 52

3 Mise en œuvre et évaluation du programme 55
  Annexe 3.1 Évaluation étudiante réciproque personnelle-corps
  enseignant à l'ABTS 67

4 L'apprentissage multidimensionnel dans l'enseignement de la théologie 71

5 Le programme « implicite » et le programme « non-retenu » 85

6 Dépasser la fragmentation des programmes 99
  Annexe 6.1 Projet intégré pour autonomiser des dirigeants-serviteurs (exemple) 113

7 Éléments de l'apprentissage hors cours magistraux 117
  Annexe 7.1 La prise de parole en public lors du culte du
  Séminaire baptiste arabe (ABTS) : Descriptif de cours 132
  Annexe 7.2 Réflexion théologique sur la vie et le ministère au
  Séminaire baptiste arabe (ABTS) 134
  Annexe 7.3 Plan pour l'auto-apprentissage 138

8 L'apprentissage en profondeur 141

Deuxième partie
Une intention délibérée dans l'enseignement en classe 155

9   Concevoir un module de cours pour un apprentissage multidimensionnel ... 159
    Annexe 9.1 Exemple de descriptif de cours 1
       ST 201 Introduction à la théologie systématique 173
    Annexe 9.2 Exemple de descriptif de cours 2
       ST 201 Introduction à la théologie systématique 180
    Annexe 9.3 Verbes à employer dans la rédaction d'objectifs 182

10 Préparer un cours pour un apprentissage multidimensionnel 187

11 Les méthodes pédagogiques traditionnelles face aux méthodes
    non-traditionnelles 203

12 Concevoir des questions pour un apprentissage en profondeur 225

13 Études de cas pour la formation théologique 243

14 Enseignement, styles d'apprentissage et contexte culturel 257

15 La notation et l'évaluation des étudiants 267
    Annexe 15.1 Licence de théologie de l'ABTS
       Descriptif des notes 280
    Annexe 15.2 Grille d'évaluation d'un exposé oral 282
    Annexe 15.3 Grille d'évaluation du projet global intégré (Annexe 6.1) 284

16 Du bon enseignant et du bon enseignement 289

    Épilogue: Des pas sur le chemin 301

    Références citées 303

    Bibliographie et webographie indicative, non exhaustive, en langue française .. 317

    Glossaire 325

    Index des auteurs 337

    Index des thèmes 341

Langham Partnership est un organisme chrétien international et interdénominationnel qui poursuit la vision reçue de Dieu par son fondateur, John Stott -

promouvoir la croissance de l'église vers la maturité en Christ en relevant la qualité de la prédication et de l'enseignement de la Parole de Dieu.

Notre vision est de voir des églises équipées pour la mission, croissant en maturité en Christ, par le ministère de pasteurs et de responsables qui croient, qui enseignent et qui vivent la Parole de Dieu.

Notre mission est de renforcer le ministère de la Parole de Dieu de trois manières:

- par la mise en place de mouvements nationaux de formation à la prédication biblique
- par la rédaction et la distribution de livres évangéliques
- par la formation d'enseignants théologiques évangéliques qualifiés qui formeront ensuite des pasteurs et responsables d'églises dans leurs pays respectifs

Notre ministère

Langham Preaching collabore avec des responsables nationaux en vue de la création de mouvements de prédication biblique dirigés par les nationaux eux-mêmes. Ces mouvements, qui naissent progressivement un peu partout dans le monde, rassemblent non seulement des pasteurs mais aussi des laïcs. Nos équipes de formateurs venus de beaucoup de pays différents proposent une formation pratique qui comporte plusieurs niveaux, suivie d'une formation de facilitateurs locaux. La continuité est assurée par des groupes de prédicateurs locaux et par des réseaux régionaux et nationaux. Ainsi nous espérons bâtir des mouvements solides et dynamiques, constitués de prédicateurs entièrement consacrés à la prédication biblique.

Langham Literature fournit des livres évangéliques et des ressources électroniques à des leaders et futurs leaders dans le monde majoritaire. Des pasteurs mais aussi des étudiants en théologie et des bibliothèques reçoivent des bourses, peuvent acheter des livres à bas prix et bénéficient aussi de distributions gratuites. Nous encourageons aussi la rédaction de livres évangéliques originaux dans de nombreuses langues nationales. Dans ce but nous proposons des ateliers de formation pour de futurs écrivains et éditeurs, nous trouvons des sponsors pour de nouvelles initiatives d'écriture, nous encourageons la traduction, nous soutenons les maisons d'éditions évangéliques et nous investissons dans quelques projets majeurs comme le récent *Commentaire Biblique Contemporain* qui est un commentaire de la Bible en un volume rédigé par des auteurs africains pour l'Afrique.

Langham Scholars soutient financièrement des doctorants évangéliques du monde majoritaire dans le but de les voir retourner dans leurs pays d'origine pour former des pasteurs et d'autres chrétiens nationaux en leur proposant un enseignement biblique et théologique solide. Cette branche de Langham cherche donc à équiper ceux qui en équiperont d'autres. Langham Scholars travaille aussi en partenariat avec des séminaires dans le monde majoritaire afin de renforcer l'éducation théologique évangélique sur place. De ce fait, un nombre croissant de « Langham Scholars » (le nom « Scholars » signifie « boursiers ») peut aujourd'hui suivre des programmes doctoraux de haut niveau au cœur même du monde majoritaire. Une fois leurs études terminées, ces « Langham Scholars » vont non seulement former à leur tour une nouvelle génération de pasteurs mais exercer une grande influence par leurs écrits et par leur leadership.

Pour plus d'informations, consultez notre site: langham.org

www.ingramcontent.com/pod-product-compliance
Lightning Source LLC
Chambersburg PA
CBHW080407300426
44113CB00015B/2431